JN181277

アメリカ社会科における価値学習の展開と構造
――民主主義社会形成のための教育改革の可能性――

渡 部 竜 也 著

風 間 書 房

目　　次

序　章　本研究の目的と方法

第 1 節　研究主題 …………………………………………………………… 1
第 2 節　本研究の背景 ……………………………………………………… 2
第 3 節　本研究の意義と特質 ……………………………………………… 6
第 4 節　研究方法と本書の構成 …………………………………………… 16

第 1 章　価値の本質と価値学習の類型

第 1 節　価値と学校教育 …………………………………………………… 25
第 2 節　学校教育（教科教育）における価値学習の変遷 ……………… 28
第 3 節　価値学習の 4 類型 ………………………………………………… 31
第 4 節　「知的作法」について …………………………………………… 37

第 2 章　民主主義社会の形成者育成における　　　　　宗教的価値学習の特質と課題

第 1 節　合衆国における宗教的価値学習の概要 ………………………… 43
第 2 節　「非通約的多元主義型」宗教的価値学習
　　　　：『世界の宗教』の場合 ………………………………………… 47
　1．『世界の宗教』の内容編成─宗教・宗派別構成─　47
　2．『世界の宗教』の授業展開─諸情報の包括的理解─　53
　3．「非通約的多元主義型」宗教的価値学習の特質　55
第 3 節　「通約的多元主義型」宗教的価値学習：『比較宗教』の場合 …… 56
　1．『比較宗教』の内容編成─テーマ別配列─　56

2．『比較宗教』の授業展開―比較による宗教間の共通性の発見― 61
　　3．「通約的多元主義型」宗教的価値学習の特質 64
　第4節　宗教的価値学習の特質―価値の批判的吟味・評価の回避― ………65

第3章　民主主義社会の形成者育成における
　　　　思想的価値学習の特質と課題

　第1節　合衆国における思想的価値学習の概要 ………………………………69
　第2節　「適応主義型」思想的価値学習：『人間の価値』の場合…………71
　　1．『人間の価値』の内容編成―8つの価値が関係する物語の羅列― 71
　　2．『人間の価値』の授業展開―物語から教訓となる価値を学ぶ― 79
　　3．「適応主義型」思想的価値学習の特質 82
　第3節　「構成主義型」思想的価値学習 …………………………………………83
　　第1項　「文脈主義」系：『思考への扉』の場合 ………………………………84
　　　1．スタールの教育論と『思考への扉』 84
　　　2．『思考への扉』の内容編成 89
　　　　⑴　内容構成原理―日常生活の人間哲学的課題の議論による編成― 89
　　　　⑵　内容配列原理―時代的特色に応じた課題設定― 96
　　　3．『思考への扉』の授業構成 97
　　　　⑴　授業展開―歴史上の著名人の思想分析とその批判― 97
　　　　⑵　思想分析手法の獲得と批判的思想形成 101
　　第2項　「非文脈主義」系：『フェミニズム』の場合 …………………………103
　　　1．レオーネの教育論とISMシリーズ 103
　　　2．『フェミニズム』の内容編成―性差の自明性に迫るジェンダー
　　　　 教育教材― 118
　　　　⑴　『フェミニズム』の内容配列原理―ジェンダー論争の時系列的
　　　　　　配置― 119
　　　　⑵　『フェミニズム』の内容選択原理―論争を踏まえた男女共同参画

　　　　社会のビジョン構想— 126

　3．『フェミニズム』の授業構成—中心的課題を多角的視点で考察する

　　　過程— 131

第3項 「構成主義型」思想的価値学習の特質……………………………………138

第4節 思想的価値学習の特質—個人の枠内にとどまる価値の構成— ……139

第4章　民主主義社会の形成者育成における
　　　　文化慣習的価値学習の特質と課題

第1節 合衆国における文化慣習的価値学習の概要……………………………145

第2節 「非通約的多元主義型」文化慣習的価値学習

　　　：『国と文化』の場合……………………………………………………147

　1．『国と文化』の内容編成—包括的・網羅的な国家単位別の

　　　異文化理解— 147

　2．『国と文化』の授業構成—クイズによる個別情報の着実な定着— 150

　3．「非通約的多元主義型」文化慣習的価値学習の特質 153

第3節 「通約的多元主義型」文化慣習的価値学習……………………………155

　第1項 「異文化間比較」系：『世界文化』の場合 155

　　1．『世界文化』の内容編成—諸地域の人間の行動様式の比較— 155

　　2．『世界文化』の単元構成・授業構成—差異性と共通性の発見— 160

　第2項 「超異文化間比較」系：MACOSの場合 170

　　1．ブルーナーの教育論 170

　　2．MACOSの内容編成 175

　　　⑴ 全体計画—生物進化の歴史から人間の条件を認識する— 175

　　　⑵ ブルーナーの「学問の構造」論とMACOS—学習者による

　　　　「学問の構造」の構築— 185

　　3．MACOSの単元・授業構成 187

　　　⑴ MACOS前半部の単元構成（第1単元～第3単元） 187

(2)　MACOS 後半部の単元構成（第4単元と第5単元）　189
　　　(3)　MACOS の授業構成―開かれた探究活動―　191
　　第3項　「通約的多元主義型」文化慣習的価値学習の特質　199
　第4節　「構成主義型」文化慣習的価値学習：『文化の関係』の場合…… 201
　　1．『文化の関係』の内容編成―文化テーマ別の配置―　201
　　2．『文化の関係』の授業構成―異文化間の比較と討論―　205
　　3．「構成主義型」文化慣習的価値学習の特質　209
　第5節　「社会改造主義型」文化慣習的価値学習
　　　　　：『文化の衝突』の場合 ……………………………………………… 210
　　1．ラーナーの教育論と『文化の衝突』の内容編成―世界の文化接触による
　　　論争問題から成る構成―　210
　　2．『文化の衝突』の授業構成―実際の議論を踏まえた判断―　220
　　3．「社会改造主義型」文化慣習的価値学習の特質　230
　第6節　文化慣習的価値学習の特質と課題
　　　　　―判断基準なき社会的価値の創造―………………………………… 231

第5章　民主主義社会の形成者育成における
　　　　法規範的価値学習の特質と課題

　第1節　合衆国における法規範的価値学習の概要…………………………… 239
　第2節　「適応主義型」法規範的価値学習………………………………………… 242
　　第1項　「教養主義」系：『憲法の学習』の場合　242
　　　1．『憲法の学習』の内容編成―合衆国の法規範に関する包括的理解―　242
　　　2．『憲法の学習』の授業構成―法規範の「意味」や「意義」の理解―　252
　　　3．「教養主義」系法規範的価値学習の特質　256
　　第2項　「生活是正主義」系：『私の尊厳、あなたの尊厳』の場合　257
　　　1．『私の尊厳、あなたの尊厳』の授業構成　257
　　　2．「生活是正主義」系法規範的価値学習の特質　260

第3項　「適応主義型」法規範的価値学習の特質　261
　第3節　「社会改造主義型」法規範的価値学習 …………………………………… 262
　　　第1項　「法的選択」系：『今日と明日への決断』の場合　263
　　　　1．コールバーグの道徳性発達論と『今日と明日への決断』　264
　　　　2．『今日と明日への決断』の内容編成―科学技術が生み出す公的
　　　　　　論争問題中心の構成―　268
　　　　3．『今日と明日への決断』の単元構成・授業構成―見解の相違を
　　　　　　整理する―　274
　　　　　⑴　第8単元「食糧と農業」の社会背景　274
　　　　　⑵　現状認識相違の分析　279
　　　　　⑶　選択肢の選択　282
　　　第2項　「法的判断」系：ハーバード社会科の場合　283
　　　　1．オリバーの市民的資質論　283
　　　　2．ハーバード社会科の内容編成　287
　　　　　⑴　問題―主題アプローチの場合―テーマ別配置・成立過程順
　　　　　　配列―　287
　　　　　⑵　歴史危機アプローチの場合―歴史的事件の通史的配置―　296
　　　　　⑶　全体計画―合衆国の伝統的な通史学習に各単元を組み込む―　304
　　　　3．ハーバード社会科の授業構成　308
　　　　　⑴　授業展開―一般的・普遍的な法規範の価値基準の構築―　308
　　　　　⑵　法規範分析手法の獲得と普遍的な法規範的価値の形成　331
　　　第3項　「社会改造主義型」法規範的価値学習の特質　332
　第4節　「根源主義型」法規範的価値学習：『法と王冠』の場合 ………… 334
　　　　1．『法と王冠』の内容編成―各種法原理の発生順の配列―　334
　　　　2．『法と王冠』の授業構成―現在と過去の法原理の比較―　341
　　　　3．「根源主義型」法規範的価値学習の特質　347

第5節　法規範的価値学習の特質―教室集団による普遍的価値の創造― …… 348

終　章　民主主義社会の形成者育成における
　　　　価値学習の特質と課題

第1節　研究成果の総括 ……………………………………………………… 365
第2節　研究の示唆するもの―価値学習の原理と方法― ………………… 375
　1．価値学習の領域依存性　375
　2．価値学習を学校教育（教科教育）の中心に位置付けることの意義　383

あとがき ………………………………………………………………………… 385
参考文献 ………………………………………………………………………… 391

序　章　本研究の目的と方法

第1節　研究主題

　本研究の目的は、民主主義社会の学校教育（教科教育）における価値学習（＝価値について取り扱った学習）について、その目標、内容、方法のあり方を総合的に検討することにある。

　後述する通り、従来において我が国の教育界でも、また教育界以外でも、民主主義社会における価値学習のあり方についての検討はなされてきた。しかしこれらの議論は専ら教育目標と教育方法に軸が置かれ過ぎており、取り扱う価値内容についての検討は、曖昧なままであった。また、思想、法、慣習文化、宗教などの各種価値が領域別にそれぞれバラバラにその学習論のあり方を検討されてきてしまったこともあり、これらの領域を超えた体系的な議論がなされてこなかった。また議論の多くは観念的・哲学的な「あるべき論」に留まることが多く、具体的な単元・授業プランでの検討が十分になされたとは言えず、意図せざる結果として、"議論盛んにして、現場の価値学習滅ぶ"という事態を招いてきた。

　こうした問題意識に基づいて、筆者としては、次の方針を立てた。

①具体的に単元や授業計画が設定された（ないしは実践された）カリキュラム教材を分析対象として検討する。

②複数のカリキュラム教材を研究対象とし、それらの比較検討をする。その際に、それらのカリキュラム教材の構造が「論理的に」考えて、民主主義社会の有意な形成者としての子どもたちの育成にどこまで寄与しうるのか、その「潜在的可能性（potential possibility）」について検討する。

③複数のカリキュラム教材を比較する際には、まず各種カリキュラム教材が取り扱っている「価値領域」別に整理する。そうすることで、それらの「価値領域」別のカリキュラム教材が民主主義社会の有意な形成者の育成に寄与することのできる独自の部分とその限界を考察しやすいものとする。

④研究対象は、アメリカ合衆国で主に1960年代後半くらいから今日までに開発された価値学習に関する各種カリキュラム教材とする。

第2節　本研究の背景

　かつて学校における教科教育（特に中・高校の教科教育）は、社会の諸現象のうち、人間の心や頭の中にあるために他者には見えないもの、いわゆる価値観や意図といった潜在的な価値（これを「思念」と呼ぼう）や、それを用途目的に応じて言葉によって可視的に示した思想・宗教・法規範・文化的慣習などの顕在的な価値（これを「価値的言説」と呼ぼう。また「思念」と「価値的言説」をあわせてここでは「価値」とする[1]）の取扱いをできるだけ避け、こうしたものとは無関係な存在と考えられてきた、いわゆる「事実」とか「客体」と呼ばれるもののみ扱っていこうとする傾向があった[2]。

　例えばアメリカ合衆国の学校教育では、各種教科教育（物理科、化学科、歴史科、地理科など）を、こうした事象の「客体」部分の認識に限定していこうとする考え方が頻繁に提唱され、大きな勢力を持ってきた。社会科成立以前、アメリカ歴史協会（AHA）が提唱してきた幾つかのプランや、1960年代に大きなムーブメントになった学問中心カリキュラム、そして1990年代以降の保守派らが推奨するナショナル・スタンダードなどは比較的これに該当する。また日本の場合も例外ではなく、今なお学問中心カリキュラムの影響を受けて「社会科学科」を標榜しようとする人々や、社会科を解体して、歴史学、地理学、政治学などの各種学問別教科に再編せんとする勢力の根底にこうし

た姿勢を見て取れる[3]。

　しかし例えば合衆国では、1930年代と1970年代以降に、こうした教科教育論に対して、その取り扱う範囲の狭さが原因となって引き起こされる様々な問題が指摘されてもきた[4]。この傾向は特に1970年代以降のアメリカ合衆国で顕著であり、この問題点を克服するために価値を学習の中で積極的に取り入れようとする動きが、特に社会科領域や理科領域で活発になった。我が国でも、合衆国ほど活発な動きとは言えないが、徐々に社会科領域や理科領域などで見られるようになった。

　なお、価値を排除してきた従来の教科教育を反省し、価値を積極的に学習の中に取り入れようとするこの価値学習を教科教育の中核に位置付けようとする動きが、特に1970年代以降の教科教育、特に筆者が専門としている社会科教育領域で顕著に見られるようになった背景には、次の4点があるとまとめることができる。

　第一に、社会が価値を帯びた存在であり、このことは回避することができないことが一般に理解されてきたことである。つまり、認識対象となる社会の現実は、その多くが「価値的言説」、つまり政策・法・文化的慣習などによって生み出されているのであり、社会の諸事象のうち本当にこれらと無縁のものなどまず存在しないことが理解されてきたのである[5]。例えば社会における「構造」「システム」「メカニズム」といったものも、大抵の場合、人類が誕生する前には存在しなかったのであり、人間が、法規範、宗教、文化的慣習などをルールとして生み出し、社会の構成員である人々の行動を制限していくことで歴史的に構築してきたものである。またこれらは、人間が生み出したのであるから、当然のことながら人間の持つ価値観や意図（「思念」）と無縁ではない。国や地域によって政治・経済制度や社会システムに違いが見られるのは、こうした背後にある価値観や意図に相違があるからである。ただ我々は、時にこうした「構造」「システム」「メカニズム」を「客体」と錯覚してしまうことがある。またこれまでそう錯覚してきた。それは人間が、

知らず知らずのうちにこうした多種多様な「言説」とその背後にある価値観に行動を制限され、その枠内に収まっているため、あたかもそれらが自然現象のごとく存在しているように見えるからである。つまり、その「言説」や背後にある価値観が、その時代のその社会においては自明の存在、空気のような存在になってしまうのである。このような現実を踏まえれば、我々が社会の諸事象を正確に認識しようと努めるにあたって、価値を排除すればするほどに結果として社会の諸事象を部分的・表面的な認識をしてしまうといったパラドクスを生み出すことになる。目に見えないからといって価値観や意図の存在を無視するのではなく、できるだけこうした存在を意識し、明確化し、理解をすることこそが、より深く、本当の意味での「客観的な」社会認識を可能にする[6]。こうした考え方も近年深く浸透するようになってきた。

　第二に、認識対象となる社会の現実は、決して静的な不変の存在ではなく、動的で流動的な存在であることを意識させる上で、社会の現実を形作る価値、つまり社会を形作る「価値的言説」（政策や法、文化的慣習など）の存在や、それらの背後にある「思念」（価値観や意図）を取り扱う必要のあることがより認識されるようになったことがある。社会科の学習において社会の諸事象を認識する際、それを形作る「言説」や、その背後にある価値観や意図（「思念」）を排除すると、社会の諸事象は人間が作り上げたものであるという意識が学習者から薄れ、自然現象と同じく最初から「客体」として普遍的に存在するかのように、そして変更不能の存在かのように認識されてしまう危険性がある[7]。例えば、日常で我々の多くの人が、市場では需要と供給のバランスが自動に調整され、商品の「適正」価格が決定されるという「市場の法則」というものを信じている。しかしこの「市場の法則」は、元々、価値とは無縁の「客体」として存在するものではなく、市場主義経済社会が整えられる中で、この体制を支えるために生まれてきた思想の一つであり、自由競争・経済活動の自由を最優先とした価値観、市場が決めた価格こそ「適正」であると人々に信じさせようとした意図の下、歴史的・人工的に生み出

されたルール(「言説」)である。しかし、この法則性の解説だけに教育内容を限定し、それが生み出された価値観・意図(「思念」)を示さない場合、物理学の「質量保存の法則」のごとく、法則を人間の誕生以前から存在し、いつでもどこでも不変的に存在する、ひとつの「モノ」のような錯覚を抱いてしまう[8]。こうしたことは、学習者に別の代替となる社会像を考えるといった批判的精神を育てないことにつながり、社会に対する現状肯定的な視野や態度をより高めてしまう。

第三に、社会の急激な変化の中で、必ずしもこれまで社会を支えていた伝統的な価値ではこれに対応しきれなくなり、同時に社会に対する多様なあり方が主張されて伝統的な価値と競合し、その対応が教育(特に社会科)で求められるようになったことがある。従来の事実認識に限定する社会科は、伝統的であるなしに関係なく、全ての価値の排除を主張していたため、結果的に、こうした新しく生まれてきた多様な価値と伝統的な価値との対立問題への対応を「避けてしまう」ことになった。こうした姿勢は問題の棚上げともとれ、この問題への対応として十分なものと言えるものではなかった。これに対して価値を積極的に取り扱っていこうとする立場の社会科は、伝統的価値と新たに生み出されてきた多様な価値との競合・対立といった問題を正面から受け止めるものであったため、その問題への教育的対応策の一例として期待されることになった。

第四に、これが最も重要なことだが、価値学習は、価値を排除しようとしてきた従来の教科教育が力を入れてきた社会分析の手法や、社会に関する説明的知識を習得できるだけでなく、学習者が民主社会に実際に参加して自分の意見を主張していくために必要とされる学習者個人の価値観を形成でき、またそのために必要となる様々な手続きや技術に関する知識を習得でき、議論に参加しより良い社会を築こうとする態度までも育成できるなど、民主主義社会に生きる市民として必要な能力や態度(いわゆる「市民性」)をより豊かに育成できることが、これまで以上に重要視されてきたことがある[9]。

「市民性の育成」において価値学習が果たす役割が大きいことに対しての注目が高まった背景には、子どもたちの社会参加意識や政治意識の低下などが調査などから明らかになり、「市民性の育成」が現代社会の課題と認識され、学校の各教科教育、特に社会科教育において求められるようになったことがある。

　合衆国だけでなく、わが国においても上記のような理由から、価値学習の重要性が認識されてきている。しかし、価値学習の研究はまだまだ研究途上であり、前節でも触れたように多くの課題を残したままである。

第3節　本研究の意義と特質

　価値学習の教育内容研究に関してはこれまでも様々な素材が取り上げられ、多様な視点から研究がなされてきたが、これに対して本研究の意義・特質は、次の4点に集約できる。

　第一の意義・特質は、社会科教育の先進国であるアメリカ合衆国において開発された価値学習のカリキュラム教材を研究対象とし、体系的に取り上げる点である。これにより、百花繚乱といった状態にもある合衆国の価値学習の全体像を見ることを可能とする。

　第二の意義・特質は、本研究が、価値学習を包括的かつ体系的に整理するために、学習対象とする価値の領域別の性質・機能に着目したフレームワークを提示することである。こうしたフレームワークを提示することによる価値学習の整理は、従来の価値学習に用いられてきた学習方法論的観点からの単線的な分類法を脱却して、価値学習の多様な存在を明らかにするばかりでなく、その整理するための指標を提示することになる。

　第三の意義・特質は、価値学習が、対象とする価値領域の持つ性質・機能と大きく関わりを持ち、その性質や機能が教育目標・内容・方法や、提供しうる知的作法に影響を与えるということを明らかにすることで、価値学習に

領域依存性が存在することを論証することである。
　第四の意義・特質は、こうした各種領域別の価値学習それぞれが、民主主義社会の形成者育成において果たす可能性と限界を明らかにしていくことにある。こうした研究は、社会に対してより望ましい価値学習のあり方を明らかにするだけでなく、目的用途に応じた教育内容の組織化を可能にすることができる。このことは、学校教育（社会科教育）の果たすことができるより高次な役割の可能性を問うことができ、学校教育（社会科教育）の地位向上の理論的根拠を示すことができる。
　アメリカ合衆国の価値学習に焦点を当てるのには理由がある。それは偏に、1970年代以降のアメリカ合衆国の教育界が、宗教、文化的慣習、法、倫理的思想など、多様な価値を、実に多様な方法で積極的に取り入れてこようとしたことにある。このことは、価値を学校教育が積極的に取り扱うことが、民主主義社会の形成者の育成というねらいを如何に促進していくことになるのかを考察・判断していく上で、1970年代以降のアメリカ合衆国の教育界が、大変に参考となる具体的事例を豊富に提供してくれるフィールドとなることを意味している。ちなみに、アメリカ合衆国の1970年代のこうした動きは、同国の実践家や研究者、学会によって、意図的・意識的に生み出されたものであると言えよう。例えば、同時代にアメリカ合衆国の社会科教育界で大きな影響力を持っていた人物の一人であるシャーリー・エングルは、全米最大の社会科関係の学会である全米社会科教育協議会（NCSS）の機関誌『社会科教育（Social Education）』の中で、「規範・価値と切り離された知的作業や、市民の当面する実際問題と切り離された科学的知識の教授のみが重視され、市民的資質の育成は軽視ないしは無視されている」と論じ、規範や価値を社会科教育で積極的に取り込むことの重要性を主張している[10]。また、こうした動きは決してエングルのような一部の熱心な研究者や実践家の間だけに生じたものではない。大森正らは、1960年代から1970年代中頃までのアメリカ合衆国の各州の社会科カリキュラムを分析し、60年代に比べて70年代のカ

リキュラムは、目標などに意思決定や価値明確化、価値分析、価値葛藤、論争問題などの言葉が多く見られるようになっていることを指摘している。さらに大森らは、こうした研究結果を踏まえて、70年代に入って合衆国の社会科には大きな変化が生じているのではないかとの指摘もしている[11]。事実、最近の合衆国の社会科教育史研究者ロナルド・エバンズは、こうした70年代から80年代を「新・新社会科（Newer Social Studies）」期と呼んで、再評価を始めている[12]。

　さて、わが国において、このような価値を積極的に学校教育で取り扱っていこうとする70年代（正確には60年代後半）以降の合衆国教育界の動向に注目した研究は、既に幾つか存在する。このような研究には、合衆国のこうした動きそのものについての紹介を目的とした研究（紹介型研究）と、この動向を整理して民主主義社会の形成者を育成するための価値学習のあり方を検討しようとする研究（評価型研究）とに分けることが出来る。筆者の研究は後者に位置付く。

　前者の紹介型の研究も、価値を積極的に取り扱おうとする合衆国の70年代以降の動き全般・全体像を捉えようとする研究と、ローレンス・コールバーグの「道徳的発達」を目指す学習、B. サイモンやロバート・スタールらの「価値明確化学習」、フィリップ・フェニックスの「永遠主義」教育思想など、そうした動きの事例を個別に紹介するもの、ないしはそうした教育論に基づいて作成された個々のカリキュラム教材の構造原理を解明・紹介するものとがある。このうち、個別事例の紹介を試みた先行研究については、その量も多く、ここで取り上げていくにはとても紙幅が足りない。また本稿においてそうした事をすることの意味も少ないと思われる。本研究ではそうした研究については割愛し、70年代以降の合衆国の動向の全般・全体像を紹介しようと試みた論文を取り上げることにする[13]。これには、田浦武雄らの研究[14]、今谷順重の研究[15]、伏木久始の研究[16]などが存在する。

　田浦らは、70年代の価値学習の動きを整理したスペルカの5類型（①教え

込み、②道徳的発達、③価値分析、④価値明確化、⑤アクション・ラーニング）、シルバーの7類型（スペルカの①～⑤、+⑥ロールプレイング、⑦融合教育）などの合衆国国内の研究を踏まえ、これに「⑧改造主義（再構築主義）」を加えて、合衆国の価値学習の流れを8つに分けている。「①教え込み」は、例えば神を普遍的で永続的な実在と見なし、これを合衆国の学校教育で子どもたちに教化するべきであると主張したフェニックスの「永遠主義（Perennialism）」の教育論などが該当する[17]。「②道徳的発達」は、ジョン・ロールズの正義論の影響を受け、社会的正義から価値の対立する各種の倫理的、もしくは政治的な諸問題（論争問題）を考察できる子どもを育成しようとした発達心理学者コールバーグの教育論（道徳性発達教育）が該当する。「③価値分析」は、価値の対立する論争問題を取り扱い、これを議論していくことよりも、分析して整理していく点を重視するタイプの学習論（例えば、第3章で取り上げることになるISMシリーズ）がここに位置付くと考えられる。「④価値明確化」はサイモン、スタールの教育論など、所謂「価値明確化学習」と呼ばれるものが該当する。「⑤アクション・ラーニング」は、おそらく後に「サービス・ラーニング」と呼ばれるようになる一連の学習活動（またはその一形態）が該当しよう。「⑥ロールプレイング」は、価値葛藤の場面に直面した当人の心情に入り込み、その人物の立場から問題を解決しようとする学習一般を指すものと考えられる。そのため、ここでは該当する特定の学習形態を見極めるのは困難と思われる。「⑦融合教育」は、ジョージ・ブラウンが提唱した学習のこととされる。8番目に当たる「⑧改造主義（再構築主義）」は、セオドア・ブラメルドやジョージ・カウンツ、ハロルド・ラッグらに見られる、社会変革を目指した教育思想で、社会問題を授業で取り上げることを特色とする。近年における典型的な事例としては、ブラジルで活躍したパウロ・フレイレや、フレイレの教育論に大きな影響を受けたヘンリー・ジルーら急進派（Radicals）が該当すると考えられる。また広い目で見れば、ローレンス・メトカーフやエングル、アンナ・オチョアら社会問題を取り上げ、そこでの

意思決定能力・社会的判断力の育成に注目する社会科教育系のデューイストらの教育論全般もここに該当し、第5章で扱うドナルド・オリバーらのハーバード社会科『公的論争問題シリーズ』などもここに含まれる。

　こうした田浦らの研究は、合衆国国内で実際に行われている価値学習（またはそうした価値学習を展開している研究グループ）の主だった個別事例をただ単に帰納的に並べて紹介しているに過ぎない。もしくはそうした価値学習（またはそうした価値学習を開発しようとする研究グループ）の知っている限りの個別事例を紹介し、これに新種を見つけ次第、紹介に加えているに過ぎない。このような手法では、当然「漏れ」が出てくることになり、70年代の合衆国の価値学習に関する全体像を把握するには、無理のある研究手法である（例えば、第5章で扱う『法と王冠』を含む「法関連教育（LRE）」はどこに位置づけされるのかが分からない）。また、田浦らの8つの類型の中には、その類型の特質のかなりの部分が他の類型と重複するものも含まれており（例えば、「ロールプレイング」は「価値明確化」学習などのカリキュラム教材で頻繁に活用されているので、「ロールプレイング」を独立領域とすることは難しい）、価値学習の全体を見渡すための類型指標としても、あまり有効であるとはいえない。

　今谷の研究も、70年代以降に盛んに開発されるようになった一連の価値学習を「新しい問題解決学習」と呼び、その全体像を取り上げようとした研究である。しかし今谷の場合、取り扱う事例は「タバの社会科カリキュラム」、「ラスとサイモンの意思決定プログラム」など、より個々人の単位で列挙しているに過ぎない。70年代以降の合衆国の価値学習を整理するという点において、今谷の研究は、田浦の研究と同じ課題を持つ。ただし今谷は、各事例について、そのカリキュラムや授業の構成を踏まえながら紹介している点では、学校現場への応用可能性が高く、田浦の研究よりも優れていると評価することも出来よう。なお、今谷が研究を通して取り扱った価値学習の事例は、田浦が紹介した①〜⑧と重複するものも多くあるが、全く新しいものもある。この時代の価値学習について複数の具体的な事例を確認したい場合、今谷の

研究が参考になると思われる。

　これに対して伏木の研究は、前もって分類指標を定め、田浦らの8類型に示される個別事例をこの分析指標に基づいて演繹的に整理するというものであった。伏木の研究は、比較的に一般性の高い分析指標の開発に成功しており、この指標を定めることで、70年代の合衆国の価値学習に限らず、どの時代のどの地域の価値学習もその学習の特性（他の学習との性格の違い）を整理し明瞭化することを可能にした（図0-1を参照）。伏木は、大森照夫が社会科の本質を、「社会諸科学の概念の探究学習」、「社会問題重視の市民性育成教育」、「生活経験中心の問題解決学習」に分けたことを受けて、これを横軸にとる。対して縦軸は、社会的価値に対する各種学習の姿勢から3つに分ける。これは伏木オリジナルの分類法であろう。分析対象となる価値学習が、何らかの社会的価値を教えようとするタイプであるか（「客体側の価値重視」）、それとも学習者側が各自で価値を構築していこうとするタイプであるか

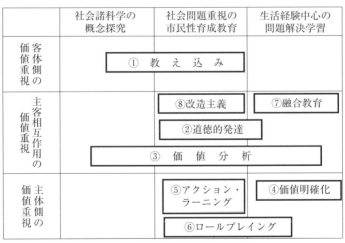

図0-1　伏木の「アメリカ社会科における価値教育論の位置づけ」（1998年）
（伏木久始「1960-1970年代のアメリカにおける価値教育論の遺産」『学藝社会』第15号、1998年、8頁より抜粋）

(「主体側の価値重視」)、その両方の側面を持つか (「主客相互作用の価値重視」) で3つに区分する。こうして価値学習は、横3枠、縦3枠、3×3の計9つのタイプに類型されることになる。

ちなみに、この伏木の分析指標の中では、第3章前半で扱うスタールの『思考への扉』を含む「④価値明確化」は、「生活経験中心の問題解決学習」を扱い、「主体側の価値重視」の位置にあると性格付けされ、分類されている。また、同じく第3章後半で扱うブルーノ・レオーネらの作成したISMシリーズを含む「③価値分析」は、「生活経験中心の問題解決学習」から「社会問題重視の市民性育成教育」、「社会諸科学の概念の探究学習」まで広く扱う学習とされ、「主客相互作用の価値重視」と位置付けられている。第5章で扱われるハーバード社会科『公的論争問題シリーズ』を含む「⑧改造主義」は、「社会問題重視の市民性育成教育」を扱い、「主客相互作用の価値重視」の位置にあると性格付けされている。このような伏木の各学習論の位置付けは、後に示されることになる『思考への扉』、『フェミニズム』(ISMシリーズ)、ハーバード社会科の分析結果ともある程度合致しており、妥当であると言えよう。

ただ、伏木の研究の難点を挙げるとすれば、氏の開発した分析指標は、各種の価値学習の特性の違い (ねらいの違い、教科内容や教育方法の違い) を整理するには有効であるが、整理することの目的・ねらいが何なのかがはっきりしないことである。つまり、価値学習の交通整理そのものが研究の目的と化していると言えよう。これではやはり、多様な価値学習の紹介研究の域を超えることはない (勿論、多種多様価値学習が登場し混乱の様相を呈してきた70年代以降の合衆国の動向について交通整理をした伏木の研究には、一定の意義がある)。

これに対して、70年代以降の合衆国の価値学習の展開を踏まえて、市民性育成という観点から価値学習のあり方を検討し価値付けしようとした「評価型研究」には、溝口和宏の研究がある[18]。溝口は、この時代の合衆国の各種価値学習を類型化するために、価値学習の教育方法に着目して、「価値分

析型」と「価値追究型」の2つに全体を類型した。そして「価値分析型」をさらに「思想分析型」「政策分析型」「制度分析型」「宣伝分析型」「判例分析型」の5種類に、また「価値追究型」を「選択的価値追究型」と「調停的価値追究型」の2種類に分けた。「価値分析型」は、価値の対立する論争問題を取り扱い、これを議論していくことよりも、分析して整理していく点を重視するタイプの学習論を指す。前述の田浦の「③価値分析」がこれに該当すると考えられ、ISMシリーズは、「価値分析型」（の「思想分析型」）に位置づけられている。対して、「⑧改造主義」の事例であるハーバード社会科はもう一方の「価値追究型」（の「調停的価値追究型」）に位置づけられている。おそらく、サイモンの教育論や『思考への扉』に見られるスタールの教育論などを含む価値明確化学習（「④価値明確化」）やサービス・ラーニング（「⑤アクション・ラーニング」）、コールバーグの道徳的発達の教育論（「②道徳的発達」）、ブラウンの「⑦融合学習」などもこの「価値追究型」に位置づけられるであろう。

　田浦の①〜⑧の教育論の交通整理をするのであれば、伏木の分析指標の方が有効である。しかし溝口の意図はその点には無い。溝口は、市民性教育という点から考えて、民主主義社会において「あるべき価値学習」のあり方を検討することを目的としてこのような分類を行ったのである。例えば、溝口の研究からは、「①教え込み」に該当すると思われる価値学習が排除されている。これは市民性形成という観点から見て、「①教え込み」が検討に値しない程に問題性を持つと溝口が判断したことによるものと考えられる。こうした点からも、溝口の研究関心が、価値学習の全体像を整理することよりも、市民性育成教育としてのそれぞれの価値学習の価値を判定することにあることが確認できる。

　ただ溝口は、こうした研究の結論として、「価値分析型」と「価値追究型」、「選択的価値追究型」と「調停的価値追究型」、そのどちらか一方をより優れた学習として価値付けすることを原則として避けている。その代わりに溝口

は、それぞれの価値学習が保証し得る市民性育成の特質を明らかにし、それらを目的や用途に応じて使い分けをしていくことを示唆した。こうした溝口の論の展開は、筆者としては「評価型研究」としては何か煮え切らないものを感じたりもする。しかし、溝口の研究は、市民性育成教育としての価値学習を実際に学校現場へ応用していくための、具体的な提案を試みようとした点において、そうした意思の見られない伏木の研究よりも、実用性という側面で一歩前に踏み出した研究として、十分に評価出来るものであろう。また溝口の研究は、前述の今谷の研究と同様に、取り扱った各事例について、そのカリキュラムや授業の構成原理を示している点でも、より学校現場への応用を意識した研究であると評価することが出来る。

　なお、こうした溝口と同じく、価値学習の全般・全体像を整理するだけでなく、そこから価値学習の有るべき姿を検討しようとした事例として、吉村功太郎の研究がある[19]。吉村は溝口の価値学習の類型をたたき台として、下の表0-1のような類型を示している。

　吉村も、「①教え込み」に該当する価値学習を検討対象から外している。この意図は溝口と同じところにあると予想される。吉村は価値学習を「価値判断吟味型」と「価値判断決断型」に分けているが、これも溝口の類型を意識したものであり、吉村の「価値判断吟味型」は溝口の「価値分析型」と、吉村の「価値判断決断型」は溝口の「価値追究型」と同じものである。

　吉村の問題意識は、第一点目に、溝口の示した類型が、合衆国の価値学習

表0-1　吉村の「価値観形成論の類型表」

		価値判断吟味型		価値判断決断型	
		構造吟味型	価値反省的吟味型	価値自主的選択型	価値観変革・成長型
個人レベル		構造吟味型	価値反省的吟味型	価値自主的選択型	価値自主的追求型
社会レベル	客観			価値集団的選択型	
	間主観				価値集団的追求型

(吉村功太郎「社会科における価値観形成論の類型化―市民的資質育成原理を求めて―」『社会科研究』第51号、1999年、12頁より抜粋)

の実態から帰納的に導かれており、価値学習全体の分析指標としては不十分であると考えているところにある。確かに溝口の類型は、「価値分析型」と「価値追究型」とで対概念となっていたが、その下部の類型は、「価値分析型」の場合、「思想分析型」「政策分析型」「制度分析型」「宣伝分析型」「判例分析型」と内容別類型であり、「価値追究型」の場合、「選択的価値追究型」「調停的価値追究型」と方法別（目的別）類型で、両者はベクトルの異なる基準で分類されているため、対の関係になりえていない。また吉村の問題意識の第二点目は、溝口の価値学習の価値付けをめぐる議論が不十分と考えているところにある。溝口は価値の教え込みに該当する学習を排除したが、これに該当しない学習についてはフラットな評価を下した。吉村から見てこの評価は不十分に感じたようである。

　これらの課題を克服するために吉村は、類型枠を先に作って価値学習を演繹的に整理しようと試み、「価値判断吟味型」と「価値判断決断型」を横軸に設定する一方、これとは別に、判断（決断・吟味）主体を個人とするか、社会とするかで分ける指標を縦軸に設定した。そして、「価値判断吟味型」（溝口における「価値分析型」）は、価値の判断主体が個人レベルにしか設定されないが、「価値判断決断型」（溝口における「価値追究型」）は、価値の判断主体が社会レベルで設定されることを可能とする、つまり教室集団間の議論という営みが重視される学習形態を生み出す可能性があることを論じ、市民性育成を社会形成という観点から論じる場合、「価値判断決断型」を積極的に導入し、その名でも「価値集団的選択型」や「価値集団的追求型」の学習を積極的に展開していくべきであるとはっきりと価値付けするのである。吉村のこの類型や、議論そのものは合衆国の各種の価値教育論の整理と評価にも十分に応用可能である。

　ただ、これらの「評価型研究」は、専ら学習の目標や教育方法といった観点から類型されるのみで、取り扱いの対象となる価値の領域との関係に注目がなされてこなかった。筆者の問題関心は、価値学習が、思想、宗教、文化

的慣習、法規範など、対象となる価値の領域によって、市民性育成に果たす教育機能やその役割が異なるとした仮説を論証することにある。溝口の研究も、吉村の研究も、こうした筆者の問題意識に応える研究ではない。本来、教育学は、教育のねらいや目標と、それを具体化するための教科内容、教育方法を連続的に考察していく学問である。しかしこれまであまりにも価値学習は、その理念や教育方法にばかり注目が集まり過ぎ、取り扱うべき教材となる社会的価値の中身について関心が向いて来なかったのではないだろうか。

これまで70年代以降の合衆国の価値学習の教育論やカリキュラム教材を研究対象としてきた先行研究は数多くある。しかしそれらは多くは単体のカリキュラム教材や教育論の紹介、または個々の教育論の哲学的背景を含めた説明や単体のカリキュラム教材の構造原理の説明に留まる。またそうではない場合でも、交通整理そのものを目的とした研究に留まってしまう。これに属さない例外的な研究（＝評価型研究）には、溝口や吉村の研究があるが、これも分析視点が専ら教育目標と教育方法にあり、カリキュラム教材が取り扱う価値の領域から考察するといった発想は弱い。筆者の研究は、カリキュラム教材が取り扱う価値の領域から市民性育成における価値学習のあり方の検討を試みるという、これまでにない研究アプローチをとる。

第4節　研究方法と本書の構成

本研究の目的は、前述したように、民主主義社会の学校教育（特に社会科教育）における価値学習について、その目標、内容、方法のあり方を総合的に検討することにある。この目的に即して筆者としては、次の方針を立てた。
　①具体的に単元や授業計画が設定された（ないしは実践された）カリキュラム教材を分析対象として検討する。
　②複数のカリキュラム教材を研究対象とし、それらの比較検討をする。その際に、それらのカリキュラム教材の構造が「論理的に」考えて、民主

主義社会の有意な形成者としての子どもたちの育成にどこまで寄与しうるのか、その「潜在的可能性（potential possibility）」について検討する。
③複数のカリキュラム教材を比較する際には、まず各種カリキュラム教材が取り扱っている「価値領域」別に整理する。そうすることで、それらの「価値領域」別のカリキュラム教材が民主主義社会の有意な形成者の育成に寄与することのできる独自の部分とその限界を考察しやすいものとする。
④研究対象は、アメリカ合衆国で主に1970年代から今日までに開発された価値学習に関する各種カリキュラム教材とする（ただし、1960年代後半のカリキュラム教材でも、時代を先んじた特殊なカリキュラム教材である場合、本書では例外的に取り扱っている）。

こうした手順に基づいて、第1章では、研究対象とする価値学習を整理するフレームワークを設定する。基本的には、「宗教的価値」、「思想的価値」、「文化慣習的価値」、「法規範的価値」の4つに分ける。これに合わせて第2章から第5章では、民主主義社会の形成者育成という観点から各種価値学習の特質と課題を検討していく。基本的には、民主主義社会の形成者育成という観点からみて特徴のある構造を持つカリキュラム教材の事例を、各種価値領域別に複数挙げて、比較検討していくという研究アプローチを採用する。第2章は宗教的価値、第3章は思想的価値、第4章は文化慣習的価値、第5章は法規範的価値を取り扱う。終章は、民主主義社会の形成者育成に見るそれぞれの価値領域別の価値学習の特質や限界が生じる理由について考察し、また民主主義社会の有意な形成者を育成していくために、どのような価値学習が求められるのか、そのあり方についての総合的検討を行う。

なお本研究が、その分析対象を実際に行われた授業実践の記録ではなく、あえてカリキュラム教材（教師の指導計画や教科書・教師用指導書など）にする理由についてここで説明をしておきたい。わが国において海外の教育論を研究する際に、カリキュラム教材を分析対象とするケースは、1970年代頃から

特に教科教育学の領域で多く見られるようになった。それはわが国において戦前以来の伝統的なアプローチであり、そして今日も教育哲学者がしばしば用いる教育学研究の手法である「哲学的アプローチ」が、専らカリキュラムや授業実践の具体を無視して教育思想ばかりを議論や研究の対象とする傾向にあるため、その言説は抽象論や概念論に満ち溢れ、現場に還元するところが少なかったことへの反省から生じたことである。教育思想ばかりを研究対象とした結果、「授業実践は教師が原則介入してはならないが、科学的思考や学術成果を忘れてはならない」という、両立困難なことを平気で主張したり、「起業力の形成」「人間力の形成」などといった学校教育で育成可能とは思えないような壮大なことを主張してしまったり、「生きる力」などといった実態のない造語を作り出すことで問題を解決した気分になってしまったりした。こうしたことを防ぐため、教育のあり方を議論する際には、教育思想のみをカリキュラムや授業とは分離し先行して検討するやり方ではなく、実際のカリキュラムや授業の具体を踏まえて連続的に検討する方法が特に教科教育学で採られるようになったのである。そこには、学校教育で「出来ること」を議論しようとした強い意思が働いている。

　本来、学校現場で実践出来ることをより意識するのであれば、実際に今学校現場で行われている授業実践そのものを研究対象とするべきということになる。しかし20年くらい前までは、海外の教育論を研究対象としている場合、それが予算的な面や政治的理由などから叶わぬことが多々あった。そのため応急処置的に取られた方策が、海外で市販されているカリキュラム教材（教科書や教師用指導書）を購入し、それらを分析するという方法であった。合衆国のカリキュラム教材には、日本とは異なり大抵の場合、「発問」が設定されている。これを並べると、そのまま授業計画を立てることが出来るようになっていた。それは、そのカリキュラム教材を開発した人々（大抵はベテランの教師が開発に加わっている）が、その開発の際に頭に描いた授業の計画案と言ってよいものある。つまり、合衆国の場合、そこでの授業計画案は、そ

の道のベテランが長年積み重ねてきた経験を生かし、多くの若手の教師も実践可能な形に変形した一つの授業計画と見なすことが出来るのである。

　しかし現在では、海外の授業実践を実際直に目にすることもかつてほど難しいことではなくなった。そのため、カリキュラム教材に記載されている指導計画を分析の対象とするのではなく、実際の授業実践を観察するべきだといった主張がなされるようになった。例えば川﨑誠司は、合衆国の教師のほとんどは、カリキュラム教材に記載されている発問や授業展開の流れの通りの授業などしないとして、これを分析対象とすることは無意味であると主張している[20]。また田口紘子も、子どもと教師の対話から成り立つタイプの授業（価値学習の多くはこのタイプに属する）は、ほぼ指導計画案通り授業は進まない上、現場への還元を考えると、授業実践記録（プロトコル）を研究の対象とするべきではないかと主張する[21]。そして自らも構成主義歴史教育の分析対象を実践記録に求めている。

　筆者も当初は分析の対象を現場での授業実践に求めるべきだと考えていた。しかし、次のような理由から、最終的に分析対象を従来の海外研究と同じく、カリキュラム教材に求めることとした。

　第一に、学校現場で行われている授業実践の質的問題である。川﨑が指摘している通り、あるカリキュラム教材を教師が活用しているからといって、そこに描かれている指導計画が学校現場の実際の授業実践と同じなどということはまずあり得ない。おそらく現場教師は様々にアレンジして授業計画を組み替えたり修正したりしているであろう。しかし、そうして修正された授業計画が、必ずしも修正前より質の良いものとなりえていないのである。

　例えば、前述の田口は、キース・バートンとリンダ・レヴィスティクの構成主義的な歴史教育論を分析する際に、彼らが作成した学校現場用の教科書ではなく、彼らの思想を受け継いで実際に現場の教師によってなされた授業実践の逐語記録を分析の対象としている。バートンらは、構成主義的歴史教育論を実際に展開するに当たって、歴史学の解釈論争をただ体験させること

には意味がなく、政治的問題になっているようなテーマを扱わないと、社会科として構成主義歴史教育の意味は薄くなると主張していた。つまり日本の事例で説明するならば、邪馬台国が近畿にあったのか九州にあったのかを論じることよりも、南京大虐殺の有無をめぐる歴史解釈論争や、原爆投下の是非をめぐる歴史解釈論争など、国際的問題、政治的問題になっているような事例の方を社会科はより積極的に扱うべきであるということになる[22]。しかし田口が取り扱っている現場での実践事例の内の幾つかは、バートンの意図に反して、そうした政治的問題になっているものを扱っていると必ずしもいえないものである。現場教師がカリキュラム教材の計画案を組み替えて自らの指導計画を立てる際、子どもの実態なども考慮にいれると思われるが、それ以外にも、学校や教師の置かれている立場、州のカリキュラムや教育委員会の方針など、様々な社会的要素も考慮に入れることになろう。こうした社会的要素は、多くの場合、授業の革新性を制限する方向に働く。つまり授業を「骨抜き」にするのである。例えばバートンの理念通りの授業を現場でするとなると、その教師には相当の覚悟が必要となる。その教師の教科指導の力量について父母親族や教育委員会、地域社会が相当の信頼をしていないと、なかなか実践すること自体が難しいのではないだろうか。また、田口の分析対象は初等段階であった。初等であることも、バートンの教育論が持つ革新性が抑制された一因になっているであろう。つまり実践者側によって「君らにはまだ早い」と判断が働いたと考えられるのである[23]。

　第二に、カリキュラム教材に掲載されている授業計画案の実行性とその質についてである。前述したが、こうした指導計画はもともとその道のベテラン教師が作成または作成協力しているケースが大半である。そして多くはそのベテラン教師の長年の経験を基に作成されたものであったり、実際に学校で実践が行われたりしたものである。そうした授業計画案については、確かに教師がそのままの形で活用する可能性は決して高くはないかもしれない。しかし少なくともその計画案は、その計画案を策定したベテラン教師がかつ

て学校現場で行っていた授業、または今でも行っている授業実践を踏まえたものであったりする可能性が高いのではないだろうか。つまり、カリキュラム教材に掲載されている授業計画案について、少なくとも作成したベテラン教師は、かなりそのままの形で実践をしている、またはしていたのではないか、ということである。そうした点を考えれば、カリキュラム教材にある計画案は全く実効性の無いものと決めつけてはいけない。

またこれらカリキュラム教材に掲載されている計画案は、一般公開されている分、多くの人々の批判に開かれていると言えよう。そのことを考えると、授業で取り上げている事象の事実関係については、慎重に取り扱っている可能性も高く、また授業計画案も一定の質が保たれやすいと考えられるのである。また、カリキュラム教材は販売を目的としているため、そこに内在する教育原理や教材に何らかの斬新さが含まれているケースが多いことも特徴として挙げられる。そうでなければ売れないのである。

本研究は合衆国の価値学習の実態調査を目的としているのではない。もし実態調査を研究の目的とするのであれば、確かに現場の授業実践記録に力点を置く必要があろう。しかし本研究は、出来るだけ質の良い実行可能なカリキュラム、単元、授業の構想について、そのデータを集め、その構造上最善のもの（またはあまり採用すべきではないもの）を見出していきたいと考えている。最良の宗教的価値学習の事例を、最良の思想的価値学習の事例を、最良の法規範的価値学習の事例を、知りたいのである。そしてその中から、民主主義の形成者育成における各種価値学習の論理上の可能性と限界点を考察したいのである。現場の実践記録でなくとも、カリキュラム教材を分析対象とするので足るのではないか（むしろ、その方が良いのではないか）。

このような説明を筆者が行っても、異議のある方もいよう。おそらく今後もこうしたアプローチをめぐる議論が続くことになると思われるが、とりあえず本研究では、前述した2つの理由から、従来の教科教育学で採られた海外研究のアプローチを継承し、カリキュラム教材と、そこに掲載されている

指導計画案を、主要な分析対象とすることにしたい。

【註】
1）価値を「思念」と「言説」の2つに分ける考え方は、橋爪大三郎の制度論を参考にしている。詳しくは、橋爪大三郎『橋爪大三郎コレクションⅢ　制度論』勁草書房、1993年を参照されたい。
2）もっとも、我が国の初等教育の場合、「注入（Indoctrination）」という形で価値が教科教育の中で扱われてきた。
3）この立場に、森分孝治がある（森分孝治『現代社会科授業理論』明治図書、1984年、及び、森分孝治「社会科授業構成の類型―社会科授業構成の原理を求めて―」社会認識教育学会編『社会認識教育の探求』第一学習社、1978年）。
4）1930年代の事例としては、例えばハロルド・ラッグら社会改造主義者による教育論や社会科カリキュラム教材開発のことを指す。また1970年代は、後述するロナルド・エバンズが言うところの「新・新社会科」期の教育論やカリキュラム教材開発を指す。なおエバンズは、30年代も70年代も「社会改造主義的な方向性を持つ進歩主義教育」に基づいた動きであったと評している。(Evans, R. W. *Social Studies Wars: What Should We Teach the Children?*, Teachers College Press, 2004, p. 146)
5）例えば、法理学者ハート（H. L. A. Hart）は「社会は様々な法的ルールに従った人々の振る舞いの集積である」とした考えをその著書『法の概念』で示し、世界に大きな影響を与えた（ハート著（矢崎光圀訳）『法の概念』みすず書房、1976年）。また日本でも、橋爪大三郎がこの観点から、価値や規範を社会の存在と切り離せないことを指摘している。(橋爪大三郎『言語派社会学の原理』洋泉社、2000年、23〜24頁）。
6）この考え方は、マックス・ウェーバー（Max Weber）の「客観的な認識」の考え方に由来している。詳しくは、マックス・ウェーバー著（祇園寺信彦・祇園寺則夫訳）「社会科学的及び社会政策的認識の客観性」『社会科学の方法』講談社、1994年を参照されたい。
7）社会学ではこれを「物象化」または「制度化」と呼ぶ。「物象化」や「制度化」については、野村一夫『リフレクション―社会学的な感受性へ―』文化書房博文社、1994年や、ピーター・バーガー＆トマス・ルックマン著（山口節郎訳）『日常世界の構成―アイデンティティと社会の弁証法―』新曜社、1977年を参照されたい。
8）橋爪、『言語派社会学の原理』、24頁。

9)「民主主義社会における社会科教育」とした観点から、価値学習を擁護する主張は、昔から今日に至るまで、幾つかの論文や理論書の中に見ることができる。わが国においては、古いものであると例えば上田薫『社会科とその出発』同学社、1947年、や上田薫『社会科の理論と方法』岩崎書店、1952年などがあり、新しいものとなると、池野範男「市民社会科の構想」社会認識教育学会編『社会科教育のニュー・パースペクティブ』明治図書、2003年などがある。
10) Engle, S. H., Exploring the Meaning of the Social Studies, *Social Education*, Vol. 35, No. 3, 1971, pp. 287-288.
11) 大森正「1970年代後半における米国社会科カリキュラム改造の方向―1974年版カリフォルニア州公立学校社会科フレームワークの考察を通して―」『社会科研究』第38号、1976年。大森正、山根栄次、高柳英雄、江口勇治「アメリカ各州の社会科フレームワークについての考察―その類型的把握と社会科教育観の分析―」『社会科教育研究』第40号、1977年。
12) エバンズは60年代の学問中心カリキュラムを軸とした「新社会科（New Social Studies）」運動と70年代以降の動きを区別するために、「新・新社会科」の概念を生み出した。なお「新・新社会科」期についてエバンズは、NCSS全国大会で社会科で論争問題や価値議論の取り扱いを重視することが宣言された1968年をその始まりと位置付け（実際、MACOSやハーバード社会科プロジェクトは、この時期に登場している）、保守派がナショナル・スタンダードを奨励していく中で、価値議論の扱いを避ける傾向がみられるようになる1990年代初めまでの間の15年間くらいとしている。(Evans, *Social Studies Wars*, pp. 122-148)
13) こうした紹介型研究もさらに、個別に開発されたカリキュラム教材を紹介するタイプの研究、実践家や研究者個々人の教育論を紹介するタイプの研究、価値学習のうち、「○○教育」といった一領域に限定してその全体像を示そうとする研究などに分けられる。個別に開発されたカリキュラム教材を紹介する研究としては、例えば、鷲原進「社会科異文化理解学習の改善―『世界文化：グローバル・モザイク』を手がかりとして―」『社会科研究』46号、1997年や、浅沼茂・松下晴彦「アメリカにおける歴史教育と道徳教育の統合―価値観形成のための教材例―」『比較教育学』第15号、1989年などがある。実践家や研究者の教育論を紹介するタイプの研究としては、例えば、佐野安仁『フェニックスの道徳論と教育』晃洋書房、1996年などがある。「○○教育」といった一領域の教育動向の全体像を示そうとする研究としては、橋本康弘の一連の法関連教育の研究などを挙げることが出来る。
14) 田浦武雄・酒井ツギ子・佐藤由紀子「現代における価値教育論の比較研究（その

一）」『名古屋大学教育学部紀要　教育学科』第29号、1982年。田浦武雄「現代における価値教育論の比較研究（その二）」『名古屋大学教育学部紀要　教育学科』第30号、1983年。
15）今谷順重『新しい問題解決学習の提唱—アメリカ社会科から学ぶ「生活科」と「社会科」への新視点—』ぎょうせい、1988年。
16）伏木久始「1960—1970年代のアメリカにおける価値教育論の遺産」『学藝社会』第15号、1998年。
17）「恒久的な意味の発見は可能であり、また意味に障害をもたらすものは、可能な意味領域とその実現のために条件が充分に理解されれば、克服できるということである」とした考えをフェニックスは持っていたので、「永続主義」と呼ばれた（P. H. フェニックス著（佐野安仁ほか訳）『意味の領域——一般教育の考察—』晃洋書房、1980年、34頁）。フェニックスは無神論者を、恒久的な意味の発見に障害をもたらすものと位置付け、神学を学ぶことの重要性を説く。
18）溝口和宏『現代アメリカ歴史教育改革論研究』風間書房、2003年。
19）吉村功太郎「社会科における価値観形成論の類型化—市民的資質育成原理を求めて—」『社会科研究』第51号、1999年。吉村の研究では、分析対象を特に1970年代以降の合衆国に限定してはいないが、吉村の示した類型枠組みは、価値学習の全体像を整理するための分析指標のため、本書で検討するに値すると思われる。ちなみに溝口の類型は、2003年の博士論文の出版を持って広く公表されたわけであるが、構想そのものは1996年に博士論文を広島大学に提出した際に、その中に示されている。つまり、吉村の類型よりも溝口の類型の方が先に作成されている。またこの二人は大学の同級生であり、情報を綿密に交換している仲にある。
20）川﨑誠司『多文化教育とハワイの異文化理解学習—「公正さ」はどう認識されるか—』ナカニシヤ出版、2011年、11〜12頁。
21）田口紘子『現代アメリカ初等歴史学習論研究—客観主義から構築主義への変革—』風間書房、2011年。
22）Barton, K. C. and Levstik, L. S., *Teaching History for the Common Good*, Routledge, 2004, pp. 191-202. またバートンは、2009年の来日の際に文部科学省に表敬訪問した際にも、こうした旨の発言をしていた。
23）これは歴史教育実践に限った話ではない。筆者が最近関心を持つ批判的教授学の実践でも同じ傾向が見られる。詳しくは、ヘンリー・ジルー著（渡部竜也訳）『変革的知識人としての教師—批判的教授法の学びに向けて—』春風社、2014年に掲載されている「訳者あとがき」を参照されたい。

第1章　価値の本質と価値学習の類型

第1節　価値と学校教育

　価値とは何か。広辞苑によると価値とは「良いといわれる性質。㋑人間の好悪の対象となる性質。㋺個人の好悪とは無関係に、誰もが「良い」として承認するべき普遍的な意味」とある1)。つまり価値とは、好悪の（特に「良い」という）性質を持つものであり、またそれは同時に人間が思考し行動をする上での判断の指標・基準となる性質をもつ。例えば「表現の自由」は、現代社会においては、人々は潜在的に「良いもの」「望ましいもの」といった意識を持って活用しており、人間が何か行動をとる時の判断の基準となっている。

　しかしここで一つの疑問が浮かぶ。なぜ価値は「良い」とか「望ましい」と思ってもらえる性質を保てるのか。この点について作田啓一は、価値とは、なんらかの人間の欲求を満たしうる性質を持つもの、つまり「欲求充足的意味」を持つものだからと説明している2)。例えば、「表現の自由」も、それは「好きなことを発言したい」といった人間の欲求を満たすから「良いもの」「望ましいもの」、つまり価値と見なされるのである。「経済活動の自由」も「団体交渉権」も、全て人間の欲求を満たす性質を持つ点で価値なのである。また「民主政治は、市民が政権を選択できることであるべきだ」といったものも価値となる。政権を選択したいという人間の欲求を満たすからである。「州権主義」というのも価値である。「連邦より州の権力を強めたい」といった人間の欲求を満たすからである。

　さて、こうした価値であるが、作田はゲオルグ・ジンメルの価値の定義を

踏まえて、別の視点からもこの価値を説明している。作田は入手あるいは到達に犠牲を伴う性質をもつものとして、犠牲の代価として価値を捉えた。つまり、価値は欲求の充足といった意味もあるが、それと同時に別の欲求の犠牲（代償）も生み出すことを作田は指摘したのである[3]。

確かに、価値は欲求の充足と犠牲をもたらす。例えば、個人が就職をするか、進学をするか迷っている時、それは「経済活動の自由＝経済活動を自由にしたい」という欲求を満たすべきか、「学問の自由＝自由に学問をしたい」という欲求を満たすべきか迷っているのであり、その選択により片方の価値は犠牲となる。この事例のように欲求の充足と犠牲との関係が、個人の内部に起きる場合は大きな問題にならない。しかし、例えばマスコミが議員の娘の秘密を週刊誌に報じようとして、議員の娘が出版差し止めを申請した場合、これはマスコミが「知る権利＝人の情報を知っておきたい」「表現の自由＝人の情報を国民に伝えたい」という欲求を充足することで、議員の娘の「プライバシー保護＝自分の秘密にしたい情報を守りたい」という欲求が犠牲となり、また娘の出版差し止めの申請が通れば、今度は娘の「プライバシーの保護」の欲求が満たされ、マスコミの「知る権利」「表現の自由」の欲求が犠牲となる。このような時は欲求の充足と犠牲の関係は、個人の域を超えており、他人同士の対立を生み出している。このように、価値は欲求の充足と犠牲という2つの性質を持つが、このことはしばしば、社会に価値葛藤や対立、論争を生み出すことになる。

当然、社会はこうした葛藤や対立を放っておくことはできない。トマス・ホッブズではないが、「万人の万人による葛藤状態」が生み出されることになるからである。となると社会は、こうした価値葛藤をできるだけ防ぐことで秩序を保つ使命を負うことになる。では社会は実際にどのように価値葛藤に対応してきたのか。作田は人々が「社会的価値」を生み出していくことで、こうした価値葛藤や論争、対立をできるだけ生み出さないように努力してきたことを指摘する[4]。作田は「社会的価値」を「選択過程を通じ、何が望

ましいかについて社会の成員が後天的に習得した観念」と定義する[5]。つまり、価値の葛藤に直面した社会の成員の誰かが、両者が納得するような判断の指標を示してその決着をつけ、その判断指標を、他の成員たちも同意して受け入れたものが「社会的価値」だといえる。

　ここで問題となってくるのが、社会の成員のうちの誰が「社会的価値」を定めたのか、といった点である。社会の成員のほとんどが受け入れなくてはならないのだから、その判断を強制する力、つまり権力を持つ者やその機関が必要となってくるのである[6]。

　昔はそうした権力は国王や領主といった者が持っていた。そして彼らの決定は絶対であった。他の社会の成員（＝家来や庶民）は国王の決定に反論する権利がなく、国王らの決断に従順に従うことが求められた。そのため、他の社会の成員は、価値葛藤を議論する必要があまりないため、そうしたことへの能力・態度の育成も求められることはなかった。

　しかし、19世紀に入ると、庶民の総意をできるだけ政治に反映させようという「民主主義体制」が各国で誕生し、その政府（裁判所）の決断に対して、庶民が拒否し、それを表明する権利を持つようになった。と同時に、庶民にも価値葛藤に対して政府が下した判断を自分の意思で考察し、自らの考えを表明していく責任が生じたのである。このように、自らの考えを持ち、それを表明することができる庶民のことを「市民」という。

　これに合わせて教育現場でも、上記の責任を果たすべく、価値を積極的に学習に取り入れることで、従来の「社会的価値」（伝統的価値）を反省的に考察したり、新しい「社会的価値」を創造したりする態度や能力、いわゆる「市民」として必要な資質（一般には、「市民性」とか、「市民的資質」「シティズンシップ」とか呼ばれる）を育成することが徐々に求められるようになった。例えば、アメリカ合衆国では20世紀の前半にジョン・デューイがその必要性を唱え、その思想に共鳴した者たちにより「社会科」が生まれ、そこで価値学習が試みられるようになった[7]。

このように、価値は「良い」「望ましい」といった性質を帯び、これが人間の行動における「判断の基準・指標」となる。その「良い」とされるのは価値が人間のある欲求の充足を促すからだが、それと同時に別の欲求を犠牲にするという二面性を持つため、これが葛藤や論争を引き起こす。この葛藤を収めるために社会は「社会的価値」を生み出す必要があるが、特に民主主義社会においては、一般の人々にもこうした「社会的価値」を反省したり提案していったりする責任がある。そうなると学校現場では、価値を積極的に取り入れて、人々が「社会的価値」を反省したり、生み出していったりする機会を提供し、そうしたことをするために必要な能力や知的作法、そして態度を育成する学習、つまり価値学習が求められることになる。価値学習は、民主主義社会でしか必要とされない学習であり、同時に民主主義社会を我々が支えていく上で、必要不可欠な学習なのである。

第2節　学校教育（教科教育）における価値学習の変遷

しかし、こうした新しい動きが生じる一方で、わが国においても合衆国においても、価値を排除し、こうしたものとは無関係な存在と考えられてきた、経済現象や地理的事象、物理的事象などの「理論・法則」「構造・システム・メカニズム」をより正確に認識することのみに教育の目的を限定しようとする旧来の考え方が依然根強く残っていた。合衆国で1910年代から1930年代にかけて形成されてきた社会科などは、旧来のこうした考えに対抗しようとするものだったが、やはりこうした社会科においても、価値学習に十分な時間が割かれたとは言えないし、価値学習のあり方についての議論は甚だ貧弱なレベルで留まり、そして価値学習のカリキュラム教材の開発もあまり進まなかった[8]。やがて1940年代に入ると、当時、全米社会科教育協議会（NCSS）で大きな力を持っていたエドガー・ウェズレーが提唱した「社会科学科（Social Sciences）」構想にも見られるように、社会科でも価値排除の動

きが顕著となった[9]。

　だが1960年代後半頃から、価値を取り扱わない立場をとるこの立場に対して、その取り扱う範囲の狭さが原因となって引き起こされる様々な問題が少しずつ指摘されるようになった。この傾向は特にアメリカ合衆国で顕著であり、やがて、多様な価値の領域を対象とした学習が開発されるようになってきた。そしてこうした価値学習を学校教育で積極的に取り入れ、さらには教科教育の中心に位置付けようとする動きは、近年ますますその動きを強めている。近年のアメリカ社会は、様々な論争問題が生じ、国家の分裂が危惧されるようになっている。一説にはこうした価値学習は、より一層の社会分裂を招くきっかけともなりかねないとの批判もあるが、逆にこうした論争問題を積極的に教室の授業に取り込むことができる価値学習は、学習者が共同体や地域、国家や世界で起こる様々な問題に正面から取り組んでいくための態度や技術、共同体での話し合いへ自発的な参加をする態度、建設的な議論をするために必要な技能や態度など、論争問題に対してより合理的な解決案を構築するために必要な態度や知的作法の学習を保証し、さらには自分勝手な意見を出し合うのでは問題は解決しないことなどを学習者に学ばせるものであるために、結果として社会の結束を生み出すものであるとして評価する動きも少なくなく、分裂を防ぐための教育界側からのアプローチとしても注目されるようになってきている。

　併せて、価値学習の研究論文や研究会も次々に生じるようになった。既に序章で紹介した価値分析学習、価値明確化学習、道徳性発達教育、改造主義教育、アクション・ラーニング（サービス・ラーニング）などはその一例であるし、この他に、異文化理解学習、法関連教育（Law-Related Education）、品格教育（Character Education）、STS教育（Science Technology Society Education）、などもこの動きに加えることができよう。これらのうちの幾つかは、専門の学会も1980年代ごろに立ち上げられるまでになる。

　我が国でも、こうした価値学習への注目は順次見られるようになった。我

が国の場合、最初に価値学習に関心を持ったのは、米英をフィールドとする道徳教育の学者や心理学者たちであった。これらの研究者たちは、早くも1970年代後半には道徳性発達教育や価値明確化学習、品格教育の理論やカリキュラム教材を我が国に紹介している。これらは、それまでの我が国の道徳教育のあり方を根底から問い直すことになり、新たなムーブメントを道徳教育界に呼び起こすことになった。

また、異文化理解に関心のある研究者たちも、1970年代後半には、当時の合衆国で開発された一連の「教育の人間化」カリキュラム教材（例えば、ブルーナーの『人間：その教育課程（Man : A Course of Study＝MACOS）』やタバ社会科など）やその理論に注目し、これらを紹介した。グローバル化する我が国の学校現場側の強いニーズもあって、一部合衆国のカリキュラム教材の影響を受けつつも、我が国の現場教師による独自の授業構想も生み出されるまでになっている。また異文化間教育学会、国際理解教育学会やグローバル教育学会など、様々な学会が作られて日々発展している。

改造主義教育については、1970年代以降、わが国では教育哲学者や社会科教育学者が注目したが、このうち社会科教育学者らの関心は専ら穏健派に向けられたのに対して、教育哲学者たちの関心は、フレイレ、アップル、ジルーら急進派の思想にあった。穏健派については、社会科教育学者である岡明秀忠の「対抗社会化」研究に見られる思想家たちを対象とした研究[10]と、社会科教育学者である溝口らに見られるハーバード社会科など具体的なカリキュラム教材を対象とする研究[11]との理論・実践の両面からの研究が1990年代に盛んに進められてきた。だが、学校現場への普及という面では、十分とは言えない。急進派についての研究は、合衆国の急進派ら自身がカリキュラム教材を作ることに消極的であったこともあり、我が国の研究は専らその関心を彼らの教育思想にのみ向けざるを得なかった。こちらも、研究が学校現場に及ぼした影響はほんのわずかと言えるだろう[12]。

アクション・ラーニングは1980年代後半くらいから少しずつ紹介されるよ

うになり、1990年代に入って唐木清志らによって本格的に研究が進められることになった[13]。唐木は、分析対象を実際のカリキュラム教材や授業実践に向ける一方、学校現場との協同作業による授業開発も努力したこともあり、サービス・ラーニングは現在、学校現場へのある程度の普及が見られる。だが、我が国の学校現場への普及を目指すあまり、比較的に適応主義的なものばかりが紹介されたり現場に還元されたりした反面、改造主義的なものはあまり紹介されてこなかった。そのため、我が国の学校現場の教師の間で改造主義的な学習論の存在はあまり知られていない。

　これらの動きに対して、我が国の教育界の宗教教育や法関連教育への関心は、1980年代までは低かった。ただし法関連教育については、社会科教育学者である江口勇治を中心に1990年代に入って紹介がなされてから徐々に注目されるようになり、その後、江口らの研究グループによって主要書籍の翻訳が進められる一方、橋本康弘が一連のカリキュラム教材を分析・整理し、学校現場で活用可能な形に還元していく仕事をしてきたこともあり、21世紀に入って学校現場に急速に広がり、学会（法と教育学会）が設立されるまでになっている[14]。

　一方、宗教教育であるが、教育哲学者らによってフェニックスの永続主義などの考え方が我が国にも紹介されるなど[15]、その動向が部分的に伝えられてきてはいる。だが宗教教育の場合、具体的なカリキュラム教材が我が国で研究対象になることはこれまでほとんどなく、合衆国で1970年代以降に登場した宗教教育の考え方やカリキュラム教材が我が国の学校現場の教科の実践に与えている影響は、皆無といって良い。

第3節　価値学習の4類型

　1960年代後半以降、様々な形で登場した価値学習を包括的・体系的に整理して議論することは至難の業であるが、筆者はここで、それに取り組むこと

にしたい。

　価値学習は民主主義社会を支えるためには必要不可欠な学習であることは、これまで論じてきた通りである。しかし、こうした価値学習は、長年主流とは成りえず、価値は排除される傾向にあった。こうした理由の一つとしては、前述していたように、価値とは目に見えない、その存在を実証できない存在と考えられていたことがある。

　確かに価値はそのすべてを見ることができるわけではないが、見える部分もある。橋爪大三郎は、価値は、普段は見ることのできない「思念」と、これをある程度ではあるが言語を使って示しているので見ることができる「言説」の2つから構成されるとしている[16]。「思念」には、個々の人間が持つ意図や価値観が属し、「言説」には、社会の成員が共通に持つ法や経典といった成文法や、慣習といった不文律などルール一般（いわゆる「社会的価値」）が属する。

　図1-1は、橋爪が示した、「思念」と「言説」、そして前述した「社会的価値」との関係の説明を筆者が図で示したものである[17]。普段人間は、何らかの「思念」を持ち、これに従いながら生活している。しかしそうした「思念」は、個人個人によって異なることが多く、このことは時としてトラブルを生む（これは、作田が述べているように、価値が、一方の欲求の充足ともう一方の欲求の犠牲を生み出す性質を持つからである）。そのため、人間は、集団で

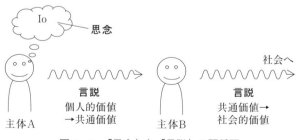

図1-1　「思念」と「言説」の関係図

生活するためには、互いに異なる「思念」を表明しあい、その合意に向けた討論をし、共通価値を創造・判断しなくてはならない。この時、人間はいやおうなしに、自らの持つ「思念」を相手に伝えるために、自らの「思念」を内観し、言語を使って「言説」という形でそれを表明することになる。また、創造ないし判断した共通価値は、集団内部の人間全員が守るべき指標となるため、集団内の全員が認知できる形で示されなくてはならない。それゆえ、必ず明文化され、「言説」として示されることになる。つまり、共通価値は、その背後に必ずそれを生み出した社会の成員たちが合意した「思念」を具現化したものであり、広く波及させなくてはならないという用途上の問題から、必ず「言説」として示される性質のものなのである。

この共通価値だが、その通用範囲が広がると、やがて「社会的価値」と呼ばれるものとなる。そして世界中の人々が合意する価値となったとき（おそらく滅多にはないことであろうが）、それは「普遍的価値」と呼ばれるものとなる。なお、社会の成員が「社会的価値」を創造ないし判断し、それを「言説」として示すとき、その目的用途に応じて法や文化的慣習、経典などと呼ばれるものに分かれていく。

こうしたことを、橋爪が使った「思念」「言説」とは別の概念を活用して説明したのが、ステファン・トゥールミンである。トゥールミンは、いわゆる「トゥールミン図式」と呼ばれる図を提示してこのことを説明しようとした。次頁の図1-2がトゥールミン図式である[18]。

図1-2にあるように、トゥールミンは、価値を「〜すべき」とする規範的価値（主張（C）が該当する）と、その規範的価値を正当化するための根拠となる、「〜の権利」「〜の自由」などといった価値原理からなる保障的価値（バッキング（B）が該当する）に分けて考えている。ここで言う規範的価値は、ルールとして成立させるために、言語を通して自らの価値観を具現化したものであると言え、橋爪の言う「言説」に該当する。それに対して、保障的価値は、規範的価値を主張する人物の頭ないし心の中にある（と思われる）、そ

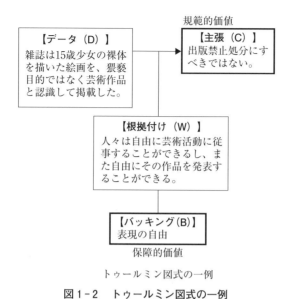

図1-2　トゥールミン図式の一例

の人物が拠り所とする価値観であり、橋爪の言う「思念」がこれに該当する。

　かつて目に見えないものとされ、排除されてきた価値ではあるが、アメリカ合衆国では1970年代以降、前述したように社会科で価値を積極的に取り扱おうとする動きが高まり、様々な価値学習が開発されるに至った。そこではまず、可視的な部分である法や文化的慣習などの「言説」が注目され、法、文化的慣習、経典など様々な「言説」を取り扱うようになったが、やがて、背後にある「思念」までも学習対象となり、これを内観するような学習活動もとられることになった。日本でも、価値学習を学校教育に取り入れたいとする研究者たちがトゥールミン図式などを活用することで、価値の可視化を図り、価値学習の普及につなげてきた。

　筆者はこれら多様に存在する価値学習を、その対象とする価値の領域別に整理を試みる。そこでは、類型化するための枠組みが必要となる。筆者はこの枠組みを得るために、見田宗介の価値理論に注目することにした。見田は、

価値、特に「言説」を、その性質・機能に注目して類型化した研究者である。見田は価値（言説）を2つの観点から見る。

1つは「社会的パースペクティブ」と呼ばれる観点で[19]、ここから見田は価値を、人間個人の幸福を示す自己本位な価値と、社会善を示す社会本位な価値とに分ける。前者は、人間の行動基準として、何をすれば自分にとって最善であるのかを示す、人間個人の生き方を示す価値で、宗教的価値や思想的価値といったものが該当する。後者は、人間の行動基準として、何をすれば社会全体にとって最善であるのかを示す、社会のあり方を示す価値で、慣習などの文化的価値や、法・判例などの社会規範が該当する。もう1つは「時間的パースペクティブ」と呼ばれる観点で[20]、ここから見田は価値を、長い時間のスパンで有効な普遍性を問い、その伝統性・継続性を権威の拠り所とする価値と、現代という短いスパンにおいて最も適当と考える考え方を問い、その革新性・適応性に権威を持つ価値とに分ける。前者は、宗教的価値や慣習などの文化的価値が該当する。後者は思想的価値や法などの法規範的価値が該当する。

見田は、この2つの観点から、価値（言説）について、宗教的価値、思想的価値、文化慣習的価値、法規範的価値の4類型を提示した（次頁表1-1参照）。本研究では、価値研究の第一人者である見田の価値の4類型理論を、価値学習類型のフレームワークとして採用する。見田の類型論を用いる理由としては、次の2点を挙げることができる。

①見田の類型論は、価値領域を包括している。
②見田の類型論は、価値の性質・機能により分類をしている。

本研究では、この4類型を踏まえ、価値学習を、宗教的価値を重点的に取り扱った学習（以下、宗教的価値学習と呼ぶ）、思想的価値を重点的に取り扱った学習（以下、思想的価値学習と呼ぶ）、文化慣習的価値を重点的に取り扱った学習（以下、文化慣習的価値学習と呼ぶ）、法規範的価値を重点的に取り扱った学習（以下、法規範的価値学習と呼ぶ）の4つに分ける。そして、宗教的価値、

表1-1　価値の類型表（フレームワーク）

		時間的パースペクティブ	
		伝統性・継続性重視	現代適応性・革新性重視
パースペクティブ	自己本位	宗教的価値 （宗教・経典）⇒日常での個人の多様な行為を生む	思想的価値 （倫理・人間哲学）⇒日常での個人の多様な行為を生む
社会的	社会本位	文化慣習的価値 （伝統的慣習）⇒日常での文化的社会の現実を生む	法規範的価値 （法・判例）⇒政治的経済的社会的現実を生む

（見田宗介『価値意識の理論―欲望と道徳の社会学―』弘文堂、1966年、32頁の第一図「価値の類型表」を踏まえて筆者作成）

　思想的価値、文化慣習的価値、法規範的価値、それぞれの価値領域で編成した価値学習の複数のカリキュラム教材に見られる、民主主義社会の形成者育成における領域固有の特質を明らかにする。

　なお、ここでの4つの価値であるが、それらは本質的存在ではなく、意味賦与的・文脈的な存在であることをここで確認しておきたい。つまり、「人を殺してはいけない」という価値的言説を、近代西洋社会などが持つ文化慣習的な価値と捉えるのか、それとも刑法に規定された法規範的価値と捉えるか、聖書に書かれている宗教的価値と捉えるか、それともひとつの生き方や思想といった価値と捉えるかは、それを扱う人間側から意味づけられる性質のものなのであって、決して「人を殺してはいけない」という価値的言説それ自体が法規範的価値とか宗教的価値といった本質を内在しているわけではないのである。

　本研究では、まずは自己本位的な価値学習に注目し、第2章で宗教的価値、第3章では思想的価値を扱う学習を取り上げる。その後、社会本位的な価値を扱う価値学習に注目し、第4章で文化慣習的価値学習、第5章では法規範的価値学習を取り上げる。この際に取り扱う各種のカリキュラム教材の扱う価値が、宗教的価値に位置づけられるか、それとも法規範的価値に位置づけ

られるか、その判断は、そのカリキュラム教材を作成した開発者たちが、そのカリキュラム教材で扱う価値をどういった文脈で位置付けて扱っているのか（法教育の文脈の中で扱っているのか、思想学習の文脈の中で扱っているのか、それとも宗教教育の中で扱っているのか、それとも異文化理解教育の文脈の中で扱われているのか）、その開発者が付与した位置付けに即したものである。

第4節　「知的作法」について

さて、本研究ではここまで、幾度か「知的作法」という言葉が登場してきたように思う。ただこの言葉、まだ聞きなれない方も多いと思われる。本節では、これについての説明をして、本章を閉じることにしたい。

ここで言う「知的作法」とは、英語で disposition とされるもので、「知的性向」などと訳されることもある。これは教師が直接子どもに教えることのできる研究や考察の際の姿勢といったもので、「『なぜ』と問いかける」「仮説を立てる」「他の事例と比較する」「地形や気候の差異から理由を考えてみる」「その人の会話から、事実についての主張とその人の意見を区別する」「相手の主張の意図を考えてみる」などといったある意味で手続き的・手順的なものが、ここに該当する。本研究では、各種価値学習が提供しうるこの知的作法に注目する。

知的作法の存在を意識し、これを学力を構成する主要素として最初にはっきりと注目し研究したのは、一人はジョセフ・シュワブ、もう一人はロバート・エニスではないだろうか。シュワブは学問（学派）別に「学問の構造」と呼ばれるような、思考の癖、思考体系が存在するとした仮説をもとに、その実態解明に尽力した。その中で彼は、「学問の構造」を「実質的構造」と「構文的構造」に分けた。実質的構造は、「事実的記述的知識（情報）」や「概念的説明的知識（理論・法則）」「規範的評価の知識（評価）」などといった一連の知識が該当する。これに対して構文的構造は、これらの知識群を生み

出すために必要となる、問いかけ、分析視点、研究手順、地図の読み取りや古文読解などの資料（史料）解釈スキル、そしてそれらの資料（史料）の収集スキルなどが該当する[21]。

　こうしたシュワブの考え方は、1960年代の「教育の現代化」運動期に大変に注目されることになった。もちろん、20世紀初頭の進歩主義教育運動でも、こうした知的作法への注目は明らかに存在したが、よりそれを顕在化しようとしたのが、1960年代の教育改革の特徴であった。

　エニスは、シュワブとは異なり、学問や学派を超えて全ての学問に共通する汎用性のある思考体系が存在すると考え、その解明に尽力した。それらは批判的思考と呼ばれるようになった。彼らはカリキュラム教材や授業の開発において、こうした批判的思考を意識することが、学力の向上に直接結びつくと考えた[22]。このエニスの批判的思考論も1960年代以降注目される。またシュワブとエニスの考えを融合させる試みも登場する。例えばバリー・ベイヤーやケビン・オレイリーなどは、シュワブの「学問の構造」論とエニスの批判的思考論を融合させたカリキュラム教材（歴史教育）の開発を進めた[23]。

　シュワブやエニス、そしてベイヤーやオレイリーの一連の研究が、教育関係者の知的作法への注目を進めたことは確かである。ただ、こうした一連の知的作法の強調は、教科内容（特に、「概念的説明的知識（理論・法則）」）への軽視につながるのではないかといった危惧を生み出すことになった。シュワブは、実質的構造と構文的構造は車輪の両輪で、どちらが欠けても意味がないことを常々強調した。またエニスの批判的思考論を継承する者の中から、数学で数式を教えるかのように、こうした知的作法をドリル的に繰り返し訓練して他事例に転移できるように育成すれば良いのであり、歴史や地理の内容などは、その知的作法を学ぶための道具で良いとする論が出てきたことに対して、ジョン・マックペクやジーン・レイヴは厳しく批判を展開した。マックペクのエニス一派への批判は、シュワブと同じく、知的作法は内容とセ

ットで初めて有意味なものとなるといったものである[24]。レイヴは、子どもたちの日常生活と結びつかない遠い世界の事例（歴史や地理）を用いた知的作法の訓練は無意味であるとして、子どもたちの状況を考慮しない学習は、学習として成立しないとエニス一派などに見られる「脱文脈的な」アプローチを批判した[25]。

　我が国でも、（こうした合衆国での議論を反映したのか）形式主義に陥る危険があるとして、学力論として知的作法を強調することに慎重な姿勢をとる研究者が多かった。しかし最近では、内容中心か児童中心かといった極端な二元論を回避するためにも、そして内容重視の教育論の良さを生かしつつ、さらにそれを発展させるためにも、こうした「知的作法」に関心を抱く研究者も、特に評価や学力を専門としている者の間から登場している。西岡加名恵や石井英真[26]、棚橋健治[27]はその一例と言える。

　筆者も決して、知的作法を教えれば、教科内容は不要だとする議論には賛同できないといった立場に立つ。どんなに知的作法があっても、我々は理論や法則といった内容的知識を持ち合わせていないと、仮説を生み出すことも、仮説を批判的に吟味することもできはしない。これについては既に森分孝治の指摘するところであり[28]、筆者も基本的にこの考え方に賛同する。しかしだから知的作法に注目することは馬鹿げている、無視するべきということにはならないのではないか[29]。

　ただし、筆者の注目する知的作法は、シュワブが関心をもった学問別・学派別のそれではない。またエニスが関心を抱いた汎用性のある間学問的な思考体系というのとも少し異なる。著者が関心を抱くのは、民主主義社会を建設していく上で必要となる知的作法である。各種の価値学習がこうした知的作法のどの部分を保証していくのかを、次章から検討したいと考えているのである。

【註】
1）新村出編『広辞苑 第四版』岩波書店、499頁。
2）作田啓一『価値の社会学』岩波書店、1972年、14〜24頁。
3）同上。
4）作田、同上、24頁。
5）同上。
6）権力、政府と社会的価値（規範）との関係については、上記の作田のほか、橋爪大三郎『言語派社会学の原理』洋泉社、2000年、131〜210頁を参照されたい。
7）デューイは、これまでの学校が、社会の常識や伝統的な社会的価値を教える場であったことに疑問を持ち、こうした社会の常識的なものの見方・考え方や伝統的な社会的価値を見直し、新しいものの見方・考え方や社会的価値を子どもたち自身の手で作っていく機会を提供する場として学校を定義し直した。そしてデューイは、自らの理念を実現するために、20世紀の初頭に実験学校を作った。そこで行われた学習法は、子どもが生活の中で疑問に思ったことや、問題と感じたことに対して、子どもたち自身がその解決法を仮説として予想し、その後それが本当に正しいのか、合理的なのか、最善なのかを、仲間と共に検討するというものであった。こうした学習は「問題解決学習」と呼ばれ、またこうした問題への考察方法は「反省的思考」と呼ばれた。この学習は、共同体の一員として人と協力し、議論していくという、民主主義社会の一員として必要になる態度を育成し、また、子ども自らが日常で常識であると感じることも、よく調べ、深く考えてみれば必ずしも正しいとは言い切れないことを認識させ、社会の常識的な見方・考え方、伝統的な社会的価値への批判的態度を育成するものであった。また、証拠の収集方法や議論の手法といった、民主主義社会の形成者として必要とされる知的作法も提供した。また同僚のハロルド・ラッグは社会的論争問題を中心とした社会科カリキュラム（『人間とその変化する社会（Man and his Changing Society）』）を提案した（Rugg, H., *American Life and the School Curriculum: The Next Steps toward Schools of Living*, Ginn and Company, 1936）。
8）1970年代以前の合衆国の価値学習の教育論が未熟であったことを例証するものとして、筆者が1960年代以前の社会科の公的カリキュラムや主だったカリキュラム教材での法規範的価値の取扱いについて論じた研究がある。（渡部竜也「法思想の変遷と法学習論の展開に関する史的・原理的考察―『公民科法学習』『社会科法学習』『法関連教育法学習』の相克―」『東京学芸大学紀要 人文社会科学系Ⅱ』第60集、2009年。

9）ウェズレーは、社会科は価値問題から距離を置き、「社会科学科」とすべきと提唱した。(Wesley, E. B., History in the school curriculum, *Mississippi Valley Historical Review*, Vol. 29, 1943)
10）岡明秀忠「対抗社会化（counter-socialization）をめざす社会科―エングルの社会科学習指導方法論を中心に―」『教育学研究紀要』第二部第35巻、1989年。岡明秀忠「対抗社会化（counter-socialization）をめざす社会科― D・W・オリバーの場合―」『教育学研究紀要』第二部第36巻、1990年。
11）溝口和宏「歴史教育における開かれた態度形成― D. W. オリバーの『公的論争問題シリーズ』の場合―」『社会科研究』第42号、1994年。
12）しかし漸く2010年代に入って、こうした研究姿勢を批判する動きが我が国の社会科教育学者や若手の教育学者によってなされるようになり、事態打開の動きが見られるようになってきた。例えば、竹川慎哉『批判的リテラシーの教育』2010年、明石書店。渡部竜也「社会問題提起力育成をめざした社会科授業の構想―米国急進派教育論の批判的検討を通して―」『社会科研究』第69号、2008年。また筆者が翻訳したヘンリー・ジルー著『変革的知識人としての教師』春風社、2014年の「訳者あとがき」においても、その旨を指摘した。
13）唐木清志『アメリカ公民教育におけるサービス・ラーニング』東信堂、2010年。唐木清志『子どもの社会参加と社会科教育―日本型サービス・ラーニングの構想―』東洋館出版社、2008年。他に、山田明『サービス・ラーニング研究―高校生の自己形成に資する教育プログラムの導入と基盤整備―』学術出版会、2008年など。ちなみに、アクションラーニングのような学習活動は、社会科登場の頃（1910年代）にはすでに見られるのが現実である。Dunn, A. W., et al., *The Social Studies in the Secondary Education, Report of Special Commettee on Secondary Education of NEA*, 1916 など参照。
14）江口勇治「社会科における法教育の重要性―アメリカ社会科における法教育の検討を通して―」『社会科教育研究』第63号、1990年。江口勇治「社会科における法教育の意義と課題―中学校・公民的分野を事例にして―」、篠原昭雄先生退官記念会編『現代社会科教育論―21世紀を展望して―』帝国書院、1994年。Center for the Civic Education 著（江口勇治監訳）『テキストブック　私たちと法―権威、プライバシー、責任、そして正義―』現代人文社、2001年ほか。橋本康弘「市民的資質を育成するための法カリキュラム―『自由社会における法』プロジェクトの場合―」『社会科研究』第48号、1998年ほか。
15）P. H. フェニックス著（佐野安仁ほか訳）『宗教教育の哲学―教育と神礼拝』晃洋

書房、1987年ほか。
16）橋爪大三郎『橋爪大三郎コレクションⅢ　制度論』勁草書房、1993年、118～125頁、及び、134～139頁。
17）橋爪、同上、122頁の図3-2と、135頁の図4-2を参考にして筆者が作成した。
18）Toulmin, S., Rieke, R., and Janik, A., *An Introduction to Reasoning*, 2nd Ed., Macmillan Publishing Company, 1978. なお、トゥールミンに関する研究の第一人者は、足立幸男である。詳しくは足立幸男『議論の論理―民主主義と議論―』木鐸社、1984年を参照されたい。
19）見田宗介『価値意識の理論―欲望と道徳の社会学―』弘文堂、1966年、30～31頁。
20）見田、同上、29～30頁。
21）Schwab, J., *Science, Curriculum and Liberal Education; Selected Essays*, The University of Chicago Press, 1978.
22）Ennis, R. H., A Concept of Critical Thinking, *Harvard Educational Review*, Vol. 32, 1962.
23）Beyer, B. K., Critical Thinking: What is it?, *Social Education*, Vol. 49, No. 4, 1985. O'Reilly, K., Teaching Critical Thinking: A Direct Approach, *Social Education*, Vol. 49, No. 1, 1985.
24）McPeck, J. E., *Critical Thinking and Education*, Martin Robertson and Company, 1981.
25）J. レイヴ著（無藤隆ほか訳）『日常生活の認知行動―ひとは日常生活でどう計算し、実践するか―』新曜社、1995年、第2章。
26）西岡加名恵『「逆向き設計」で確かな学力を保障する』明治図書、2008年、14～17頁。石井英真『現代アメリカにおける学力形成論の展開―スタンダードに基づくカリキュラムの設計―』東信堂、2011年、第6章。
27）棚橋健治『社会科の授業診断―よい授業に潜む危うさ研究―』明治図書、2007年、27～30頁。
28）森分孝治「社会科における思考力育成の基本原則―形式主義・活動主義的偏向の克服のために―」『社会科研究』第47号、1997年。
29）専ら内容的知識から教科の学力論を検討した事例として、例えば次の2つがある。
・桑原敏典『中等公民的教科目内容編成の研究―社会科公民の理念と方法―』風間書房、2004年。
・山田秀和『開かれた科学的社会認識形成をめざす歴史教育内容編成論の研究』風間書房、2011年。

第2章 民主主義社会の形成者育成における宗教的価値学習の特質と課題

第1節 合衆国における宗教的価値学習の概要

　本章では、合衆国社会科における諸々の宗教的価値学習論に基づいたカリキュラム教材やプロジェクトの分析を通して、宗教的価値学習の価値学習としての固有の特質を解明する。ここで言う「宗教的価値」とは、前章で述べた通り、宗教の教義などを指す。また「宗教的価値学習」とは、宗教的価値を取り扱った学習一般を指す。

　前章で見てきたように、見田によると宗教的価値は、自己本位的で伝統性・継続性重視という固有の性質を持つとされていた。つまり、ある社会的価値が宗教的価値として人々に認識され存在するための条件として、その社会的価値の内容が、それを信ずるある複数の人間にとっては、日常で生活するために有効と思われるような何らかの指針（基準）を提示できるが、それを信じない人間には何の指針も提示しえないような個々の単位のものであること、そしてその内容は長い歴史の中で大きく変化せず守られ続けていることの2つがあるとされている。

　従来、合衆国において特にこの宗教的価値は、社会科はおろか教育全体においても取り扱わないようにしようとする傾向が強かった。こうした背後には、宗教を公立学校で取り扱い、これを教授することが、「特定宗教の強制」や「信仰の自由の侵害」を引き起こしかねないというアメリカ国民の一般認識がある。多民族国家のアメリカ合衆国において宗教対立は国の根幹を揺るがしかねない問題であり、宗教を学校で取り扱うことでわざわざ学校現場か

らその火種を蒔く必要はないと多くのアメリカ国民が考えていたと言えよう。

こうした学校現場からの宗教的価値排除の傾向は、1970年代に入ってから変わってきた。その理由としては、以下の3つの事情がある。第一に、1960年代後半以来、アメリカ国内で価値を排除してきた社会科の課題が指摘されるようになり（第1章参照）、価値を社会科でもっと積極的に取り扱っていこうといった動きが活発になる中で、宗教的価値もその例外とせずに社会科で取り扱っていこうといった動きが起きたことがある。第二に、1960年代に起きた公民権運動の影響から、アメリカ国内のWASPがWASP以外の人々に対して持つ価値観や偏見が問題視されるようになり、その偏見を改善するための教育が求められるようになる中で、もっと異文化について知ろう、文化的価値を社会科などで積極的に取り扱い相手のことをもっと知ろう、という動きが起き、宗教的価値も主に「異文化理解」を目的として学校教育に取り入れようとする動きが活発になったことがある。第三は、1963年に、アビントン対スケンプ裁判で連邦最高裁判所のクラーク判事が「学校における宗教活動は違憲であるが、学校において宗教そのものを取り扱うことは合憲である。聖書はその文学性や歴史資料として学ぶのであれば価値のあるものであり、こうした意味での宗教の学習は、修正1条（信仰の自由）に影響を与えるものではない」[1]と判決を下したことで、学校現場で宗教的価値学習を実施することそれ自体は違憲ではないと公的な見解が示されたことがある。

このように、合衆国において1970年代に入って宗教的価値学習を教育現場で実施していこうといった動きが強まることになるが、それは具体的には、宗教教育協会（REA：Religion Education Association）の主導の下、宗教と公立教育に関する全米協議会（NCRPE：National Council of Religion and Public Education）が1970年代中頃に設立されたことによって進められる。同協議会は、『宗教と公教育（Religion and Public Education）』という雑誌を毎年出版し、その啓蒙活動を行っている。この宗教的価値学習には、現在、カリフォルニア州立大学、ハーバード大学など、アメリカ合衆国の主要大学も注目しており、

特にカリフォルニア州立大学の場合、「宗教と公教育資料センター（RPERC）」を設立してその活動の中心となっている。

　こうした合衆国の宗教的価値学習であるが、合衆国より早くから宗教的価値学習を学校現場で実践してきたイギリスなどヨーロッパとは異なる特質として、次の点を指摘できる。それは、イギリスなどの場合、宗教的価値学習は、「宗教教育（RE：Religion Education）」といった独立の学科目が設定されて実施される傾向があり、単に知的教養の増幅を目的とする教育の一環と位置づけられるケースが多いことに対して、アメリカ合衆国の場合、市民性の育成を目指す社会科の中で扱っていくことで、知的教養の増幅を超えて子どもたちの市民性の育成に寄与するような学習としてあろうとする傾向が強いことである。例えば、全米社会科教育協議会（NCSS）は、NCRPEと協力関係をとり、宗教的価値学習を社会科に取り入れる動きを支援しており、またNCRPEの中心人物の一人であるチャールズ・ヘインズなどは、NCSSの機関誌である『社会科教育（Social Education）』において、宗教的価値を社会科が積極的に扱っていくことの重要性を説いている[2]。NCRPEは、宗教的価値学習の推進にあたっての基本方針として次の3原則を示している[3]。

　　「原則1：連邦最高裁判所が明確にしたように、公立学校において宗教を取り扱うことは合憲である。
　　原則2：生徒が適切に歴史や文化を学習し理解するためには、学校で宗教を取り扱うことが大変に重要である。
　　原則3：宗教は客観的かつ中立的に教えられなくてはならない。また、公立学校の目的は、生徒に宗教的伝統の多様性に関して学習させることであり、決してそれらを教化（indoctrination）することではない。」

　この3原則からは、第一に、宗教的価値を学校現場に取り入れることに強い抵抗感を持つ人々への対抗意識と配慮の両方を見ることができる。例えば、冒頭で「学校で宗教を取り扱うことは合憲」（原則1）を挙げることで、宗教

的価値を学校で扱うこと対して根強い抵抗感を持つ人々へ牽制をする一方で、原則3では、学校で宗教的価値を取り扱うことが、「特定宗教の強制」や「信仰の自由の侵害」を引き起こしかねないというアメリカ国民の一般認識を配慮し、宗教的価値学習が、特定の宗教的価値の注入を行う学習とならないことをアメリカ国民に約束している。

　そして第二に、宗教的価値を学習することの意義を、異文化への理解、多様性への理解に求めている点を見ることができる（原則2・3）。ここから、合衆国の宗教的価値学習は、自分とは異なる宗教を信仰するものへの配慮と寛容な態度の育成を柱としていることをうかがうことができる。こうした「他者の考えに対する寛容な態度」は、社会科が目的とする市民的資質のひとつとして通常数えられるものである。そのため合衆国では社会科と宗教的価値学習が結び付こうとするのである。

　さて、このように宗教的価値を学校現場、特に社会科で積極的に取り扱おうとする動きが1970年代以降合衆国で高まってくると、それに伴って宗教的価値を取り扱った様々な指導書やプロジェクトが開発されるようになってくる。この指導書やプロジェクトのうち、宗教的価値そのものを学習することに力点を置く学習としては、大きく2つの流れを見ることができる[4]。1つは、多様な宗教の教義や、それにまつわる慣習・儀式など、各種宗教的価値に関する情報をできるだけ包括的かつ正確に子どもたちに伝えることで、子どもたちの宗教的基礎（religious literacy）を保障し、また他宗教への誤解や偏見を解消し、さらには、宗教的寛容心（religious tolerance）を育てることを目的としたものである。もう1つは、そうした各種宗教の宗教的価値の多様性を伝えるだけでなく、その比較・検討をさせることで、宗教間に普遍としてある価値観や構造を発見し、そのことで他宗教を特異なものとして好奇的に見る態度や、ステレオタイプな見方、偏見を克服することを目的としたものである。この2つのアプローチは、どちらも学習者自らが信仰する宗教に準ずる形で他の宗教を理解するのではなく、自らの信仰する宗教とは独立

に、他の宗教が存在することの意義を認めようとする基本姿勢を持つ共通性があり、その点では両者とも岸根敏幸の言うところの「宗教的多元主義」の視点を持っていると言えよう。なお、岸根は、各々の宗教的存在を他に変えがたい固有の存在として見て、各種宗教に共通するような普遍性を見出そうとせずに他の宗教の存在することの意義を認めようとする立場を「非通約的多元主義」、諸宗教を越えた普遍的な宗教性を探ることで他の宗教の存在することの意義を認めようとする立場を「通約的多元主義」と呼んで、「宗教的多元主義」を二類型するが、この定義に従えば前者のアプローチは「非通約的多元主義」に、後者のアプローチは「通約的多元主義」に該当すると言えよう[5]。

このうち、前者の、多様な宗教的価値を学習者にできるだけ包括的かつ正確に伝えることで、宗教の基礎知識や宗教的寛容心を育てようと主張する人物（非通約的多元主義）としては、ガブリエル・アルクイレビッチらがいる。また後者の、多様な宗教的価値から宗教間に普遍に存在する価値観を発見することで他宗教を特異なものとして見る態度や偏見を克服しようと主張する人物（通約的多元主義）としては、ダイヤグラム・グループ（The Diagram Group）らがある。次章では、この2つの宗教的価値学習論に基づいて作成されたカリキュラム教材を取り上げ、その内容編成や授業構成の相違を明らかにし、各学習論の特質を見ていくことにしたい。

第2節　「非通約的多元主義型」宗教的価値学習
　　　　：『世界の宗教』の場合

1.『世界の宗教』の内容編成─宗教・宗派別構成─

多様な宗教の教義や、慣習・儀式など、宗教的価値に関する情報を子どもたちに伝えることで、宗教的寛容心を育てようとするカリキュラム教材の一例として、ここではアルクイレビッチが編集した『世界の宗教：学際的テー

マ別単元』ティーチャー・クリエイティド・マテリアル社（Teacher Created Materials）刊、1995年（1999年一部改訂。以下『世界の宗教』と略記）を取り上げよう。なお、本研究での分析対象とする『世界の宗教』は、1999年改訂版である[6]。

　アルクイレビッチは、『世界の宗教』の序文に、学習者に宗教的寛容心を育てていくことの重要性を挙げ、その目的を達成するためには、学習者に宗教的価値に関する情報や、それら宗教的価値とそれが発生した土地の環境との関係性などの知識を提供することで、彼らから異文化の宗教に対する偏見をなくすことが有効であると述べている。こうした考えの背景として、「結局、民族差別も（異民族に対する）ステレオタイプな見方も、その大部分が無知から生まれてくるのだ」としたアルクイレビッチの世界観がある[7]。アルクイレビッチが自らのこうした信念を踏まえて開発したのがこの『世界の宗教』である。

　この『世界の宗教』の内容編成を示したものが表2-1である。全体は、9つの単元から成っている。単元1「導入」は、次の単元2以降で取り扱う各種宗教に関する教義の内容以外の情報、つまり、世界の宗教の分布や宗派別人口などの情報を提供している。単元2「ユダヤ教」では、ユダヤ教に関する諸情報、例えばモーゼの十戒やユダヤ教の宗教儀式、宗教道具などが取り扱われる。単元3「キリスト教」では、キリスト教に関する諸情報、例えば新約聖書の教義や三位一体などの宗教概念、聖杯水曜日などの宗教儀式などが取り扱われる。単元4「イスラム教」では、イスラム教に関する諸情報、例えばコーランの教義やモスク、イスラム教の暦などが取り扱われる。単元5「ヒンドゥー教」では、ヒンドゥー教に関する諸情報、例えばリグ・ヴェーダの教義やヴァルナ制度、ガンジス川の崇拝などが取り扱われている。単元6「仏教」では、仏教に関する諸情報、例えば、ブッダの教えや八道、仏教の儀式や暦などが取り扱われている。単元7「シーク教」では、グル・グランスの教義、シーク教の慣習や祭礼・暦などが取り扱われている。単元8

第2章 民主主義社会の形成者育成における宗教的価値学習の特質と課題　49

表2-1 『世界の宗教』の内容編成

単元	小単元			内容構成
単元1 導入	1．時間軸を読む 2．世界の宗教の分布	3．世界の主な宗教の規模と分布 4．信念・事実・意見		導入：世界宗教の基本情報を理解する
単元2 ユダヤ教	1．聖書 2．聖書を読む 3．アブラハム 4．出エジプト 5．モーゼの十戒 6．諺 7．エルサレムと嘆きの壁	8．反ユダヤ主義とホロコースト 9．基本信念、目的、シンボル 10．ユダヤ教の分派 11．宗教儀式 12．教会	13．重要なユダヤ教の宗教道具とシンボル 14．ユダヤ教の暦 15．出エジプト祭 16．ハヌカー 17．ユダヤ教の人口 18．語彙と復習テスト	展開：各宗教の基本的情報を理解する
単元3 キリスト教	1．ローマ帝国 2．キリストの人生 3．バプティスト 4．新約聖書を読む 5．山にいる使徒と説教 6．奇跡 7．最後の晩餐と磔 8．ドロロッサ経由	9．復活 10．キリストの言葉 11．許し 12．キリスト教の分派 13．キリスト教の宗派 14．三位一体 15．キリスト教の拡大 16．宗教儀式 17．個人的な宗教儀式	18．レント、聖杯水曜日、聖なる週間 19．クリスマス 20．十字架 21．キリスト教のシンボル 22．教会 23．信者 24．クロスワード・パズルと復習テスト	セム語族系宗教
単元4 イスラム教	1．イスラム教の起源 2．ムハンマドの人生とイスラム教の誕生 3．コーランとハーディス 4．コーランを読む 5．イスラム教の5本の柱	6．カリフとイスラムの拡大 7．3代目・4代目のカリフ 8．シーア派とスンニ派の分裂 9．イスラムの更なる拡大 10．オスマン帝国 11．モスク 12．宗教儀式	13．イスラムの暦 14．イスラム教のシンボル 15．イスラム教とステレオタイプ 16．今日の世界のイスラム教 17．文字 18．言葉さがしゲームと復習テスト	
単元5 ヒンドゥー教	1．ヒンドゥー教の起源 2．リグ・ヴェーダを読んでみよう 3．ヒンドゥーの三大神 4．ヒンドゥー教の女神 5．ラーマーヤナ物語 6．ヒンドゥー教の信念 7．ヒンドゥー教の聖地巡礼	8．聖なる川ガンジス 9．ヴァルナ制度：ヒンドゥー教の階層制度 10．ヒンドゥー教の宗教儀式 11．ヒンドゥー教の休日 12．ヒンドゥー教の華麗な絵画 13．ヒンドゥー教の寺院 14．ヒンドゥー教の家庭礼拝	15．ヒンドゥー教の暦 16．ヒンドゥー教のシンボル 17．クロスワード・パズルと復習テスト	インド系宗教
単元6 仏教	1．ブッダの悟りの物語 2．ブッダの教え 3．八道：個人的な対応 4．仏教の分派 5．仏教の拡大 6．お経	8．仏 9．禅 10．日本の俳句 11．瞑想 12．曼陀羅 13．宗教儀式	15．仏教のシンボル 16．マントルとマドラス 17．仏教儀式と祝日 18．仏教の暦 19．仏教の普及先 20．天国にいく猫	

		7．チベット仏教	14．仏教の寺	21．語彙と復習テスト	
単元7 シーク教	1．シーク教の起源 2．シークのグル 3．グル・グランス 4．グル・グランス 　を読む 5．ハルサ 6．5つのKとシー 　ク教のターバン	7．シーク教の社会的慣習 8．コミュニティのサービス 9．シーク教寺院 10．金の寺 11．パンジャ 12．宗教儀式 13．女性とシーク教徒 14．シーク教の聖地	15．シーク教の祭礼と休日 16．シーク教の暦 17．シーク教のシンボル 18．マントラ 19．語彙と復習テスト	
単元8 道教	1．孔子 2．孔子と老子の生き 　た時代の中国 3．論語 4．孔子の教えと人生	5．老子と道教の起源 6．老子道徳経を読む 7．老子と老子道徳経の 　クイズ 8．道教のマジック	9．八神 10．宗教儀式 11．中国の暦と天文学 12．道教のシンボル 13．クイズと復習テスト	中国系宗教
単元9 比較的・反省的活動	1．無神論と不可知論 2．宗教の自由と修正条項1条 3．宗教的対立と宗教的寛容	4．聞き取り調査 5．モラルは普遍か？ 6．自分のシンボル	7．比較：宗教儀式 8．各宗教の偉人たち	終結：比較考察し普遍性を発見する

(Arquilevich, G., *Interdisciplinary ThematicUnit: World Religions*, (2nd Edition), Teacher Created Materials, Inc., 1999 より筆者作成)

「道教」では、中国の儒教と道教に関する諸情報、例えば論語や老子道徳経の教義、中国の暦や道教の儀式などが取り扱われている。単元9は全体のまとめとして、"宗教によってモラルと呼ばれるものの姿は違う"といった一般原理を確認したり、合衆国の「宗教の自由」「信仰の自由」を学習したり、世界の宗教対立が原因で起きている紛争などの状況を学習する。そして、世界の様々な宗教に対して寛容になることの重要性を説いている。

　こうした『世界の宗教』の内容編成には次の3つの特質がある。特質の第一は、各単元が、導入である単元1と終結である単元9を除いて、世界の主要な宗教別に編成されている点である。ここで扱われている宗教は「ユダヤ教」（単元2）、「キリスト教」（単元3）、「イスラム教」（単元4）、「ヒンドゥー教」（単元5）、「仏教」（単元6）、「シーク教」（単元7）、「道教」（単元8）である。前半の単元2～4は、セム語族系の宗教（オリエント地域が発生源である宗教）である。また後半の単元5～7は、インド系宗教、そして最後の単元8は中国系の宗教である。このように、『世界の宗教』の単元は、その

発生源が西のものから東のものへと世界の主要宗教を大まかに把握できるように配列されている。

　特質の第二は、2〜8の各単元が、20前後の小単元からなり、小単元で学習する内容がそのままタイトルに付けられ、大きく「宗教の歴史」「教祖」「神」「経典の中身（教義）」「聖地」「儀礼」「暦」「シンボル」「宗教芸術」などを学習するように系統的に組まれている点である。例えば、単元5「ヒンドゥー教」の場合（次頁表2-2）、「宗教の歴史」としてインダス文明やアーリア人のインド亜大陸への侵攻とヒンドゥー教との関連性などが小単元1で、「神」としてブラフマン、ヴィシュヌなどの神々が小単元3〜4で、「経典の中身」としてリグ・ヴェーダが小単元2、その他宗教用語・概念が小単元6で、「聖地」としてガンジス川が小単元7〜8で、「儀式」は小単元10〜11や小単元13〜14で、「暦」は小単元15で、「シンボル」としては万字や水牛が小単元16で、「宗教芸術」としては宗教絵画が小単元12、宗教文学「ラーマーヤナ物語」が小単元5で扱われている。またこれ以外に、ヒンドゥー教独特の階層制度である「ヴァルナ制度」が、小単元9で扱われている。

　このような、宗教的価値に関する個別的情報を宗派別に系統的に配列した内容編成からは、世界の主要な宗教のありとあらゆる情報を、包括的・網羅的に学習者に提供し習得させようとした『世界の宗教』の意図を見ることができる。

　そして第三の特質は、最後の単元である単元9「比較的・反省的活動」において、自分たちが信仰する宗教とは異なる宗教に対しても、理解を広げ、また信仰の自由の下で、異教徒の宗教を尊重できるような寛容心を持つことが大切であるとのメッセージを、全体のまとめとして伝えていることである。具体的には、小単元1と2では、アメリカ社会では信仰の自由が認められており、これが大変に重要であること、そしてその信仰の自由を守っていくためには、一人一人が異教徒の宗教に対して広い理解と寛容な心を持つことが大切であることを説いている。また小単元3から7までは、世界には単元2

表2-2 『世界の宗教』単元5「ヒンドゥー教」の単元構成

単元構成		小単元と小単元のタイトル	主な学習内容
宗教に関する多種多様な事実的知識・価値的知識を獲得する	歴史	1．ヒンドゥー教の起源	・インダス文明とヒンドゥー教の関係 ・アーリア人の侵攻とヴェーダ ・禁欲主義　・ウパニシャッド哲学
	経典（聖書）	2．リグ・ヴェーダを読んでみよう	・ウパニシャッドとヴェーダの違い
	神	3．ヒンドゥーの三大神 4．ヒンドゥー教の女神	・ブラフマン、ヴィシュヌ、シバ神、カーリ、ラクシュミー、シャラスバティ
	宗教文学	5．ラーマーヤナ物語	・ラーマーヤナの教訓的内容
	宗教信念	6．ヒンドゥー教の信念	・ダルマ、カルマ、サンサーラ、モックシャー
	聖地	7．ヒンドゥー教の聖地巡礼 8．聖なる川ガンジス	・ガンジス川の沐浴
	階級制度	9．ヴァルナ制度：ヒンドゥー教の階層制	・インドの身分制度は宗教によってその存在を正当化されている
	儀礼	10．ヒンドゥー教の宗教儀式 11．ヒンドゥー教の休日	・誕生日や結婚式、葬式、成人式のスタイル
	宗教絵画	12．ヒンドゥー教の華麗な絵画	・ヒンドゥー絵画
	礼拝スタイル	13．ヒンドゥー教の寺院 14．ヒンドゥー教の家庭礼拝	・マンディール ・家庭での礼拝のスタイル
	暦	15．ヒンドゥー教の暦	・ヒンドゥーの暦
	シンボル	16．ヒンドゥー教のシンボル	・牛は神聖とされる ・万字の意味
	（復習テスト）	17．クロスワード・パズルと復習テスト	

（Arquilevich, G., *Interdisciplinary Thematic Unit: World Religions*, (2nd Edition), Teacher Created Materials, Inc., 1999 より筆者作成）

～8で扱った宗教以外にも多様な宗教があることを、改めて確認する展開となっている。

　このように『世界の宗教』では、基本的に世界の主要宗教が包括的に扱われ、各単元では、それらが宗教別に個別に取り扱われていた。また小単元では、「宗教の歴史」「教祖」「神」「経典の中身」「聖地」「儀礼」「暦」「シンボル」「宗教芸術」など、単元が取り扱う宗教の各種個別情報を系統的に取り扱っていた。このような『世界の宗教』の内容編成からは、世界の各種宗教の宗教的価値に関する情報を広く豊富に得ることが「異文化理解」につながり、さらには宗教的偏見を排し、宗教的寛容心を育てることにつながるとしたアルクイレビッチの考え方を明確に捉えることができる。

2．『世界の宗教』の授業展開―諸情報の包括的理解―

　『世界の宗教』の小単元も、こうした、世界の主要な宗教の多様な情報を学習者に提供し理解させようとしたアルクイレビッチの考えに応じた構造となっている。というのも、『世界の宗教』では、その小単元のほとんどが、宗教的価値に関する個別的情報を学習者に解説的に提供し、学習者に情報を把握させた後、小単元末の問いで、その理解度を確認していくことで、学習者に宗教的価値に関する情報の確実な理解・定着を図っていく、とした展開が採られているのである。

　例えば単元5「ヒンドゥー教」の小単元6「ヒンドゥー教の信念」の場合を見てみよう。小単元6「ヒンドゥー教の信念」の記載内容や設定されている発問[8]を参考にして、筆者が教授書形式で示したものが表2-3である。この小単元も、前半で、教科書が「ダルマ」「カルマ」「サンサーラ」など、ヒンドゥー教が持つ宗教概念（宗教的価値）に関する情報を提供した後、学習者にその内容を尋ねる問いを設定し、学習者がこれらの中身を理解しているのかを確認できるような構造となっている。

　さらに小単元6の場合には、後半に、これら「ダルマ」「カルマ」「サンサ

表2-3　小単元6「ヒンドゥー教の信念」の授業構成

授業構成	主 な 発 問	教授学習過程	主な学習内容
宗教が持つ信念の考え方を調べる	○『世界の宗教』が提供する資料の記載を読みなさい。 ○「ダルマ」「カルマ」「サンサーラ」「モックシャー」の意味について（『世界の宗教』が提供する資料の記載を踏まえて）答えなさい。	T：発問する T：発問する S：資料の内容を確認して答える	 ダルマ…万物の道徳的なバランス カルマ…（省略） サンサーラ…（省略） モンクッシャー…（省略）
身近な場所でこの信念が活用されている事例を見つける	○あなたの人生において「ダルマ」を感じることがありますか。	T：発問する S：各自答える	（各自答える）
	○私たちの社会に「ダルマ」という感覚はありますか。もしあるなら、それはどのようにですか。	T：発問する S：各自答える	（各自答える）
	○「カルマ」の事例として使われた「狼の鳴き声をする少年」の物語はどのようなものか。あなたの人生において、他の事例は考え付きますか。	T：発問する S：考える	（各自答える）
	○「サンサーラ」の考えを含んだ本や映画について述べなさい。	T：発問する S：答える	（各自答える）

(Arquilevich, G., *Interdisciplinary Thematic Unit: World Religions*, (2nd Edition), Teacher Created Materials, Inc., 1999, pp. 149-150 より筆者作成)

ーラ」といった宗教概念（宗教的価値）を、学習者の身近なところから事例を見つけ出して説明するように指示した発問まで設定されている。こうした課題に学習者が答えていくためには、「ダルマ」「カルマ」といった宗教概念（宗教的価値）を学習者は確実に把握することが必要となる。

このように、『世界の宗教』の小単元は、教科書を読んで情報を把握し、発問に答えることで再度その理解を深めることで、各種宗教的価値の諸情報の確実な習得を目指した構造となっているのである。

3．「非通約的多元主義型」宗教的価値学習の特質

『世界の宗教』は、世界の多様な宗教的価値に関する情報を、より多くより広く伝えること、理解させることが、学習者の持つ異教徒への偏見を排除し、宗教的寛容を育てることになるということを前提にしていた。このために、世界の宗教的価値に関する情報を、学習者がより多くより広く知ることができるような構造を採る必要があった。そして、これを実現するために、次のような内容編成・授業構成を採用している。

まず内容編成の点からみると、全体計画においては、基本的に世界の主要宗教が包括的に扱われ、各単元では、それらが宗教別に個別に取り扱われている。また小単元では、単元が取り扱う宗教の各種個別情報（「宗教の歴史」「教祖」「神」「経典の中身」「聖地」「儀礼」「暦」「シンボル」「宗教芸術」など）を系統的に取り扱っている。さらに授業構成の点からみると、教科書が提供する各種宗教的価値に関する諸情報を学習者が十分に理解できるように、小単元単位で、学習者は情報の把握とその確認となる発問への対応が繰り返し求められている。またそれらの価値は、その価値を支持する人々が持つ価値観を探求するような深入りは、学習時間がとられることもあり避けられる傾向があった。

『世界の宗教』のこうした構造から、学習者はいったいどのような民主主義社会の形成者として求められる知的作法を獲得することができるのであろ

うか。

　結論から述べると、「他者への寛容」以外には、そうした知的作法をここからはほとんど学ぶことができない。というのもこのタイプの学習において学習者は、事実上、宗教的価値に関する諸情報をただひたすら知ることだけが求められているに留まり、そうした宗教的価値を分析してその背後にあるメタ的な価値を解明することも、また習得した宗教的価値を批判的に吟味し、新たな価値を形成することも求められていない。『世界の宗教』は世界の主要宗教の多様な情報を提供することを優先するため、価値を批判的に吟味するような時間のかかる活動は避けられたのであろう。そのため、価値の背後に隠れている価値観の読み取りや批判的な価値形成などの知的作法を獲得することは期待できないのである。

第3節　「通約的多元主義型」宗教的価値学習
　　　　：『比較宗教』の場合

1. 『比較宗教』の内容編成—テーマ別配列—

　本節では、宗教間に普遍に存在する価値を発見することで他宗教への蔑視や偏見を克服していこうとする立場の宗教的価値学習に注目する。ここでは特に、こうした立場からカリキュラム教材を開発した一例として、ダイヤグラム・グループが2000年に編集した『比較宗教』（ファクト・オン・ファイル（Fact on File）社刊、2000年）[9]を取り上げる。

　このカリキュラム教材は、学習目標などがあまりはっきりとは書かれていないため、その学習論を直接的にうかがい知ることは困難である。しかし、その教材のタイトルや、内容編成、授業構造から、『比較宗教』が、宗教的価値の比較・検討などを通して、一見多様に見える宗教の間に共通的・普遍的に存在する価値観を発見することで他宗教を奇異なものとして捉える態度や偏見を克服していこうとする立場の人々が開発したものであることには間

違いはないであろう。この立場の人々が指導書などを開発するようになったのはつい最近であるためか、このタイプに属する指導書などはまだ数が少ない（『比較宗教』も2000年と比較的最近になって開発されたばかりである）。おそらく、このタイプの宗教的価値学習は今後注目され、開発されていくのではないか。

　この教材は、全部で11の単元から成り、『世界の宗教』と同様に、資料や解説の他に発問集が併設されている。この『比較宗教』の内容編成を示したものが次頁の表2-4である。単元1「今日の宗教」は、世界の主要な宗教の神は何であるのかを確認したり、それら各種主要宗教の発生場所や広がりを地図で確認したり、その宗派別の人口が現在どのくらいなのかを確認する作業が組まれており、現代社会において主要となるイスラム教やキリスト教など各種宗教の、教義や儀式などその宗教的な内容以外の基礎的な情報を提供しており、『比較宗教』の導入的役割を果たしている。単元2「古代の宗教・伝統的宗教」や単元3「神話の創造」では、単元1では取り扱わなかった、かつては盛んに信仰されてきたが今日廃れてしまったり、表立った活動をしていない宗教（古代エジプトの宗教、日本の神道、ゾロアスター教など）を取り上げ、それらの神や慣習、神話や宗教教義に関する情報を提供している。単元4「宗派とその発展」では、単元1～3で取り上げた宗教の歴史を取り上げている。ここでは、単元1～3で取り上げた宗教の拡大過程（又は、その廃れてしまったり、目立った活動をしなくなる過程）に関する情報を提供している。単元5は「礼拝地」というテーマを設けて、単元1で取り上げた世界の主要宗教の礼拝地やその建物、礼拝方法に関する情報を提供し、それらを比較する活動が組まれている。単元6では「祭典」というテーマを設けて、世界の祭典に関する情報を提供し、それらを比較する活動が組まれている。単元7では「儀式」というテーマを設けて、世界の主要宗教の結婚式や葬式、その他生活儀礼一般に関する情報を提供し、それらを比較する活動が組まれている。単元8では「聖地」というテーマを設けて、世界の主要な宗教の聖

表 2-4 『比較宗教』の内容編成

学習活動	単元とタイトル		小項目	扱われる宗教
今日の世界の主要宗教に関する宗教的内容以外の情報の提供	1	今日の宗教	神とは何か・魂とは何か	イスラム教・ヒンドゥー教・ユダヤ教・キリスト教・道教・仏教（他多数）
			宗教の人口	イスラム教・ヒンドゥー教・ユダヤ教・キリスト教・道教・仏教・シーク教（他多数）
			その他各宗派の基礎情報	イスラム教・ヒンドゥー教・ユダヤ教・キリスト教・道教・仏教・神道・シーク教（他多数）
かつて存在した宗教やその他マイナーな宗教に関する情報の提供	2	古代の宗教・伝統的宗教	―	シャーマニズム・古代エジプトの宗教・古代メソポタミアの宗教・アステカの宗教・ノルマン人の宗教・ギリシャの神々・古代ローマの神々・ゾロアスター教・ブードゥー教
	3	神話の創造	―	ポリネシアでの神話・日本の神道の神話・アフリカのヨルバ族の神話・バラモン教の神話
単元1〜3で扱った宗教の歴史に関する情報の提供	4	宗派とその発展	―	（単元1〜3で取り扱った宗教）
今日の世界の主要宗教を宗教的内容についてテーマ別に情報提供・比較	5	礼拝地	建物	イスラム教・ヒンドゥー教・ユダヤ教・キリスト教・シーク教・仏教・神道
			礼拝堂	イスラム教・ヒンドゥー教・ユダヤ教・キリスト教・シーク教・仏教・アステカやマヤの宗教・古代ギリシャやエジプトの宗教・ミトラ教
	6	祭典	―	イスラム教・ヒンドゥー教・ユダヤ教・キリスト教・仏教・シーク教・神道・古代ローマの宗教・マ

第2章　民主主義社会の形成者育成における宗教的価値学習の特質と課題　59

				ヤの宗教
7	儀式	結婚式		イスラム教・ヒンドゥー教・ユダヤ教・キリスト教・シーク教・神道
		葬式		イスラム教・ヒンドゥー教・ユダヤ教・キリスト教・シーク教
		生活一般		イスラム教・ヒンドゥー教・ユダヤ教・キリスト教・仏教・シーク教・アステカの宗教
8	聖地	―		イスラム教・ヒンドゥー教・ユダヤ教・キリスト教・仏教・シーク教・神道・古代ギリシャやエジプトの宗教・北米インディアンの宗教・ポリネシアの宗教
9	シンボル	シンボルマーク		イスラム教・ヒンドゥー教・ユダヤ教・キリスト教・道教・仏教・神道・シーク教・ゾロアスター教
		宗教道具		キリスト教・仏教・ユダヤ教・古代ローマの宗教・北米や中央アメリカのインディアンの宗教
10	宗教的指導者	―		イスラム教・ヒンドゥー教・ユダヤ教・キリスト教・仏教・神道・シーク教・儒教
11	聖書と主要な概念	―		イスラム教・ヒンドゥー教・ユダヤ教・キリスト教・仏教・道教・儒教・神道・シーク教

（The Diagram Group, *Comparative Religions on Facts*, Fact on File, Inc., 2000 より筆者作成）

地やその地の意味付けに関する情報を提供し、それらを比較する活動が組まれている。単元9では「シンボル」というテーマを設けて、世界の主要宗教の宗教的シンボルや宗教道具に関する情報を提供し、それらを比較する活動が組まれている。単元10では「宗教的指導者」というテーマを設けて、世界の主要宗教の宗教的指導者に関する情報を提供し、それらを比較する活動が

組まれている。単元11では「聖書と主要な概念」というテーマを設けて、世界の主要宗教の聖書・聖典の記載内容（教義）に関する情報を様々に提供し、それらを比較する活動が組まれている。

　こうした『比較宗教』の内容編成には、次の２つの特質がある。特質の第一は、単元１～４を除いて、各単元は「礼拝地」（単元５）、「祭典」（単元６）、「儀式」（単元７）、「聖地」（単元８）、「シンボル」（単元９）、「宗教的指導者」（単元10）、「聖書と主な概念」（単元11）のように、宗教的教義や宗教的儀式といった宗教の中身に関して、そのテーマ別に単元が編成されていることである。また、単元５・７・９には小項目がある。単元５「礼拝地」の場合、「建物」と「礼拝堂」が、小単元７「儀式」の場合、「結婚式」「葬儀」「生活一般」が、単元９「シンボル」の場合、「シンボルマーク」「宗教道具」がこれに当る。こうした小項目は、各単元のテーマを細分化する関係にある。

　特質の第二は、単元５～11までの各単元で、世界の主要な宗教が全て含まれるように編成されていることである。ここで扱われる宗教は、ユダヤ教、ヒンドゥー教、イスラム教、シーク教、キリスト教、仏教、儒教などがある。このうち、アメリカ合衆国において多くの信徒がいる、ユダヤ教、ヒンドゥー教、イスラム教、キリスト教は、全ての単元（小項目）で取り扱われている。

　このようなテーマを優先して編成された『比較宗教』の内容編成は、各宗教を個別に内容編成した『世界の宗教』に比べて、各宗教間の宗教的価値を比較しやすい。テーマに即して宗教間を比較することで、学習者に各種宗教の宗教的価値に関する情報を習得させ、その多様性を理解させるだけでなく、それら宗教間に普遍に存在する価値観を発見させることで、学習者の他宗教への蔑視や偏見を克服しようとするダイヤグラム・グループの意図を、この『比較宗教』の内容編成から明確にうかがうことができる。

2．『比較宗教』の授業展開―比較による宗教間の共通性の発見―

　『比較宗教』の単元の授業構造にも、こうした、宗教的価値の比較・検討などを通して宗教間に普遍に存在する価値観を発見することで、学習者の他宗教への蔑視や偏見を克服していこうとした、ダイヤグラム・グループの意図を見て取ることができる。というのも、『比較宗教』は、テーマに即した各宗教的価値などの内容を学習した後、全ての単元の末尾に、これら各宗教の価値を比較し、それらの背後に共通する価値観を見出すように指示する発問が設定されているのである。その一例として、単元7「儀式」の小項目2「葬儀」の授業構成を見てみよう。単元7「儀式」小項目2「葬儀」の記載事項・資料や、設定された発問を踏まえて教授書として示したものが、次頁の表2-5である[10]。

　単元7小項目2「葬儀」は、前半でユダヤ教、ヒンドゥー教、イスラム教、シーク教、キリスト教の順で、それぞれの葬儀に関する情報（特に葬儀において「火葬」「土葬」のどちらをとるかについての情報）を学ぶ活動が組まれている。学習者は、単元の前半の学習展開において、資料の解説などを踏まえて、各種宗教の葬儀に関する儀式・作法などに関する情報を収集することが求められる。分析の視点は前もって設定されており、基本的に「(A)　葬儀の前に何をするのか」「(B)　葬儀の最中に何をするのか」「(C)　葬儀の後に何をするのか」の三段階からなる。また、これら(A)～(C)の発問に答えた後には、特に各宗教の「火葬」「土葬」の差異に注目し、それぞれの宗教が「火葬」または「土葬」にする上で、その背景にある各宗教独自の宗教的な考え方・意図を解明する活動が組まれている。この前半において、学習者たちは、各種宗教の宗教的価値の多様性を理解することになる。そして学習の後半では、前半で学習した各宗教間の葬儀に関する儀式・作法の違いなどを比較し、「火葬」「土葬」の違いから各種宗教をグループ分けしたのち、「火葬」派、「土葬」派それぞれがどのような価値観や意図を共通して持つのかを問い、さらには、「土葬」派「火葬」派両者の価値観の間にはどのような共通性がある

表2-5 『比較宗教』単元7・小項目2「葬儀」の授業展開

展開	分析対象	分析視点	主な学習内容
各宗教の葬儀に関する個別研究	ユダヤ教の葬儀	〔葬儀の展開の分析〕 ○ユダヤ教の葬儀はどのようなものか。 (A) 葬儀の前に何をするのか。 (B) 葬儀の最中に何をするのか。 (C) 葬儀の後に何をするのか。	・人が死んだら、彼の親戚は自分の着ている服を引き破ることで悲しみを示す。 ・葬儀の準備として、死者の体は洗われ、「キテル」と呼ばれる白い物質に身を包むことになる。 ・棺が埋められる時、参列者各々が手やシャベルを使って土をかけ入れる。火葬はなされない。
		〔儀礼の意図の分析〕 ○なぜユダヤ教徒は葬儀の時嘆き悲しむのか。 ○ユダヤ教徒はなぜ火葬をしないのか。	・死者は多くの尊敬の念が与えられるから。 ・火葬は神が創造した人間の身体を破壊する冒涜行為であると考えるから。
	ヒンドゥー教の葬儀	〔葬儀の展開の分析〕 ○ヒンドゥー教の葬儀はどのようなものか。 (A) 葬儀の前に何をするのか。 (B) 葬儀の最中に何をするのか。 (C) 葬儀の後に何をするのか。	・火葬の最中、死者の関係者たちは、祈りの呪文を唱えたり、神聖なヒンズーの聖書の文言を読み上げたりする。 ・長男は死者の頭蓋骨を砕くために、松の木の棒を利用する。そしてアートマン（死者の魂）を解放する。 ・親戚の男性が火葬の後の灰を川に流す。
		〔儀礼の意図の分析〕 ○ヒンドゥー教徒はなぜ火葬するのか。	・人間は神が創ったものなので、神の元に返す必要がある。聖なる川ガンジスに灰を流すことで、神に体を返せると考えている。
	イスラム教の葬儀	〔葬儀の展開の分析〕 ○イスラム教の葬儀はどのようなものか。 (A) 葬儀の前に何をするのか。 (B) 葬儀の最中に何をするのか。 (C) 葬儀の後に何をするのか。	・葬儀の前に誰かが死者の体を洗い、三つの布で体を包む。体は担架に乗せられるか、簡単な棺に入れられて、モスクの埋葬場に運ばれる。 ・死者は担架や棺から出されて、頭をメッカに向けて埋葬される。 ・参列者は祈りを捧げ、コーランの第一章を唱える。そして参列者は、3度ほど墓の土をかける。火葬はされない。
		〔儀礼の意図の分析〕 ○イスラム教徒はなぜ火葬をしないのか。	・魂は死後でも痛みを感じることができるとムスリムの人々は信じているから火葬はされない。
		〔葬儀の展開の分析〕 ○シーク教の葬儀はどのような	・死体は火葬する場所まで、友人や家族による行進によって運ばれる。彼らは歌いなが

第2章　民主主義社会の形成者育成における宗教的価値学習の特質と課題　63

各宗教の葬儀に関する個別研究	シーク教の葬儀	ものか。 　(A)　葬儀の前に何をするのか。 　(B)　葬儀の最中に何をするのか。 　(C)　葬儀の後に何をするのか。	ら進行する。 ・死体は葬儀用の薪によって焼かれ、その火は近い親戚がつける。そして参列者はカータン・ソヒラと呼ばれる賛美歌を歌う。 ・火葬が終わると、死者の灰は川や流れの有る湖、海などに流される。死者の目印となる墓標などは立てない。
		〔儀礼の意図の分析〕 ○シーク教徒の葬儀はなぜ悲しいものではないのか。 ○シーク教徒はなぜ火葬をするのか。	・彼らは生命や神の愛は死後も続くと信じているため。 ・人間は神が創ったものなので、神の元に返す必要がある。川や海、湖に灰を流すことで、神に体を返せると考えている。
	キリスト教の葬儀	〔葬儀の展開の分析〕 ○キリスト教の葬儀はどのようなものか。 　(A)　葬儀の前に何をするのか。 　(B)　葬儀の最中に何をするのか。 　(C)　葬儀の後に何をするのか。	・カトリックは、罪から解放された者のみが、死んだ時に大国に行くことが出来ると信じている。しかしカトリックは信仰しない者、邪悪な人間などは、天国に行くチャンスはないと考える。 ・今日は共同墓地がいっぱいになったので、多くのキリスト教徒は火葬されるようになった。 ・死者が埋葬されたり、灰が埋葬された時、石でその場所の目印を立てる。石には死者の名前と、その死者が死んだ日が記載されている。
		〔儀礼の意図の分析〕 ○なぜキリスト教はかつて火葬をしなかったのか。	・キリスト（救世主）が現世に戻る時、体は五体満足で再生可能な状態にあるべきであると考えているから。
総合研究	―	〔比較・類型による儀礼へ各宗教間に見られる価値観の共通性や関係性の発見〕 〔○火葬にする場合と、土葬にする場合、死者に対する考え方の相違が宗教間に見られた。それぞれに、どのような死者観があるのか。両者に共通性はあるか。〕	・（例）土葬を主張する宗教は、死後の人間の魂は、身体とつながりを持つと考える傾向がある。火葬を主張する宗教は、そうした考えがない。 ・どの宗教も、人間の体は神の所有物であるため、死後は体を神に返さなくてはならないと考えている。

(The Diagram Group, *Comparative Religions on Fact*, Fact on File, Inc., 2000, pp. 7:01-7:21 より筆者作成。但し、「総合研究」にある問いとその回答は、教材内では明確に示されていないので、筆者が予想して加えたものである。)

のか、など、背後にある価値観の共通性を明らかにする活動が組まれている。ここで求められる具体的な回答は『比較宗教』には記載されていないが、ここでは「どの宗教も『人間の体は神の所有物であるため、死後は体を神に返さなくてはならない』と考えている」などを学習者が指摘できるようになることが期待されていると思われる。

このように『比較宗教』は、キリスト教、ユダヤ教、イスラム教、ヒンドゥー教、仏教などの世界の主要宗教における教義等の宗教的価値を一定のテーマの下で比較して、それらの共通性や相違性を発見する活動が組まれ、そのことで、各種宗教の背後に共通する価値観を読み取ることができるようになっている。

3．「通約的多元主義型」宗教的価値学習の特質

『比較宗教』は、宗教間に普遍に存在する価値観を発見することで他宗教への蔑視や偏見を克服できるとした前提を下に、世界の宗教的価値の間に共通する価値の発見を可能にするような構造を採る必要があった。そしてこれを実現するために、次のような内容編成・授業構成を採用している。

まず内容編成の点からみると、全体計画において、各単元では、各宗教が共通して持つ教義や儀礼といった内容（祭典、儀式、聖書と主な概念など）をテーマとして設定し、そのテーマの下位に、テーマに沿った世界の主要な宗教の宗教的価値を複数、単元内で示す構成をとる。また授業構成の点からみると、各単元のテーマに沿った各種宗教の個別の宗教的価値を理解するだけに終わらず、それらを比較することで、各種宗教の背後に共通する価値観を発見できるようになっている。

この『比較宗教』が提供する、民主主義社会を形成するために必要とされる知的作法であるが、『世界の宗教』の場合同様、あまり多くはない。しいて『世界の宗教』との違いを挙げれば、宗教的価値の背後にある価値観を読み取るという作法を学習者が習得できることであろうか。

第4節　宗教的価値学習の特質―価値の批判的吟味・評価の回避―

　本章では、アメリカ合衆国における宗教的価値学習の2つの流れを、アルクレイビッチの『世界の宗教』、及び、ダイヤグラム・グループの『比較宗教』の分析を通して解明してきた。この両者には、次の3つの点で共通した特質が見られる。

　第一の特質は、宗教的価値を学習する意義を、他宗教への理解を深めることで、他宗教の宗教的価値の正しい認識を保障し、他宗教に向けられる偏見を解消することに求めたことである。そのアプローチには確かに2つの論には違いが生じていたが、人々から他宗教への偏見を取り除くことこそが、両者の宗教的価値学習の共通した目的であり、そのために、どちらも世界の様々な宗教を取り上げ、その宗教的価値を学校現場で理解することを学習者に求めた。この姿勢は、従来、宗教的価値を学校で取り扱うことは、「信仰の自由」を侵すことになるとされてきた教育界の考え方を根本から改める発想である。というのも、これまでとは逆に、世界の諸宗教の宗教的価値を直接学校現場で取り扱うことで、「信仰の自由」をより促進していこうとする試みだからである。

　第二の特質は、どの宗教的価値学習も、どれか一つの宗教や宗派、ないしは宗教的価値を他のものより優れたもの、優越するべきものとして描こうとしていないことである。これは、第一の特質とも関連することで、宗教への偏見を生み出さないようにしようとすれば、自ずとこうしたことが必要になってくるのであろう[11]。

　第三の特質は、この第一の特質や第二の特質と関係するが、宗教的価値の理解と偏見の克服を重点する分、各種宗教や宗派の宗教的価値そのものへの批判的吟味を求める発問や活動が全く設定されていなかったことである。

　このような価値の批判や評価を避けるという宗教的価値学習固有の特質で

あるが、次のような課題が残る。それは、学習者が将来、民主主義社会の形成者として生きていく上で重要となる、民主主義社会の形成に必要な知的作法をほとんど提供できない点である。

　宗教的価値学習は、通約的多元主義にあろうと、非通約的多元主義にあろうと、学習者の間で議論を進めることで新しい価値基準を生み出そうとはしないため、こうした作業に必要となる協調性や積極性、そして「何らかの基準から既存の社会的価値を批判的に吟味する」といった知的作法を提供することがない。なお、この特質は、次章以降に示す思想的価値学習や文化慣習的価値学習、法規範的価値学習とは明らかに異なるものである。こうした特質が、合衆国の宗教的価値学習に見られる背景には、アルクレイビッチやダイヤグラム・グループのような宗教的価値学習の開発者が、第1章の表1-1で説明したように宗教的価値の持つ自己本位的で伝統性・継続性重視という固有の性質（宗教的価値が価値として存在する条件）を何らかの形で意識し、それに基づいた宗教的価値学習の開発をしていることがあると考えられる。つまり彼らは、宗教的価値の選択という問題を完全に「個人的問題」として位置づけることで、教室全体で議論して何らかの宗教的価値の優劣を判断したり、従来の宗教的価値にとって代わる価値を創造したりすることの必要性を否定したのである。

　このことから、宗教的価値学習は、社会革新を生み出さないという、民主主義社会の形成者の育成という観点からみて見過ごすことのできない課題を持つことになるのである。

【註】
1) Haynes, C. C., and Oliver, T., *Finding Common Ground: A Guide to Religious Liberty in Public School*, First Amendment Center, 1998, p. 72.
2) Haynes, C. C., Religious Literacy in the Social Studies, *Social Education*, vol. 51, 1987.

3) Haynes, C. C., *Teaching about Religion in American Life: A First Amendment Guide*, First Amendment Center, 1998, pp. 73-74.
4) この二つのアプローチは、どちらも学習者自らが信仰する宗教に準ずる形で他の宗教を理解するのではなく、自らの信仰する宗教とは独立に、他の宗教が存在することの意義を認めようとする基本姿勢を持つ共通性があり、その点では両者とも岸根敏幸の言うところの「宗教的多元主義」の視点を持っていると言えよう。なお、岸根は、諸宗教を越えた普遍的な宗教性を探ることで他の宗教の存在することの意義を認めようとする立場を「通約的多元主義」、各々の宗教的存在を他に変えがたい固有の存在として見て、各種宗教に共通するような普遍性を見出そうとせずに他の宗教の存在することの意義を認めようとする立場を「非通約的多元主義」と呼んで、「宗教的多元主義」を二類型するが、この定義に従えば、前者のアプローチ(『世界の宗教』など)は「非通約的多元主義」に、後者のアプローチ(『比較宗教』など)は「通約的多元主義」に該当すると言えよう。(岸根敏幸『宗教的多元主義とは何か―宗教理解への探求―』晃洋書房、2001年、31～37頁。)
5) 岸根、同上。
6) Arquilevich, G., *World Religions*, Teacher Created Materials, Inc., 1999. この教材は、小学校6年生を対象に作成されている。
7) *Ibid*, p. 4.
8) *Ibid.*, pp. 149-150.
9) The Diagram Group, *Comparative Religions on File*, Facts On File, Inc., 2000. なお、対象学年などは『比較宗教』内には明記されていないため不明。
10) The Diagram Group, *op cit.*, pp. 7:01-7:21.
11) 永続主義を唱えたフェニックスは、無神論者を批判したという点で排他的な教育論者であったが、特にキリスト教を上位に置いたのではなく、全ての宗教をそれぞれ尊重する姿勢を採ったという意味で、ここの指摘とは矛盾しない。

第3章　民主主義社会の形成者育成における思想的価値学習の特質と課題

第1節　合衆国における思想的価値学習の概要

　アメリカ合衆国では、生き方に関する問題は、宗教や家庭の問題として位置づけられてきた。そのため、学校教育（教科教育）として道徳教育や倫理教育のようなものもあまり発達して来なかった。
　しかし価値を積極的に学校で取り扱っていこうとする動きが1970年代に合衆国の教育界や学校現場ではっきりと見られるようになると、人の生き方や人間哲学、社会思想といったテーマを全面に押し出すような教育が提唱されるようになった。
　こうした中で、合衆国において人間の生き方や有り方に関わる思想的価値を学校教育で取り扱うことを目指したグループには、大きく2つの傾向を見ることが出来る。1つは、共同体の構成員としてふさわしい生き方ができる子どもたちを育成していくために、その共同体が大切にしている諸価値を教化（indoctrination）・内面化（inculcation）しようとする立場のもので、「適応主義型」思想的価値学習とでも呼ぶべきものである。もう1つは、逆に共同体が要求している生き方について個々人が省察し、これとは違った価値に基づいた行動も検討し、選択できるように育成していくために、論争的な内容や議論といった教育方法を重視しようとする立場のもので、「構成主義型」思想的価値学習とでも呼ぶべきものである。
　「適応主義型」思想的価値学習の事例は、合衆国では決して多くはないが、一部の心理学者や宗教学者らが推進する「人格教育（Character Education）」

は、これに該当するであろう。藤田昌士は、この「人格教育」について、筆者が第1章で紹介したスペルカの価値学習の5類型（＝田浦武雄が自身の価値学習の類型指標を作る上で参考にした）の「①教え込み」、つまり「望ましいと考えられる一定の諸価値をもとに、模範、教訓、賞罰などの方法を用いて、それらの価値の内面化を図る」[1]教育と論じている。ただここで言う「望ましいと考えられる一定の諸価値」がどのようなものであるのかについては様々な立場があるが、宗教宗派の違いを超えて合衆国社会一般に通用する諸価値を子どもたちに内面化するべきだといった考え方が、人格教育を支持する人々の主流派が持つ一般的な考え方である。

　これに対して「構成主義型」思想的価値学習は、合衆国の思想的価値を取り扱った学習論の主流を構成しており、その理論に基づいたカリキュラム教材の事例も多い。この立場はさらに細かくは、2つのグループに分類することができる。第一のグループは、「文脈主義」系の思想的価値学習とでも呼ぶべきものを支持する立場である。この立場は、正しい思想的価値とは、時と場面によって、そして個人によって変わるのであり、そうした文脈を超越して普遍的に正しいとされるような思想的価値など存在しないとした考え方に基づいている。つまり思想的価値の判断基準の依りどころは、個々人の価値観のみにあると考えるのである。そして、思想的価値を取り扱う学習とは、人としての生き方や有り方を問われる具体的な場面において、これまで自らがそうした問題に対してどういった価値に基づいた判断を下してきたのかを自覚し、さらに状況に応じたより自分らしい価値判断とその表明を、学習者個々人が下せるように鍛えていくことであるとする。こうした考え方を持つグループとしては、例えば「価値明確化（Value Clarification）」の重要性を主張するラス、M. ハーミン、S. サイモンらのグループやスタールらのグループが該当する。

　対して第二のグループは、「非文脈主義」系の思想的価値学習とでも呼ぶべきものを支持する立場である。この立場は、正しい思想的価値とは、時や

場面によって変わることもあるが、そうではないより普遍的な性質のものも存在し、そうした思想的価値は、学会や論壇などの場面で識者らによって議論を積み重ねて時間をかけて検討していくことが可能であるとした考え方に基づいている。つまり、思想的価値の判断基準の拠りどころは、個人だけではなく学会や論壇といった専門家・識者の集団などにもあると考えるのである。そしてこの立場における思想的価値を取り扱う学習とは、人としての生き方や有り方に関する普遍的な価値（所謂「〜主義」）を学習者個々人の中に具体的に形成することであり、その際に、学会や論壇などで識者が議論してきたその経緯などを分析・把握し、同時に自らの価値観の相対化を図っていくことなどが肝要であるとする。こうした考えを持つ事例としては、例えば「価値分析（Value Analysis）」の重要性を主張するレオーネらが該当する。

では早速、民主主義社会の形成者育成という観点から、それぞれ3つの思想的価値学習が持つ可能性と課題について考察していくことにしよう。

第2節　「適応主義型」思想的価値学習：『人間の価値』の場合

1．『人間の価値』の内容編成— 8つの価値が関係する物語の羅列—

「適応主義型」思想的価値学習の一例として、アメリカ人格教育研究所（V. C. アルンシュピガー、J. A. ブリル、W. R. ルカーら）が1973年から1974年にかけて作成した初等教育用（小学1〜6年生用）の『人間の価値』シリーズ（ステック・ボゥン社（Steck-Vaughn Company）から出版）を取り上げよう[2]。

『人間の価値』シリーズには、開発者の名前を採って「ラスウェルの価値の枠組み」と呼ばれている次の8つの価値が設定されている。

・愛情　　・尊敬　　・幸福　　・技能
・富…自分のためになされる何か（サービス）を含んで、人が必要としており、欲している事を持ち合わせること
・力…意思決定をすること、重要な事柄を他者が決断できるように手助けす

ること
・廉直…正しいことをすること、自分が取り扱われたいように相手を取り扱うこと、価値を共有すること
・啓発…重要なことを学んだり知ったりすること

　そして、『人間の価値』シリーズでは、この8つの価値のどれか一つ以上の価値が欠落したような場面に子どもたちを直面させ、その価値の回復を意識させていくことで、この8つの価値の重要性を理解させ、「子どもたちの精神的健康の向上」を図っていくことをねらいとしている。『人間の価値』シリーズの開発者たちは、「自由主義社会で最優先の目標である人間の尊厳を理解することは、人間の価値が広く共有されることによってのみ可能」であると論じ、この8つの価値を理解することは、人間の尊厳を理解することにつながると主張する。さらには、「こうした価値を広く人々が共有することに貢献しようとするあらゆる人間は道徳的に行動のできる人である。その一方で満足した存在となるために必要となるこうした価値を失ったあらゆる人間は、不道徳的に行動する人間である」とまで言い切る。ただ開発者たちは、この8つの価値は、人間の尊厳を理解する土台となるものであると謳っているのだが、合衆国憲法を支える基本的人権や平等、権利などの諸価値から導き出しているわけではない。「愛情」や「幸福」、「廉直」といった、合衆国の多くの人々が歴史的に日常生活の中で意識し重視してきた生き方に関する価値であると言えよう。ここには多少、プロテスタントの教義の影響を見て取ることもできるが、それはあまり顕著なものではない。このカリキュラム教材の開発者たちは、出来るだけ他宗教の人々でも受け入れることのできる価値を選定しようと努力しているようであり、この8つの価値を彼らが「人間の価値」と呼んでいることからも、彼らの目にはこの8つの価値は宗教・宗派を超越した価値であるとの認識があるようである。

　この『人間の価値』シリーズの全体計画を示したものが、次の表3-1である。表3-1の左側に小単元のタイトル、そして右側には、小単元で取り

扱う物語の中で欠落している（＝小単元の主題となっている）価値について「○」、また欠落しているわけではないが、取り扱われることになる価値については「●」で示している。

『人間の価値』シリーズは全部で6つの単元から成る。6つの単元はそれぞれ対象となる子どもの学年段階に対応する。つまり単元1は、小学校1年生対象、単元4は小学校4年生対象である。小学校1、2年生を対象とする

表3-1　『人間の価値』シリーズの全体計画

小単元のタイトル	愛情	尊敬	幸福	富	力	廉直	技能	啓発
単元1　私について【第1学年】								
雪のショー	○	●	●				●	●
ベッドの4人	●		○	●			●	●
おいしいチョコレートのプディング		●		●	●	●		
同じ古いもの			●				●	●
まず想像しよう！	○	○	●				●	
何か欠けている？			●			○		
ボブの新しい凧			●				○	
どうしてあなたはこうしたのか？	●		●			○		
歯がぐらぐらする	○		●	●				●
誰か		●						○
グラシアス氏の新聞			●	●		○		●
美しい泥足	●		●			○		
小単元のタイトル	愛情	尊敬	幸福	富	力	廉直	技能	啓発
単元2　私とあなたについて【第2学年】								
小さな密航者	●		○		●	○		●
二匹の濡れた鶏	●		○	●		●		
1ダイン硬貨と1ペニー硬貨		●	●			○		
鬼ごっこでのテッド	●	○	●		●	●		

小単元のタイトル	愛情	尊敬	幸福	富	力	廉直	技能	啓発
ナンシーの誕生日プレゼント	○	●	●	●	●	●		
新しい靴		●	●	●		○		
図書館のお化け	●			●		●	○	○
小さなオランダの少女	●		●	●		○	●	
大きないじめっ子のバリー	●	○				●		●
珍しい発見		●	●	●			●	○
喧嘩	●	●	●			○		
ピーナッツ	●	○						●
日本からの二人の少女	○	○					●	
テレビ棚	●	●	●	●	●	○		
代用の雪だるま		●	○				●	
ジェリーと指輪	●	●	●			○		●
8つの黒い瞳	●							○
大きなイルカの友人	○	○	●		●			
馬鹿		○						○
ドンの野菜とドナの野菜		●	●	●		○	●	
携帯用電話機の助け	○	●	○			●		
みんなが祝福する	●	●	●				○	

単元3　価値について【第3学年】

小単元のタイトル	愛情	尊敬	幸福	富	力	廉直	技能	啓発
森林での火事	●	●	●	○		○	●	
リッキーのサプライズ	○	●	●	●				○
困難な道を学ぶ	●	○			●	○	○	
鳥の餌やり		○		●			○	●
仕事の時間	●	●	●		●	○		
「それを避けることができない！」	●	○	●			○	●	●
ピルグリム・インディアンズ	●	●	○	●			●	○
コンシュラの初雪	●	●	○					○
小さな白いピアノ	○	●	○			○		

第3章　民主主義社会の形成者育成における思想的価値学習の特質と課題　75

小単元のタイトル	愛情	尊敬	幸福	富	力	廉直	技能	啓発
ジャックの願望	●	●	●	●	○	○	●	●
祝宴	●	●	○	○			●	●
ペットはエルク？	●		●	○		○		
隠れ家		●	○			●		●
デイビッドは音を学ぶ	○	●	●					○
郵便切手		●	●	●	●	○	○	
レスキュー	●	●	○				●	●
モンスターのお金	●	●	●			○		
ボトルのノート	○	●						
キャンディ持ってる？	●	●	○		●	●		○
フクロウのストライキ！	●	●				○		
単元4　価値の探究【第4学年】								
ブルーベリーマフィン	○	○	●	●			●	
大きなしぶき	●	●		●	○	○		●
失われたボール		●	●	○		○		
最後のクリスマスツリー	●		○	○				
反抗的なロバ		●	●				○	●
カールのカウボーイ衣装	●	●	●		●	○	●	○
幸運のベル	●	○	○			●		●
ゼルダがほほ笑むとき	○	●	●				●	
危険な過ち	●	●	●	●	○	○		
ぶらぶら過ごす娘	●	●	●				○	●
一人ぼっちのキャンプ		●	○	●	●		●	
あの罪悪感	○	●	●			○	●	●
人形とフットボール	●	●	●	○			●	●
発見者と保存者			●	●		○		
ラモンの友達づくり	●	○	●				○	
今は私の池だ！	●	●	●		●	○		

小単元のタイトル	愛情	尊敬	幸福	富	力	廉直	技能	啓発
サラは雲の上に飛び立つ		●	○	●			●	○
パンチョとチノ	○	●	●	●	●	○	●	●
啼かない雄鶏		●		●		○	●	
チーターの治療	●	●	●			○	○	●
不幸から幸運へ	○		○	●			●	
ビリーの新しい世界		●	○					○
ボブの手荒い牛乗り	○	○	●			●		●
ケニーの銛	●	●	○			○	○	
ラリーと海賊			○					○
王子の財産	○	●	●	●	●		●	●

単元5　価値の共有【第5学年】

小単元のタイトル	愛情	尊敬	幸福	富	力	廉直	技能	啓発
猫のブレスレット	●	●	●	●	○			
飛びつく前に見よ	●	●	○			●	●	●
「男性的」が階層を作る	●	●				●	●	○
妹への贈り物	○	●	●	●				
父と有望選手のスポーツ		●	●			○	●	
スカウトの良い転身	●	●		●		○	●	
教師のペット	●	○	●	●		○	●	
紙袋のクリスマス	○	●	○	●			●	
目のための目	●		○				●	
爆竹		●	●		●	○		●
メアリ		○					●	●
「殺人鬼」コリー犬のクリッパー	●	●	●		●		●	
波に囚われる		●	○			○		○
ハンディキャップにも関わらず	●		○	●			●	
貧しい村人と教師		●		●	○	○		○
ジャッキ入団テスト	●	○					●	
渓谷にある宝		○	●			●	●	○

第3章 民主主義社会の形成者育成における思想的価値学習の特質と課題

小単元のタイトル	愛情	尊敬	幸福	富	力	廉直	技能	啓発
自由への闘争	●	●	○	●	●	●	●	●
亡命者を歓迎する		●	●	●	●	○		●
トムのインディアンの遊び友達	○	●	●	○			●	●
忘れられた捕虜	●	●	●				●	●
年老いた魔女	●	●	●					
細い交換品		●	●	○		●		
貝殻の収集家	●	●	●					○
友達はどこにでもいる	○	●	●				●	●
ダメな悪がき	●	●	●			○		

単元6 価値で考える【第6学年】

小単元のタイトル	愛情	尊敬	幸福	富	力	廉直	技能	啓発
マギーはクラスメイトを驚かせた	●	●	●	●	●	●	○	●
ジェリー・リリーに会う	○	●	●			●	●	●
エイプリル・フール！	●	○	●			●		●
ハワハニの新しい学校	●	●	●	○		●	○	
マリオの贈り物	○	●	●			●	○	
停まれ、泥棒！	●	●	●			●	○	
何もしなかった！	●	●	●		●	○	●	
トニーと若鶏農場				●	○			○
誤った釣り場	●	●	●			●	●	●
ドブス氏の狭い逃げ道	●	●	○			●	○	
マギーの贈り物	○	●	●	○				
「たきぎ」プロジェクト		○		○	○			●
サンドラの目覚め	●	○	●		●	●		●
一部屋だけの学校	●	○		○		●	●	○
余分の一つ	○	○	●				○	
煙草への対策		●	○	●			●	●
涙の跡		●		○		●	○	●
サイクロンのたまり場	○	●	●		●	●		●

シャルロッテは劇団員になる	●	○	●		●	●	●	●
野生七面鳥の罠		●	●	○		●	●	●
ハリケーン	●		●	●			●	○
私は決して大人の女にはならないつもり	●	○	●			●		
地球は平らだ！			●				○	○
アラスカからの訪問客	●	○	●				●	●
輪廻転生	○	●	●	●	●	○		
ジョイスは大統領になるために学んだ	●	●	●		○	●		●

(V. Clyde Arnspiger, James A. Brill, W. Ray Rucker, *About Me, About You and Me, About Values, Sharing Values, Seeking Values, Thinking with Values; The Human Values Series*, Steck-Vaughn Company, 1973-1974)

単元1「私について」と単元2「私とあなたについて」は、どちらも子どもの身近な生活の場面をテーマとしたつくりである。対して単元3以降は、「価値」というタイトルになっている。ここで設定されている諸場面は、子どもの身近な生活場面だけではなく、昔々の話や外国の話なども加わる（単元3の小単元「ピルグリム・インディアンズ」や、単元6の小単元「輪廻転生」など）。緩やかに同心円的拡大の原理が採用されている。また小学校1年生を対象とする単元1は、設定されている小単元の数も少なく、また小単元で設定されている物語の文章も短いことに対して、小学校6年生を対象とする単元6では、設定されている小単元の数も多く、また小単元で設定されている物語の文章も比較的に長めとなっている。

　ただ、こうした違い以外に、単元1や単元2といった前半部の低学年対象の単元と、単元5や単元6といった後半部の高学年対象の単元とでの顕著な違いは見られない。いずれの単元でも、8つの価値はまんべんなく取り扱われており、特に「幸福」や「廉直」といった価値が重視されていることがうかがえる。また、内容の配列などに系統性は見られない。各小単元のテーマ

となる価値は、ランダムに並べられている。わずかに、単元1や単元2といった前半部では、「力」や「富」といった価値は主要なテーマとしては扱われていないが、後半部では主要なテーマとしても頻繁に扱われるようになっているといった傾向があることくらいしか確認できない。そしていずれの小単元も、8つの価値のどれかが欠落した物語を読んで、その欠落した価値の回復を試みるといった展開となり、これをひたすら繰り返すものとなっている。

2．『人間の価値』の授業展開―物語から教訓となる価値を学ぶ―

『人間の価値』の小単元は、いずれにおいても、物語を読んで、8つの価値のうちの欠落した部分について確認し、その回復を図るといった同じような展開をとる。シリーズの前半部である単元1や単元2の小単元と、後半部である単元5や単元6の小単元の違いは、取り扱う物語の文章の量と英単語の質の違い、そして小単元で設定される物語の場面が、子どもにとって身近なところとは限らないといった設定場面の違いの3点に限られる。

ここでは、単元2「私とあなたについて」の小単元「1ダイン硬貨と1ペニー硬貨」を取り上げてみよう。この小単元の授業展開を示したものが表3-2である[3)]。

ここでは「廉直」が主なテーマである。小単元で取り扱われる物語は、この物語の主人公の少年の「廉直」が欠落することで、少年の「幸福」と他者からの「尊厳」が欠落した状況に陥ってしまったという、つまり少年のアイスクリームを食べたいという誘惑に負けて黙って友人の机の上にあったお金を持ち逃げしたことで、少年は罪の意識に苛まれ、また他者から軽蔑されてしまうような人間になってしまったといった内容である。子どもたちは授業において、まず物語を読み、少年の心の動きを各場面で捉えていきながら、少年の行動はどういった価値に背くものであるのか、そしてそのことでどのような価値も失ってしまったのかを確認する。そしてこの後、どういった行動をとれば、その失われた価値が回復するのかを子どもたちに考察させると

表3-2　単元2『私とあなたについて』小単元「1ダイン硬貨と1ペニー硬貨」

教師の主な発問	教授学習活動	子どもから引き出したい知識
○（教科書の冒頭の挿絵を見せて）ここに描かれている2枚のコインは、この少年（スコット）のものだと思いますか。	T：問いかける P：予想する	・表情からみても、このコインは少年のものではない。
○教科書を読みましょう。	T：読ませる	

【教科書の記載内容】
学校が終わり、子どもたちは家路に着こうとしていた。スコットはジャックの机に行ったとき、1ダイン硬貨と1ペニー硬貨があるのを目にした。誰も彼がお金をポケットにしまおうとも、それを見ていない。彼はそんなことをすべきでないことは知っているが、彼はそのお金でアイスクリームが買えると考えた。放課後、アイスクリーム屋さんが彼の家のそばを通る。そしてスコットは前からアイスクリームがほしかった。
　スコットは家に帰ろうとした。一瞬彼は立ち止まりお金を戻そうとした。そのとき彼は独り言を言った。「もしかしたら誰かが僕のことを見ているかもしれない。僕はアイスが食べたいし、ジャンもこのお金が無くなって悲しまないかもしれない」。結局彼は、お金を持って家に戻ってしまった。スコットは小さな木の下で座って、アイスクリーム屋さんを待った。彼はずっと待った。「はやくアイスクリーム屋さんが来ないかな」と彼は言った。
　ついにアイスクリーム屋さんの乗る自動車のベルを彼は耳にした。彼は小さな車が近づいてくるのを見た。車は子どもたちのためにあちこちに停まってアイスクリームを売っていた。
　そしてついにアイスクリーム屋さんは彼の下に来た。そしてスコットはアイスクリームを何個か買うことができるだけのお金があった。
　だが突然、スコットはジャンのお金ではアイスクリームは買えないと思った。彼は小さな木の下に居続けた。アイスクリーム屋さんはまた通りに戻っていった。少しすると、アイスクリーム屋さんのベルが聞こえなくなった。そして彼はジャンのお金がポケットにあることを感じていた。

○なぜスコット少年は、机の上にあるコインを欲しがっているのですか。	T：質問する	・アイスクリームが食べたかった。
○スコット少年は結局、アイスクリームを購入したのですか。	T：質問する	・購入しなかった。
○物語の流れを掴んで、起きた出来事を順番にまとめなさい。またその時々のスコット少年の気持ちをまとめなさい。その時、彼は幸せですか。	T：指示する	・スコットが自分のほしいものを手に入れることによって彼自身が自分の幸福を増そうとしたが、間違ったことをしているという感覚になり、このことが彼からさらに幸福を奪っているという事実を取り上げる。 ①スコットは1ダイン硬貨と1ペニー硬貨

第 3 章　民主主義社会の形成者育成における思想的価値学習の特質と課題　81

		をジャックの机から盗み取った（彼は間違ったことをしている。彼は廉直さを失っている）。 ②彼は家に帰る途中で立ち止まり、お金を返しに学校に戻ろうとし始めた（彼の罪の意識は彼から幸福を奪った。しかし彼は捕獲されてしまう恐怖と、アイスクリームほしさから、彼は結局1ダイン硬貨も1ペニー硬貨も持ち続けたままだった）。 ③彼はアイスクリーム売りを待った（彼はとても罪を感じていた。そして誰かが彼を見ていたり、誰かが彼に「お金はどうしたんだい」と質問してくることを恐れた。彼は自分自身で幸福を失ってしまったのだ）。 ④アイスクリーム屋さんが彼の家の前を通り過ぎた（スコットは罪の意識を強く感じたため、この盗んだお金を使うことができなかった）。 ⑤スコットはアイスクリームを買うことができなかった。
○スコット少年はこの後、お金をどうしたでしょうか。またどうすることが一番良いでしょうか。	T：話し合わせる	・スコット少年は、正直にお金を盗んだことを言って謝罪し、みんなに許しを請うべきだろう。
○この物語は、何を教えてくれているでしょうか。	T：話し合わせる T：まとめる	・「不誠実に何かを得ることで幸福がもたらされることはない」（廉直の精神が大切である）

(V. Clyde Arnspiger, James A. Brill, W. Ray Rucker, *About You and Me; The Human Values Series*, Steck-Vaughn Company, 1973, pp. 1-10)

いった展開をとる。ここでは話し合い活動が組まれているが、解答は何でも良いというわけではない。教師はこの話し合い活動を通して、子どもたちに（このカリキュラム教材の開発者が考える）模範となる解答、つまり主人公である少年が自身の罪をみんなの前で告白することで（主人公が廉直になることで）、主人公自身の失われていた「尊敬」は回復し、また罪の意識に苛まれるという「幸福」が失われた状況から脱することが出来るということについて、子

どもたち自身で気付けるように働きかけていかねばならない。そして「不誠実に何かを得ることで幸福がもたらされることはない（廉直の精神が大切である）」という、教訓ともとれる一般化された生き方に関する価値言説について、子どもたち自身が導き出せるように教師は促していくことが最後に求められることになる。

　この他ほどの小単元でも、何らかの人物が物語の中で登場し、その人物の心の葛藤や動きを子どもたちに共感させていくといった展開が採られる。そして、「人が罪を犯すことで、『廉直』の価値を失い、そのことで家族も地域社会からの『尊敬』を失う」（単元６の小単元「停まれ、泥棒！」より）だとか、「家族はお互いがお互いの『幸福』について考える時、より『幸福』になる。子どもたちは規則や法律を『尊敬』しなければならない。自分の思い通りにしようと強情をはると、『幸福』は失われる」（単元２の小単元「小さな密航者」より4)）など、教訓めいた生き方に関する価値言説を子どもたちは獲得することが期待されている。

３．「適応主義型」思想的価値学習の特質

　民主主義社会の形成者を育成するという観点からみて、この「適応主義型」思想的価値学習は、幾つかの問題を持つものと言えるだろう。

　第一に、我が国の教条主義的かつ心情主義的な道徳教育にも相通ずる徳目主義に陥っていることである。ほぼある特定の社会集団や共同体の持つ価値を、十分な根拠もなく教師がトップダウン方式で子どもたちに注入してしまっている。多様な選択肢を考察させるのではなく、あるべき一つの生き方に追い込んでいく授業展開は、子どもたちを思考停止に導く危険性すらある。また、こうした価値を共有しない他者が現れたとき、そうした他者の考え方を理解することなく、この８つの価値を相手に押し付けようとしてしまうような「不寛容」を生み出してしまうかもしれない。

　第二に、取り扱う物語の設定場面はいずれも日常生活の私的空間に限定さ

れており、またあらゆる事例が個人の生き方の問題として取り扱われるので、この学習を通してでは、子どもたちの目が社会についての認識や判断といった側面にはまったく向かないことである。

また前述の2つとは別に、実践上の困難も指摘できる。比較的に単純な物語を用いて、その登場人物の心情に共感させて特定の生き方に関わる価値を内面化しようとするこの手法は、小学校の低学年はともかく、複雑な社会の諸関係を経験的にも理解し始める高学年の子どもたちには、かなりの困難が予想される。

藤田氏は「当のアメリカで、このインカルケーションの立場は、一つには『徳の束』という言葉で批判されている。それは、あれこれの徳目・人格特性を列挙し、それらをばらばらに教授することを言うものである」、「人格教育及びその他のインドクトリネーション的な道徳教育は普遍的な価値を教えることを目標としてきた。(中略)しかしそれらの価値についての立ち入った説明は、実に相対的なものである。それらの価値は、教師の旧来の文化によって定義され、教師の権威によって正当化されている」[5]と、この型の価値学習について痛烈な批判をしてまとめていたが、これは実に的確な評価と言えよう。この型の思想的価値学習は、同質性の強い共同体の外に出ることの無かった中世社会ならいざ知らず、価値多元社会である今日においては、とても課題の多いものである。

第3節 「構成主義型」思想的価値学習

「構成主義型」思想的価値学習は、人々の生き方をめぐる価値（倫理、人間哲学）、つまり思想的価値に着目するという点で、前述の「適応主義型」思想的価値学習と同じであるが、価値の取り扱い方は全く異なるものである。実際、「構成主義型」思想的価値学習を支持する研究者のほとんどは、「適応主義型」思想的価値学習を厳しく批判する。これから紹介する2つのカリキ

ュラム教材の事例も、その開発者たちは「適応主義型」思想的価値学習（＝人格教育）を厳しく批判してきた者たちである。

しかし、彼らは本当に「適応主義型」思想的価値学習の問題点を克服できたのか。本節と次節で検討したいのは、この部分である。「構成主義型」思想的価値学習には、前述した通り、大きく「文脈主義」系と「非文脈主義」系の2つのタイプが存在する。まず「文脈主義」系から検討していきたい。

第1項 「文脈主義」系：『思考への扉』の場合

1．スタールの教育論と『思考への扉』

「文脈主義」系思想的価値学習の事例として、ここでは、ロバート・スタール[6]らが1995年に開発した『思考への扉—歴史と人文学のためのエピソードの意思決定—』（ゼフィール・プレス（Zephyr Press）社刊）』（以下、『思考への扉』と略記）を取り上げる[7]。

スタールは、価値明確化学習を推進した人物の一人であるが、わが国でもよく知られているラス、ハーミン、そしてラスの弟子であるサイモンのグループとは別の系譜に属す。まず、ラスらのグループと、スタールらのグループ（共同研究者にリチャード・スタールやドイル・キャステールらがいる）の価値明確化学習の考え方の違いから解説していこう。

ラスらのグループは、価値明確化学習という観点から見れば、スタールの先輩格である。ただ両者ともに、正しい思想的価値とは、時と場面によって、そして個人によって変わるのであり、そうした文脈を超越して普遍的に正しいとされるような思想的価値など存在しないとした考え方を基礎に持ち、思想的価値を取り扱う学習とは、人としての生き方や有り方を問われる具体的な場面において、これまで自らがそうした問題に対してどういった価値に基づいた判断を下してきたのかを自覚し、さらに状況に応じたより自分らしい価値判断とその表明を、学習者個々人が下せるように鍛えていくことであるとするところに共通点がある。また、60年代後半から強まってきた、既存の

社会的価値を問いなおしていこうとする姿勢、さらには西洋的価値を絶対視しない姿勢なども共通に持つ（ちなみにラスらは、そうした社会的価値への批判的な姿勢はデューイから学んだと論じ、自らを進歩主義教育の後継者と考えている[8]）。

しかし、スタールは自らの価値明確化学習（「認知的社会的アプローチ」と呼んでいる）を以下のように述べ、ラスらの立場（及びコールバーグの価値学習）と自らの立場は違うと宣言する[9]。

> 「この私たちの価値教育に向けた『認知的』『社会的』アプローチは、コールバーグの教育方法とも、そしてラス＝サイモンの教育方法とも全く別物である。私たちのアプローチは、教師たちが教えたい、もしくは教師たちが子どもに学んでほしいと考える教科内容の中身から、価値が絡む文脈、状況、問題を教師が開発できるようにしたものであるのだ。このアプローチは、一方で『価値相対主義』を生み出すようなことを避けるのに役立つだけでなく、もう一方で前もって定められた価値的／道徳的理由付けの階層構造（ヒエラルキー）の序列付けを避けることも出来るのである。この『認知的アプローチ』は、認知中心的・過程中心的な教育目標や教室内部での手続きと、価値教育を統合することを必要とする穏当で共通したカリキュラムを重視している。」

コールバーグの価値学習について価値の序列付けを強制する学習と非難しているところからも、スタールにはロールズが定めたような外在的な正義の原理を子どもたちに教化しようとした意志が無いことをうかがうことが出来る。こうした姿勢はラスらと同じである。しかし、こうしたラスらの考え方は、多方面から「価値相対主義」との批判を受けることになった。この批判は、スタールのアプローチにも本来的には当てはまるはずである。しかしスタールは、自らのアプローチはラスらとは違って「価値相対主義」ではないと主張する。

この主張の根拠としてスタールは、教室内でのコミュニケーションを重視していることを挙げる[10]。つまり、学習者個々が自らの価値観を自覚した

り、自らの価値観を一人で構築したりするのではなく、様々な価値観を持った他者との交流を通して個々の価値観を構築していくことを重視したのである。集団間で価値の厳しい吟味がなされるので、価値相対主義には当たらないとスタールは考えたのである（後にそうした自らの姿勢を、スタールは「社会構築主義」的なアプローチと意識し、「協働学習」を推奨することになる[11]）。ラスは、生徒らに心理テストのような課題（「イライラすると食べ物に手が伸びる人間だろうか」「安楽死を是認する人間だろうか」など[12]）に「はい」「いいえ」などの回答をさせることで、生徒に自らの価値観を自覚させたりする作業をよく好んでさせていたが、スタールは生徒たちに、こうした作業に従事させることはほとんど無い。スタールは飽くまで、価値葛藤の生じるような問題を学習者たちが議論することを通して、自らの価値観を自覚させたり、相手の価値観を踏まえて自らの価値観を省察させたりしたのである（勿論こうしたスタンスは、コールバーグらから見れば「価値相対主義」以外の何物でもないであろうが）。

　またスタールは、「内容重視アプローチ（content centered）」を常々主張している。これにはどうやら2つの意味を含んでいるようである。1つは、彼は価値明確化学習を既存の教科の枠組みの枠内で用いるという主旨を示そうとして、この表現を用いている。つまり「教科内容を重視している」という意味で使っている面がある[13]。もう1つは、議論内容の質的向上を重視しているという意味で使っている。例えば次のスタールの言説は、彼が議論の質を重視している姿勢をよく表現したものであるように思う[14]。

　　「美術や詩の制作などの場面、そして初等低学年に有りがちのことなのだが、教師や教育学者たちは、単に教師が期待していないことを子どもがしたことを理由に、彼らが『創造的』であると考えてしまう。これは克服せねばならない。生徒は常に新しい振る舞いを生み出そうとするかもしれないが、『創造的な』振る舞いを生み出したり、示したりすることなどめったにあることではないのだ。」

スタールは、子どもたちの議論の質が高いものとなるように、彼らに考えさせる問いに拘った。更には、後に詳細に解説することになるが、ただ価値葛藤の生じるような問いを子どもたちに議論させるのではなく、その問いに対して先人たちが下した意思決定を吟味させ、それを踏まえて考察させようとした。

　また問題場面も、次頁表3-3にあるような複雑な状況(A)～(E)に子どもたちを置くことで、問題をよりリアルに、より具体的に考えることが出来るように設定すると同時に、状況が変われば価値判断は変わること、文脈によって正しい価値は変わってくることを理解させようとしたのである[15]。

　加えてスタールは、価値明確化学習のプロセスについてもラスとハーミンの「7つの過程」を見直し、新しい「4つの過程」を提唱している。ラスらが1966年に提唱した「7つの過程」は次の通りである[16]。

　①価値を自由に選択すること
　②価値を複数の選択肢から選択すること
　③選択肢の結果について思慮深く考察すること
　④自分の選択した価値を尊重し、喜びを感じること
　⑤選択した価値をみんなの前で肯定すること
　⑥選択に基づいて行動すること
　⑦行動を反省すること

　これに対してスタール（と共同研究者のカスティール）が1975年に示した「4つの過程」は次の通りである[17]。

　①事実理解の段階（comprehension phase）
　②論理的思考の段階（relational phase）
　③価値付けの段階（valuation phase）
　④反省の段階（reflective phase）

　両者を比較すると、スタールは価値だけではなく、①②という事実認識、解釈、理解といった点に重点を置いている事、そして④反省（自分の価値観

表3-3　スタールが示す5つの意思決定の状況

(A)　選択を強いられた場合の方略

　このような状況では、人は、ほとんど同等に望ましいか望ましくない限られた数の選択肢から、一つの選択肢を選ばなくてはならない。選択を強制された状況は、他の選択肢を作り出したり、所与の選択肢を複数合わせた選択をすることは許されない。すなわち、選びうる選択肢について可能な限り時間を、新たな選択肢の創造に費やすことは許されない。決定がなされた後では、他の選択肢はもはや選ぶことはできない。決定を下さなければ、選びうるいかなる選択肢の結果よりも悪い結果を招く危険性を増大させることになる。

(B)　優先度の決定を求められた場合の方略

　最も好ましいものから、最も好ましくないものまで選択肢が整理されうるような状況下では、個人は選択肢を他の選択肢と比較する上で、優先度、重要性、価値、有効性に基づいて決定せねばならない。

　実際採択できる唯一の選択肢は、そうした提供された選択肢であり、各選択肢はそれぞれ独立している。選ばれた最初の選択肢は、それが必要とされる時期においては選択可能ではないかもしれないし、問題を解決するものではないかもしれない。どちらの場合においても、2度目の選択肢の際は、その選択肢の実現可能性や有効性が考慮されることになる。意思決定の当事者は、全ての選択可能な選択肢が順序付けられるまで、この優先度の手続きに従う。

　選択肢を階層付けるという見方は、学習者に、残りの選択肢の中からも、例え二つしか残っていなくても、絶えず最も優先させるべきものを考える意識を芽生えさせる。この過程は、選択肢の重要性を他のものと比較して考慮することを強いる。全ての事例において学習者は各選択肢に特定の優先的価値を付与しなくてはならない。

(C)　交渉を求められた場合の方略

　この方略は、個人が、選択可能な選択肢からのみ決定を下さねばならず、且つあるものを得るために他の選択肢を諦めねばならないような場合に有効である。このような状況下では、個人や集団は選択肢を三つのグループに、すなわち「最も望ましいもの」「最も望ましくないもの」「その他」に分類する。実際、これらのグループは、自らが望むものを得るために、意思決定者がどの選択肢を最も望ましいと考えているか、どの選択肢を諦めるのか、どの選択肢が最も望まれないのかを具体的に明らかにする。

　選択肢を分類するという仕事をこなすには、個人間や集団内でのシステマティックな交渉が要求される。個人は、他のものを獲得、維持、あるいは保護するために彼らが欲し、あるいは必要とする何かを諦めなければならない場合、選択肢の相対的重要性を考慮していかねばならない。この交渉過程は、決定するために、しばしば妥協し、そして交渉せばならない彼らの実際の日常生活を反映している。

(D)　創造（または自由な対応）が求められた場合の方略

　この方略は、個人が特定の状況に矛盾しない、適切ないかなる決定をも下しうる程度に自由である場合に有効である。こうした状況においては、個人は、いずれも選択していないか、一つまたはそれ以上の選択も可能な選択肢を与えられている。彼らは、提示された選択肢以上のものを作り出すため、それらをつなぎ合わせてもよい。彼らは自由に決定できるが、状況の文脈や、続いて起こるであろう個人的または社会的結果を無視することはできない。「発明の方略」は、学

習者に選択肢を生み出す際、大きな柔軟性を養う。

> (E) 決定への説明が求められた場合の方略
> この方略は、個人が、より道理にあった回答を形成する上で必要であると考えさせるような文章資料または図柄の情報、さらにはそういった状況に出くわした時に有効である。個人は、以下のような、学習者の焦点づけを導くための適切な問題を問わなくてはならない。すなわち、主題、文脈、状況についての理解、他の論争問題、概念、出来事、及び決定に対する妥当性、出くわした情報、論争問題、状況に関して考慮されるべき選択肢、結果、及び基準、状況に関する嗜好性、感情、価値選択などである。この方略は、当事者によって問われ答えるべき一連の問いを利用する。

(Stahl, R. J., et al., *Doorway to Thinking: Decision-Making Episodes for the Study of History and the Humanities*, Zephyr Press, 1995, pp. 8-11 を参考にして筆者作成)

の見直し)にも重点を置いていることが分かる。ここに、質の高い価値に関する議論の前提として、質の高い事実の認識が必要とされるとしたスタールの意識、更には自らの価値観の自覚だけではなく、反省に向けた思考を重視するスタールの姿勢を見て取ることが出来る。

　スタールは、このような自身の教育論を着実に実行していくために、自らの価値明確化学習を特に歴史教育の領域で行っていくことに拘りを見せた。『思考への扉』はそうした方針に基づいてスタールが作成したカリキュラム教材である。

2．『思考への扉』の内容編成

(1) 内容構成原理―日常生活の人間哲学的課題の議論による編成―

　次頁の表3-4は、『思考への扉』の単元の名称、括弧内は、単元が取り扱っている出来事と、その発生した時期を示したものである。表3-4にあるように、『思考への扉』の20の単元で取り扱われている内容は、その大半が西洋史上の著名な事件・出来事から成り立つ。また、その配列は出来事の発生順に配列されている。これによって西洋の歴史について概観できるようになっている。

　ただ、各単元の前後の事例は、因果関係で説明できるようなつながりは見

表3-4　『思考への扉』の全体計画と取り扱う内容

1．ロームかホムか？ 　　　　（？：原始社会）	7．全てのガリアを 　（ローマ植民運動：前2世紀）	15．火！火！火を焚きましょう 　（ウィクリフ裁判②：14世紀末）
2．目には目を 　（古バビロニアの侵略：前18世紀）	8．帝国の分割 　（コンスタンティヌス帝の首都移転：330年）	16．我々は何をすべきか 　（スペイン王国の成立：1492年）
3．古き良き時代の宗教 　（イクナトーンの宗教改革：前14世紀）	9．ある老人とその歴史家 　（カール大帝の歴史書編纂：9世紀）	17．ウルジーの苦悩 　（ヘンリ8世の首長令：1534年）
4．死の杯 　（ソクラテスの裁判：前399年）	10．富豪から貧民へ 　（カノッサの屈辱：1077年）	18．2、4、6、8、しかし14全てではない 　（合衆国の国際連盟加盟決議：1918年）
5．最も偉大なもの？ 　（アレクサンダーの東方遠征：前324年）	11．城壁の内部で 　（中世の城内の生活：12世紀）	19．私の憂鬱な主題 　（世界大恐慌：1929年）
6．創造性：観察者の目を通して 　（ムセイオンの建設：前4世紀）	12．悪名高きジョン 　（マグナ・カルタ：1215年）	20．貪欲な者に、いつ「NO」と言うべきか 　（ミュンヘン会談：1938年）
	13．契約 　（荘園内の農奴：13世紀頃）	
	14．真実か、妄信的信頼か 　（ウィクリフ裁判①：14世紀末）	

(Stahl, R. J., Hronek, P., et al., *Doorways to Thinking: Decision-Making Episodes for the Study of History and Humanities*, Zephyr,1995 より筆者作成)

られないことが多い。例えば単元16「我々は何をすべきか」は、スペイン王国の成立を取り扱っているが、この出来事はその前の単元15で取り扱うウィクリフ裁判とも、後に来る単元17で扱う首長令とも、ほとんど因果的関連性を持たない。この点から、『思考への扉』で扱われる教材は、西洋の著名な事件を時系列に配列しているが、いわゆる通史学習として構成していないことがうかがえる。

　全体計画を見る限り、『思考への扉』は、西洋史上の著名な出来事を学習するカリキュラム教材かのように思われる。しかし、これはスタールの歴史観を見れば誤りと分かる。スタールは、歴史学の最新の成果を「真実」ないしは「真実に限りなく近い説明」と教授することを第一目的とする、いわゆる「歴史目的型」の歴史学習を否定する。それはスタールが、歴史学が明らかにした最新の学説を「真実を写したもの」として考えるのではなく、たか

だか「1つの物語」に過ぎないものとして捉えていることにある。スタールは次のように言う[18]。

> 「歴史とは、人間の頭の中で過去を構成し、解釈し、説明したものである。『情報概要』と呼ばれる情報の節（ひとまとまり）を組織することで、頭はこれらの歴史を構成する。結局歴史というものは、外に存在するものではなく、頭の中に存在するものなのである。…（中略）…この観点から言えば、わが国の2億5000万人には、2億5000万通りの歴史が存在するのである。」

スタールにとって歴史とは、2億5000万人には、2億5000万通り存在するものなのだから、そんな歴史のうちの1つである歴史学の最新の学説を教えることに、大きな意味を感じないのである。スタールにとって教育における歴史とは、教育的意義のある何か他のことを実施するための手段であり、道具に過ぎないのである。

ではスタールは、『思考への扉』において、歴史を手段として何をしようとしたのか。ここには大きく2つの目的を見ることができる。目的の1つ目としては、学習者の「状況・場面に応じた意思決定能力・技能」の育成である。スタールは、1970年代から、状況・場面に応じた意思決定能力・技能の育成の必要性を訴えており、その場面として、表3-3にある(A)～(E)の5つを、『思考への扉』の各単元にも入れ込んだ。このことを示したのが表3-5である。『思考への扉』は20の単元から成り、これらはそれぞれに歴史的場面が設定されてあるのだが、その歴史的場面は、全て何らかの論争やジレンマが起きている過去の事例であり、そしてそれらはこの(A)～(E)のうちのどれかの状況に該当するものとなっている。

こうした技能育成とはまた別に、目的の2つ目として、学習者の「多角的な思想的価値の形成」が挙げられる。『思考への扉』が設定する発問に注目してみると、各単元の最後に、現代社会にも通用する抽象的で永続的な人間のあり方を問う課題（発問）が含まれている。つまり、『思考への扉』は、

表3-5　5つの意思決定方略と『思考への扉』の各単元との関係

単元1 ロームかホムか	単元2 目には目を	単元3 古き良き時代の宗教	単元4 死の杯	単元5 最も偉大なもの？
A	C	E	A	E
単元6 創造性：観察者の目を通して	単元7 全てのガリアを	単元8 帝国の分割	単元9 ある老人とその歴史家	単元10 富豪から貧民へ
D	C	B	B	B
単元11 城壁の内部で	単元12 悪名高きジョン	単元13 契約	単元14 真実か、妄信的信頼か	単元15 火、火、火を焚きましょう
E	C	A	E	B
単元16 我々は何をすべきか	単元17 ウルジーの苦悩	単元18 2、4、6、8しかし14全てではない	単元19 私の憂鬱な主題	単元20 貪欲な者にいつ「NO」と言うべきか
B	E	B	B	E

(Stahl, R. J., et al., *Doorway to Thinking: Decision-Making Episodes for the Study of History and the Humanities*, Zephyr Press, 1995, および、溝口和宏「市民的資質育成のための歴史内容編成」『社会科研究』第53号、2000年より筆者作成)

　古代にも現代にも共通する永続的だが、決して社会的な合意形成が必要ではなく個人レベルで決着をすればよいような、日常生活における人間のあり方を問う問題の考察を重視し、これを考察する手段として、設定された問いと同質の問題性を持つ西洋史上の著名な出来事が活用されるのである。そして、過去の先人たちがその問題にどのような解答を示したのかを分析し、それ以外の解決案の可能性を検討し、それを参考に自分ならどうするのか検討させようと試みているのである。スタールは、歴史を学ぶことの目的に「同じ過ちを繰り返さないために歴史が教えてくれる過去の教訓を人々が頼るとき、過去を現在や未来の必要性にあわせて使用する」ことを挙げているが、この考え方を『思考への扉』の中で具体化しているのである。

では、現代社会にも通用する問題として具体的にどのようなものを扱っているのか。そしてどの先人が考察対象として取り上げられているのか。これらを示すため、『思考への扉』の学習内容をまとめたものを次頁の表3-6で示そう。表3-6は左から、「全体構成」「単元名」「日常生活における人間のあり方を問う質問」「左の課題を考察するために設定された過去の問題状況」「問題に対応した人物（批判対象）」となっている。このうち「人間のあり方を問う質問」では、各単元の巻末で設定されている問題を示した。また「設定された過去の問題状況」では、各単元で取り扱う歴史上の事件・出来事の内容を示した。そして「批判対象となる人物」には、この歴史上の問題状況に対応した先人たちを示した。

　この表3-6「人間のあり方を問う質問」から、『思考への扉』が取り扱う問題は「後世に伝えていくものとして相応しいものはなにか」「自分に不利益を働いた敵や親しい友人が謝ってきたとき、どのように処置するか」といった、必ずしも今すぐに解決を必要とする問題でもなく、またその解決は社会の合意を必要としない日常生活上の問題であることが確認できる。そしてそれらは、社会や国家をどうするべきかを問うのではなく、人間関係のあり方や、人間と社会とのあり方など、人はどう生きるかについての問題、言わば「人間哲学的課題」である[19]。

　また表3-6「設定された過去の問題状況」から、『思考への扉』の単元の多くが、この人間哲学的課題と同質の問題性を持つ過去の出来事・事件を取り上げていることを確認できる。例えば単元9の場合では、「人間のあり方を問う質問」として「後世に伝えていくものとして相応しいものは何か」が設定されているが、これに対して「設定された問題状況」で「シャルルマーニュは46年の統治を振り返り、自らの業績を歴史書に残すことを求めてきた」という同質の問題性を持つ過去の事例が設定されている。

　さらに表3-6「問題に対応した人物」から、『思考への扉』で扱う先人は、特に歴史上の著名人からなることが確認できる。例えば単元9の場合、アイ

表3-6　『思考への扉』の内容構成：日常生活の人間哲学的課題からなる内容編成

全体構成			単元名	日常生活における人間のあり方を問う質問	設定された過去の問題状況	問題に対応した人物(批判対象)	時代区分
人間社会における変化の必要性の検討		1	ロームかホムか？	○「変革はいつの時でもいいことだ」と友人が言ったとしよう。あなたはどう答えるか。○伝統に従うことはどの程度良いことなのか。	遊牧民ホム族に定住農耕の文化が伝わり、一部成員は農耕文化への転換を要求し始めた。どちらの生活様式が望ましいか決断する。	遊牧民の部族長ロム	【古代】権力による社会的諸制度や芸術の成立した時代
「人間と社会基盤（法・宗教・美術など）との基礎的関係はどうあるべきか」の検討	文化・文明を支える社会基盤（法・宗教・権力）と人間との関係を検討	法の役割	2	目には目を	○法において、人々の財産を守る機能と人々を拘束する機能は、どのようなバランスをとるべきか。	バビロニア王及びハムラビ法典への服従を要求された。拒否すれば部族は絶滅の危機に瀕する。服属の交換条件に法典の条項の一部を削除できる。	バビロニア周辺の小部族	
		宗教の役割	3	古き時代の宗教	○どの国家もひとつは主要な宗教を持つ。社会にとって宗教はなぜ必要なのか。	人々がこれまで信仰していた多神教から一神教への転換をファラオから強制される。ファラオへ上申書を提出する。	イクナトーン	
		法・権力への服従	4	死の杯	○ソクラテスは自殺しなかった場合でも英雄か（ソクラテスのように、不服があっても民衆の合意で決めた法律を守り従うと選択することは評価されるべき最高の行為なのか）。	師のソクラテスが不当な裁判で死罪の宣告を受けた。判決に従うことは共同体のルールである。ソクラテスは尊厳死を選択しようとしている。	ソクラテス	
			5	最も偉大なもの？	○人を偉大な指導者とするのは何か。○忠誠心や義務感が人を不幸に陥れるのは、どのような状況下か。	ペルシャ征服後、王はインド侵入を命じた。小部族の抵抗や兵の疲弊などで作戦続行は困難。酒乱の王の性格を考慮に入れて、なすべき事を決定する。	アレクサンダーの部下	
	文化の拡大・伝承のあり方を検討	芸術の基準	6	創造性：観察者の目から	○創造的な美とは何か。	博物館を創造的な美の展示会とするのにふさわしい展示物について決定を求められる。	ムセイオンの学芸員	
		文化の拡大	7	すべてのガリアを	○社会的文化的変化はどのような時、人々に良い結果をもたらすのか。	ハドリアヌス帝の使者により、ローマ帝国への服従とローマ文化の受け入れが要求された。拒否すれば征服されるが、相手の戦費もかかる。より有利な条件で服従できるように部族会議を開いて条件を決める。	ヴァラシア部族会議の代表者	
			8	帝国の分割	○政府は政策を実施する時、どの集団に一番注意を払い、どの集団を一番保護するべきか。	帝政末期の社会不安を鎮めるため、皇帝は帝国の分割統治（とくに首都移転と教会の移動）について意見を求めた。	コンスタンティヌス帝	
		文化の伝承	9	ある老人とその歴史家	○後世に伝えるに相応しいものは何か。○もし明日死ぬとして、あなたは自分をどのように覚えていてもらいたいか。	シャルルマーニュは46年の統治を振り返り、自らの事業を歴史書に残すことを求めてきた。	アインハルトらシャルルマーニュ時代の歴史家	

第3章　民主主義社会の形成者育成における思想的価値学習の特質と課題　95

「社会を構成する人間の相互関係はどうあるべきか」の検討	共同体における人間関係のあり方の検討	共同体における権力	10	富豪から貧民へ	○自分に不利益を強いた敵や親しい友人が誤ってきた時、どのように処罰するか。	教皇権を否定して破門されたヘンリ4世が謝罪を求めてきた。彼に対しどのような処置を取るか考える。国王に対する処置は今後の教皇権に影響する。	グレゴリウス7世	【中世】封建勢力が共同体を支配した時代
			11	城壁の内部で	○外敵から生命・財産が守れる城壁内で、城主に従属して生きることをどう思うか。	領主が城を建築し、その中で生活することの是非は何かが問われる。	城壁の住民	
			12	悪名高きジョン	○国を支配する国王を持つことはどのような点で望ましいのか。○人々はどの程度まで元首に対しルールに従うように強制できるのか。	横暴な政策を続けたジョン王に対し、遵守すべきルールを提示したが、王はこれを拒否。ルール全てではなく、優先順位を決めて段階的に認めさせようとした。	イングランド貴族	
		共同体における公平	13	契約	○「公正な契約」とは何か。○契約を無効とするにはどういう条件が必要か。	領主から新たな契約を求められた。要求を飲めず、長男と娘は夢を諦めなくてはならない。	荘園内の農奴	
			14	真実か、盲目的信頼か	○信念や教義が妥当であると決断する基準をどうするべきか。	カトリック教会を批判したウィクリフは異端審問に掛けられる。ウィクリフの言い分を元に、彼は異端であるかどうかを決断する。	ウィクリフの陪審団	
			15	火！火！火を焚きましょう	○教会が独自に裁判所を持って人を裁くことは良いことなのか。厳罰刑は有効か。	異端裁定を受けたウィクリフに対する刑罰の決定を要請された。決定はウィクリフの支持者に影響を与えることになる。	ウィクリフ裁判の主席判事	
	異文化社会に住む人間との関係はどうあるべきかを検討		16	我々は何をすべきか	○知らない文化の人々と馴染んでいくために、教育は効果的な方法か。	文化が異なるカスティリア王国とアラゴン王国の統合を果たす政策が求められた。	スペイン王国発展委員会委員	【近代】文化の拡大・接触の時代
			17	ウルジーの苦悩	○「裏切り（反逆）」とは何か。	ヘンリ8世とキャサリンの離婚承認を拒否した枢機卿ウルジーは反逆罪に問われた。彼は無罪か有罪か、彼の弁護をするために法廷に臨む。	ウルジー	
			18	2、4、6、8、しかし14全てでない	○国際平和を維持するためには何が必要であるか。	ヴェルサイユ条約と国際連盟規約について、それらを導入することの効果を予想し、承認をするべきかどうか求められた。	合衆国上院の条約批准委員会	
			19	私の憂鬱な主題	○不況に対して政府が果たすべき役割とは何か。	恐慌への有効な政策を求められたフーバー大統領は、経済政策諮問会議に検討を求めた。	フーバー大統領	
			20	貪欲な者に、いつ「NO」と言うべきか	○貪欲な者（国）に、いつ「NO」と言うべきか。	ズデーデン地方の併合を主張したヒトラーに対してミュンヘン会議でチェンバレンは、従来の宥和外交を転換するかどうかの選択に迫られた。ヒトラーは日に日に勢力を増している。	イギリスのチェンバレン首相	

(R. Stahl, P. Hronek, N. Miller and A. Shoemake-Netto, *Doorway To Thinking*, Zephyr Press, 1995., pp. 37-221 より筆者作成。なお、「日常生活における人間のあり方を問う質問」は、『思考への扉』の巻末の「確認と反省用の質問集（Questions for Review and Reflection）」を参考にして、著者が取り上げた。)

ンハルトといった実際にシャルルマーニュの活躍を歴史書に残した人間（『カール大帝伝』の著者）が取り上げられることになり、彼らの歴史書編纂に対する考え方が批判対象となる。先人でも特に歴史的な著名人が選択されているのは、彼らの考え方（思想的価値）は社会的に影響が大きいからである。我々は歴史上の著名人の考え方を手本に行動することがある。しかしこうした考え方は、ともすれば先人の行為を無批判に肯定する危険がある。後世への影響が大きいからこそ、彼らの思想的価値に対して一歩引いたところから吟味することを『思考への扉』は求めているのである。

　こうしたことから『思考への扉』は、現代に通用する問題を考察するために、過去の同質の事例が選択され、ここにおいて先人、特に歴史上の著名人たちが導き出した解答を吟味する。そしてそれを通して、学習者が自らの解答を導き出すことを目的に教材が開発されていることが確認される。

　なお、この『思考への扉』には、「人間のあり方を問う質問」に答えるために考察する事例としては適切とは言い難い過去の問題事象を取り上げている単元が、幾つか見うけられる。「人間のあり方を問う質問」を深く考えるために、どのような過去の事例を取り上げるべきなのか。問いと事例の一致は、『思考への扉』が残す課題である。

(2) 内容配列原理—時代的特色に応じた課題設定—

　では、人間哲学的課題はどのように配列されているのだろうか。ここで表3-6の「全体構成」をみて頂きたい。これは『思考の扉』の内容上の特質を筆者が整理して示したものである。『思考への扉』は、単元1で文化の変化と伝統の維持という問題を取り上げ、変化することの意味を問うことで、その検討の必要性を問う役目を担っている。以降単元2から単元9までが、法、宗教、芸術といった、人間がこれまで築き上げてきた国家体制や制度と人間との基礎的関係を問う問題で構成されている。例えば単元3では、「なぜ宗教が必要なのか」とした問いを設定し、人間と宗教との関係を考えさせている。また単元10〜単元20は社会を構成する人間の相互関係のあり方を問

う構成となっている。そしてその前半部単元10～単元15は、主に共同体における人間関係を問うものである。例えば単元10では、「自分に不利益を強いた敵や友人が謝ってきた時、どのように処罰するか」とした問いを設定し、共同体存続の危機となる事態に我々がどのように対応するべきかを考えさせている。また、後半部に当たる単元16～単元20は、異文化社会における人間関係を問うものである。例えば単元20では、「貪欲な者（国）にいつNoを言うべきか」とした問いを設定し、世界秩序を維持するために、一国の要求はどの程度まで認められるべきかを考えさせている。

　こうした配列は、スタールが西洋史を、古代（単元1～単元9）＝権力による社会の制度や芸術成立の時代、中世（10～15）＝共同体を封建勢力が支配した時代、近世（16～20）＝資本主義の台頭と文明の衝突の時代、として捉え、スタールが解釈したそれぞれ時代の特徴に合う人間哲学的課題を設定した結果と言えよう。なお、このような古代・中世・近代の3区分をとる歴史観は、西洋史解釈の一形態として一般的に認められているのである。

　『思考への扉』は、抽象的で永続的な人間哲学的課題を考える上で歴史事例を活用する。そのため歴史事例と人間哲学的課題は、内容選択において相互に規定し合う。スタールは、『思考への扉』において、スタール自身の考える古代・中世・近世の時代的特徴に応じて、こうした人間哲学的課題を選択・配列したと結論付けることができる。

3．『思考への扉』の授業構成
(1) 授業展開―歴史上の著名人の思想分析とその批判―

　では具体的に単元はどのような構造になっているのだろうか。ここでは『思考への扉』の単元4「死の杯」を取り上げたい。ここでは、『思考への扉』の単元4「死の杯」が設定する発問を参考にして、予想される授業の展開過程を、筆者が教授書形式に再現したものを表3-7として示す[20]。表3-7の右側「主な発問」は、『思考への扉』の単元4「死の杯」に実際に設定

表3-7　単元4「死の杯」の単元展開と学習内容

単元の展開		主な発問	主な学習内容
導入 人物の紹介		○ソクラテスについてあなたが知っていることを踏まえて、彼は何を教えていたのか答えなさい。	(例) 無知の知、産婆法など
展開1 人物の意思決定の分析 【①事実理解の段階】 【②論理的思考の段階】	人物の境遇を調査する	○ソクラテスが問われている罪を3つ挙げなさい。	1. 彼は自分の考えを教授する代価として謝礼をとった。 2. 彼の考えによってアテネの若者が惑わされた。 3. アテネの神に逆らう教えをした
		○ソクラテスの裁判は、どのような点で不公平か。どのような点で公平ですか。	・アテネの裁判は、罪状の根拠が不十分なのに死罪になった点で不公平だった。 ・ソクラテスの裁判は、アテネの法律の手続きに則って裁かれた。
	人物の考え方を確認する	○ソクラテスは獄中で毒杯を飲むように言われた。これに対してのソクラテスの考え方を調べましょう。	・逃亡することによって自らの人生から逃げることはできる。しかしそれではアテネ市民として不正を働くことになるし、自分の信念から逃げることになる。
		○ソクラテスは逃亡せず、獄中で毒杯を飲むことで、どのようなことを言おうとしているのだろうか。	・アテネ市民が合意した法手続きのもとに死刑判決が下されたのであり、これを遵守することは、アテネの秩序を維持する上でも重要である。
	人物が持つ背後にある価値観を暴く	○ソクラテスが守り語った概念は何か。次の選択肢から選びなさい。	・(A)(B)(F)

		(A) 尊厳死をする権利がある。 (B) 私的な意思決定をする権利がある。 (C) 自殺を他人から救う権利がある。 (D) 不正をしたら、その償いをさせる義務がある。 (E) 友人としてせねばならないことがある。 (F) 法である限りは従わなくてはならない。 (G) 不公平と考えられる法的決定には従わなくて良い権利がある。 (H) 無罪の者は政府機関の誤った判断から守られなくてはならない。	
展開2 生徒の意思決定の正当化 【③価値付けの段階】	他の選択肢を考える	○ソクラテスの弟子であるあなたにできる行動は限られている。その行動の選択肢を確認しましょう。 ○それぞれの選択肢が引き起こす結果を予想しましょう。	1．ソクラテスの言い分を聞いてそこから立ち去る。 2．無理やり逃亡させる。 3．減刑を請うよう説得する。 （など） （教室での意見交換）
	生徒自身が選択肢を選び正当化を図る	○ソクラテスの直面した問題を解決するためにとりたい行動はどれか。 ○それが最善の選択肢であると信じる理由は何か。	（教室での意見交換） （教室での意見交換）
終結 【④反省の段階】		○今日の人々はなぜ彼を偉大な思想家と見なしているのか。 ○もしソクラテスが毒杯を飲まず逃亡したら、彼は今日、英雄として考えられていただろうか。（ソクラテスのように、悪法でも民衆の決めた法であればそれに従うことは、今の世界では評価される最高の行為なのか）	・市民が取り決めたルールには不満があっても従うことが市民であることを示した点（「悪法も法なり」）などが評価されているから。 （生徒から様々な意見が出されて話し合いが行われる）

(Stahl, R. J., et al., *Doorway to Thinking*, Zephyr, 1995, pp. 64-73 より筆者作成)

されている問いである。「主な学習内容」は、この問いに対して『思考への扉』の記載内容などから筆者が予想して示した解答例である。表3-7左側「単元の展開」は、授業展開を筆者がまとめたものである。

単元4「死の杯」は、「導入」「展開1」「展開2」「終結」の4段階で授業が展開される。まず「導入」では、批判対象となる人物の紹介が行われている。その後「展開1」では、批判対象となる人物が、どのような境遇にあり、そこでどのような考えを持ってどのような意思決定をしたのかを分析する活動が組まれている。単元4の場合は、まずソクラテスが遭遇した問題状況を明らかにする活動が行われる。ここでソクラテスは、罪状の証明が不十分であるにもかかわらず、死罪を裁判で言い渡されたことが確認される。またその裁判のプロセスそのものはアテネの法に則ったものであることも確認される。次にソクラテスは、こうした事態に対してどのような選択を採ろうとしているのか、またどのような考えでその選択を正当化しているのかを確認する活動が組まれている。ソクラテスは、弟子に逃亡を勧められてもこれを拒否し、毒杯を飲む選択肢を選ぼうとしており、その理由は、アテネ市民が合意した法の手続きのもとで死刑判決が下されたのだから、これを遵守することは、アテネの秩序を維持するために重要であると考えていることが分かる。その後、こうしたソクラテスの考えの基底にあり、ソクラテスが守りたかった価値観（『思考への扉』では「概念（concept）」と表記している）は何であるのかを、(A)〜(J)の選択肢から選ぶことが学習者に求められている。ここでソクラテスは、法は守らなくてはならない（「悪法も法なり」）、などといった価値観を持っているであろうと予想することになる。

「展開2」では、批判対象となる人物の遭遇した事件に対して、学習者自身であればどのような選択肢をとるかを決断した後、その正当化をはかり、そうした自分の考えはどのような価値観に基づくのかを考察する。単元4の場合は、ソクラテスの弟子として、ソクラテスにどのようなアドバイスをするか、またソクラテスのためにどのような行動をとるのかを考えさせる。こ

の時学習者は、ソクラテスの理由付けを、背後にある価値観をも含めて批判的に検討し、その他の各選択肢を選ぶことで予想される結果を考慮しつつ、自らの選択を肯定できるような説得力のある理由付けを行う。そして最後に、自らがどのような信念に基づいて主張しているのかを確認する。

「終結」で学習者は、批判対象の人物の直面した問題と同質の問題性を持ち、かつ現代に共通する人間哲学的課題を考察する。単元4の場合は、ソクラテスのように、自分にとって不満である裁きで罰せられることになった時、ソクラテスのように「悪法も法なり」の考え方をとることが、今日の社会において適切か、悪法（または不満のある法）なら抵抗する、といった考え方などよりも評価されるべき考え方なのか、といった課題に取り組む。（なお、「展開1」は、87～89頁に示したスタール「4つの過程」のうち「①事実理解の段階」と「②論理的思考の段階」が該当し、「展開2」は「③価値付けの段階」が、そして「終結」は「④反省の段階」がそれぞれ該当すると思われる。）

ここから、単元4「死の杯」はソクラテスの弟子の立場から、「悪法も法なり」として死を選んだソクラテスの考え方（思想的価値）を分析し、批判吟味することで、これを補強する思想的価値を形成したり、反対に、これに代わる思想的価値を生み出すことを通して、人間哲学的課題「悪法も法なのか」に対する、学習者個人の思想的価値を形成したりして、思想的価値を形成する力の育成を目標として、本単元が構成されていることがうかがえる。

(2) 思想分析手法の獲得と批判的思想形成

単元4「死の杯」は、前半の「展開1」で問題に対するソクラテスの考え方を分析し、後半の「展開2」では、ソクラテスの考え方を踏まえて、弟子としての立場からソクラテスにアドバイスを与える想定で、ソクラテスが抱えた問題に取り組み、自らの考えを形成する構成となっていた。

この内、「展開1」のソクラテスの考え方の分析は、①ソクラテスが直面した問題は何であるのか、その事実を解明し（事実の解明）、②それについてどのような選択肢がある中で彼が何を選んだのかを確認し（主張の確認）、③

その選択肢をソクラテスがどのように正当化しているのかを、彼の発言からまとめ（主張を正当化する理由付けの解明）、④理由付けの背後にあるソクラテスが持つ価値観を見出す（理由付けの背後にある価値観の解明）、の順で展開されている。また「展開2」の場合も、今度は学習者自らの思想的価値を形成するにあたって同様の展開がなされている。つまり、「展開1」「展開2」ともに、前半では「事実―主張―理由付け」とした議論の構造に即して、後半では「理由付け―根拠づける価値観」といった議論の構造に即してそれぞれ展開している。これらは、トゥールミンに見られる、議論構造の理論に基づいた分析を学習者に活用させていると言える。

最後に、現代社会においてソクラテスが違った選択をしたら、現代ではどのように評価されたのかを検討する。ソクラテスの考えに賛同する学習者は、その考えが最善であるとして、ソクラテスが違った選択をした場合は評価されないとするだろう。しかしこのソクラテスの考え方を認めなかった子ども達は、「悪法も法なり」の考え方とは違った法と人間の関係を説明する思想を形成し、他の選択肢を選べば、現代ではより高く評価されたことを強調するであろう。

『思考への扉』を通してスタールは、今日の社会にも通用するような人間哲学的課題に対して、歴史上の人物がとった行動や、その思想を最善のものとして教授するのではなく、これを打ち破り、自らの思想を個人個人が形成することで応えることを学習者に求めていた。それは「批判的思想形成（構成）」を目指す学習として、開かれた価値形成を保証する学習として、位置付けすることができよう。そしてこのこと自体は、民主主義社会の形成者を育成するという観点からみて、十分に評価に値する。

ただしその課題についての考察は、あくまでその歴史上の人物が直面している社会的背景を配慮することが要求されていた。このことは、人間哲学的課題をより具体的に考えることを可能にするものであったが、同時に歴史的文脈に縛られるため課題についての自由な思考を阻害する危険性があると言

わざるを得ない。また、結局のところ、その歴史上の場面で下した判断基準は、今日社会において同じ課題にぶつかったときに、過去と現在とでは社会的背景が異なるから、その判断はそのまま通用することはできないといった話になる。ではわざわざ歴史上の場面でこうした人間哲学的課題をなぜ、何のために子どもたちは考察してこなければならなかったのかといった疑問すら湧いてくるものとなる。「構成主義型」思想的価値学習でも、文脈主義系のものは、その強い文脈依存性が、こうした課題を価値学習にもたらすことになり、また原理的にこれを乗り越えることは困難であると考えられる[21]。

第2項　「非文脈主義」系：『フェミニズム』の場合

1．レオーネの教育論とISMシリーズ

　次に、「非文脈主義」型思想的価値学習の事例として、ブルーノ・レオーネとアンドレア・ヒンディングの開発した『フェミニズム』に注目する[22]。この『フェミニズム』（グリーンヘブン・プレス（Greenhaven Press）社刊）は、レオーネが1978年から開発を始めたISMシリーズの一冊である[23]。『フェミニズム』の開発は1986年と、比較的に遅めである。なおこのISMシリーズは、レオーネが今日に渡っても開発を続けている「対立視点シリーズ（Opposing Viewpoints Series）」の一部に属している。

　レオーネは、自らが開発したこのISMシリーズを始め、開発した教材の多くに「対立視点シリーズ」と名乗らせていることからうかがえるように、「対立視点」を教材内に取り入れて学習者に不協和を生み出し、否応無く学習者が自らの意見を述べ議論に参加してなくてはならない状況に追い込むことにこだわりを持っている。レオーネは「対立視点」を取り入れる理由として次のように言っている[24]。

　　「物事の事態について最もよく知る手段とは、その物事について最もよく知る人物や専門家と思しき人たちの主張を分析することである。真実を決定する

ためには、多様な意見全てを考察していくことが大切になってくる。社会の主流となっている意見を調査することは当然である。しかし、少数派であったり、急進的、反動的とレッテル付けされているような意見についても考察していくことが大切である。…（中略）…この本（訳者註：ISM シリーズの教材）を活用するにあたって読者は、この本が示す議論、論争に基づいて自らの意見を導き出すことになる。しかしこの時、自らがより良い視点を持つためには、自分とは同意ができていない人の主張を理解することが必要となる。自らとは違う視点を十分理解ができていない人は、結局のところ自分の考えも十分に理解できていないと言うこともできる。…（中略）…こうした対立視点の考察を避けることによる隠れた危険としては、自らの意見が常識であり、合理的であると考えるようになり、他の人の視点は常に間違っていると考えるようになってしまうことがある。相手の方が正しく、あなたが間違っているかもしれないのに、である。」

つまり、「対立視点」を取り入れることは、学習者の見解を広めるだけではなく、自らの見解をよりよく理解するためにも役立ち、自らの見解をより深いものとするためにも有効であること、そして「対立視点」を取り入れないことは、自らの見解を「常識」で「合理的な」ものとして考え、他人の見解を見下すようになり、それを聞き入れようとする態度が育たない課題が生じることをレオーネは指摘して、「対立視点」を取り入れることの必要性を説いているのである。

レオーネはまた、学習者が「対立視点」を分析して自らの見解を構築するためには、批判的思考が不可欠となることを指摘し、その批判的思考に必要な知的作法として、次のものを挙げている[25]。

「①情報資料の評定（多様な資料から信用の置ける適切な資料を取捨選択できる能力のこと）、②事実と意見（価値観）の分類（証明可能な事実的側面と証明が困難な価値的態度的側面を分類できる能力のこと）、③偏見の発見（情報の不足や誤った情報などに基づいた、人種、宗教集団、政治集団などに向けられた言及

や人々への誇張された表現を発見できる能力のこと)」

そして、レオーネは、こうした知的作法は、「対立視点」を取り入れた学習を経験していくなかで育成されていくものであるとしている。

ISM シリーズの全体計画を示したものが次頁以降に示した表3-8である。ISM シリーズは『ナショナリズム（国家主義）』『インターナショナリズム（国際主義）』『キャピタリズム（資本主義）』『ソーシャリズム（社会主義）』『コミュニズム（共産主義）』『フェミニズム』『レイシズム（人種主義）』の7つからなる。

ISM シリーズの7冊は大きく3つに分けることができる。『ナショナリズム』（第1巻）と『インターナショナリズム』（第2巻）は政治思想として、『キャピタリズム』（第3巻）と『ソーシャリズム』（第4巻）、『コミュニズム』（第5巻）は経済思想として、『フェミニズム』（第6巻）と『レイシズム』（第7巻）は、性や人種といった人間思想として分類することができる。このうち、人としての生き方や有り方についての思想（＝思想的価値）を直接的に取り扱っているのは、「女性は家庭を出て働くべきか」などの問題を取り扱っている第6巻の『フェミニズム』と第7巻『レイシズム』である（政治思想や経済思想は、筆者の類型では、どちらかと言えば法規範的価値に近い性質と考えられる）。ここでは、思想的価値学習の特質を考えていくという研究の主旨を踏まえ、特に生き方についての価値を取り扱っている色彩が明瞭な『フェミニズム』に注目する。

ISM シリーズの各巻はそれぞれ、4〜5の章から構成されている。『フェミニズム』（第6巻）も5つの章からなる。第1章「初期のフェミニストの論争」を除けば、第2章「女性は家庭を出て働くべきか」、第3章「結婚は女性を満足させるものか」、第4章「性差の起源は何か」、第5章「フェミニズムは社会にどのように影響しているか」と発問形式のタイトルとなっている。この発問形式のタイトルからなる各章の下位には、この章のタイトルに示さ

表 3-8　ISM シリーズの内容編成

思想領域	教科書名	章立て	小単元	小単元で取り扱う見解 (viewpoints)
第1巻 ナショナリズム		第1章 19世紀のナショナリズム：古きものと新しきもの	導入	
			ナショナリズム	見解1：ナショナリズム：個人の称揚 ―G. マッツィーニ
				見解2：ナショナリズム：国家の称揚 ―H. トライチュケ
			国家と民族	見解3：ヨーロッパ：国家による一つの家族―W. グラッドストン
				見解4：ドイツ：諸国家を超えた一つの国家―P. ロールバハ
		第2章 20世紀のナショナリズム：紛争のルーツ	導入	
			ボスニア併合	見解1：ボスニアの併合―ヨーゼフ1世
				見解2：併合に関するセルビア人の回答 ―N. オドブラナ
			パレスティナ	見解3：ユダヤ人の故郷―T. ハーツル
				見解4：アラブ人の故郷 ―第一回アラブ学生会議
			南アフリカ	見解5：アフリカーナ側の言い分 ―R. F. ボター
				見解6：アフリカ黒人側の言い分 ―N. マンデラ
		第3章 ナショナリズムと革命	導入	
			ハンガリー暴動	見解1：ハンガリーのナショナリズムは正当である―I. ナギー&コワク=ベラー
				見解2：ハンガリーのナショナリズムは不正手段だ―プラウダ& E. M. バザリナー
			チェコ事件	見解3：チェコの社会主義改革は国家の名誉を回復するだろう―L. ヴァツリク
				見解4：チェコの社会主義改革は国益との妥協を図るものである―I. アレクサンドロフ& P. N. デミチェフ
			日本の軍備強化	見解5：日本のナショナリズムには一つの危険が残っている―H. S. ストークス
				見解6：日本は軍国主義を廃棄している ―中曽根康弘

第3章 民主主義社会の形成者育成における思想的価値学習の特質と課題

政治		第4章 現代中東におけるナショナリズム	導入	
			パレスティナ問題	見解1：パレスティナはユダヤ人に生得権がある―M. カハネ
				見解2：パレスティナはユダヤ人に生得権がない―W. ハリディ
				見解3：PLOはテロ組織である―S. ペレス
				見解4：イスラエルはPLOを承認せねばならない―N. イスマイル
				見解5：イスラエルとパレスティナは妥協せねばならない―T. L. フリードマン
	第2巻 インターナショナリズム	第1章 国際連盟	導入	
			国際連盟の機能	見解1：戦争に対抗するための保障―W. ウィルソン
				見解2：諸外国の加盟国の集合体―H. C. ロッジ
			国際連盟の仕事の評価	見解3：連盟は機能している―L. R. セシル
				見解4：連盟は機能していない―J. L. ガービン
			国際連盟の存在意義	見解5：国際連盟に賛成する―C. K. ストレイト
				見解6：国際連盟に反対する―B. ムッソリーニ
		第2章 国際連合	導入	
			国際連合の機能	見解1：国際連合は調和を促進する―R. D. ブラケット
				見解2：国際連合は紛争を促す―A. イエスエルソン
			国連の存在意義	見解3：国際連合は必要ではない―B. Y. パインズ
				見解4：国際連合は必要である―K. ウェイルドヘイム
			国連の仕事の評価	見解5：国際連合は成功である―D. マターン
				見解6：国際連合は失敗である―R. グレニアー
		第3章 IMF	導入	
			IMFの機能	見解1：貧しい人を助けるための世界銀行である―R. L. サイモンズ
				見解2：貧しい人を助けることはない世界銀

			IMFの仕事の評価	行である―D. キンリー、A. レビソン、F. M. ラップ
				見解3：IMFの緊縮政策が安定には必要である―H. S. ビーネン& M. ガルソビッツ
				見解4：IMFの緊縮政策が経済不安定の原因である―C. E. シューマー
			IMFの評価	見解5：IMFは貧しい人の敵である―C. レイン
				見解6：IMFは経済的現実に抵抗している―M. モフィット
		第4章 世界政府	導入	
			世界政府	見解1：世界政府は必要である―W. W. ウェイガー
				見解2：世界政府はファンタジーである―W. バーンズ
			世界政府の機能	見解3：世界政府は平和をもたらす―A. アインシュタイン
				見解4：世界政府は従属をもたらす―S. ウェールズ
			連邦主義	見解5：連邦主義は可能である―N. コージン
				見解6：連邦主義は機能しない―G. E. グリフィン
			世界政府の将来	見解7：世界政府の約束―S. レンズ
				見解8：世界政府の不備―R. フォーク&キルパトリック・セール
	第3巻 キャピタリズム	第1章 資本主義の理論と実践	導入	
			企業の自由競争	見解1：企業の自由競争は社会繁栄の鍵である―アダム・スミス
				見解2：企業の自由競争は人々のやる気をくじく―K. マルクス
				見解3：企業の自由競争は規制されるべきである―H. D. リリード
				見解4：企業の自由競争は規制されるべきである―J. D. ロックフェラー
			資本主義と人間の自由権	見解5：資本主義は人間の自由権を保障する―ルイ・ボン・ミゼ
				見解6：資本主義は人間の自由権を破壊す

第3章 民主主義社会の形成者育成における思想的価値学習の特質と課題　109

		る―H. マルクーゼ
第2章 19世紀における資本主義と労働者	導入	
	イギリスの労働者	見解1：イギリスは労働者の楽園 ―アンドリュー・ウレ 見解2：イギリスは労働者の地獄 ―K. マルクス
	市場への政府の介入	見解3：自己救済の利点 ―サミュエル・スマイルス 見解4：政府の援助の必要性 ―サドラー委員会
	貧富の格差	見解5：貧しきものと金持ちの間の不平等は自然である―A. カーネギー 見解6：資本主義者が好き勝手をすることを通して不平等が生まれている ―U. シンクラー
第3章 今日の資本主義	導入	
	資本主義と法廷	見解1：資本主義を支持する法廷 ―ハワード・ビター・Jr. 見解2：資本主義に反対する法廷 ―M. パレンティ
	資本主義と人種主義	見解3：資本主義者が人種主義を生み出す ―ある人々 見解4：資本主義が人種主義を取り除く鍵となる―G. レースマン
	資本主義と失業	見解5：資本主義は失業の責任を負っている―M. ハリントン 見解6：資本主義に失業の責任はない ―J. セメンス
第4章 資本主義の未来	導入	
	第三世界と資本主義	見解1：資本主義は第三世界を救う ―L. A. エンマン 見解2：多種多様な企業が第三世界をおもちゃにする―J. W. ラッセル
	南アフリカと資本主義	見解3：南アフリカの白人主義を支援する資本主義の会社―ある人々 見解4：アメリカの企業は南アフリカの変革を促進できる―W. C. ノリス
	ラテンアメ	見解5：資本主義はラテンアメリカの経済を

経済			リカと資本主義	破壊する—P. ベリーマン
				見解6：資本主義がラテンアメリカを救う—M. ノーバック
	第4巻 ソーシャリズム	第1章 ユートピア的社会主義	導入	
			社会主義の理想	見解1：社会主義とは全ての階層の共同体である—C. フォーリアー
				見解2：社会主義とは個々の人間の集まりである—P. J. プラウドホーン
				見解3：社会主義は平等の共同体である—F. N. バブーフ
				見解4：社会主義はキリスト教徒の共同体である—聖シモン
				見解5：社会主義とは新世界の秩序の共同体である—ロバート・オーエン
				見解6：社会主義とは労働者の共同体である—K. マルクス
		第2章 修正主義的社会主義	導入	
			進歩的社会主義	見解1：進歩的社会主義の合理性—E. ベルステイン
				見解2：進歩的社会主義の欠陥性—ローザ・ルクセンブルク
			社会主義の実現手段	見解3：民主主義を通しての社会主義の実現—フェビアン協会
				見解4：暴力を通しての社会主義の実現—G. ソレル
				見解5：進歩的社会主義に賛同する言及—E. ベラミー
				見解6：革命的社会主義に賛同する言及—D. D. レオン
		第3章 社会主義と福祉	導入	
			不況と国家	見解1：不況と政府の支援—フランクリン・ルーズベルト
				見解2：不況と個人の寛大さ—H. C. フーバー
			公共福祉	見解3：公共福祉の利点—J. K. ガルブレイス
				見解4：公共福祉の問題点—B. ゴールドウォーター
			政府の支援	見解5：政府の支援プログラムは貧しい人々

第3章　民主主義社会の形成者育成における思想的価値学習の特質と課題　111

		プログラム	を駄目にする—C. マレイ 見解6：政府の支援プログラムは貧しい人々を救う—R. D. コー＆G. J. ダンカン
	第4章 社会主義の今日	導入	
		社会主義と人間の本質	見解1：社会主義は人間の本質を無視している—D. スミス 見解2：社会主義は人間の本質に合っている—R. ホイットニー
		社会主義と経済成長	見解3：社会主義と経済成長は同時達成できる—ロバート・カットナー 見解4：社会主義と経済成長は合い矛盾する—J. ホスパース
		社会主義の価値	見解5：社会主義の価値は経済成長より優先される—J. ブエル 見解6：社会主義の価値は幼稚で実現不可能だ—G. ギルダー
第5巻 コミュニズム	第1章 「偉大な論争」	導入	
		見解	見解1：資本主義の見解 　　　—E. R. A. セリグマン 見解2：社会主義の見解 　　　—F. ブロックウェイ 見解3：共産主義の見解 　　　—スコット・ニアリング
	第2章 共産主義国家：民主的か全体主義か	導入	
		共産主義とテロリズム	見解1：テロは不要である—K. コーツキー 見解2：テロは必要である—L. トロツキー
		共産主義の定義	見解3：共産主義は民主主義である 　　　—J. スターリン 見解4：共産主義は全体主義である 　　　—D. コンベンディット 見解5：共産主義は自由を促進する 　　　—ミハイル・ルートゴロフ 見解6：共産主義は圧政を促進する 　　　—V. ブコースキー
	第3章 ソ連での生活：自由か圧政か	導入	
		ソ連社会	見解1：ソ連は進歩主義的社会である 　　　—K. チェルネンコ 見解2：ソ連は問題のある社会である 　　　—D. E. パウエル

			ソ連政府	見解3：ソ連政府は圧政である — K. シーミス 見解4：ソ連政府は圧政ではない — M. パレンティ
			ソ連の知る権利	見解5：ソ連には知る権利がある — R. ピップス 見解6：ソ連には知る権利が存在しない — A. クネツソフ
		第4章 共産主義と資本主義：平和共存は可能か	導入	
			ソ連国内の民族の平和共存	見解1：平和的共存はこれまで成功してきた— J. L. ガッディス 見解2：平和的共存など不可能である — J. リベール
			ソ連の存在と世界秩序	見解3：ソ連は平和を促進している — J. スミス 見解4：ソ連は紛争を促している — A. ソルテニスキ
			合衆国の対ソ政策	見解5：合衆国はソ連のシステムを改革すべきだ— R. ピップス 見解6：合衆国はソ連の振る舞いを修正すべきだ— M. D. シュールマン
		第5章 第三世界における共産主義：成功か失敗か	導入	
			キューバにおける共産主義	見解1：共産主義はキューバを助ける — C. ブランデニウス 見解2：共産主義はキューバを傷つけている—ウィルソン・D. デザート3世
			中国における共産主義	見解3：中国は共産主義を否定している — J. S. プリビュラ 見解4：中国は新しい共産主義の形を開発している— W. セクストン
			アフリカにおける共産主義	見解5：コンゴの共産主義は失敗である — J. D. レイシー 見解6：資本主義がアフリカの経済にダメージを与えた— A. オコロ
			共産主義化する世界	見解7：共産主義は自己決定を支援する — V. ボリゾフ 見解8：共産主義は自己決定を破壊する — J. ウィラー

第6巻 フェミニズム	第1章 初期のフェミニストの論争	導入	
		投票と女性の性的特質	見解1：動物学的特質が、女性は投票するべきではないことを証明している — F. パークマン
			見解2：投票と性差とは無関係である — E. C. スタントン
		女性の選挙権と経済的平等	見解3：投票は女性の経済的平等を達成する — ロバート・オーエン
			見解4：投票が女性の経済的平等をもたらすことはない — L. アボット
		女性の参政権	見解5：女性の参政は政府改革の助けとなる — J. アダムス
			見解6：女性の参政は政治改革の妨げとなる — マーガレット・C. ロビンソン
	第2章 女性は家庭を出て働くべきか	導入	
		女性の社会進出	見解1：女性の仕事は家庭である — F. マクドナルド・トンプソン
			見解2：女性の仕事は家庭に制限されるべきではない — バーノン・リー
		主婦という仕事	見解3：偉大な母であり家庭の主婦となることが女性にとって最も偉大な仕事である — A. E. メイヤー
			見解4：主婦は奴隷である — E. M. スターン
		職場における女性	見解5：働く女性は男と同じであるべきだ — R. E. ガッド
			見解6：女性は職場でも女性らしくあるべきだ — M. K. ブレイクリー
	第3章 結婚は女性を満足させるものか	導入	
		女性の結婚に向けたあり方	見解1：女性は結婚に自らの身を捧げるべきだ — アンナ・A. ロジャーズ
			見解2：女性は結婚するべきではない — E. ゴールドマン
		女性の結婚による変化	見解3：結婚は女性を安寧に導いてくれる — P. スクラッフリー
			見解4：結婚は女性の安寧を生み出さない — G. グリアー
			見解5：結婚は女性の生活を充実させる — M. デクター
			見解6：結婚は女性を奴隷化する

					―S. クロナン
		第4章 性差の起源は何か	導入		
			性差の発生	見解1	男女の違いは先天的なものである ―E. H. エリクソン
				見解2	男女の違いは文化が課した後天的なものだ―K. ミレット
			男女の性格	見解3	男女の性格の違いは明確なものである―M. レヴィン
				見解4	男女の性格の違いの証明は疑わしい―R. ブレイヤー
			男女の違いが社会に果たす役割	見解5	男女の違いが社会に利益をもたらす―S. B. ステイン
				見解6	男女の違いを強調しすぎることは社会に害をもたらす―L. C. ポグレヴィン
				見解7	男女は個人として扱われるべきだ―D. L. セイヤーズ
		第5章 フェミニズムは社会にどのように影響しているか	導入		
			―	見解1	フェミニズムは女性を圧迫から解放する―S. ケンプトン
				見解2	フェミニズムは男を駄目にした―S. コーチ
				見解3	フェミニズムは女性を孤独にした―M. チャーレン
				見解4	フェミニズムは女性を豊かにした―A. スペイク
				見解5	今、フェミニズムはより大きな目標に向かって進んでいる―B. フリーデン
				見解6	フェミニズムは女性の権利のために働き続けなくてはならない―エレン・ウィリース
				見解7	フェミニズムは人種や階層の圧迫を無視している―ベル・ホックス
社会・文化	第7巻 レイシズム	第1章 アメリカの植民地政策は人種差別的だったか	導入		
			アメリカ帝国主義	見解1	アメリカは植民地を作るべきである―A. J. ビバリッジ
				見解2	帝国主義はアメリカを滅ぼす―反帝国主義連盟

第3章 民主主義社会の形成者育成における思想的価値学習の特質と課題　115

		民族帝国主義	見解3：アングロサクソンが世界を植民化するべきだ―J. ストロング 見解4：植民地主義は民主主義を破壊する―C. シュッツ
		アメリカの文明化の使命	見解5：アメリカには文明化する使命がある―ある傍観者 見解6：アメリカに文明化する使命はない―W. G. シュンナー
	第2章 アメリカの植民政策は人種差別的だったか	導入	
		人種	見解1：低劣な人種がアメリカを滅ぼす―M. グラント 見解2：人種に優劣はない―A. モンタージュ
		移民	見解3：移民の選別が必要である―L. ストッダード 見解4：アメリカは全ての移民を受け入れるべきである―P. S. グラント
		アメリカにおける日本人	見解5：日本人はアメリカに有害である―V. S. マッカーシー 見解6：日本人はアメリカに有害ではない―K. カンザキ
		移民テスト	見解7：移民リテラシーテストは必要である―S. ガンパース 見解8：移民リテラシーテストは誤りである―W. ウィルソン
	第3章 知能指数テストは人種差別的だったか	導入	
		人種と知性	見解1：人種と知性は関係性がある―A. ジェンセン 見解2：人種と知性には相関性はない―S. J. ガッド
		遺伝子と知性	見解3：遺伝子が知性を決定する―L. G. ハンプリーズ 見解4：環境が知性を決定する　J. ガルシア
		知能指数テスト	見解5：知能指数テストは知性の民族的差異を証明する―H. E. ガレット 見解6：知能指数テストは知性の民族的差異を証明してはいない―R. A. ウィリアムス

		第4章 人種分離政策は有益か	導入		
			人種隔離の有効性	見解1	人種主義は今日有効に機能している—M. オミ＆H. ウィナント
				見解2	人種主義はもはや有効に機能しない—P. パールマター＆W. E. ウィリアムス
			アファーマティブ・アクション	見解3	アファーマティブ・アクションは人種差別だ—C. マーレイ
				見解4	アファーマティブ・アクションは人種差別ではない—H. シュワッツ
			『ハックルベリーの冒険』論争	見解5	『ハックルベリーの冒険』は人種差別的物語だ—M. アレン
				見解6	『ハックルベリーの冒険』は人種差別的な物語ではない—S. フィッシャー・フィッシュキン
			黒人の進歩	見解7	白人人種差別主義が黒人の進歩を阻害している—J. ウィリアムス
				見解8	黒人人種差別主義が黒人の進歩を阻害している—イアン・ギルバート＆W. ハウ
		第5章 人種差別の本質	導入		
			人種の優劣	見解1	偏見はどのように学ばれるのか—G. W. オルポート
				見解2	白人はより優れている—J. アーサー
				見解3	アーリア人はより優れている—アドルフ・ヒトラー
				見解4	黒人はより優れている—E. ムハンマド
				見解5	人種のうち特に他より優れた人種などいない—UNESCO

(Leone, B., *Nationalism, The Isms: Modern Doctrines and Movements*, Greenhaven Press, 1986. Leone, B., *Internationalism, The Isms: Modern Doctrines and Movements*, Greenhaven Press, 1986. Leone, B., *Capitalism, The Isms: Modern Doctrines and Movements*, Greenhaven Press, 1986. Leone, B., *Socialism, The Isms: Modern Doctrines and Movements*, Greenhaven Press, 1986. Leone, B., *Communism, The Isms: Modern Doctrines and Movements*, Greenhaven Press, 1986. Hinding, A., *Feminism, The Isms: Modern Doctrines and Movements*, Greenhaven Press, 1986. Leone, B., *Racism, The Isms: Modern Doctrines and Movements*, Greenhaven Press, 1986 より筆者作成)

れた発問に対しての、個々の思想家らの見解が示されている。『フェミニズム』の第2章「女性は家庭を出て働くべきか」は、下位に7つの小項目があり、「導入」を除く6つの小項目は、対立する思想家らの見解がそれぞれ示されている。

このようなISMシリーズの構造には次の2つの特質がある。第一の特質は、各章では、多くの場合、各巻のテーマとなるイデオロギーと関連した発問がそのままタイトルに付けられていたが、それらは、これまで長く熱く議論されてきた問題、永続的な論争問題が挙げられていることである。また、この永続的な論争問題は発生順に時系列に整理されている。例えば第6巻『フェミニズム』の場合、第1章では、フェミニズムという考え方が生まれた19世紀後半から20世紀前半頃の論争（女性の政治参加）を取り扱い、第2〜3章では20世紀中ごろ〜現在に至るまでの論争問題（女性と結婚、女性と仕事）、第4章では1960年代以降にフェミニズムが注目し、論争している問題（性差の起源）を取り上げ、最終の第5章でこれまでのフェミニストのあり方や今後のフェミニストの方向性を問う論争が扱われている。これは、各種の問題に対しての思想家や一般の人々の意識の変化を学習者は知ることができるばかりでなく、過去の考え方を学ぶことで、現在の考え方を相対化したり反省したりすることを可能にする。ISMシリーズは現在とは社会的背景の異なる過去の見解についても、現代社会において検討する価値のあるものとして位置付け、現在の見解と同列に扱っている。

第二の特質として、各章に5〜6個設定されている小項目は、その前後で2つ程度にまとめられて小単元が構成されている点である。この2つ程度にまとめられた見解は、全く対照的な主張・見解となっている。例えば前述の『フェミニズム』（第6巻）の第2章の場合、そのタイトルに見られるように、「女性は家庭を出て働くべきか」といった発問が設定されており、これに対して6つの小項目を通して6つの見解が設定されているが、このうち最初の2つの小項目にある見解（見解1・見解2）は、「女性の社会進出」の観点か

ら上記の発問について答えたものであり、次の2つの小項目にある見解（見解3・見解4）は「主婦の仕事」の観点から上記の発問について答えたものであり、最後の2つの小項目にある見解（見解5・見解6）は「職場における女性」のあり方から上記の発問について答えたものとなっている。見解1・見解2を扱う小単元「女性の社会進出」の場合、見解1は女性の社会進出に否定的な主張が、見解2は女性の社会進出を肯定的に捉えた主張が示されており、両者は対照的な関係にある。こうした対照的な見解からなる配列は、次の小単元「主婦の仕事」の小項目で示されている見解3・見解4にも、そして小単元「職場における女性」においては、見解5の場合、女性が男性と同じ条件で働くという留保条件があれば女性の社会進出を認めるとした主張であり、見解6の場合、女性は職場でも女性的であるという留保条件があれば社会進出を認めるといった、「女性の社会進出」を半分支持・半分不支持といった立場の人々の見解が示されているが、やはりこれも両者の意見は対照的なものとなっている。こうした各章で示した発問に対する5～7個の諸見解を、その論点から2～4個ずつの複数の小グループにまとめて整理することは、各章で設定された発問に対して多用な視点から考察することを学習者に保障するような効果が期待できる。

　こうしたISMシリーズの構造的特質は、学習者が、永続的な価値問題について、時代を超えて多種多様な見解を学ぶことを支えるものであり、そして時代や空間を超えた自身の思想的価値の構成を可能とするものである。

2．『フェミニズム』の内容編成―性差の自明性に迫るジェンダー教育教材―

　さてISMシリーズの第6巻に位置する『フェミニズム』であるが、これは実質、女性史を専門としたアンドレア・ヒンディングが編纂した。但し彼女はレオーネの教育論（子どもを現代的論争問題に直面させ、その見解の対立を踏まえて子どもなりの認識・判断ができる力を育成する）の考え方に共鳴していた。男女共同参画社会のあり方を子どもに考察させるに当たって、その方針を大

きく左右する「男女の性差とは何か。これからの社会を設計していく上で我々は性差を配慮せねばならないことなのか。もしせねばならないならどのようになのか」というその当時活発に議論されていたテーマを中核に定め、これに関連するようなジェンダー研究者らの論争を、過去100年間分の資料の中から集め整理して示すことにした。

(1) 『フェミニズム』の内容配列原理—ジェンダー論争の時系列的配置—

この『フェミニズム』は1986年に完成した。『フェミニズム』の全体計画をまとめたものが、次頁以降の表3-9である。『フェミニズム』は5つの章からなり、各章は「導入」、「見解1～6（章によっては見解7）」と「批判的思考技能（a critical thinking skill）」という章末問題から構成されている。各章は、「女性は投票権を持つべきか（女性の政治能力）」「女性は家庭を出て働くべきか（女性の労働能力）」「結婚は女性を満足させるのか（女性の家庭運営能力）」「男女の性差の根拠は何か（男女間の生物学的性差とは何か）（我々は社会設計においてそうした性差にどのように配慮すべきなのか）」、そして「フェミニズムはどのように社会に影響を及ぼしてきたのか（フェミニズムは女性を幸せにできたのか。フェミニズムは今後どのようにしていけばよいのか）」という5つの中心発問を持つ。そして、各章の下位には2から3個の「論点」が設定され、さらにその下位の「論点」に応じて複数の対立した「見解」が設定されている。この「見解」で見られる論説は、「論争に関して十分に研究していると考えられる人物の主張を分析する」ことで論争について十分な情報を得る、というシリーズの責任者であるレオーネの基本的な考えのもと、幅広い資料から採集されている。

『フェミニズム』の各章であるが、第1～4章までは、性差の所在や有無や性差の取り扱い方に関しての論争を扱い、第5章だけ論争の性質が変わり、フェミニスト自身のあり方に関する論争となっている。また、第1～4章までは、取り扱う問題のうち、意識されたものが早い順に並べられている。第1～4章までのうち、第1～3章が性差に関する論争でも、「政治参加」「労

表3-9 『フェミニズム』の全体計画

章	章立て	論点	見解（viewpoints）	筆者・年代	（ヒンディングによる）章における主な発問
第1章	初期フェミニストの論争：女性は投票権を持つべきか	導入			
		女性の特質と投票との関係	見解1 動物学的特質が女性は投票すべきではないことを証明している。	F. パークマン 19世紀後半	1 筆者は男性と女性の本質的な役割をどのように信じているか。 2 筆者はどのような理由で、女性の投票は有害であるという自身の説を支えているのか。 3 筆者によると、女性が投票した場合、文明に何が起こるのか。
			見解2 投票と性差とは無関係である。	E. C. スタントン 19世紀後半	1 筆者は、男女間の違いを重要なものだと信じているのか。 2 筆者は、アメリカの「最高の男性」が女性に何をすることを求めているか。
		女性の選挙権と経済的平等	見解3 投票によって女性の経済的平等は達成される。	ロバート・オーエン 1910年	1 アメリカ生活における経済変化の何が、女性の選挙権の必要性を作り出したと筆者は考えているか。 2 筆者は、女性の選挙権が道徳的基準を改善すると信じているのか。 3 女性の選挙権によって誰が得をするだろうと筆者は考えているか。
			見解4 投票が女性の経済的平等をもたらすことはない。	L. アボット 1910年	1 女性の選挙権についての5つの主要な議論とは何か、また、筆者はどのように論破しているか。 2 筆者は、女性の選挙権について歴史の学習が議論となると言っているか。 3 筆者は、自身の要点を証明するためにどのように聖ジョージとドラゴンのイメージを使用しているか。
		女性の参政権	見解5 女性の参政権は政治改革の助けとなる。	J. アダムス 1910年	1 筆者によると、政府改革に関してどのような特別な才能を女性が持つとされるのか。 2 一般市民の生活において女性の政治参画が社会に利益をもたらすと筆者はどのように信じているのか。 3 公的生活への女性の参加は女性に利益をもたらすと、筆者はどのように信じているか。
			見解6 女性の参政権は政治改革の妨げとなる。	マーガレット・C. ロビンソン 1916年	1 女性の参加しない投票によって特別な改革が可能であるという見解について筆者はどのような証拠を提示しているか。 2 筆者によれば、なぜわがままで破廉恥な人は女性の投票を望むのだろう。 3 女性の道徳的力はどんな政治的・物理的

第3章　民主主義社会の形成者育成における思想的価値学習の特質と課題　　121

				力よりも重要だと、なぜ筆者は信じているのか。
		章末問題		ステレオタイプを認識する。
第2章	女性は家庭を出て働くべきか	導入		
		女性の社会進出	見解1 女性の仕事は家庭である。	F. マクドナルド・トンプソン 1904年	1 筆者によると、職場において女性は女性という理由でどのような違う扱いを受けているのか。 2 筆者はなぜ、女性の労働が「コスト的に効果的ではない」と考えているのか。 3 筆者はなぜ、女性のお給料は「特別厄介だ」と言い切るのだろうか。
			見解2 女性の仕事は家庭に限定されるべきではない。	バーノン・リー 1902年	1 女性が「性欲を超えている」というシャルロット・パーキンス・ジルマンに筆者が賛成したとき、何を意味するのか。 2 女性の経済的依存に代価が支払われると筆者が信じているものは何か。 3 女性が経済的に独立すると男性はどのような利益を受けると、筆者は考えているか。 4 ペイジット氏は何かしらの「女性の問題」の解決を見たか。
		女性にとっての主婦という立場・役割	見解3 家庭の主婦となり母となることが女性の幸福である。	A. E. メイヤー 1950年	1 女性と社会にとって、主婦や母親は重要であると筆者が信じているのはなぜか。 2 筆者によると、世界における女性の役割について、女性が困惑し、不幸せであるのは何に起因するのか。 3 筆者は、主婦や母親にどのような技術が必要だと考えているか。
			見解4 主婦は奴隷である。	E. M. スターン 1945年	1 なぜ筆者は主婦のことを「忘れ去られた労働者」と呼ぶのか。 2 主婦や母親であるための、女性のコストを、筆者はどう考えているか。 3 筆者によると、主婦であることの固執は女性の自由についてどのように影響するのか。
		職場における女性の在り方	見解5 働く女性は男性と同じであるべきだ。	R. E. ガッド 1985年	1 筆者によると、仕事の世界で成功するために女性は何をしなければならないのか。 2 子どものころの経験が仕事上の振る舞いにどのように影響すると、筆者は信じているか。 3 ほとんどの男性は女性が嫌いで拒絶すると言う筆者に、あなたは賛成するか。
			見解6 女性は職場でも女性らしくあるべきである。	M. K. ブレイクリー	1 職場における女性の平等の最後の壁は何であると、筆者は信じているか。 2 筆者によると、素行の悪い大統領とのテ

				レビ討論番組におけるジェラルディン・フェッラーロの行為の悪さから、女性が学ぶべき教訓とは何か。 3 職場やそのほかの場所で女性が自分たちの感じていることを表明することを、なぜ筆者は勧めているのか。
		章末問題		事実と意見とを区別する。
第3章	結婚は女性を満足させるか	導入		
		結婚に関する女性の在り方	見解1 女性は結婚に自らを捧げるべきである。	アンナ・A. ロジャース 1907年	1 結婚の失敗の増加について、女性に責任があると筆者が疑うのはなぜか。 2 筆者によると、女性の「強力なエゴ」に寄与するものは何か。 3 女性がどのように結婚を改善すると、筆者は信じているか。
			見解2 女性は結婚すべきではない。	E. ゴールドマン 1917年	1 結婚とは第一に経済的な取り決めであると筆者は主張する。これが自然な結婚にどのように影響するだろうか。 2 筆者は女性と男性の関係の将来に希望を持っているか。
		結婚による女性の変化	見解3 結婚によって女性は安寧を得る。	P. スクラッフリー 1977年	1 結婚や母親らしさは女性にどのような安心の形態を提供すると筆者は考えているか。 2 結婚の安全性と満足についての質問について、筆者によって引用された著名な女性たちはどんな証拠を用いているか。 3 家庭の外での仕事よりも妻として、母親としての仕事のほうが優れていると筆者が信じているのはなぜか。
			見解4 結婚は女性を安寧には導かない。	G. グリアー 1971年	1 感情的な安全性がないと言う筆者の主張はどのように支えられているのか。 2 女性が結婚に見出すと筆者が主張する安全の形態とは何か。 3 不確実な中の自由を主張する筆者にあなたは賛成するか。
			見解5 結婚は女性の生活を満足させる。	M. デクター 1972年	1 筆者が、女性が結婚を望む最大の理由としてあげているのは何か。 2 筆者によると、どのようにして、結婚によって女性の地位や状態が改善されるのか。 3 筆者の意見において、結婚によって男性はなにかしらの影響を受けるのか。
			見解6 結婚は女性を奴隷化する。	S. クロナン 1973年	1 筆者によると、結婚と奴隷制の類似点とはなにか。 2 女性はなぜ結婚の慣習に参加するのかと、筆者は信じているか。

第3章　民主主義社会の形成者育成における思想的価値学習の特質と課題

					3 筆者の結婚に関する見解について反対するフェミニストがいるとあなたは思うか。
		章末課題			証明されている申し立てを識別する。
第4章	男性/女性という性差の起源は何か	導入 男女の性差の発生	見解1 男女の違いは先天的なものである。	E. H. エリクソン 1964年	1 筆者は何によって、男女間には生得的な違いがあると結論したのか。 2 ヒヒの集団のフイルムにおいて、差異について彼が結論した本質的な証拠とは何か。 3「人体とは運命である」というフロイトの意見に筆者は心から賛成していたのか。
			見解2 男女の違いは文化によって後天的に課せられたものである。	K. ミレット 1969年	1 エリクソンがおもちゃやブロックを使っての実験から導いた結論により近いとミレットが感じている彼女の導き出した結論とは何か 2 フォーマル、インフォーマルな教育は男女の違いにどのように寄与すると、筆者は考えているか。 3 エリクソンの提案する視点においてミレットが危険に感じているものは何か。
		男女の性差の明確性	見解3 男女の性格の違いは明確なものである。	M. レヴィン 1980年	1 性の違いとは生得的なものであるということの証明に筆者が提示する証拠とは何か。 2 筆者によると、性の違いを生得的なものではなく学習によるものだとすることは、フェミニストにとってなぜ重要なのか。 3 筆者はなぜ、「性的役割」という用語を使うことに反対したのか。
			見解4 男女の性格の違いの証明は疑わしい。	R. ブレイヤー 1984年	1 筆者は、社会生物学のどの点に反対しているか。 2 生得的な男性と女性の振る舞いや気質についての社会生物学の解釈が誤りがちであることを示すために筆者が示した証拠は何か。 3 人間の振る舞いの生物学的解釈のすべてを、筆者は拒絶しているのか。
		男女の違いと社会との関係性	見解5 男女の違いは社会に利益をもたらす。	S. B. ステイン 1983年	1 筆者はどのような理由で、人間の発展と文化は関係あると信じているか。 2 筆者によると、なぜ性差の消滅から逃れられないのか。 3 ジェンダーアイデンティティの「本質的な手がかり」は時折手助けを必要とすると、筆者が信じているのはなぜか。
			見解6 男女の違いを強調す	L. C. ボグレヴィン	1「性差の崇拝」とは何を意味しているのか。

			ぎることは、社会に不利益をもたらす。	1980年	2 筆者は性差の崇拝によって男女双方にどのような悪影響があると考えているか。 3 非性差主義で育った子どもは、そうでない子どもと比べてどのように違うと述べられているか。
		見解7 男性と女性は個人として扱われるべきである。	D. L. セイヤーズ 1971年	1 筆者はなぜ、男性と女性を分けて分類することに反対しているのか。 2 筆者は両性間に何かしらの違いがあると信じていたのか。議論しなさい。 3 筆者はどのようなアドバイスをフェミニストに提供しているか。
	章末問題			理性と偏見を区別する。
フェミニズムはどのように社会に影響しているのか	フェミニズムのこれまでの活動の反省	導入		
		見解1 フェミニズムは女性を圧迫から解放する。	S. ケンプトン 1970年	1 青春期の男子が女子に対して基本的に優越すると筆者が信じているものは何か。 2 なぜ筆者は男性が嫌いなのか。 3 筆者は男性よりも女性に敬服しているのか。議論しなさい。 4 女性の嫌悪を男性が恐れていると筆者が信じているのはなぜか。 5 もしも筆者が見つけているなら、未来への希望とはどのようなものか。
		見解2 フェミニズムは男性を駄目にした。	S. コーチ 1975年	1 筆者はなぜ男性を「罪深き性（有罪な性）」だというのか。これは筆者自身の意見であるとあなたは考えるか。 2 筆者によると、フェミニストが男性に恥ずかしく感じてほしいこととは何か。 3 父親らしさの十分な定義とは男性の役割の定義に必要不可欠である、と筆者が信じているのはなぜか。筆者が父親らしさの定義をどのようにみなしたと考えられるか。 4 フェミニストが理想とする男女の関係とはどのようなものだ、と筆者は言っているか。なぜ筆者はこの理想が嫌いなのか。
		見解3 フェミニズムは女性を孤独にした。	M. チャーレン 1984年	1 筆者によると、フェミニストはどのように両性間の関係にダメージを与えたのか。特に、結婚や一夫一婦制に関することで。 2 筆者は、自分の友達が寂しさに抗うのにどのような戦略を用いるのを発見したか。 3 筆者はフェミニストに全く批判的なのか。それとも、フェミニストの中に優越性を見出しているのか。 4 筆者は事態を性格に表現していると思うか。

第3章　民主主義社会の形成者育成における思想的価値学習の特質と課題　125

第5章		見解4 フェミニズムは女性を豊かにした。	A. スペイク 1984年	1 筆者は誰を「絶望的な常識人（ストレート）」だと言っているか。見解を通した彼女の記述から、彼女の用語表現は適切だと考えられるか。 2 多くの人々の予想通りに時代は変化していると筆者は言う。女性はどのように順応すべきだと筆者は述べているか。 3 筆者の人生においてどのような役割に親しんでいたか。筆者による友達の重要性について、賛成できるか。
	これからのフェミニズムの方向性と課題	見解5 フェミニズムは今、より大きな目標に進んでいる。	B. フリーデン 1981年	1 「性役割の分裂」が終わる時代であると筆者が信じるのはなぜか。 2 フェミニストがなしえたことで筆者がすばらしいと言うものは何か。 3 今日の男性と女性について筆者が思い描く関係とはどのようなものか。
		見解6 フェミニズムは女性の権利のために働き続けなくてはならない。	エレン・ウィリース 1981年	1 筆者はどのような点において、ベティー・フリーダンによるフェミニストの歴史の評価が不正確であると言っているか。 2 「すべてのフェミニストの改革の目的の結果は伝統的な家族の価値を衰えさせる」というのが筆者の主張の一つである。彼女はなぜこの主張を前向きな結論であるとみなしているのか。 3 フェミニズムの仕事はどのようであるべきだと筆者は信じているか。
		見解7 フェミニズムは人権や階層の圧力を無視している。	ベル・ホックス 1984年	1 ベティー・フリーダンの『女性の神秘』は同世代のフェミニズムに強く影響したと筆者は信じている。フリーダンの作品の焦点とは何か。また、それが間違っていると、なぜ筆者は信じているのか。 2 南部で育ったと言う筆者の個人的な経験は、フェミニズムへの筆者のアプローチにどのように影響しているか。
	章末課題			情報源を見極める。

(Hinding, A., *Feminism*, Greenhaven Press, 1986 をもとに筆者訳出、作成。ゴシック体「論点」の部分は筆者の考察による)

働」「結婚」といった部分的テーマに絞ったものであるのに対して、第4章は性差そのものを取り扱う一般的・原理的なテーマとなっており、『フェミニズム』は、第4章を核にした設計となっていることが読み取れる。

　「生物学的性差」を口実に男性社会から二級市民として扱われてきたアメ

リカ合衆国の女性たちが、「差別されるだけの根拠のある生物学的性差を女性は本当に有しているのか」という問題意識の下で、100年という長い年月をかけて段階的に異議申し立てをし、やがては「性差とは何か。男女の区分をされねばならないような大きな違いがどれ程に男女にあるのか」といった性差の根源的テーマにたどり着いて今日議論を展開しているその過程を追う『フェミニズム』のこうした配列は、学習者が「アメリカ女性運動史」の大きな流れや、女性運動家らの持つ問題意識を理解するにとどまらず、各テーマをめぐって対立する多様な見解から、時代を超えて問題への様々な見解が存在することを認識し、ジェンダー問題が持つ議論の複雑さもまた理解できるような作りとなっている。また、こうした複雑で多様な主張・議論を学習者に踏まえさせることで『フェミニズム』は、男女の性差について、誰か権威のある人間の言説を「信仰」させるのではなく、自身の理性と、また周囲の仲間たちとの討論を通しての見解のぶつけ合いの中から、自分なりの判断ができるような作りとなっている。

(2) 『フェミニズム』の内容選択原理―論争を踏まえた男女共同参画社会の
　　ビジョン構想―

　前節では『フェミニズム』の内容配列について見てきたが、更に同教材が持つ内容構造上の特質を、表3-9を中心にもう少し見てみよう。その特質をまとめると、以下の3点になろう。

　第一に、『フェミニズム』の各章の下位にある「論点」は、基本的に前半（多くは見解1～4）が事実認識上の対立、後半（多くは見解5～6、7）が価値・政策判断上の対立を主なテーマとしている「事実認識と価値判断」の二重構造となっていることである。例えば第1章の場合、「女性は生物学的に政治能力が劣るのか」「投票は女性の経済的平等をもたらすのか」が前半のテーマとなっており、事実的性質の論争である。また、「女性の参政権は政治改革を進めるのか（＝女性は政治に参加するべきか）」が後半のテーマとなっており、いわゆる「べき」論、価値的性質の論争である。以下第4章まで同

様の構造になっている。さらに第1～3章の前半に位置する事実判断的性質の論争は、各々の章の後半に位置する価値判断的課題の考察の土台となるだけでなく、『フェミニズム』の中核的役割を担う第4章前半の「男女の性差は先天的なものか」という事実判断的課題を考察する上での土台となる。同じく第1～3章の価値判断的課題は、第4章後半の「男女はどのように扱われるべきなのか」という政策判断的課題の考察の土台となる。こうした構造を本教材が持つのは「男女の性差とは何か」「性差は社会設計の上でどのように考慮すべきものなのか」という事実判断的課題と価値判断的課題の2つの中核となるテーマを持って『フェミニズム』が作成されていることに起因する。中核となるテーマにおいて、事実判断的なものと価値判断的なものとを二重に設定することで、男女共同参画に向けた社会を考えていく上で、男女の性差をどのように認識するかが大きな鍵となることを学習者に意識させることができる。

　第二に、全体が性差をめぐる「対立論争形式」から成り立っており、この構造が学習者に開かれた認識形成、価値形成を保障することである。このことは、実は男女の生物学的性差を巡る従来の言説を相対化するだけでなく、この時代のジェンダー研究者や運動家（所謂フェミニスト）の言説をも相対化する効果が期待できる。『フェミニズム』では学習者が「見極め」をできるようにするため、あえてアンチ・フェミニズムの言説や対立の中から生まれてきた新たな見解までも教材に取り入れている。さらにヒンディングはこれらの対立する見解を示すのみであり、「自分はどのような考えを支持するのか」といった最終的な判断は学習者に任せている。これは「全ての多様な意見を熟考することはとても重要なことである。社会の主流な意見は考察すべきである。しかしまた同時に重要なことは、非難されている意見と同じくらい軽蔑的なレッテルを貼られている、ラディカルな、反動的な、そしてマイノリティの意見である。歴史のレッスンの重要性は、多くの不評なものの容認、そしていまだに軽蔑された意見にある」というレオーネの教育観をヒン

128

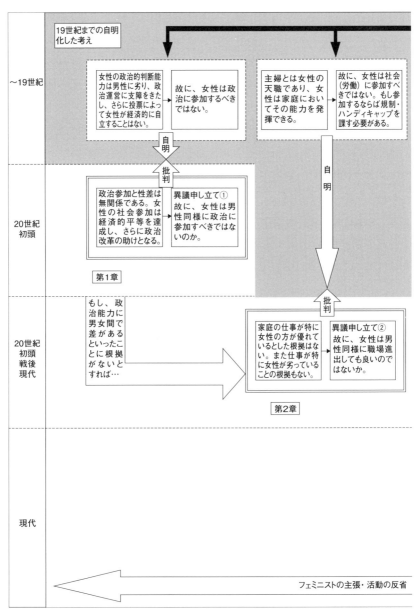

図3-1 『フェミニズム』が示すアメリカ・

第 3 章　民主主義社会の形成者育成における思想的価値学習の特質と課題　129

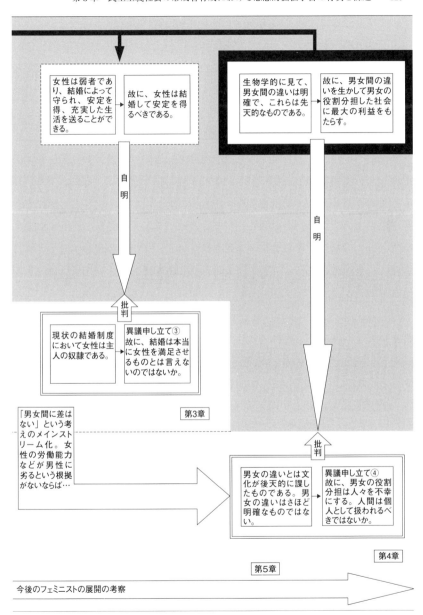

フェミニズム運動の「異議申し立て」過程

ディングが継承したことによる。このような内容構造を取ることで、学習者はより多元的な視点から上記の課題に取り組むことが出来るのである。

なお、このジェンダー研究者の言説の相対化の試みは、第1～4章で見られるような生物学的性差を巡る対立する見解の比較だけで進められているわけではなく、最終の第5章の存在も大きい。第5章は内容的に「フェミニズムの成果に対する見解」と「今後の課題」に大きく二分される。「成果に対する見解」では、ジェンダー研究者や運動家たちのこれまでの行動に対する評価をめぐる議論が示されている。これを通して学習者は、これまでの彼らの行動が本当に社会に進歩をもたらすものであったのか、それとも単にかき乱すものであったのかを評価し、ジェンダー研究者や運動家の行動についても批判的な吟味ができる機会が保障されている。また「今後の課題」では、今後の女性運動化やジェンダー研究者のあり方を考えることが学習者に求められている。

第三に、『フェミニズム』はその全体を通して、生物学的性差を口実に女性を男性と区別して二級市民として見ようとする家父長制的偏見に対するジェンダー研究者や運動家の戦略を可視化していることである。前頁の図3-1は、『フェミニズム』がその全体を通して受講者に対して提供することになる社会認識を図化して示したものである。前述したように『フェミニズム』は、「差別されるだけの根拠のある生物学的性差を女性は本当に有しているのか」という問題意識の下でジェンダー研究者らが段階的に異議申し立てを行ってきた過程を見せている。「女性の政治的判断能力は男性に劣り、政治運営に支障をきたす」とか、「主婦とは女性の天職であり、女性は家庭においてその能力を発揮できる」などといった言説に対する異議申し立てを行うことを通して、その自明性に疑問を投げかけ、それらの言説の背後にある「生物学的に見て、男女間の違いは明確で、これらは先天的なものである」といった見方をも揺さぶりをかけていくという過程である。それは、長期ながら着実に問題意識を社会に根付かせ、一定の成功を収めてきた彼らの

戦術を見せることにもつながる。そこから学習者は、ジェンダー問題を解決するための手法を学ぶことにもなる。というのも、ジェンダー問題とはもともとその事象に対して"問題"としての認識が人々の間でなされず、客観的・合理的なこととして意味づけ（説明）されてきた事象に対して、それが問題であることを示すようなより説得力のある別の事実解釈を提示することで「異議申し立て」を行い、人々の社会認識に揺さぶりをかけることでようやく「問題化（可視化）」できるような性質のものだからである。

3．『フェミニズム』の授業構成―中心的課題を多角的視点で考察する過程―

では実際、授業はどのように具体的に展開されていくことが求められているのであろうか。ここでは特に『フェミニズム』の中核的テーマを取り扱う第4章「男性／女性という性差の起源は何か」に焦点をあて、その構成から明らかにしていきたい。第4章「男性／女性という性差の起源は何か」の単元構成をまとめたものが表3-10である[26]。第4章も他の章と同様に、「導入」「各見解（展開）」「章末問題（終結）」の三段階で構成されている。第4章の場合、見解は7つある。第4章は「男女の性差の起源は何か」という中心的課題の下で、「男女の性差の起源（男女の性差は先天的なものなのか否か）」、「男女の性差の明確性（男女の性差は明確なのか否か）」、「男女の違いと社会との関係性（男女の性差を考慮した社会が良いのか、どのように考慮するのか）」という3つの「論点」が設けられ、「男女の性差の起源」には見解1と見解2、「男女の性差の明確性」には見解3と見解4が、「男女の違いと社会との関係性」には見解5～7がそれぞれ対応している。

第4章は、次のような展開をとる。まず「導入」において、学習者は比較的近年（70年代位まで）のジェンダー研究の大まかな動向を把握することが求められる。ここでは、これまで以上に性差や性別役割の研究が様々な面から進められることで、「男女の性差の起源」、「男女の性差の明確性」といった事実判断的な「論点」を巡る議論や、「男女の違いと社会との関係性」と

表3-10 『フェミニズム』第4章「男女の性差のルーツ（根源）は何か？」の単元構成

展開	活動内容	テーマとなる問い	下位の問い	学習内容	該当箇所
導入	・【導入】を読む。 ・最近（70年代～80年代）のフェミニスト・アンチフェミニストらの運動・研究・言説の動向を大まかに確認し、この時代の論争の中心的課題を知る。			・アンチフェミニストは、ホルモンが身体的発育だけでなく精神的・心理的発育に影響を与えるとした生物学の学説に注目し、男女の本質的差異の存在とそれが持つ人間の行動への影響力の大きさを主張する。 ・フェミニストは、生物学が持つバイアスを指摘し、幾つかの事例でその説明を試みている。 ・子どもたちから性差をなくすことは可能なのか。またそれをなくしたとして子どもたちは幸せなのか。といった論争も生じるようになった。	【導入】
展開1	・「男女の性差は先天的か否か？」について対立する見解（エリクソン対ミレット）を読み、論点を整理する。	SQ：男女の性差は先天的か否か？	1．筆者は何によって男女間には生来的な違いがあると結論したか 2．ヒヒの群れのフィルムにおいて性差について筆者が見出した本質的証拠は何か 3．「人体とは運命である」というフロイトの意見に筆者は賛成していたのか	〈男女の性差は先天的なものである〉 ・実験の結果、男の子は家の外の世界に興味を持ち、忙しく駆けずり回り、物の創造と破壊を繰り返し「攻撃的」「騎士道的」であったが、女の子は家の中の世界に興味を持ち、「静止的」「平和的」に遊ぶことが判明した。これは両性の生殖の特質と比例しており、遺伝子レベルの違い（生物学的特性）といえる。 ・ヒヒの群れは性別分業体制をとり、オスは群れの外側から見張りをし、内部のメスや子どもを守る役割を果たしている。両性の生物学的特性を合理的に生かした結果といえる。人間も同じである。 ・男性の特性は外で戦うことに適している。女性の特性は育児に適している。人間は各性の生物学的特性の下でアイデンティティを形成する。	【見解1 エリクソン】
			1．エリクソンがおもちゃやブロックを使っての実験から導いた結論により近いと筆者が感じている彼女の導き出した結論とは何か 2．フォーマル、インフォーマルな教育は男女の違いにどのよ	〈男女の性差は文化的に生み出された〉 ・男女が協力しあうことでしか人間的均衡を図ることができないとするエリクソンの論には同意できる。 ・しかし、エリクソンは男女の生物学的性差を自明とした研究をした。そしてその研究は非合理的な言説ばかりである。女の子がピアノを弾いて遊ぶ行為を「静止的」としたり、男の子が走る自動車で遊ぶのを「可動	

第3章 民主主義社会の形成者育成における思想的価値学習の特質と課題　133

			うに寄与すると、筆者は考えているか 3．エリクソンの提案する視点において筆者が危険に感じているものは何か	性を持つ精子」に見立て、読者にもそう見るように促す。しかし本来両者の関係性は全くない。 ・エリクソンは実験の中で家の外の世界に興味を持つ数人の女の子を「おてんば」として片付けている。 ・エリクソンの心理分析は、学習されたものを生物学的にとらえるという誤りを犯している。 ・学校教育でのダブルスタンダードは、女の子をままごと遊びの段階での発達に留めてしまい、男の子の遊びの中にある、建築・テクノロジー・探求など真の業績となりうるものを提供する機会を失うことになる。また、分析的学問分野によっては、一級の業績をおさめる上で必要となる自立性を女性が欠いているとの報告もあり、これを裏付ける。【見解2　ミレット】
・「男女の性差は明確なものか否か？」について対立する見解（レヴィン対ブレイヤー）を読み、論点を整理する。	SQ：男女の性差は明確なものか否か？	1．性の違いとは生得的なものであるということの証明に筆者が提示する証拠とは何か 2．筆者によると、性の違いを生得的なものではなく学習によるものだとすることがフェミニストにとってなぜ重要なのか 3．筆者はなぜ、「性的役割」という用語を使うことに反対したのか	〈男女の性差は明確である〉 ・男女の性差に対する事実的疑問をフェミニストたちは拒絶する傾向がある。また現代でもフェミニストは懐疑をかけられないような業績を何一つ生み出していない。フェミニストは両性の同一性ばかり主張するが、その証明で過ちを起こす。 ・男性ホルモンは胎児の中枢神経の形成に大きな影響を与える。男女の性差の幾つかも神経系の形成過程上の違いを含むので、最初からホルモンによって男女は知覚や振る舞いが異なる。 ・空間把握は男性の方が有利である。これは男女の遺伝子の差異の影響が大きいことが分かっている。また女性の脳は男性のそれより、刺激に強く反応することも明らかになっている。 ・フェミニストは自らの主張を通すために性別分担の普遍性を先天的なものではなく後天的に学習されたものであると論じ、混乱を引き起こそうとしている。しかしフェミニストは「なぜ全ての社会が性別分担制を同じように採用しているのか」という問いが欠落している。【見解3　レヴィン】

展開2				・人間は先天的に携えている潜在的能力があるからこそ学習ができる。人間が男女を分けて育成するのは、潜在的特質がそれぞれ異なることによる。	
			1．筆者は、社会生物学のどの点に反対しているか。 2．生得的な男性と女性の振る舞いや気質についての社会生物学の解釈が誤りがちであることを示すために筆者が示した証拠は何か 3．人間の振る舞いの生物学的解釈のすべてを、筆者は拒絶しているのか	〈男女に性差があるというのは疑わしい〉 ・男女の性差が生得的か養育されたものか、とか、遺伝か環境によるものか、といった論争が今日活発になされているが、極めて時代錯誤的であり、無駄である。 ・生物学は、19世紀において女性や黒人が白人男性に比べて劣るということを解明しようとしたことがある。今なお、両性の性差の存在を解明しようと取り組む者たちが多くいる。 ・社会生物学は、全ての人間の行動、性格、社会的関係、社会組織の形態を生物学的、遺伝的、進化論的決定論として説明を試みる学問である。人類の特性は遺伝子にプログラムされており、生物は生存競争の中で環境に適応できるように人間の特性を長い年月をかけて生み出してきた、と捉える。 ・社会生物学の問題点は、本来個々の人間の無限に近い振る舞いの中に表現されている複雑な行動や特性を、性差の特質といった観点で整理し独断的に意味づけようとする点にある。（一部省略）	【見解4　プレイヤー】
	・「男女の性差を考慮する社会が望ましいのか否か？」について対立する見解（ステイン対ポグレヴィン対セイヤーズ）を読み、論点を整理する。	SQ：男女の性差を考慮する社会が望ましいのか否か？	1．筆者はどのような理由で人間の発展と文化は関係あると信じているか 2．筆者によると、なぜ性差の消滅から逃れられないのか 3．ジェンダーアイデンティティの「本質的な手がかり」は時折手助けを必要とすると筆者が信じるのはなぜか	〈男女の性差は社会に利益をもたらす〉 ・性別の違いは極めて重要である。性格の違いは生得的なものであり、子どもの養育は完全に、ジェンダーアイデンティティの本質であるし、人間の再生産は性差に依存している。 ・文化は自然に存在する性差を補完する。文化は性の違いを作り出してきたし、古代においても、生物学的見地から言っても、根源的に、性差は存在する。性差による伝統的な振る舞いの違いは宗教システムによる正当化、法による保護などによって維持されて、それによって社会は作られてきたのである。生命を生存さ	【見解5　ステイン】

第3章　民主主義社会の形成者育成における思想的価値学習の特質と課題　　135

				せるためにも、性別の違いは極めて重要である。 ・男女の違いがあるからこそ人間が存続し、社会が生まれるのであり、男女の違いは子どもたちに教授されなければならない	
展開3			1．「性差の崇拝」とは何を意味しているのか 2．筆者は、性差の崇拝によって男女両方に対してどのような悪影響があると考えているか 3．非性差主義で育った子どもは、そうでない子どもと比べてどのように違うと述べられているか	〈男女の性差を強調しすぎることは社会に悪影響を与える〉 ・かつてのジェンダーアイデンティティは不変の超自然的なものによって作られていると信じられていた。そしてステレオタイプの刷り込みによって、正反対の性に似ること、なることは不自然でつまらないことであると考えられていた。女の子は母親となるように、男の子は女の子より優れるように育てられた。これらは家父長制の基礎となり、子どもたちをだましている。性の違いを強調しすぎることは「二つの性は異なる→二つの性は正反対である→一つの性が他方の性に勝る」という論法によってヒエラルキーを生み出す。よって性差は主張しすぎてはならない ・男女の違いを強調しすぎることは社会に悪影響である。男女の性差を主張しすぎることでヒエラルキーが生まれ、どちらかの性が一方の性の下位に位置づいてしまい、家父長制が存続する。	【見解6　ボグレヴィン】
			1．筆者はなぜ、男性と女性を分けて等級付ける（分類する）傾向に反対しているのか 2．筆者は両性間に何かしらの違いがあると信じていたのか。議論しなさい 3．筆者はどのようなアドバイスをフェミニストに提供しているか	〈男女は個人として扱われるべきである〉 ・男女間の性差の問題は非常に複雑でデリケートである。何かの主張がなされても、すぐに修正される。そしてステレオタイプはある一定のものを正当とし、個人の優先権と経験を捨象し、一定の階級に個人を位置づける。男性や反フェミニスト、フェミニストたちは、どちらかの性がどのようにあるべきだ、あるべきではない、という論争に陥り、個々人の固有性をないがしろにする。男性も女性も何かしらの違いがあるが、男性内にも違いがあり、女性内にも違いがある。男性も女性も人間であり、個人として扱われるべきであり、ス	【見解7　セイヤーズ】

				テレオタイプによる二元論は脱却されなければならない。 ・男性も女性も個体として認識されるべきである。女性も男性も基本的に人間であり、柔軟な生き物である。「男性」「女性」というカテゴリーによるステレオタイプの継承は人間の固有性を捨象し、階級を形成する。よって、男性も女性も個々人として扱うべきである。	
終結	・見解1〜7の内容を、根拠のある言説と偏見とに分ける（章末問題を参考とする） ・MQを議論する。				【章末問題】

（Hinding, A., *Feminism The Isms: Modern Doctrines and Movements*, Greenhaven Press, 1986, pp. 153-203 より筆者作成）

いう価値判断的な「論点」を巡る議論が導かれることになり、論争が展開したことが理解される。また学習者は、こうした「論点」の中心が、第4章の章のタイトルともなっている「男女の性差の起源は何か？」に繋がることを理解する。その後、授業は展開部に入り、3つの「論点」の下での論争を、見解1〜7を通して、これらを理解することが求められている。まず学習者は、性差がどこに、どのように、どのような原因で存在・発生するのかを巡っての論争を、性差が明確に存在しアイデンティティが形成されるとするエリクソンの見解（見解1）と、学校教育における二重規範、文化装置が性差を生み出すと反論するミレットの見解（見解2）を通して理解することが求められる。次に、男女の性差とは明確なものなのかを巡っての論争を、遺伝子やホルモンに性差の根源を求め、男女間の性差の明確性を論じたレヴィンの見解（見解3）と、社会生物学の信憑性を疑問視し、社会生物学や家父長制という社会産物こそが男女の区別を作り出すというブレイヤーの見解（見解4）を通して理解することが求められる。そして最後に、我々はそうした

第3章　民主主義社会の形成者育成における思想的価値学習の特質と課題　137

性差に配慮した生活社会を作るべきなのか、そうだとすればどのようになのかを巡っての論争を、次の3つの見解（男女間の性差こそが社会を作り出し、諸システムがそれを補強するという関係にあるとするステインの見解（見解5）、男女という区別が二項対立を生み出し、ヒエラルキーを作り出すので、男女間の性差を強調してはならないとするポグレヴィンの見解（見解6）、そして男女二元論からの脱却を主張し、人間としての扱いについて説いたセイヤーズの見解（見解7））を通して理解することが求められる。

　このように、見解1～4そして見解5～7の主張を整理して理解した後、この第4章の中心発問であり、『フェミニズム』全体の核となる問いでもある「男女の性差の根拠は何か（男女間の生物学的性差とは何か）（我々は生活社会の設計においてそうした性差にどのように配慮すべきなのか）」に、学習者である子どもたちは自身の判断を下すことが求められる。なおここでは、判断を精緻化するために、「章末問題」の活用も期待されている。「章末問題」の課題は「理性と偏見を区別する」ことであり、第4章で述べられてきた7つの見解から引き出された12のセンテンスについて、「理性的な見解」、「偏見による見解」、「どちらとも判断できない」といういずれかの判断を下すことが求められている。これら12のセンテンスは、いずれも見解1～7から1～2個抜き出されたものである。ここでは「自分はどのように考えるか」が問われ、この活動を通して学習者は、自分の考え方が必ずしも周囲のものと一致するとは限らないことや、反対の判断を示した仲間たちには彼らなりの根拠があることなどを学ぶことになる。そしてこの活動を通して、自らの男女の性差に関する意識を反省することが可能となるのである。このように「章末問題」は、①子ども自身の中での論点の整理、②議論の喚起、の役割を果たすのである。

　こうした「導入」「見解（展開）」「章末問題（終結）」の構成や、「見解（展開）」部に見られる3つの論点（前半は事実的性質、後半は価値判断的性質）という構造は、『フェミニズム』の他の章にも共通する。このような『フェミニ

ズム』の構造は、基本的なスタンスとして、性差をめぐる永続的な論争問題における対立する見解の焦点を整理することによって、学習者個々に時間や空間を超えた自己の思想的価値を、より精緻により根拠をもって構成してもらえるように保証していこうとするものである。そしてこのことで、学習者の社会生活のあり方を問い直させようとするのである。

第3項 「構成主義型」思想的価値学習の特質

「構成主義型」思想的価値学習にも、場面や状況に応じて思想的価値を使い分けていくことを重んじる「文脈主義」系の学習と、状況などには左右されないより普遍的な思想的価値を個人の内面に形成していこうとする「非文脈主義」系の学習がある。「文脈主義」系の思想的価値学習は、価値判断を実際に下すことになる各場面の社会的背景の具体性に拘り、生き方をめぐる人間哲学的な問題に対して、その具体的状況に応じた思想的価値を自ら構成することで、現状に応えていく力を育成しようとしてきた。対して「非文脈主義」系は、同じく生き方をめぐる永続的な問題に対して、その問題への見解の歴史的系譜に拘り、まず自らの思想を構築するに当たって、これまでの議論が歴史的にどのように成されてきたのか、その系譜を分析し、その把握を出来るだけ包括的にしていくことで、時間や空間の限界を超えた、より普遍的な思想的価値を自ら構成していけるような力を育成しようとしてきた。合衆国では、主に前者のような思想的価値学習を「価値明確化」学習、後者を「価値分析」学習と呼び分けているようである。

さて、この「文脈主義」系と「非文脈主義」系の2つの思想的価値学習を、そのどちらがより優れているとか、そうではないとか、こういったことを議論していくことは難しいであろう。というのも、どちらか片方だけ扱っていては、思想的価値を誤って学習者たちに認識させてしまう危険があるからである。例えば、「文脈主義」系の思想的価値学習だけを子どもたちに与えていては、時間や空間を超越して正しいとされる思想的価値が、まるで存在し

ないかのように思える。価値の普遍性を疑うことは大切なことであるが、このことは普遍的な価値の存在を否定するものではない。また、「非文脈主義」系の思想的価値学習にも課題がある。例えば、この学習が題材として取り扱う事の出来る思想的価値は、学会や論壇で議論されるようなテーマに限定されやすい。つまり、思想的価値の取り扱える範囲が制限されてしまうのである。また、この学習の過程で扱われることになる「識者の見解」は、大抵の場合、内容の論理性の完成度が高いが故に、例え別の識者の対抗的な見解が示されているとは言え、これに学習者が参加して質の高い議論を展開していくには、学習側の知的な面でのレディネスが求められる。そのため場合によっては、単に思想史を教えるだけの、教養主義の教育に陥る危険性もある。

　しかし、民主主義社会の形成者育成という観点からこの2つの「構成主義型」思想的価値学習を評価したとき、やはりその軍配は、「非文脈主義」系の思想的価値学習の方に挙がるのではないだろうか。というのも、「文脈主義」系の思想的価値学習は、結局のところ価値の正しさは状況によって変わるとした前提にあるので、学習を通して子どもたちは自らの中で確固とした思想的価値を構成していくことが出来ない。ただ社会的背景を見て、状況即応的に対応する能力だけが身についてしまう。「文脈主義」系の思想的価値学習が目指す自らの思想的価値の構成というのは、結局のところ形骸化する危険性がある。また同学習は、空間や時間を超えた価値の普遍性を否定するところがあり、これは民主主義をはじめとするあらゆる価値の存在を、相対的なもの、文脈的なものとしてしまう可能性もある。この問題を、「非文脈主義」系の思想的価値学習は克服することができる。

第4節　思想的価値学習の特質─個人の枠内にとどまる価値の構成─

　思想的価値学習は、人々の生き方や倫理に関する価値を取り扱う一連の学習を指す。こうした思想的価値学習は、その教育のねらいから、大きく、

「適応主義型」のものと、「構成主義型」のものに分けられる。ただし前者は、教師やカリキュラム教材の作成者が良いとする価値を無批判に注入してしまうという、民主主義社会の形成者育成という観点からみて、見過ごすことの出来ない大きな問題を持つものである。

　後者の「構成主義型」の思想的価値学習は、学習者の思想的価値の創造に力点を置くことで、前者が持つ問題点を克服しようとする姿勢を持つ。ただこの「構成主義型」の思想的価値学習にも、大きくは「文脈主義」系と「非文脈主義」系の2つに分けることができる。このうち前者は思想的価値を状況に依存するものと位置付け、価値の普遍性について事実上否定するような前提に立つため、学習者が人間の社会生活の問題に対して、時代や空間を超えた一つの確固たる価値（社会的価値や普遍的価値）を創造することを阻害してしまう危険性がある。後者の「非文脈主義」系の思想的価値学習は、前述の前提を持たないため、「文脈主義」系の思想的価値学習の課題を克服できるものである。

　これらのことは、民主主義社会の有意な形成者を育成するという観点から見たとき、思想的価値学習が原理的に持つ一定の意義と課題を指摘できるのではないだろうか。まず意義であるが、特に「非文脈主義」系の思想的価値学習は、世間一般で正しいとされている思想的価値や、個人がいつのまにか正しいと思い込んでいた思想的価値を疑い、改造することが出来るといった点で、「対抗社会化」としての学習の機能を直接的に果たしうることである。また、他者（識者を含む）の見解を知ることが自らの持つ価値観を自覚したり反省したりすることに繋がることを理解させ、さらに議論のために必要となる協調性や積極性といった知的作法や態度を学ばせることができることである。宗教的価値学習は、他者理解のための知的作法を提供しえたが、議論に関する知的作法や態度、そして議論そのものの意義までは教える事が原理的に出来ないことを、前章で筆者は指摘した。このことを踏まえると、思想的価値学習は宗教的価値学習よりも一歩前身しうる性質を持つのである。

ただし、思想的価値が人間の生き方や倫理であるがゆえに、思想的価値学習での議論は、個々人による選択・判断の段階で留まってしまいやすいという克服の困難な問題を持つ。例えば『思考への扉』の場合、その中で取り扱っている人間哲学的課題はいずれも、性質的に人間の在り方や生き方に関して学習者各自が個人的なレベルで判断を下せば済むようなテーマである。社会全体で何か統一見解を導き出す必要がない。となると、こうした思想的価値学習では、社会を形成していくための価値（社会的価値や普遍的価値）作りに必要となる知的作法を保証できない。

　『フェミニズム』の場合は、この問題をある程度までうまく乗り越えている。ここで扱われている問題は、女性の生き方をめぐる問題でもあるが、これまでそうした生き方に対してある程度歴史的に固定した価値が存在していたような問題である。だから生き方の問題にも関わらず、それは個々人で判断するだけでなく、社会全体としての判断や社会全体としての新たな価値の創造も求められるテーマとなる。それはこの『フェミニズム』が取り上げている思想的価値が、同時に文化慣習的価値でもあり、法規範的価値でもある「交差領域」に属しているからである。ただし『フェミニズム』の場合、こうした価値の創造があくまで学会討議、学問的論壇という枠組みの中でなされており、思想的価値をより現実社会に大きな影響を与えることのできる法や政策といった形に転換して、より社会に影響力のある社会的価値や普遍的価値を創造していこうとするところまではいきついていない。

　思想的価値学習は、『フェミニズム』に見られるように、交差領域にある価値を題材にしない限り、思想的価値を扱うがゆえに、その価値の構成が個々人の枠内で留まり、社会の形成に直接的に必要となるような知的作法を保証できないという、民主主義社会の形成者育成という観点からみて見過ごすことの出来ない問題を持つ。またせっかく『フェミニズム』のように交差領域を扱っていても、それを思想問題の枠内で扱ってしまうことで、論壇的議論に留まり、理想郷をめぐる現実味のない議論に留まってしまう危険性が

ある。

【註】
1) 藤田昌士『道徳教育―その歴史・現状・課題―』エイデル研究所、1985年、108頁。
2) 次の6冊から成る。上から1年生用〜6年生用である。
   ・Arnspiger, V. C., Brill, J. A., and W. Ray Rucker, *About Me; The Human Values Series*, Steck-Vaughn Company, 1973.
   ・Arnspiger, V. C., Brill, J. A., and W. Ray Rucker, *About You and Me; The Human Values Series*, Steck-Vaughn Company, 1973.
   ・Arnspiger, V. C., Brill, J. A., and W. Ray Rucker, *About Values; The Human Values Series*, Steck-Vaughn Company, 1973.
   ・Arnspiger, V. C., Brill, J. A., and W. Ray Rucker, *Sharing Values; The Human Values Series*, Steck-Vaughn Company, 1974.
   ・Arnspiger, V. C., Brill, J. A., and W. Ray Rucker, *Seeking Values; The Human Values Series*, Steck-Vaughn Company, 1974.
   ・Arnspiger, V. C., Brill, J. A., and W. Ray Rucker, *Thinking with Values; The Human Values Series*, Steck-Vaughn Company, 1974.
3) Arnspiger, V. C., Brill, J. A., and W. Ray Rucker, *About You and Me*, 1973, pp. 1-10.
4) *Ibid.*, pp. 39-51.
5) 藤田『道徳教育』108〜116頁。藤田も本書において人格教育の事例として『人間の価値』シリーズを紹介している。ただ藤田の研究では、『人間の価値』シリーズの内の幾つかの単元を紹介するにとどまっており、全体計画や授業構成についての詳しい分析はない。
6) スタールは1994年から1995年まで全米社会科協議会（NCSS）の会長にもなった人物で、80年代から90年代にかけてのアメリカ社会科教育界を代表する研究者の一人と言うことができる。
7) Stahl, R. J., et al., *Doorway to Thinking: Decision-Making Episodes for the Study of History and the Humanities*, Zephyr Press, 1995. なお、このスタールの開発した『思考への扉』については、溝口の先行研究がある（溝口和宏「市民的資質育成のための歴史内容編成―「価値研究」としての歴史カリキュラム―」『社会科研究』第53号、2000年）。ただし、『思考への扉』に対する筆者の分析及び評価の観点は、筆者

第3章 民主主義社会の形成者育成における思想的価値学習の特質と課題　143

のそれとは異なる。溝口は本書を、思想的価値を成長させるための学習として捉えておらず、専ら歴史教育用のカリキュラム教材として捉え、評価（批判）している。

8) S. B. サイモン著（市川千秋・宇田光訳）『教師業ワークブック：価値明確化による自己発見の旅』黎明書房、1989年、14頁。

9) Stahl, R. J., Achieving Values and Content Objectives Simultaneously Within Subject Matter-Oriented Social Studies Classroom, *Social Education*, Vol. 45, No. 6, 1981, pp. 580-581.

10) Casteel, J. D., and Stahl, R. J., *Value Clarification in the Classroom; A Primer*, Goodyear Publishing Company Inc., 1975, p. 1.

11) Stahl, R. J. and VanSickle, R. ed., *Cooperative Learning in the Social Studies Classroom; An Introduction to Social Study*, Bulletin No. 87, 1992.

12) S. B. サイモン著（市川千秋・宇田光訳）『教師業ワークブック―価値明確化による自己発見の旅―』黎明書房、1989年、14頁。

13) ただし、価値明確化学習を既存の教科の枠内で行おうとした試みは、ラスらのグループにも見られるので、あまり目新しいことではない。

14) Stahl, Robert and Stahl, Richard, Using Value Clarification to Develop the Creative Potential of Students: A Practical Approach for Classroom Teachers, *Poeper Review*, Vol. 1 No. 4, 1979, p. 14.

15) Stahl, R. J., *Moral Dilemmas/Value Sheets: Writing for Content-Centered Social Studies Classroom*, paper presented at the Southeastern Retional Meeting of the NCSS in Florida, 1978.

16) Simon, S. B., How, L. R., and Kirschenbaum, H., *Value Clarification: A Handbook of Practical Strategies for Teachers and Students*, A & W Visual Library, 1972, p. 15.

17) Casteel, J. D., and Stahl, R. J., *ibid*, pp. 5-11.

18) Stahl, R.J., et al., *Doorway to Thinking*, pp. 4-5.

19) 金子晴勇『人間学としての哲学』世界思想社、1995年、24～26頁。

20) Stahl, R. J., et al., *Doorway to Thinking*, pp. 64-73.

21) 『思考への扉』の評価に関しては、筆者の他に児玉康弘のものがある。こちらも参考にされたい。（児玉康弘「「公民科」における解釈批判学習―「先哲の思想」の扱い―」『社会系教科教育学研究』第16号、2004年、77-78頁。）

22) レオーネのISMシリーズについては、既に溝口和宏の分析がある。溝口はこのシリーズも「価値分析型」の「思想分析型」に位置づけている（溝口和宏「歴史教育における開かれた価値観形成(3)―「思想史」にもとづく市民的資質育成の論理―」

『鹿児島大学教育学部研究紀要』(教育科学編)第49号、1998年)。筆者の今回の分析においても、シリーズの全体計画についての構成原理については溝口の分析を参考にした。ただし、溝口が集中して取り上げたのは第1巻の『ナショナリズム』である。『フェミニズム』に関する分析は筆者のオリジナルである。

23) ISMシリーズは、次の7巻から成立する高校用カリキュラム教材である。第6巻『フェミニズム』だけは、開発者がアンドレア・ヒンディング(Andrea Hinding)である。

・Leone, B., *Nationalism, The Isms Series: Modern Doctrines and Movements, Greenhaven Press*, 1983.

・――――, *Internationalism, The Isms Series: Modern Doctrines and Movements*, Greenhaven Press, 1983.

・――――, *Capitalism, The Isms Series: Modern Doctrines and Movements*, Greenhaven Press, 1983.

・――――, *Socialism, The Isms Series: Modern Doctrines and Movements*, Greenhaven Press, 1983.

・――――, *Communism, The Isms Series: Modern Doctrines and Movements*, Greenhaven Press, 1983.

・Hinding, A., *Feminism, The Isms Series: Modern Doctrines and Movements*, Greenhaven Press, 1983.

・Leone, B., *Racism, The Isms Series: Modern Doctrines and Movements*, Greenhaven Press, 1983.

24) Leone, B., *Racism, The Isms Series*, pp. 9-10.

25) *Ibid.*, pp. 10-11.

26) Hinding, A., *Feminism, The Isms Series: Modern Doctrines and Movements*, Greenhaven Press, 1983, pp. 152-203.

第4章　民主主義社会の形成者育成における文化慣習的価値学習の特質と課題

第1節　合衆国における文化慣習的価値学習の概要

　アメリカ合衆国では、学校教育（教科教育）での価値の扱いは消極的なものであり、例え扱ったとしても、教養として世界各地域の文化慣習的価値についての情報を網羅的に習得させていくアプローチがほとんどであった。
　こうした傾向に顕著に変化が見られるようになったのは、1960年代後半以降である。それには、いくつかのタイプが見られた。まず文化人類学に注目し、その研究アプローチを採りいれることで、改革を試みたグループ。これは1960年代後半の学問中心カリキュラムの開発者に多く、ヒルダ・タバ[1]やジェローム・ブルーナーらの名前を挙げることができるだろう。次に主に1970年代以降に見られるようになったもので、文化衝突などが原因で生じた論争問題を中心としたカリキュラム教材を開発しようとしたグループ。さらには80年代に入ると、自由に文化創造をさせることで改革を試みたグループなども登場し、文化慣習的価値学習は多種多様なものとなった。一般にこうした動きは、「教育の人間化」と呼ばれている。60年代後半に入ってこうした動きが起きた背景には、次の3点がある。
　1点目として、合衆国では、公民権運動の影響などを受けて、これまでアメリカ社会を支配してきた白人男性的な考え方が見直されていく中で、マイノリティのアイデンティティを認めていこうとする動きが起こり、その中で、従来の文化を取り扱った一連の学習形態やカリキュラム教材の見直しが行われたのである。

2点目として、文化人類学において構造主義が登場し、従来の文明発展史観が否定されるようになった。全ての世界の文化慣習には、共通して内在する「構造」が、人間の意図と無関係に存在しているとした考え方が登場したのである。例えば構造主義の文化人類学者レヴィ・ストロース（C. Levi-Strauss）は、世界の様々な婚姻の慣習に内在する「構造」を解明した[2]。彼は、女性を「贈り物」と見て婚姻の「構造」を説明し、その「構造」は人間の本能から生じる普遍的な存在とした。これはその考え方が発表された当時、文化の段階発展説を否定するものとして大変に高い評価を受けることになった。これらは文化人類学の研究アプローチを子どもたちに学ばせながら、異文化間に見られる共通の構造を発見させることで、「われら皆、人間」といったアイデンティティを生み出そうとする「通約的多元主義型」の文化慣習的価値学習へと発展していった。タバ社会科やブルーナーの MACOS はその代表的な事例となる。

 3点目として、そうした文化人類学の構造主義がジェンダー研究者らから痛烈な批判を受けることになったことがある。ジェンダー研究者は、レヴィ・ストロースの研究も厳しく批判している。彼らは、現代社会においては全ての世界に見られるこの婚姻の「構造」も、本来的にはかつては存在しなかったものであるが、男性社会が世界各地で形成される中で、男性が、男性中心的価値観に基づいて歴史の中で生み出したものではないかと指摘し、その証明を図った[3]。そして、こうした研究は、伝統的慣習など全ての文化の現象は、人間が歴史的に意図的に作り出したルールに基づいて生み出されるとした文化（社会）構築主義の考え方を芽生えさせることになり[4]、やがて「カルチュラル・スタディーズ（Cultural Studies）」の名前で、文化研究の一流派としての地位を築くようになる。これらは、既存の文化の変革を目指すという形で文化慣習的価値学習に影響を与えることになった。それは文化創造の学習や、文化衝突が原因で生じる論争問題学習などの形で具体化されることになる。前者は、「構成主義型」の文化慣習的価値学習となり、後者

第4章　民主主義社会の形成者育成における文化慣習的価値学習の特質と課題　147

は「社会改造主義型」の文化慣習的価値学習となる。

　なお、70年代以降も、伝統的な従来型の網羅を軸とした文化慣習的価値学習もしっかりと残った。しかしこれらは、ただ教養として諸外国の文化慣習的価値の伝達を目的とするものから、異文化理解の一形態としての学習として若干の変化を見せるようになった。ここではこれらを「非通約的多元主義型」の文化慣習的価値学習と位置付けている。

第2節　「非通約的多元主義型」文化慣習的価値学習
：『国と文化』の場合

1.『国と文化』の内容編成―包括的・網羅的な国家単位別の異文化理解―

　世界の諸文化についての各種情報を網羅的に習得させていくような伝統的な学習形態は、今日の文化慣習的価値学習にも見られる。しかしこうした価値学習でも、かつてのように、ただ情報を伝達することそれ自体を第一目的として常々と宣言するものは、ほとんど見られなくなった。今日、こうした伝統的な価値学習の多くでは、教育目標として、寛容な態度（Cultural Tolerance）を身に着けることがほぼ必ず挙げられている。つまり、学習者である子どもたちの異文化への偏見を見直すために、異文化に関する「正確な」知識をより多く獲得させることで、異文化を認め理解していくことのできる態度を身につけさせようというスタンスをとる。また、文化間に優劣はないとした「文化相対主義」の考え方に基づいていることも多く、特定の地域の文化慣習的価値に学習対象を限定することを避け、できるだけ多くの地域を学習対象にしようとする傾向がある。筆者はこのように、異文化の文化慣習的価値の個性・特質を理解することで、異文化に対して寛容な態度を育成していこうとする文化慣習的価値学習を、「非通約的多元主義型」と呼ぶことにしたい。

　この事例として、ここでは1994年にロン・ウィラーが開発したカリキュラ

ム教材『国と文化』(フランク・スカッファー出版 (A Frank Schaffer Publication) 社刊、1994年) を取り上げる[5]。『国と文化』の全体計画を表4-1として下に示す。

表4-1にあるように、『国と文化』は7つの章からなっており、その章は、ヨーロッパ、オリエント (アジア)、太平洋地域、中東、アフリカ、ラテンアメリカ、北アメリカと、世界の諸地域名がタイトルに付いている。また各章は、2から8個の単元が設定されており、各単元はその地域にある代表的な国が取り上げられて、それがタイトルに示されている。また、章の並びは、第1章から第2章までが北半球の国々、第3章から第6章までが南半球や赤道付近の国々となっており、北半球を西から東に向かって学習が展開された後、南半球に移って東から西へと戻ってくる配列となっている。そして最終の第7章では、学習者が住む北アメリカへと戻ってくるように編成されている。ただし、章の下位にある単元の配列には、あまり明確な基準が見られず、

表4-1　『国と文化』の全体計画

第1章 ヨーロッパ		第3章 太平洋地域		第6章 ラテンアメリカ	
単元1	イギリス	単元1	オーストラリア	単元1	メキシコ
単元2	ドイツ	単元2	ニュージーランド	単元2	グアテマラ
単元3	スウェーデン	第4章 中東		単元3	コスタリカ
単元4	フランス	単元1	クウェート	単元4	ペルー
単元5	ギリシャ	単元2	イラン	単元5	チリ
単元6	イタリア	単元3	イラク	単元6	ブラジル
単元7	ロシア	単元4	サウジアラビア	単元7	アルゼンチン
単元8	スペイン	単元5	イスラエル	単元8	ウルグアイ
第2章 オリエント		第5章 アフリカ		第7章 北アメリカ	
単元1	インド	単元1	エジプト	単元1	合衆国
単元2	中国	単元2	モロッコ	単元2	カナダ
単元3	日本	単元3	ガーナ		
単元4	韓国	単元4	ケニア		
単元5	タイ	単元5	ザンビア		
単元6	インドネシア	単元6	南アフリカ		

(Wheeler, R., *Countries and Cultures*, A Frank Schaffer Publication, Inc., 1994, p. ii-iii より筆者作成。)

おそらくランダムであると考えられる。こうした内容編成は、学習者に、世界諸地域の主要国家をできる限り包括的に取り扱うことを可能とする。

ウィラーは、このように世界の諸地域を全体的に取り扱うことの必要性について、次のように説明している[6]。

> 「ハイテク、ジェット機による旅行、国際規模の交易、そして冷戦の終結が世界の国々をより近いものとするようになった。この地球規模で相互補完関係を持つ時代において、生徒が世界全体の、そしてそこにある国家の、そしてその国家が持つ文化の理解や認識を深めることが緊急に必要とされている。あなたが担当する生徒が21世紀で成功を収めるには、いまここで国際的技能を獲得できるかどうかにかかっている。」

つまり、冷戦の終了などで東欧諸国を含んだ国家間の連帯がますます広がり、将来学習者が世界のどの国の人間と仕事などで付き合うことになるのかわからないから、前もって異文化の文化慣習的価値に関する基礎的知識を身につけてもらおうと考え、世界の諸地域を取り扱ったというのである。

こうした国別の文化規範的価値学習は、文化を地域単位や各家庭単位、個人単位ではなく、「国単位」で異なったものであるとした考え方を前提として始めて成立する。しかし、文化とは本当に国単位で異なるのであろうか。国単位で異なることもあろうが、地域単位で異なることもあるだろうし、個人単位で異なることもあるのではなかろうか。また、日本のようにある程度国家単位で文化に統一性が見られる国の場合は良いが、合衆国やブラジルのような多民族国家の場合は、国家単位で一つの文化慣習的価値の様式を規定してしまうのは、ステレオタイプなブラジル観を提供してしまったり、一つの文化慣習的価値の体系を合衆国の本質として位置付けて、他の文化慣習的価値を周辺化してしまったりする危険性がある。ただこうした問題について、開発者のウィラーは何らの説明も弁解もしていない。

2．『国と文化』の授業構成―クイズによる個別情報の着実な定着―

　『国と文化』の各単元にも、こうした、世界の様々な国や地域の文化慣習的価値に関する多様な情報を広く学習者である子どもたちに提供し理解させようとしたウィラーの考えを反映した構造となっている。というのも、『国と文化』の単元は、次の2つの特質を持っているからである。

　第一の特質は、単元は、位置の確認、国の歴史、偉人の調査、文化的特徴、その他といった文化内容を系統的に教えていく構成となっていることが挙げられる。このことは、各地域の文化慣習的価値に関する幅広い情報を、あまり漏れがなく教えることを可能にする。例えば第1章の単元4「フランス」と、第2章の単元2「中国」の単元構成を見てみよう。表4-2-1は、第1章の単元4「フランス」、表4-2-2は第2章の単元2「中国」それぞれの授業展開を、教科書の記述内容や設定された問いを参考にして教授書形式にまとめたものである[7]。

　表4-2に見られるように、単元は、位置の確認、国の歴史、偉人の調査（フランスはジャンヌ＝ダルク、中国は孔子）、文化的特徴（フランスはフランス料理・TGV・エッフェル塔、中国は干支・万里の長城・香港）、その他（フランスはフランス革命、中国は人口の増加）といった文化内容を系統的に教えていく構成となっている。この教材は、世界全体の文化に関する情報を包括的・概括的に教えていくことを目的としていることがうかがえよう。

　特質の第二は、学習者が気軽に授業に参加できるように工夫されていることである。例えば、小単元は、ほぼ全体において、クイズ形式が採用され、学習者には余りなじみがないであろう外国の文化慣習的価値に関する資料を教科書が学習者に提供したのち、学習者にこの提供した資料が何であるかを尋ね、それを当てさせる展開が組まれている点に、この特質を見ることができる。また、このクイズに対して正解を学習者が出した後は（出さなかった場合でも）、教師がそのことに関するより詳しい情報を追加して生徒に解説する形式となっており、学習者の文化慣習的価値に関するより広い情報を教師

第4章　民主主義社会の形成者育成における文化慣習的価値学習の特質と課題　151

表4-2-1　『国と文化』第1章単元4「フランス」の授業構成

構成	主な発問	教授・学習過程	主な学習内容
位置	○フランスはどこにあるのでしょうか。	T：世界地図を示す	
国の歴史	○フランスの歴史について調べてみましょう。	T：発問する S：調査報告する	・紀元前52年にローマ帝国が支配を開始 ・シャルルマーニュによるフランク王国の全盛 ・ルイ14世の絶対王政 ・1789年のフランス革命 ・ナチスドイツの占領とノルマンディー上陸作戦 ・現在は大統領・首相公選制をとる民主共和国
偉人の調査	○写真にある女性は、イギリスに捕まって魔女として火あぶりにあった人物です。彼女の名前は何ですか。何をした人物ですか。	T：写真を提示する S：答える	○百年戦争でイギリスを破り、オルレアン包囲から国王シャルル7世を救った英雄ジャンヌ＝ダルク （この後、教師はジャンヌ＝ダルクの詳しい説明をする）
文化的特徴	○1991年3月18日に鉄道世界最高速度を達成した写真の鉄道は何か。	T：写真を提示する S：答える	○TGV （この後、教師はTGVの詳しい説明をする）
	○写真はパリの観光名所として最も有名である。これは何か。	T：写真を提示する S：答える	○エッフェル塔 （この後、教師はエッフェル塔を詳しく説明する）
	○フランスは料理で有名な国である。次のフランス語は料理を示す言葉だが、それぞれ何か。 ・Au gratin ・Baguette（以下省略）	T：資料「フランス料理」を配る S：作業をする	（省略）
その他	○フランス革命は、世界中で知られた最も有名な事件のひとつです。バスチーユ監獄の襲撃に参加した人物の日記を見ながら、バスチーユ監獄襲撃がどのようなものであったのかを想像してみよう。	T：資料「フランス革命」を配る S：作業をする	（省略）
	○フランスの子どもと文通しましょう。	S：手紙を書く	

(Wheeler, R., *Countries and Cultures*, A Frank Schaffer Publication, Inc., 1994, pp. 15-18, 41-44 より筆者作成)

表4-2-2 『国と文化』第2章単元2「中国」の授業構成

構成	主な発問	教授・学習過程	獲得される主な知識
位置	○中国はどこにあるのでしょうか。	T：世界地図を示す	
国の歴史	○中国の歴史について調べてみましょう。	T：発問する S：調査報告する	・殷、周、秦、漢、唐、宋、元、明、清といった統一王朝があった。元や清は異民族国家である。 ・ここ50年は共産党の支配である。
偉人の調査	○写真の人物は、古代中国において人々や政治がどうあるべきか哲学的に検討した人物である。彼の名前は何か。	T：写真を提示する S：答える	○孔子 （この後、教師は孔子の詳しい説明をする）
文化的特徴	○万里の長城は紀元前214年に建設された。この万里の長城の長さはいくらか。	T：写真を提示する S：答える	○長さは○○km。これは北方民族の進入を防ぐために建設された。（この後、教師は万里の長城の詳しい説明をする）
文化的特徴	○1997年にあるアジアの大都市が中国に変換される予定である。この都市の名前は何か。	T：発問する S：答える	○香港 （この後、教師は香港の詳しい説明をする）
文化的特徴	○中国の「干支」について調べてみよう。	T：指示する S：発表する	○ネズミ、牛、虎、ウサギ、竜、蛇、馬……の順で12種類の動物から成る。
文化的特徴	○『東方見聞録』について調べてみよう。 ○マルコポーロの冒険がどのようなものだったのか想像してみよう。	T：指示する S：発表する	○元の時代、ベニスの商人マルコポーロが中国を訪れ、中国の様子を本にまとめた。 （この後、教師はマルコポーロの詳しい説明をする）
その他	○中国は世界で最も人口の多い国家です。そこで、中国の人口の変化過程を、資料をもとに調べて、折れ線グラフで示してみよう。	T：発問する S：発表する	（省略）

（Wheeler, R., *Countries and Cultures*, A Frank Schaffer Publication, Inc., 1994, pp. 15-18, 41-44 より筆者作成）

が保障する構成となっている。例えば第1章単元4「フランス」の場合、教師がジャンヌ＝ダルクの写真を提示した後、「写真にある女性は、イギリスに捕まって魔女として火あぶりにされた人物である。彼女の名前は何か。彼

女は何をした人物か。」と尋ねる。学習者はこの質問（クイズ）に答えることが望まれる。もし十分に答えることができなければ、教師が正解であるジャンヌ＝ダルクに関するより詳細な情報を提供するのである。この構造は、学習者がクイズ番組に参加するノリで授業に参加することを可能にする。こうすることで学習者は遊び感覚で文化慣習的価値に関する情報の獲得が出来るようになり、異文化に興味を持つことが出来ない学習者でも、ある程度の参加を期待できるのである。

このように、『国と文化』の単元は、クイズ感覚で学習者が発問に答えることで、各地域の文化慣習的価値の幅広い情報を確実に習得させていくことを目指した構造となっているのである。

3.「非通約的多元主義型」文化慣習的価値学習の特質

『国と文化』の開発者ウィラーには、冷戦の終了などで東欧諸国を含んだ国際間の連帯がますます広がり、将来学習者が世界のどの国の人間と仕事などで付き合うことになるのかわからない現代社会の現状を踏まえ、今日の社会に対応するための基礎的知識として、有力国の文化慣習的価値に限定するのではなくできるだけ多くの国や地域の様々な文化慣習的価値（その国や地域の伝統的な慣習、風俗、その他その地域の特徴など）に関する情報を包括的かつ系統的に学習者に身につけてもらおうとした考え方があった。そしてこれを実現するために、『国と文化』の各単元では、教科書を読んでそこに記載されている（カリキュラム教材の開発者がしっかりと吟味した）「正確な」情報を把握し、さらにクイズを通してその理解を確実なものとしようとしていた。こうすることで、文化慣習的価値の諸情報を確実に習得させようとしていた。

こうした授業の展開から、学習者はいったいどのような民主主義社会の形成者として必要になる知的作法を獲得することができるのであろうか。結論から述べると、この型の学習形態は、異文化についてしっかりと情報を集めていくことで、異文化に対する思い込みを克服していこうとする姿勢や、そ

のための知的作法を保証するかもしれないが、それ以上に民主主義社会の有意な形成者として求められる知的作法について、ほとんど保証するものではない。というのもこの型の価値学習は、教科書に記載されていた文化慣習的価値に関する諸情報をただひたすら受身的に知ることのみ求められる。文化慣習的価値を分析して、異文化間にある共通性を見つけ出すことも、異文化の価値がその地域に与えている影響などから、その価値について批判的に検討することも、全く試みられることはない。そのため、文化慣習的価値の分析手法や批判的な価値形成の手法を獲得することは期待できない。

　また、教科書に記載されている情報を無批判に獲得させてしまうので、その記載内容に誤りがあっても、学習者は気が付かずにそれを習得してしまう危険性がある。これは、情報の正確さの吟味は、カリキュラム教材開発者や教師が行えばよく、学習者の仕事ではないといったこの立場の価値学習を支持する者たちの隠れた意識が働いたものとも見ることができる。しかし『国と文化』が学習者である子どもたちに図らずも保証してしまう、人の提供する情報をただ受身的に受け取ってしまう姿勢、これは、民主主義社会の有意な形成者を育成する上で、決して見過ごすことのできない問題をもつ。『国と文化』は、文化とは国単位で形成される、どの国にも一つの固有の文化慣習的価値の形態がある、といったような誤った世界観を植え付けかねない構造を持つ。受身的に記載内容を学ぶ他ないこの型の学習では、こうした世界観を打ち消すだけの知識や知的作法を子どもたちに保証することは難しい。

　『国と文化』に見られるような、「非通約的多元主義型」の文化慣習的価値学習は、民主主義社会の形成者の育成を様々な形で阻害こそすれ、民主主義社会の形成者の育成に貢献する要素は、ほんのわずかで、しかもその要素は、後の節で見ていくように、他の学習形態でも保証しえるものである。

第3節　「通約的多元主義型」文化慣習的価値学習

　「通約的多元主義型」の文化慣習的価値学習とは、異文化間に見られる共通の構造を発見させることで、「われら皆、人間」といったアイデンティティを生み出そうとする価値学習である。異文化個々の個性・特質だけでなく、こうした異文化間に共通する部分にも注目させ、一般原理を抽出していくところに特徴がある。

　この型の学習形態にも、そのアプローチの違いから2つのタイプを見ることができる。1つは、現在ある諸地域の文化慣習的価値を比較し、共通性を見つけ出そうとするアプローチで、「異文化間比較」系の価値学習である。もう1つは、異文化間の共通性を見つけ出すために、あえて人間以外の生物の生活と比較する「超異文化間比較」系の価値学習である。前者のアプローチが圧倒的に多く、後者は例外的な存在と言ってもよい。本節では、両方の事例をみていく。

第1項　「異文化間比較」系：『世界文化』の場合

1．『世界文化』の内容編成―諸地域の人間の行動様式の比較―

　最初に、「異文化間比較」系の文化慣習的価値学習の事例として、1977年に C. バースティーグらが開発したカリキュラム教材『世界文化』（スコット・フォーレスマン出版社（Scott, Foresman））を取り上げよう[8]。開発者たちは、この『世界文化』を開発するに当たって、次のような目標を掲げる[9]。

「(1)　世界文化の類似性と差異性について学ぶ。
(2)　世界文化の事実的知識を拡充させる。
(3)　世界の人々や地域について抱かれる共通の固定観念を認識し、その限界性に気付く」

この目標のうち、(2)と(3)については、前節で取り上げた『国と文化』に見られる「非通約的多元主義型」の文化慣習的価値学習が持つ教育観とほぼ共通する。『世界文化』のように「通約的多元主義型」の価値学習が持つ個性は、目標の(1)にあるように、世界の諸地域の文化慣習的価値の個性・特質だけでなく、それらに共通する部分についても分析させていくところにある。こうした差異性や類似性、共通性に関心を持つアプローチを『世界文化』の開発者バースティーグは、文化人類学から借りてきている。バースティーグらは文化慣習的価値の取り扱いについて次のように説明している[10]。

> 「それぞれの文化は、他から区別することができる。例えば友人とのあいさつの仕方、食べ物の嗜好、信仰している宗教、それらの日常的な出来事は、いずれも文化とはいかなるものなのかについて教えてくれる。ただし、文化には、相互に区別されるだけでなく共有されるところもある。どの文化も日常生活上の問題に同じような回答を見つけている点である。すなわち、①価値の構築、②家族の組織化、③必要と欲求の充足のさせ方、④他者と考え方を共有すること、⑤統治の仕方、⑥感情の芸術的な表現方法、である。」

　バースティーグは、いかなる異文化の人間の行動様式にも、①〜⑥の現象が見られると主張する。そして、この①〜⑥の行動様式は、各地域が歴史的に受け継いできた、その地域文化を特徴付ける文化慣習的価値の「パターン」があるが、同時にそれを超越して人間に共通する部分も存在すると主張する。そして前者に気付くことは、その地域とそして学習者が住む地域の文化との違いに気付くことに繋がり、異文化理解に留まらず、学習者が住む地域文化の理解につながると言う。また後者に気付くことは、異文化へ抱く嫌悪感や軽蔑の念を反省することをも可能とすると言う。

　『世界文化』の全体計画を示したのが、表4-3である。左列は単元名・小単元名を、右列はその単元や小単元で取り扱う文化慣習的価値が存在する国や地域をまとめた。『世界文化』は全部で6つの単元から構成されているが、

第 4 章　民主主義社会の形成者育成における文化慣習的価値学習の特質と課題

表 4-3　『世界文化』の全体計画

単元名・小単元名	対象となる文化慣習的価値の国・地域・民族
第 1 単元　価値を構築する 小単元 1：人々が保持する価値とは何か 小単元 2：人々は価値をどのように学習するか 小単元 3：価値は人々にどのような影響を与えるか 小単元 4：価値は変化するか	日本、アラビア半島、ドードース族（北部ウガンダ）、ヒンドゥ教徒（インド）、フィリピン、ハウサ族・ヨルバ族・イボ族（ナイジェリア）、中国（※）、ソ連（※）チェコスロバキア（※）、タイ、セネガルなど
第 2 単元　家族に帰属する 小単元 1：家族とは何か 小単元 2：家族のライフ・サイクルとは何か 小単元 3：子どもはどのように成長するか 小単元 4：家族はどのように変化するか	韓国、ソ連（※）、インド、ドードース族（北部ウガンダ）、ユダヤ教徒（イスラエル）、ニューギニアの多様な民族、クルド人（イラク）、フランス、ジャマイカ、日本、ハイチ、西ドイツ、香港、英国、メキシコなど
第 3 単元　人間は欲求を充足する 小単元 1：人々はどう欲求を充足させているのか 小単元 2：人々の欲求を決めるのは何か 小単元 3：欲求の充足は人々にどのような影響を与えているのか 小単元 4：これからどうなるのか	サヘル地帯、インド、タサディ族（ミンダナオ島）、ボツアナ、アイルランド、ブラジル、チェコスロバキア（※）、ガブラ族（ケニアとエチオピアの国境地域）、フランス、中国（※）、ソ連（※）、日本、西ドイツ、カナダ、インドネシア、パキスタンなど
第 4 単元　他者と考えを共有する 小単元 1：人々はいかに意思疎通しているか 小単元 2：メッセージは必ず正しく受け取られるか 小単元 3：意思疎通は日常生活にどう影響を与えるか 小単元 4：人々は将来どのように意思疎通するか	中国（※）、アラブ地域、サブ・サハラ地域、ペルー、フランス、日本、香港、ギリシャ、ニューギニア、パキスタン、ソ連（※）、オーストラリア
第 5 単元　規則を規定する 小単元 1　規則をどうして制定するのか 小単元 2　誰が支配するのか 小単元 3　誰に支配されるのか 小単元 4　規則は変わりうるものなのか	英国、ボツワナ、バングラディシュ、イラン、ハイチ、エクアドル、西ドイツ、アルバニア、ポルトガル、ソ連（※）、イスラエル、コロンビア、インド、セネガル、中国（※）
第 6 単元　人間は感情を表現する 小単元 1　人々は自分自身をどう表現するか 小単元 2　芸術は文化をどう反映しているか 小単元 3　芸術は重要か 小単元 4　変化は芸術にどう影響を与えているか	西アフリカ、中国（※）、日本、ヨーロッパ地域、アフガニスタン、ネパール、バリ、コロンビア、エスキモー、アボリジニー、ソ連（※）

（VerSteeg, C. L., *World Cultures*, Scott, Foresman and Company, 1977 より筆者作成。※は共産国家）

これはそれぞれ前述の①〜⑥に対応したものとなっている。各単元には４つの小単元が組まれている。小単元のタイトルは全て問いの形式で示されており、それがそのまま小単元の中心発問となっている。

　表4-3の右からうかがえるように、『世界文化』の各単元では、複数の国や地域、民族の文化慣習的価値が取り上げられている。『国と文化』の時とは異なり、扱われる地域の単位が国家レベルに限定されていない。これは、『世界文化』の中で取り扱われている様々な文化慣習的価値の帰属がそれぞれ実質的にどこにあるのか、その主体の単位に配慮した結果ともいえる。例えば俳句を取り扱うのであれば、これは日本全体に見られる文化慣習的価値なので「日本（国）の文化」といった形で、つまり国単位で扱われるし、キナ皮絵画を取り扱うのであれば、これはアボリジニー固有の文化慣習的価値なので「アボリジニーの文化」といった形で、つまり民族単位で扱われる。ただし東欧や中国やソ連（当時）など、共産主義圏の文化慣習的価値については、専ら国単位での扱いに徹しており、「共産主義国家の統制による文化」の事例として扱われている。このあたりは、東西冷戦期の世界観が色濃く反映しているところである（表4-3の※）。

　また表4-3右列の中に、合衆国を見つけることができない。しかしこれは、後述する通り、学習者の住む地域の文化慣習的価値を全く取り扱わないことを意味するものではない。各単元では、これらの国や地域の文化慣習的価値を学んだ後に、学習者である子どもたちの周辺地域の文化慣習的価値を比較させる場面が設定されており、これを通して学習者は、自らの地域の文化慣習的価値の特質を理解できるように保証されている。ただ、その比較対象はあくまで「学習者の住む身近な地域」の文化慣習的価値であって、「合衆国」のそれではないことが多い。こうしたアプローチを『世界文化』の開発者たちが採用した理由について、彼らは明確な説明をしていない。考えられるところとして、『世界文化』の開発者らは、合衆国社会が多民族・多文化共存の社会であり、様々な文化慣習的価値が共存している社会なのであっ

て、何か一つの文化慣習的価値の共通体系が合衆国に存在しているわけではないと考えたのではないかと推察される。

この『世界文化』の全体計画から、幾つかの構成原理を見つけ出すことができる。第一に、私たちの社会生活を成り立たせ機能させている人間の行動様式一般を一通り理解できるように単元が設計されていることである。『世界文化』では、異文化間でも共通する人間の行動様式を、「価値の構築」「家族」「欲求の充足」「意思疎通」「規則策定」「感情表現（芸術）」といった6つの概念を用いて把握できるように設計されている。これらの概念は、おそらく文化人類学が持つ分析概念から開発者たちが導き出したものであろうと推察される。

第二に、多様な国や地域が取り扱われ、これらが頻繁に比較されることで、学習者である子どもたちは、世界の様々な文化慣習的価値に触れることができるだけに留まらず、自らの住む地域が持つ文化慣習的価値の特質や個性を、よりはっきりと理解することができることである。また、それらの異文化間に見られる共通性に気付けるようにもなっている。さらには、そうした文化慣習的価値が生まれてくる背景にある諸要因（自然環境や政治体制、国際関係、宗教など）に気付くこともできるようにも配慮されている。より自然環境から顕著な影響を受けている事例として、アボリジニーやアフリカの諸民族、エスキモーなどが取り上げられている。また国家体制に影響を受けている事例として、中国やソ連などの共産主義国家が扱われている。また国際関係の変化で大きな影響を受けている事例として日本が、宗教に大きな影響を受けている事例としてはアラブ地域やインド、タイなどがある。

第三に、『世界文化』で扱われている地域や民族、国は、ほぼ世界の諸地域を包括的・網羅的に扱っていることである。『世界文化』は、人文地理、世界地誌のカリキュラム教材としても対応可能なつくりとなっており、世界の文化についての事実的知識を豊富に保証したいとする、先に見た『世界文化』開発者たちの考え方をよく表した構成であると言えよう。

2．『世界文化』の単元構成・授業構成—差異性と共通性の発見—

　『世界文化』の6つの単元は、各国や地域の文化慣習的価値の個性・特性と、それらの国や地域を超えて文化一般に見られる共通性を見つけ出す探究活動が組まれることになる。ここでは、特に第6単元「人間は感情を表現する」を取り上げて、その具体的な組織展開を見てみよう。次の表4−4は第6単元の発問を真ん中に示し、右列に『世界文化』が獲得させたい一般原理、左列に、小単元の主題を示した[11]。

　第6単元は4つの小単元と1つの「まとめ」から構成される。どの小単元も、3〜5つ程度の事例研究が設定されている。

　小単元1では、3つの事例研究が設定され、これを通して3つの個性あふれる芸術の表現形態と、それらと自然環境・人々の価値観の関係について取り扱う。3つの芸術の表現形態はそれぞれ、行動表現、視覚表現、文学表現の3つの事例を扱ったもので、西アフリカの民族舞踊、アボリジニーのキナ皮絵画、そして日本の俳句が扱われる。事例研究では、前半でこれらの芸術の表現形態の特徴を学習者に理解させた後、後半で、自然環境や人々の価値観といったものが大きく影響を与えている事実を確認させる展開となっている。また小単元の最後では、各事例に共通してみられる部分を一般原理として抽出する活動が組まれる（表4−4右列）。

　こうした事例研究の展開は、以降の小単元2から4でも共通する。小単元2では、小単元1で取り扱った芸術の表現形態へ影響を与える諸要素（自然環境と人々の価値観）について、さらに深く学ぶ内容となっている。4つの事例研究が組まれており、歴史的な価値観が強く影響している事例（バリの舞踊）、生活上の必要や欲求（充足度）が強く影響している事例（コロンビアのグアタビラの建設など）、国家政策が強く影響している事例（中国の農民芸術）が示される。小単元の最後では、これら4つの事例から再び一般原理を抽出することが求められている。小単元3では、芸術の表現活動をしている人々が芸術にどういった意味を見出しているのかを吟味させることを通して、芸術

第4章　民主主義社会の形成者育成における文化慣習的価値学習の特質と課題　161

表4-4　第6単元「人間は感情を表現する」の単元計画

学習内容	小単元の各事例と発問	獲得される一般原理
芸術の表現形態と自然環境・人々の価値観の関係	小単元1　人々は自分自身をどう表現するか [事例研究1] 行動表現（西アフリカ・アフリカ舞踊） ・西アフリカの人々はどのような種の芸術を生み出しているのか。「普遍的な」芸術形態のうちのどれに該当するか。 ・西アフリカの土地、天然資源、人々の信念が彼らの芸術形態にどのように反映しているのか。 ・西アフリカの伝統的な芸術は彼らの過去の何を伝えているのか。 ・「アフリカの芸術は、行動の芸術である」とはどういった意味か。 [事例研究2] 視覚表現（アボリジニー・キナ皮絵画） ・アボリジニーの芸術で重視されているのは、「普遍的な」芸術形態のうちのどれか。 ・キナ皮絵画を作る人には何らかの制限があるのか。どういった原材料が用いられ、どういった主題が描かれるのか。こうした制約はあなたにアボリジニーの価値観としてどのようなことを教えるか。 [事例研究3] 文学表現（日本・俳句） ・俳句とはどのような芸術形態か。 ・俳句の主題は何か。このことはあなたに日本人の価値観についてどのようなことを伝えるか。 ・事例研究で示されるイラストを見よ。あなたが感じたことを伝える俳句を作成しクラスメイトと比較せよ。あなたの視点は他者と同じか。	[事例の比較] ・どの集団も芸術を通して自分自身のことや生活のことを表現している。 ・文化の表現方法には「行動」「視覚」「文学」「音楽」などがある。 ・どの集団も手に入るその土地の天然資源や技術を生かす。 ・芸術の形態には人々の価値観が影響する。 （など）
生活環境や国家の芸術の表現形態への影響	小単元2　芸術はどう文化を反映しているか [事例研究1] 歴史的な価値観の影響（バリ・バリ舞踊） ・バリの人々の生活方法や信念がバリ人の舞踊のどのような特色に反映したのか。事例を挙げよ。 ・アメリカのダンスとの共通点を書き示しなさい。それはアメリカの「特色」についてあなたにどのような事を教えるか。アメリカのダンスはバリの舞踊とどのように異なるのか。 [事例研究2] 生活上の必要の影響（多様な地域の住居） ・家は芸術の仕事にあたるのだろうか？なぜそう思うのか。 ・歴史的な価値観、生活上の必要、生活の充足度、国家	[事例の比較] ・芸術形態には、人々の信仰、生活上必要、生活の充足度、国家政策も影響を与える。 ・人々の好みも芸術の形態に大きな影響を与える。

	政策、この４つの事柄のどれが、ある文化中の人々が作り上げる住居形態に影響をもたらすのか。 ・あなたが住んでいる家は、こうした４つの事柄の影響をどのように反映しているのか。	
	[事例研究３] 生活の充足度の影響（コロンビア・グアタビラの建築） ・ある文化の芸術形態は人々の好みや彼らが知るところが反映している。グアタビラの新しい町のデザインの特徴はどこにあるか。 ・この新しい町の建築物は人々に移動を説得させる上でいかなる働きをしたか。 ・あなたの都市や町の人々が全て将来動かなくてはいけないということを耳にしたとしよう。新しい原子力発電所がこの土地に建設されるからである。原子炉で使用する燃料が近くにあったのだ。この移動に対して人々はどのように反応すると思うか。もし新しい町や都市が彼らのために建設されることになったとして、人々はどのような芸術形態や建物のスタイルを欲すると考えるか。	
	[事例研究４] 国家政策の影響（中国・農民芸術） ・中国の農民や職業芸術家はどのように中国文化を反映しているのか。 ・人々がその芸術について評価できるようになる前に、中国文化について何を知る必要があるのか。 ・ケーススタディに描かれている中国芸術はどういった点で、「新鮮な空気を吸う」と呼ぶことができるものだろうか。 ・農民が感じていることは、彼らの芸術家の目的であろうか。あなたは芸術家に同意しますか。	
芸術の表現活動が人々に与える意味と芸術の表現形態の維持	小単元３　芸術は重要なのか [事例研究１] 盲目の子ども（日本・盲目の子どもの彫像・絵画） ・盲目の子どもたちがなぜ絵を描きたいと考えたのか。彼らにとってなぜ芸術が重要なのか。 ・彼らの芸術は観察者たちに何をもたらすのか。この事例に出てくる彼らの芸術作品の写真を見て、あなたは何を感じるか。あなたは盲目の子どもたちの世界観を理解する上で、これらの芸術が役立つか。	[事例の比較] ・人が芸術を大切にする理由には様々ある。 ・人が芸術を大切にする理由には、かなり社会的文脈が影響する。 ・人々が芸術を大切にすることで、その芸術の表現形態は維持・発展する。
	[事例研究２] 先進国の職業芸術家（ヨーロッパ・音楽家） ・事例に登場した二人の音楽家の意見を簡潔にまとめよ。	

第4章　民主主義社会の形成者育成における文化慣習的価値学習の特質と課題　163

	彼らにとって音楽はどうして重要なのか。彼らの観点にあなたは同意するか。 ・あなたに強い感覚を生み出す音楽を選びなさい。クラスの全員が同じ感覚を持っていたか。音楽は「あなたがいかに感じるのかを他者に理解させることを助ける」と言ったキャロライン・ストーシンガーの見解に同意するか。	
	［事例研究3］途上国・新興国の職業芸術家（ナイジェリア・作家） ・どのような点で、ナイジェリアの作家チニュア・アチェベにとって芸術が重要なのか。彼の作品を見たり聞いたりする人たちに注目してもらうために、彼はどのようなことを芸術にしようと考えているか。 ・アチェベによると、彼らの新国家を助けていくために、アフリカの作家たちは何をするべきであるのか。彼の作家観は「古い」国家のそれと一致するか。	
	［事例研究4］歴史のある国の職業芸術家（日本・庭師） ・日本庭園はひとつの芸術形態か。この庭園を創造した人々は芸術家か。あなたの解答を述べなさい。 ・人はどのように日本の庭園を見るのか。日本人はこの庭園を見ることで、何を得るのか。 ・日本庭園は日本文化について何を語るのか。日本人は何に価値を見出すのか。他の日本の芸術形態もこれと同じ価値を表現しているのか。 ・アメリカ文化のどこかと、日本庭園と一致しているところがあるか。あなたの解答を述べなさい。 ・あなたの言葉で、「見ることのできないものを見ることは、そこにない何かを耳にすることである」といった言い回しの意味について説明しなさい。	
	［事例研究5］独裁・共産国家の職業芸術家（ソ連・バレエ学校学生） ・ロシア・バレエ学校の若者の生活において芸術はどういった役割を果たしているのか。 ・こうした若い芸術家に与えられる訓練や、彼らに期待されている規範には、どういった価値が反映されているのか。	
社会変化と芸術の表現形態の変容	小単元4　変化は芸術にどう影響を与えるのか	
	［事例研究1］交通の変化と文化変容（アフガニスタン・車の装飾） ・アフガニスタンの国の変化はその国の芸術にどういった影響を与えているのか。人々は他国の文化のどうい	［事例の比較］ ・芸術形態の変化には、社会の物質的、環境的、精神的変化が影

	った部分を借りてきたのか。彼らが守り続けている伝統的特色とは何か。 ・このケーススタディで描かれている芸術形態は合衆国の芸術形態を想起させるものがあるか。	響を及ぼす。 ・芸術の変化の形態も様々あり、環境的、物質的要因だけでなく、その文化を担ってきた人々の判断も影響する。
	[事例研究2] 産業の変化（農耕→観光）と文化変容（ネパール・彫像づくり） (1) ネパールにおいて、イメージ作りの芸術は変化を拒んでいるように思われる。このケーススタディからこうした理由を考察せよ。 (2) 導入部をもう一度読み直してみよう。ネパールの影像が将来変化するであろう5つのポイントをまとめよ。	
	[事例研究3] 産業の変化（狩猟→商業）と文化変容（北極・エスキモー芸術） ・エスキモーの芸術はどういった変化が生じているのか。これらの変化の原因は何か。 ・エスキモーの生活はどのように変化してきたのか。これらは芸術を変化させてきた要因と同じ事柄によって変化してきたのか。 ・中国の農民が自身の芸術をどのように判断していたのかについて思い起こしてほしい。エスキモーは自身の芸術の質をどのように判断しているのか。この二つの文化集団の価値観は同じか、それとも異なるのか。 ・コマーシャリズムについて、あなたの言葉で説明しなさい。これはエスキモーの芸術を脅かしていますか。あなたの答えを述べなさい。 ・「もしエスキモーが変われなかったのなら、彼らはそこには存在しなかっただろう」という言葉の意味は何か。これは全ての人に当てはまるのか。 ・レジスタンスという言葉の意味は何か。どの点でエスキモーの経験はレジスタンスであるか。	
	[事例研究4] 嗜好・価値観の変化と文化変容（日本・ロックミュージック） ・日本の若者が最近採用している新しい事とは何か。 ・日本人はどこからその文化を受け入れたのか。こうしたことについてあなたはどう思うか。日本人が借りてきたその文化それ自体は、何か日本から影響を受けているのか。	
まとめ	[諸文化の比較] ・芸術とは何か。あなたの言葉で答えなさい。 ・ひとつの芸術形態から人は文化について何を学ぶことができるのか。人はその芸術について理解するより前	[補足：技術活動] ・ある考古学者が、遠くの離島から誰も発見してこなかった新

第4章　民主主義社会の形成者育成における文化慣習的価値学習の特質と課題　165

	に、その文化について何を知るべきなのか。 ・なぜほとんどの芸術形態は常に変化するのか。三つの理由を挙げなさい。	しい遺跡を見つけました。彼は現地に赴き、A〜Hのものを発見しました。そこから①〜⑳の仮説を導きました。あなたからみて、この仮説に不正確と思うものはありますか。 ・全ての文化に芸術があり、人々に活気と尊厳を与える。 ・人は芸術の形態からその文化の持つ価値観、歴史、政治体制、天然資源や生活環境、嗜好などの情報を導くことができる。

(VerSteeg, C. L., *World Cultures*, Scott, Foresman and Company, 1977, pp. 481-578 より筆者作成)

の表現形態が文化規範的価値として人々に維持されていくその構造について研究させている。5つの事例研究が扱われており、視覚障碍者、途上国、先進国（地域）、歴史伝統のある国、共産主義国で芸術活動に従事する人々のインタビュー内容の比較分析が行われている。ここでは、人々が芸術の表現活動に見出す意味には様々なものがあるが、それはその人の周りの環境などの社会的文脈にも影響を受けること、そしてこうした芸術への拘りが、芸術の表現形態を文化慣習的価値として維持発展させる原動力となること、こうしたことを学習者各自がつかんでいくことが期待されている。小単元4では、社会変化と芸術の表現形態の変化の関係について研究させている。ここでは4つの事例研究が設定されているがそれぞれ、交通や産業、人々の嗜好や価値観の変容が、芸術の表現形態に変化を与えている事例である。

　単元の最後「まとめ」の部分では、芸術表現について小単元1〜4で導き出した一般原理を再度確認したり、もう一度まとめ直したりすることを求める問い（「芸術とは何か」「なぜほとんどの芸術形態は変化するのか」）や、異文化

の芸術の表現形態からその地域の多くの情報を引き出すことができることなどを確認する問い(「ひとつの芸術形態から人は文化について何を学ぶことができるのか」)が組まれている。

このように第6単元の小単元は、①様々な文化慣習の形態(第6単元の場合、芸術表現の形態)についての確認、②文化慣習の形態(芸術表現の形態)に影響を与える諸要因の確認、③文化慣習の形態(芸術表現の形態)の維持に影響を与える諸要因の確認、④文化慣習の形態(芸術表現の形態)の変化に影響を与える諸要因の確認といった展開を採る。そして、①～④を通して、あらゆる異文化間の文化慣習(芸術表現の形態)に共通してみられる部分をまとめていく。これは他の5つの単元にもほぼ共通してみられる展開である。

以上のように、『世界文化』は、各文化の文化規範的価値の個性・特質と、それを超えて共通してみられるところ、その両面を把握することが単元で求められ、それを実現するために巧みな単元設計がなされている。

では、こうした単元構造を生かすために、各小単元の授業は、どのような展開上の工夫があるのだろうか。ここでは、その一例として、第6単元「人間は感情を表現する」の小単元1「人々は自分自身をどう表現するか」の授業展開を見てみよう。表4-5は、小単元1の授業の展開を指導案形式に整理したものである。問いはカリキュラム教材に記載されていたものを掲載し、また主な学習内容については、教師用指導書に記載されている内容を掲載している。また左列に授業での活動概略を筆者がまとめたものを記載した。

この小単元1は、『世界文化』の教師用指導書によると、次の4つの目標が設定されている[12]。

1：異文化の人々が自分自身を表現する方法について叙述できる。

2：あらゆる文化で見出される芸術形態の事例を示すことで、普遍的な文化形態と考えられるものを理解し、それを挙げることができる。

3：ある文化では、ある芸術形態が大変に重要とされる理由について説明することができる。

表4-5　第6単元小単元1「人々は自分自身をどう表現するか」の授業展開

活動概略	教師の発問	主な学習内容
事例研究1 ■芸術形態の特質の確認…(1)(4) ■芸術形態の背後にある価値観や資源の影響の確認…(2) ■芸術形態の背後にある歴史・伝統の影響の確認(3)	【1：土地、人々、芸術】 (1) 西アフリカの人々はどのような種の芸術を生み出しているのか。そのうちどの部分が「普遍的な」芸術形態と考えられるか。 (2) 西アフリカの芸術形態は、どのように土地や天然資源、人々の信念を反映したものであるのか。 (3) 伝統的なアフリカの芸術は、彼らの過去についての何を私たちに伝えているのか。 (4) 「アフリカの芸術は、行動の芸術である」という言葉は、何を意味していると考えるか？	・舞踊は行動表現の一つである。 ・西アフリカの人々は自身の精神を高ぶらせ、また強くみせるために、「音楽」「刺青」という普遍的な芸術形態を活用する。 ・木材はマスクをつくるのに利用される。その他その地域で入手できる素材が加えられる。（など） ・アフリカの人々が入手可能であった資源や、彼らが保持してきた価値観や関心を理解できる。 ・アフリカの芸術形態は、舞踊と音楽の組み合わせで表現されるという意味。
事例研究2 ■芸術形態の特質の確認…(1) ■芸術形態の背後にある価値観や資源の影響の確認…(2) ■芸術形態の背後にある地理的条件の影響の確認(3)	【2：キナ皮絵画】 (1) 「普遍的な」芸術形態のうちのどこがアボリジニーにとって特に重要か。 (2) キナ皮絵画を作る人に何らかの制限があるのか。どういった原材料が用いられるのか。またどういった主題が描かれるのか。こうした制約は、あなたにアボリジニーの価値観としてどのようなことを教えるか。 (3) アボリジニーの芸術形態に地理的環境はどのような影響を与えているか。	・キナ皮絵画は視覚表現の一つである。「装飾」が重要となる。 ・アボリジニーは変化よりも文化形態の保持を望んでいる。ただアボリジニーの絵画は、色や原材料の規制はあるが、その約束を守れば、あとは想像力をいかんなく発揮してよい。アボリジニーはそうした芸術形態を宗教信仰から価値づけている。 ・利用できる素材は、キナ皮、小枝、野菜から作った色の定着剤。色も天然素材から作られたものだけが使用可能である。 ・他と交流がほとんど無かったアボリジニーの芸術形態は極めて特殊な絵画のスタイルを生み出している。ただオーストラリア中央部にいるアボリジニーはかつてキナ皮絵画をしていたのだが、現在そうした伝統はない。周辺にキナ皮絵画をするのに必要となる天然素材がなくなったからである。

事例研究3 ■芸術形態の特質の確認…(1)(3) ■芸術形態の背後にある価値観の影響の確認…(2)	【3：俳句】 (1) 俳句とはどういった芸術形態であるのか。 (2) 俳句の主題は何か。このことは、あなたに日本人の価値観についてどのようなことを伝えるか。 (3) この事例研究で示されているイラストをよく見てみましょう。このイラストのうちの一つについて、あなたの感じたことを伝える俳句を作ってみましょう。そしてあなたの俳句を、他のクラスメイトの作品と比較してみましょう。自然を感じるあなたの視点は、他の人と同じでしたか。違いましたか。	・俳句は詩の一種で、文学表現の一種である。 ・自然が俳句の主題である。日本人は自然に敏感であり、また自然を重視している。 ・回答はいろいろある。俳句の形態の特徴や制約を見直してから俳句をつくること。
学習者の生活圏の文化慣習的価値との比較 ■学習者の日常生活に見られる芸術形態の多様性の確認	【主要概念の開発】 地球上で人間の生活が始まって以来、あらゆる文化の人間が何らかの芸術形態を通して感情を表現する必要性を感じていた。人間の表現には多くの方法がある。次の一覧の中から、あなたが芸術だと感じるものをマークしなさい。 ①サンクスギビングの七面鳥パーティ ②あなたの髪型 ③リップスティックとアイシャドウ ④彫刻 ⑤今週一位になったロック曲 ⑥あなたのお気に入りのTシャツのデザイン ⑦幼いときに耳にした物語 ⑧あなたの地域の新しい建物 ⑨公園の噴水 ⑩会社のトレードマーク ⑪プロによるバレイ ⑫女王が飾っている宝石 ⑬あなたのお気に入りのテレビ番組 ⑭有名な画家による絵画 ⑮フラワーアレンジメント ⑯あなたの高校のミュージカル ⑰レストランのランチョンマット ⑱伝統的な木製彫刻 ⑲手編みのかご ⑳中世のゴシック様式の教会	ここに示される①〜⑳は、全て芸術的な要素を持ち合わせている。

第4章　民主主義社会の形成者育成における文化慣習的価値学習の特質と課題　169

一般化 ■集団間の芸術形態に共通してみられる部分の確認	【事例の比較】 西アフリカの人々の芸術はオーストラリアのアボリジニーとは大きく異なったものであった。しかし、彼らの芸術はいくつかの点で共通点もあった。次の文章を読んで、それらは正しいか間違っているか判断しなさい。 ①どちらも、芸術を通して自分自身のことや生き方のことを表現している。 ②どちらの集団もあらゆる人々が同じ方法で芸術を創造していた。 ③どちらの集団も、芸術家は特別な専門家集団であった。 ④どちらの集団も、芸術を権威の象徴としてその王権を表す特別な仕事としていた。 ⑤どちらの集団の芸術も、主に宗教的な神聖な芸術であった。 ⑥どちらの集団も、何らかの種の芸術の形態が、文化において特に重要なものとなっていた。 ⑦どちらの集団も、自らと、その祖先の生き方や信念を結びつけるものとして芸術を用いていた。 ⑧どちらの集団も、その芸術においては多くの天然原料の種類を用いていた。 ⑨どちらの集団の芸術も、その時代の人々が活用できる技術や天然資源を反映したものとなっていた。 ⑩どちらの集団も、古い芸術がまだ生き残って影響力を持っており、彼らの先祖と同じ方法で芸術家が仕事をし、また人々が必要とするものを作り出すために同じ道具を用いていた。	正解：①⑥⑦⑨⑩ （次のような共通性を導くことが期待される） ・どの集団も芸術を通して自分自身のことや生活のことを表現している。 ・文化の表現方法には「行動」「視覚」「文学」「音楽」などがある。 ・どの集団も手に入るその土地の天然資源や技術を生かす。 ・文化の表現形態には人々の価値観も影響する。 ・どの集団も、何らかの芸術形態を特に重要なものとして位置付けている。（など）

（VerSteeg, C. L., *World Cultures*, Scott, Foresman and Company, 1977, pp. 481-578 より筆者作成）

4：それぞれの芸術形態と、地形、天然資源、歴史、人々の価値観との関係について説明できる。

これに基づいて、小単元1の前半部では、行動表現、視覚表現、文学表現の3つの芸術の表現形態を、事例研究を通して学び、またそれぞれの芸術形

態が生み出される諸要因について学ぶことが求められる。最初の事例研究は西アフリカの舞踊が分析対象である。この西アフリカの舞踊は、西アフリカの地理的な要素や入手できる天然資源がその表現形態に大きな影響を与えている事例である。また近年ではイスラム教の影響を受けて急速に衰退しつつある。次の事例研究は、アボリジニーのキナ皮絵画、これは地理的要素や入手できる天然資源が表現に大きな影響を与えており、また極めて強い伝統保持の意識を人々が持っている事例である。最後に日本の俳句の事例が扱われる。これも自然豊かな日本だからこそ生まれた芸術形態であり、自然を大切にする日本人の価値観を反映している。

小単元1の後半では、前半部に学んだことを踏まえて、まず学習者自身の周辺社会の芸術の表現形態の再評価（反省）を試みる。芸術は職業芸術家だけが行う高度な行為でもなければ、特権階級の家か美術館でしか見られない稀有な存在でもない。芸術表現は日常生活の至る所に存在することを知り、そしてそれを見つけていくことになる。そののち、諸文化を超えて芸術表現全体に見られる共通性を考察する（一般原理を発見する）活動が組まれる。この小単元1の場合、学習者が一般原理をより発見しやすくするために、『世界文化』の開発者側が先に選択肢として真偽の不明な一般原理を10個設定して並べ、その中から学習者自身に正しい記載内容の一般原理を選択させている。学習者は、小単元1で学んできたことをしっかり理解できていれば確実に、この正解となる5つの一般原理を10個の中から選ぶことができるだろう。

このように、『世界文化』は、単元レベルだけでなく、小単元レベルの授業の構成にも、差異性と共通性の発見という方針が徹底している。

第2項 「超異文化間比較」系：MACOSの場合

1．ブルーナーの教育論

続いて、異文化間の共通性を見つけ出すために、あえて人間以外の生物の生活と比較するという奇抜なアプローチを採用する「超異文化間比較」系の

価値学習についてみよう。ここではその代表的な事例として、心理学者ジェローム・ブルーナーが開発した『人間：その教育課程（通称 MACOS）』を取り上げたい。

　MACOS は、1968年から翌年に教育開発センター（Education Development Center）から出版された初等用の社会科教育プログラム教材である。文化人類学者の「学問の構造」をベースにして開発されている[13]。よく知られている通り、当時（今もだが）合衆国の多くの州で同心円的拡大カリキュラム（または環境拡大カリキュラム）が採用され、小学校5年生の社会科で「合衆国（諸地域と合衆国史）」が取り扱われていたが、MACOS は全く以てこうした公的カリキュラムの存在を無視した内容となっている。また、従来開発されてきた社会科プロジェクト教材やカリキュラム構想とも発想を異にした部分が多い内容となっている。

　ここでは、次の3つの問いを投げかけてみたい。まず「どうして文化人類学に注目したのか」、そして「どうして社会科用教材として編成したのか」、最後に「どうして5年生用で開発したのか」である。

　まず、どうしてブルーナーは、カリキュラム開発の際に、文化人類学に注目したのかについて考えてみたい。これについては、ブルーナーは次のように説明している。若干長くなるが、重要な部分なので全て引用しよう[14]。

> 「変化に対する準備についてさらに考えると、われわれは、歴史の研究から離れて、行動科学の教授へと向かわざるを得ない。前に見たように、記録された歴史は約5000年に過ぎない。しかもわれわれが教えている歴史の大部分は、過去数世紀以内のことである。その理由は、それ以前の記録が少ないのに対して、それ以後の記録は比較的豊かであるからである。しかし記録の豊かさは、情報をたくわえ取り出すための組織を発達させるわれわれの能力の関数として増加するものであることを考えてもらいたい。今から1000年経てば、われわれは窮地に陥るだろう。そうなれば人々は、ブルメールや長期議会やルイジアナ土地購入の詳細について親近な注意をもって、確かに長談義しな

くなるだろう。これらは短い記録文章中の飾りとなるに過ぎない。しかし歴史から社会科学ないし行動科学の方へ移行せざるをえない理由は強められよう。

　歴史は達成されたものよりも、むしろ可能なものを研究する必要——もしわれわれが、変化に順応すべきであるならば必要なステップ——と関係がある。歴史の特殊事件ではなく、人間についての我々の観念にとって中心となるべきものは、行動科学であり、また人間の条件における変動に関して、行動科学が示す普遍性である。このことは、我々が過去の研究をあきらめるべきであるというのではなくて、むしろわれわれは他の見通し——スタイルをもって開発をしていくという目的——をもって、過去の研究を追求すべきである。」

　ここから、ブルーナーの MACOS の目的が、従来の歴史教育の改革にあることが見て取れる。それは、過去の記録のある部分のみを扱い、そして特殊具体の事象の詳細な記録を伝達せんとする古典的な歴史教育の改革である。過去についての記録は、その記録能力の発達によって加速度的に増える。そして現在に生きる我々にとっては、より新しい時期の情報が優先的に必要となるため、そちらを優先して教えることが必要となり、必然的に時代的に前にあたる時期の個別の情報はだんだんと扱われなくなる（もし無理に扱うならば、「莫大な歴史的記録のためにわれわれは押しつぶされてしまう」）。個別情報には賞味期限があると言い換えても良いだろう。今学んだ個別具体の情報が十数年後にどのくらい情報として意味を持つのか、「達成されたもの（＝過去の特殊事象の情報）」ではなく、「可能なものを研究する」ために必要なものを学ぶことができるようにしていくべきである。このようにブルーナーの主張をまとめることができるだろう。

　そしてこの「可能なものを研究する」ために必要なものが、行動科学が明らかにする人間が人間たるための条件についての知識であり、それは社会が変化して人々の価値観や行動などがどんなに変わっても変わることのない、

人間そのものを条件づける時代や空間を超えた普遍的な部分についての知識である。人間の条件とは何であるのかを知ることは、過去の特殊事象に関する知識を知ることより、ずっと今後も役立つものであるとブルーナーは考えたのである。

　もちろん、こうした個別記述学である歴史学と法則定立学である文化人類学の扱う知識の質的な違い（転移可能性や有効性の差異）が、ブルーナーが文化人類学に注目した歴史教育の改革を目論んだ唯一の理由ではない。例えばブルーナーは、子どもたちに「異様な、外来的な、いくらか嫌悪の念さえおこさせさえするようにみえるものの中にも、類似性をみいだすという経験」をさせることを通して、アメリカ人といった領域的存在を超えた人類一般としてのアイデンティティを感じさせ、さらにはその対照性の強い事例との比較から「自分たちのイメージを認識し研究するのを助けるような鏡」となるように期待してもいるのである[15]。またブルーナーはこうも言っている[16]。

　　「子どもたちが学習していることは、カモメやエスキモーについてではなくて、そのときまで、あまりにも暗黙の前提であるため認識できないような彼ら自身の感情と先入観とについてである」

　ブルーナーが持つ従来の社会科への問題意識は、これまでの社会科カリキュラムが、自分たちとは大きくかけ離れた文明や文化の中で生活する人々にも、自分たちと共通する部分があること、そして住んでいる場所や環境の違いがそうした文明間・文化間の表現の違いになって表れていることを子どもたちに理解させることが出来ていなかった点、そしてそのことが他文化への偏見を生み出してしまっていた点にもあったと言えよう。そしてブルーナーは、そうした従来の社会科教育の限界が生じた原因を、前述のように従来の社会科が特殊事象についての個別情報の伝達に終始してしまっていたことに加えて、幼少期に異質な文化について学ぶことを阻害してしまう伝統的なカリキュラム原理である同心円的拡大原理の構造的欠陥にも求めた[17]。

「ある教科課程を設計する場合、子どもが（発達の中で直観的諸技能を使って）すでによく知っていることがらを土台にして、その上に（内容修得の学習を）築いていくことの必要性については、これまでたくさんのことが言われてきた。しかし言われたことのほとんどが無意味なことであった。たとえば（かつての『進歩主義教育運動』の奨めによると）最初はまず熟知の親しい屑屋さんの学習から出発せよ、しかるのちむしろいっそう奇異なるネトシリク・エスキモーの間にみる『共同体の世話役』の学習に進むが良い、とされた。しかし人はこの考えに疑問を感ずる。それにまた、子どもたちが本当にアフリカの妖術師よりも近所の小児科医の方が一層興味があるとか、一段と理解しやすいものであるかどうかも私どもには疑問に思える」

このようにブルーナーは、社会科の目標である社会認識の形成という観点からも、そして市民性育成という観点からも、彼は従来の歴史学中心の歴史教育に限界があると判断し、改革案として文化人類学を軸とした歴史教育を主張したことが分かる。こうしたことを踏まえると、ブルーナーがMACOSを5年生対象とした理由についても、次のような仮説を立てることができるのではないだろうか。5年生は多くの州の社会科カリキュラムにおいて、初めて合衆国通史を本格的に学習する学年に該当する。この事実は5年生が、子どもたちの合衆国国民としての自覚形成に大きく寄与する学年であることを意味する。だがブルーナーは、合衆国国民としての（またはアメリカ人としての）アイデンティティの形成よりも先に（または同時に）、自分が人類一般であることの自覚をすることで、人間一般の同一性についての認識をもたせようとしようとしたのではないか。例えば、ブルーナーは次のようなことを言っている[18]。

「子どもがまず最初に学習する必要があることは、幾つもの事例に対して人が行う一つの行動によってそれらの事物に賦与された同一性の他に、さらに幾つもの事物には一貫して存続する同一性があるということをはっきり見分ける認識である」

もちろん5年生（11歳の子どもたち）を対象にしたのは、ブルーナー自身も明言している通り、当時の認知発達に関する研究成果も考慮してのことであることも言うまでもない。こうした心理学的要素については、次章以降で適宜触れていくことにしたい。

2．MACOSの内容編成
(1) **全体計画―生物進化の歴史から人間の条件を認識する―**

ブルーナーは、MACOS作成にあたって、次の3つの大きな問いを設定した。これと同時に、MACOSを通して子どもたちに認識させたい理解目標と見ることもできよう。

　○ヒトが備えている人間らしさとは何か。
　○ヒトはいかにして人間の道をたどってきたか。
　○人間はいかにしてその道を発展させていくのか。

そして実際に人間を分析する視点として、ブルーナーは「道具作り」「言語」「社会組織」「子どもの育成」「世界観」の5つの概念を当初（1965～66年頃）設定した[19]。後にMACOSを具体的に開発する段（1967～68年頃）になって「道具作り」を「技術」に、「言語」を「言語と意思疎通」に、「社会組織」を「集団組織」に、「子どもの育成」を「学習」に切り替え、「世界観」を「価値観」と「世界観」に分け、さらに「ライフサイクル」「適応」「攻撃」を加えて9つの概念（「技術」「言語と意思疎通」「集団組織」「学習」「世界観」「価値観」「ライフサイクル」「適応」「攻撃」）にまとめ直した[20]。

次頁の表4-6は、MACOSの全体計画を筆者がまとめた表である。左端に「単元名」、右側に「主題」と「副題」を示した。そして前述の9つの概念のうち、それぞれの単元で取り扱われていると考えられる概念を真ん中の「概念」の箇所に整理して挙げた。表4-6からもわかるように、MACOSは導入単元と、「鮭」「セグロカモメ」「ヒヒ」「内陸キャンプのネトシリク・エスキモー」「流氷上でのネトシリク・エスキモー」の5つの一般単元から

表4-6 『人間：教育課程（MACOS）』の全体計画

単元名	概念	主題	主題の副題
導入：人生には何がある	9つの概念	A 人間、全ての人間	人間の共通性を考える
		B 人生とライフサイクル	個人は死ぬが、生活は継続され、世代間に特色が伝わる
		C 人間とその他動物をみる	入門：人間を研究するために他の動物を研究する
鮭	ライフサイクル適応	A 動物の適応	動物の構造、行動、環境の関係
		B 太平洋岸の鮭のライフサイクル	鮭の生活環境と行動への入門
		C 鮭の行動を調査する	鮭の行動の原因を研究する
		D 様々なライフサイクル	鮭と人間の様々なライフサイクルの諸要素を比較する
		E 情報と行動	動物の必要（ニーズ）、環境、行動
		F その他の活動と質問	鮭研究の間に扱うことのできる個別作業の提案
セグロカモメ	ライフサイクル適応 学習 集団組織 攻撃 言語と意思疎通	A セグロカモメ研究への導入	セグロカモメの生活環境と行動
		B セグロカモメの行動の原因を調査する	親子関係に重点を置いて春のセグロカモメの行動が調査される
		C 生来の行動、学習された行動	動物の行動の原因を研究する
		D セグロカモメの集団行動	セグロカモメにおける意思疎通、縄張り、攻撃
		E 新たな視点から動物に関する資料を評価する	動物とその能力の観察に基づいた言説は、人間の力を動物に帰するとした言説とは別であることを重視する授業
		F 【選択小単元】ミツユビカモメ	その他のカモメ種とセグロカモメを比較する
		G 構造と機能	目的物の構造とその機能との関係がどのようになっているのか
		H 【選択小単元】自然淘汰	興味を持った生徒に、適応の過程と

			しての自然淘汰を探求させる機会を提供する
		I　その他の活動と質問	
ヒヒ	ライフサイクル 集団組織 学習 適応 攻撃 言語と意思疎通	A　ヒヒの生活環境	
		B　入門：ヒヒの群のメンバー	この授業は年齢や性の違うヒヒを紹介し、それらが群でいることに注目する
		C　観察、行動、若いヒヒ	助けもなしに生まれ、群の方法を学び成長するヒヒ
		D　ヒヒの研究方法	フィールド観察と人間の家族に育てられた若いヒヒの研究から教育課程を作るように準備された教材
		E　群：感情的なつながりと支配	群の結束の研究
		F　群の組織の調査	群の構成員間の関係は、多様な状況への群の構成員の対応にどのような影響を与えるのか
		G　チンパンジー：霊長類との比較	他の霊長類を研究することが、ヒヒと人間の見方を高める
		H　ヒヒの縄張り	ヒヒは制限された領域に住み、滅多には他の縄張りに入り込まない
		I　群でのコミュニケーション	ヒヒは音とジェスチャーを使って感情や必要（ニーズ）を周辺に伝える
		J　ヒヒの音と人間の会話	人間の言語の力を、ヒヒの意思疎通の限界と比較して確認する
		K　その他の活動	―
I　ネトシリクの世界：	世界観 価値観 言語と意思疎通 適応	A　人間はふたつの世界に生きる	神話を通じてネトシリクはツンドラの起源や住居環境を説明する
		B　人間の行動に影響を与える物理的世界と象徴世界	人間の行動を理解することは、彼らが親近感を覚えるものへの個人的・文化的意味を知ることが求められる
		C　ラスムッセンと彼の旅	ネトシリクについてたくさんの情報をもたらした探検家―民俗学者

内陸キャンプのネトシリク・エスキモー	石の堰での生活		D　家族	ネトシリクとアメリカの家族に共通に見られる機能を考える★
			E　ツンドラにおける漂流生活	北極圏：そこでの動物、人々、環境の変化が彼らの生活にもたらす影響とは
	II　狩りの方法：初秋のトナカイ・キャンプでの生活	技術集団組織学習	A　狩りの計画	教室での「狩り」は柔軟性のある技術プログラムとなる
			B　道具	道具の概念を、生活環境をよりよくする仕事をする上で役立つ機能をする物質の全てと説明する
			C　道具の設計	道具を作るために、日常での物質を小道具になるように追求する
			D　ネトシリクの道具はどのように使われるのか：弓矢のゲーム	トナカイ猟における個人の技術
			E　クロッシング・プレイス猟	トナカイ猟の協働の技術
			F　クロッシング・プレイス猟ゲーム	二つの狩猟法の効果を比較する機会の提供
			G　トナカイ・キャンプでの役割	トナカイ・キャンプで獲物を関係者に分け与える時の様式
			H　狩人の誕生	子どもに社会参加の方法を説く（アメリカとの比較）★
	III　ネトシリクの家族：晩秋の漁労キャンプでの生活	集団組織学習	A　秋の川でキャンプする一家	経済的に自給自足できるのに川で生活することを選択する、あるネトシルクの家族に注目する★
			B　冬支度をする男女	家族内の労働分業
			C　どのように Itimangnark は妻を娶ったのか	Itimangnark と Kingnuk の生活上の出来事に基づいた滑稽な行動
			D　子どもの学習	ネトシリクの子どもとアメリカの子どもは自分たちの社会において生産的な成人となるために、知識と経験をどのようにして獲得しているのか★
			E　家族の絆と期待される行動	アメリカの家族の構成員とネトシリ

第 4 章　民主主義社会の形成者育成における文化慣習的価値学習の特質と課題　179

流氷上でのネトシリク・エスキモー	Ⅰ 冬の厳しさ	適応 世界観 価値観 ライフサイクル		クの家族の構成員の行動に関する一般原理を作り出す★
			A　流氷に向けて移動することで冬を過ごす	物理的環境に適応する事例として、移住とイグルーがある
			B　Kigtak 老人	ネトシリクの年配者に対する取り扱いのガイドライン
			C　流氷のキャンプ：ネトシリクの視点	周りに人間がいないことや空間に対する私たちとネトシリクの態度にはどのような違いがあるのか★
			D　説明の必要性	人間が冬の危険な航海に出る際には、信念と儀式とタブーがある。
	Ⅱ 冬の狩りの方法	技術 価値観 集団組織	A　息のある洞穴でのアザラシ猟	―
			B　アザラシ猟を成功させるための言葉と行動	信念のシステムがいかにして人間に運命に自分が立ち向かえると感じさせることになるのか
			C　アザラシ猟への戦略	アザラシ・ゲームが冬に食糧を分け合うことのメリットを示す
			D　分配システムの価値	分配システムという伝統的慣習やルールの価値
			E　アザラシを分け合う仲間意識	アザラシの肉を交換する際に狩人が公的に合意している相補的な仲間意識
			F　「私たちの勇気」	並外れた狩人でありネトシリクの英雄であるキビオクとアンガトク
	Ⅲ 冬のキャンプ：個人と集団	集団組織 攻撃	A　個々人間の結束	仲間意識のネットワークは、家族を超えた協力関係と信頼を大きなものとする
			B　冬のお祭り	教室では、自分たちの共同体のお祭りを企画する
			C　個人間の対立	対立を表現する受け入れられた形式（例えば歌合戦や力を競い合う妙芸）を通して平和が維持される
			D　集団を守るための集団行動	集団の平和が脅かされた時、キャン

				プの男たちは行動を決断する
		E	個人と集団	自分たちが属している集団の知識を持って個人に関する一般原理を私たちは導くことができるのか（アメリカなどとの比較）★
Ⅳ 長い凝視	まとめ	A	北部のナヌーク	事例比較：1920年代のハドソン湾東部に住んでいた伝統的エスキモーの生活
		B	カナダ・エスキモーの生活の変化	ネトシルクの今日の生活
		C	何がヒトを人間としているのか	あなたが待ち焦がれていた答え

(Education Development Center, *Man: Course of Study, Talks to Teachers*, Curriculum Development Associates, Inc., 1968, pp. 13-18 より筆者訳出。「概念」は筆者が配置。★はアメリカ社会と比較考察を要求している主題。)

成る。「鮭」「セグロカモメ」「ヒヒ」の各単元は、6〜11個の小単元が設定されており、単元が進むにつれてその数が増える。またネトシリク・エスキモーは、2つの単元で計6つのセクションが設定されており、その下に4〜8個の小単元が設定されている。ここからMACOSの特色を幾つかうかがうことが出来る。

①生物進化の歴史の類推的認識

MACOSは、「鮭（魚類）」「セグロカモメ（鳥類）」「ヒヒ（哺乳類）」「ネトシリク・エスキモー」の4つの研究対象から成る。これは生物の進化の歴史の流れ（魚類→両生類→爬虫類→鳥類→哺乳類（高等霊長類→人類））を意識した編成であり、これによって子どもたちがMACOSの目標である「ヒトはいかにして人間への道をたどってきたのか」に答えることができるようになっている。MACOSにおいては、アンモナイト、始祖鳥、アウストラロピテクスなど過去において実際に存在していたが現存しない生物ではなく、当時は存在していなかったが現在は存在する生物を代用の研究対象とさせ、間接的に進化の歴史を類推する手段を採用した理由について、ブルーナーは「初

期の人類と現代人との間に横たわる幻のような世界で、教授の技術において進化を再構成することは不可能である」と説明している[21]。つまり、実際的に子どもたちに観察させたり触れさせたりして考えたりと、学習における「直観」を重視していたブルーナーにとって[22]、アウストラロピテクスの化石を資料として活用して授業をすることは教育的効果を低減させてしまうことになり、結果として子どもたちに「進化」という概念を具体的に掴ませることが出来なくなると考えたことがある。

②「比較（対照）」と「一般化」

MACOSは比較が実に多く用いられている。ブルーナーとしては、1966年の段階で、「人間 v.s. 高等霊長類」「人間 v.s. 前史人間」「現代の技術的人間 v.s. 原始人間」「大人 v.s. 子ども」の4つを設定していると言っている[23]。ただMACOSの実際は、この4つの通りではない。

まず表4-6からも明らかなように、実際は「人間対高等霊長類」以外にも、魚類や鳥類との比較が組織されている。そしてこの比較が、MACOSの目標の「ヒトが備えている人間らしさとは何か」に答えることを可能にしている。表4-6の「概念」を見ると、9つの概念その全てが扱われているのがネトシリク・エスキモーのみであることが分かる。ヒヒとセグロカモメは「世界観」「価値観」「技術」が欠落している。さらに鮭はそこから、「言語と意思疎通」「攻撃」「集団組織」「学習」が欠落している。つまり、人間と動物を分けるもの、それは価値観や世界観、そして道具を作り扱っていくことということになる。もちろんこれは筆者の解釈なのであり、ブルーナーがMACOSに設定した資料を別の分析者が見れば、また違った概念を人間と動物を分ける要素と考えるかもしれない。解釈は開かれているのであるが、9つの概念を用いて、人間と動物を分ける要素を見つけようとすることで、両者を区分する方法（考え方）は学習者に共通して保証されることになる。学び方を教えるとしたブルーナーの考え方をはっきりと確認できる部分である。

このほかに、同類であっても種類の異なるもの同士を比較する視点も頻繁に活用される。単元「鮭」では人間が、単元「セグロカモメ」ではミツユビカモメが、単元「ヒヒ」ではチンパンジーや人間が比較対象となっている。そしてネトシリク・エスキモーは現在のアメリカ人と比較や（表4-6★の箇所）、同じくエスキモーのナヌークとの比較が試みられる。ここには3つの効果が期待されている。第一に、各類の特質を確認することがある。例えば単元「セグロカモメ」では、セグロカモメを通して鳥類の特色として「ライフサイクル」「適応」「学習」「集団組織」「攻撃」「言語と意思疎通」といった要素を持っていることが確認されるが、これがミツユビカモメでも説明しうるのか確認する。同じく、ネトシリク・エスキモーを通して確認された人間の構成要件は、アメリカ人にも見られるのか確認するわけである。こうすることで、各類の特異性（同類間の共通性）を確認していくことになる。第二に、同類の他種と比較し差異の部分に注目することで、それぞれの種の特質について理解しようとしている。特にネトシリク・エスキモーと自分たち（現代アメリカ人）の生活の特色をより正確に理解していくことが重視されており、ブルーナーの言葉を使えば、「人間 v.s. 前史人間」「現代の技術的人間 v.s. 原始人間」の対照を通して、現代的人間の特質を理解しようとしているのである。また第三に、ネトシリク・エスキモーは自分たちアメリカ人とは全く異なる異質の存在などでなく、同じ人間としての要素を持ち合わせており、環境がその表現形態を変えているのであるということを理解させることで、子どもたちの異質な他者に対する偏見を是正させ、異質な他者への見る視点の変革を図ろうとしているのである。ブルーナーは次のように言っている[24]。

「事実われわれは、生徒に連続性についての意識を作り上げたいとねがっている。それにはまず、対照をなしていると思われるものをかれらに提示し、さらに、以前には奇奇怪怪な別物だと思っていたものが、実際においては、自

分たち自身の生活から理解するものごとと、密接なつながりを持ちえるのだと感じとるようになるだけ十分に長く、生活を共にさせることである。…（中略）…技術に対し、知性の使用に対して、それぞれの社会は独自なアプローチをしているのである。人間社会のもつこのユニークな本来の姿——それがどこで見出されようとも——を認めることによって、子どもたちは最初に対照をなしているらしいとみたものを、最終的には連続性をなすものとして認識するまでに導かれるのである。」

最後に、表4-6からでは分かりにくいが、「大人 v.s. 子ども」の構図がすべての単元で見られる。この取扱いについては、単元レベルの内容や教育方法について詳しく見ていく中で再度確認していきたい。

③らせん構造

MACOSは、鮭、セグロカモメ、ヒヒ、ネトシリク・エスキモー各々のライフスタイルを具体的な映像資料などを活用しながら学んでいくスタイルを共通して採っている。しかし、そこで扱われる資料の量や取り組まなければならない学習活動の量は、単元が進むにつれて増えていく。また、扱われる概念も単元が進むにつれて増えていく。さらには比較（対照）も、単元「鮭」では人間（私たちと彼らの比較）であったのが、単元「セグロカモメ」では選択小単元の扱いではあるがミツユビカモメが設定され（彼らと彼らの比較）、単元「ヒヒ」では必修として人間（私たちと彼らの比較）とチンパンジー（彼らと彼らの比較）を扱う小単元が設定されており、単元が進行するにしたがって、より重視される傾向がある。比較の回数も単元が進むにつれて増え、ネトシリク・エスキモーとアメリカ人との比較は実に7回に及ぶ（表4-6★のところ）。また比較の際のテーマも、単元が進むにつれて複数のものとなる。つまり単純から複雑へと事例が配列されていることが分かる。これらはブルーナーの「螺旋カリキュラム」の考え方を反映したものと解される。

④全体計画が仮説演繹的思考過程に

なお、MACOSには3つの大きな問いが設定されていることは前述した

とおりだが、このうち「ヒトが備えている人間らしさとは何か」は、特に重視されている問いと見ることができる。例えば、全体計画の「導入」の小単元Aで「人間の共通性を考える」ことがMACOSの大きなテーマであることが示される。さらに小単元Cでは「人間の研究をするために他の動物を研究する」でそのための方法論が示される。また単元「流氷上でのネトシリク・エスキモー」の最終小単元C「何がヒトを人間としているのか」では、人間を条件付けする要素（人間に共通する要素）をまとめることが求められる。つまりMACOS全体が「何がヒトを人間としているのか」という問いで貫かれていると言える。そしてその構造は、問い→仮説→方法の考察→資料の収拾と検証→一般化（問いへの解答）となり、「反省的思考（仮説演繹的思考）」の過程を採るものとなっている。仮説演繹的思考は、科学の思考そのものと言われているが、ブルーナーはこうした「予想する」「検証する」という手続きを教育方法で大変に重視しており、全体計画にもその精神が貫かれている。その理由として、ブルーナーは次のように言っている[25]。

> 「仮説の様式に関しては、われわれの態度は次のようにまとめられると思う。すなわち、自ら求めないような情報を得ることは、あまり役に立たないということである。…（中略）…思考及び思考の仕方についての自覚を持つことを刺激するという点に関して、われわれは、最上のアプローチは、情報を入手したり、使用したりする手だてを身に着けることであろうと思う。…（中略）…子どもたちは遭遇した手がかりの意味合いを探索していくにつれて、かれらの持つ一般的な推理能力が向上し、より良い仮説を作り上げることができるようになる。そのコースに関連した質問によって、この種の思考をする機会を子どもたちが持つような教材設計をしてみたいとわれわれは考えている」

帰納的思考は、情報を集めてから思考する。仮説は立てない。問いも明確でないことが多い。これでは情報を主体的に集める動機が生じない。仮説演繹的思考には、思考の前に探究してみたい問いがあり、仮説を立てるからこ

そその確実性を検証するために情報を集めざるを得なくなる。ブルーナーは、仮説演繹法こそが子どもの主体的な探究を生み出すと考えていたのである。

(2) ブルーナーの「学問の構造」論とMACOS―学習者による「学問の構造」の構築―

こうしたMACOSの全体計画から、ブルーナーが「学問の構造」をどのように捉えていたのか考えてみよう。ブルーナーが「学問の構造」が、学び（探究）の結果として生じる解釈より、それを生み出すための学び方（手続き＝諸科学の分析視点や研究方法）を重視していることはよく知られているところだが、MACOSを見る限り、諸科学が解明してきた一般原理は、どちらかと言えばこの「学問の構造」には含まれず、解釈と同列に扱われるべき「生産物」の扱いではないだろうか。MACOSが「ヒトが備えている人間らしさとは何か」という問いに重きを置いて、人間の共通性を考えさせようとしていることからしても、ブルーナーが一般原理の習得を軽視しているわけではないことは明らかである。だが、それを導き出すための手続きは明確に示しているにも関わらず（異質のものと類似のものをそれぞれに比較することや、共通性と差異の部分を見出して概念を用いてまとめることなど）、一般原理の内容面の判断は学習者に任されている[26]。ブルーナーにとって一般原理は、その認識が学習者に開かれているといった意味で、解釈と同列にある。

さて、ブルーナーの「学問の構造」の考え方を知る上で忘れてはならないことがある。それはブルーナーがあらゆる知識は仮説的なもの、批判可能なもの、成長し続けるものと捉えているという事実である[27]。

> 「時間的に空間的にあるいは性質上近接している種々の出来事と接触することによって打ち立てられる種々の連合が漸次添加されていくことによって知識は生成するものであるという、18世紀的臆説は、精神生活の諸事実に合致しないものとなっている。…（中略）…組織化していく過程は、例えば仮説を構成し、ついでそれが確かであることを確認する過程がそうであるように、（主体が対象のうえに）秩序（カテゴリー）を押し付けていくと言ったはるか

に一そう能動的な過程なのである」

　これはポパーの仮説演繹法擁護と帰納法批判の考え方、つまり「サーチライト理論」と「バケツ理論」の議論と同じところであろう。そうなると問題となるのが「学問の構造」も仮説的なものであり、批判に開かれたものでなくてはならないということになる[28]。

　そこでブルーナーが採った策が、一般単元の冒頭から事象を見る視点として「学問の構造」を構成する9つの概念を教師（教材）の側から提供してしまうのではなく、学習者である子どもたちが、鮭、セグロカモメ、ヒヒ、ネトシリク・エスキモーと比較しその違いを見ていく中で、それらの生活形態の事実から概念を発見させる方法である。9つの概念のうち、第1単元「鮭」の段階で教師（教材）側から子どもに明確に与えられるのは、「ライフスタイル」と「適応」だけである。あとは子どもたち自身が発見する。設定した9つの概念すべてを子どもたちが意識できるとは限らないし、ブルーナーが想定していなかった概念を子どもが見つけるかもしれない。この方法によって、（十分ではないかもしれないが）ブルーナーはMACOSの中に設定した「学問の構造」を、子どもたちの批判に開かれたものにすることを保証しようとする。また同時に、資料を踏まえさせて学習者である子どもの側から「学問の構造」を構築させていくことで、無理なくこれを子どもたちに修得させようとしている。

　このように、いきなり概念を与えるのではなく、まずは具体事実に触れたり観察したりすることを通して、その概念の存在をイメージとしてつかませ（発見させ）、そして最後は言葉や記号でこれを表象させていく一連のアプローチは、ブルーナーの著書でしばしば見ることができる「行動」「イメージ」「記号（言語）」の「三種類の認識様式」の考え方に基づいていると見ることができる。ブルーナーはこの三種類の認識様式を次のように説明している（後述するように、これは単元や授業レベルでの教育方法原理としても重視されるも

のである)[29]。

　「学習者がやる気になってのってくるようにするために、彼の把握の力の圏内にある一定の形式へ知識を変換・翻訳するにはどうしたらよいのか。ここで思い起したいのは、人間の認識的操作を特徴付ける三種類の認識様式──すなわち行動による、イメージによる、そして記号による（表象様式）──のことである。中くらいの成功度が立証されている、この（翻訳の）課題への一つの接近は、一系列の学習をまず行動内表象の様式から開始することである──例えば、慣性の物理をてこの操作によって学習し、音楽を、ある大いに単純化した音符によって作曲し演奏することによって学習する、などである。ここからさらにこれを超えて、直観的な形式、イメージに重心のかかった形式へと進む。たとえば、直観的な幾何学とか、形式論理がヴェンの考えた諸図表に翻訳・表現されうるたぐいの視覚的な手段をつかって学習するのである。そして最後に、一つの学問分野のもつますます抽象的な記号的諸様式にまで進むのである」

3．MACOS の単元・授業構成
(1) MACOS 前半部の単元構成（第1単元～第3単元）

　ここからは、分析の視点を単元や授業のレベルに下げ、MACOSが具体的にどのように対象物を子どもに研究させるように仕向けていったのか、その方法原理に注目していこう。まずは第1単元「鮭」、第2単元「セグロカモメ」、第3単元「ヒヒ」の単元構造に注目してみよう。次頁の表4-7-1は、この3つの単元の展開を整理したものである。

　いずれの単元も、大きくは「生活環境の概略の確認」「行動調査と原因の追究」「他事例との比較考察」「総括」「発展」の5つの展開をとる。「生活環境の概略の確認」は、鮭やセグロカモメ、ヒヒの生息場所や生息環境、ライフスタイルの概略などを確認する小単元である。「行動調査と原因の追究」が、単元の中心的活動の部分となる。単元の後半ほど小単元の数も増え、活動内容も多くなる。鮭の場合、鮭の一生を詳細に観察・考察することが活動

表4-7-1 『人間：教育課程（MACOS）』の前半部の単元展開

	第1単元「鮭」	第2単元「セグロカモメ」	第3単元「ヒヒ」
生活環境の概略の確認	A：動物の適応 B：太平洋岸の鮭のライフスタイル	A：セグロカモメの研究への導入	A：ヒヒの環境生活
行動調査と原因の追究（※は、研究方法の省察）	C：鮭の行動を調査する	B：セグロカモメの行動の原因を調査する C：生来の行動、学習された行動 D：セグロカモメの集団行動 E：新たな視点から動物に関する資料を評価する（※） H：自然淘汰（選択）	B：入門 C：観察・行動・若いヒヒ D：ヒヒの研究方法（※） E：感情的つながりと支配 F：群の組織の調査（※） H：ヒヒの縄張り I：群でのコミュニケーション
他事例との比較考察	D：様々なライフスタイル	F：ミツユビカモメ（選択）	G：チンパンジー J：ヒヒの音と人間の会話
総括	E：情報と行動	G：構造と機能	〈該当なし〉
発展	F：その他の活動と質問	I：その他の活動と質問	K：その他の活動

（Education Development Center, *Introductor Lessons Salmon; Man: Course of Study*, Curriculum Development Associates, Inc., 1968, Education Development Center, *Herring Gull; Man: Course of Study*, Curriculum Development Associates, Inc., 1968, Education Development Center, *Baboons; Man: Course of Study*, Curriculum Development Associates, Inc., 1968 より筆者作成）

の中心であるが、セグロカモメやヒヒの場合は、その家族や群れといった集団行動の詳細な観察・考察がその活動の中心となる。「行動調査と原因の追究」では、単元「セグロカモメ」と単元「ヒヒ」では、研究方法を省察する活動も組まれている（表4-7-1の※が該当）。その数も後半の単元ほど増える。単元「セグロカモメ」の小単元Eでは、資料解釈の方法について扱い、

単元「ヒヒ」の小単元Dでは比較観察の方法が、小単元Fでは参与観察における注意事項などが取り扱われており、テーマは多岐にわたっている。「他事例との比較考察」は、単元「鮭」の小単元Dではライフスタイルが、単元「セグロカモメ」の小単元Fでは集団組織が、そして単元「ヒヒ」の小単元Jは言語と意思疎通が、小単元Gでは集団組織やライフサイクルなどがそれぞれテーマとなり、これまた内容が多岐にわたっている。

　こうした単元の構造は、次のことを学習者である子どもたちに保証することになろう。第一に、研究の一定の流れや手順を掴むことができることである。第二に、各研究方法論について具体事例を通しながら包括的に学ぶことができることである。第三に、比較（対照）の有効な活用方法を学ぶことができることである。

(2) **MACOS後半部の単元構成（第4単元と第5単元）**

　後半部はネトシリク・エスキモーを扱う単元が2つ続く。単元4は初秋のネトシリク・エスキモーを扱っている。対して単元5は、真冬の彼らの生活を扱っている。単元4・5は前半の3単元とは異なり、単元に3つのセクションが組まれている。これは後半部で新たに「世界観」「価値観」「技術」といった概念が加わることになり、観察しなくてはならない事柄も増えたので、観察視点を整理しようとすることから採られた措置と言える。これを整理したものが表4-7-2である。これを見ると、ネトシリク・エスキモーからしか取り扱われない概念である「世界観」「価値観」「技術」にかなりの時間を

表4-7-2　MACOS後半部のセクションと概念

単元 主な概念	第4単元「内陸キャンプのネトシリク・エスキモー」	第5単元「流氷上でのネトシリク・エスキモー」
世界観・価値観	Ⅰ：ネトシリクの世界	Ⅰ：冬の厳しさ
技術	Ⅱ：狩りの方法	Ⅱ：冬の狩りの方法
集団組織	Ⅲ：ネトシリクの家族	Ⅲ：冬のキャンプ

（著者作成）

割いた作りになっていることが分かる（ただし、これまで扱われてきた「ライフサイクル」「言語と意思疎通」などの概念も、セクションⅠ～Ⅲの中に散りばめられて設定されている）。人間とその他の動物との違いをより子どもたちにしっかりとつかませようとしたブルーナーらの意図が現れているのではないだろうか。

このうち、第4単元「内陸キャンプのネトシリク・エスキモー」の3つのセクションの展開に注目してみよう。表4-7-3は第4単元の3つのセクシ

表4-7-3　第4単元「内陸キャンプのネトシリク・エスキモー」の3セクションの展開

	Ⅰ：ネトシリクの世界	Ⅱ：狩りの方法	Ⅲ：ネトシリクの家族
行動調査と原因の追究（※は、研究方法の省察）	A：人間は二つの世界に生きる	A：狩りの計画	A：秋の川でキャンプする一家（前半）
	B：人間の行動に影響を与える物理的世界と象徴世界	B：道具	B：冬支度をする男女
		C：道具の設計	
		D：ネトシリクの道具はどのように使われるのか	
	C：ラスムッセンと彼の旅（※）	E：クロッシング・プレイス猟	C：どのようにItimangnarkは妻を娶ったのか
		F：クロッシング・プレイス猟ゲーム	
		G：トナカイ・キャンプでの役割	
他事例との比較考察	D：家族	H：狩人の誕生	A：秋の川でキャンプする一家（後半）
			D：子どもの学習
総括	E：ツンドラにおける漂流生活		E：家族の絆と期待される行動

(Education Development Center, *The Netsilik at the Inland Cmps; Man: Course of Study*, Curriculum Development Associates, Inc., 1968 及び Education Development Center, *The Netsilik Eskimos on the Sea Ice; Man: Course of Study*, Curriculum Development Associates, Inc., 1968 より筆者作成。なおこの3段構成は第5単元「流氷上でのネトシリク・エスキモー」にも見られる)

ョンの展開を整理したものである。各セクションは、「行動調査と原因の追究」「他事例との比較」「総括」の3つからなる（ただ「Ⅱ：狩りの方法」のように「他事例との比較」と「総括」が同時に行われるケースも存在する）。また前半部の3単元の際に見られた「生活世界の概略の確認」に該当する小単元が見られず、また研究方法を省察する小単元がこちらではほとんど見られない。これは単元5にも共通する特徴である。これは前半部が基礎的知識や技能の形成をめざし、後半部が本格的な研究を中心に組織されたことが原因と思われる。このように、MACOSは、一般単元のうち、前半部（第1単元から第3単元まで）と後半部（第4単元と第5単元）を、若干だが性質の違うものとして組織したのである。

(3) MACOSの授業構成―開かれた探究活動―

さらに授業レベルでのMACOSの試みに焦点を当ててみよう。ここでは比較的にブルーナーの教育方法の考え方が顕著に出ている例として、第4単元「内陸キャンプのネトシリク・エスキモー」のセクションⅢ「ネトシリクの家族」に焦点を当てていく事にする。次頁の表4-8は、セクションⅢ「ネトシリクの家族」の授業の展開をまとめたものである。表4-8の左端には、各小単元のテーマを示し、右側には、「主な活動項目」と「主な学習内容」をまとめた。表4-7-2にあるように、セクションⅢ全体の主なテーマに「集団組織」（特に「家族」）があるが、セクションⅢを構成する小単元A～Dは、その下部のテーマとして、「協働作業」「分業（男女分業）」「結婚」「教育・学習」が設定されている（加えて、「自給自足」「食糧の連鎖」もある）。

　小単元Aでは、ネトシリクの人々が漁労において一人でもできる事でも家族らと協力していこうとする事実を確認し、その意味を子どもたちに考えさせている。その際、子どもたちの生活でも同じような経験がないか思い起こさせることで、考察を促している。またネトシリク社会が「自給自足」の生活であることを確認し、合衆国の経済体制と比較して、合衆国の経済体制の特質を理解させている。小単元Bでは、ネトシリクの分業について詳細に調

表4-8　第4単元・セクションⅢ「ネトシリクの家族」の内容編成

テーマ	小単元名	主な活動項目	主な学習内容	資料
協働作業 自給自足	A：秋の川の キャンプ での家族	〈ネトシリク社会〉 ○映像に登場する複数のネトシリクの登場人物の作業を記録する。 ○一人でできることをあえて協働作業することの意味を考える。 ○ネトシリクのカルマクの建て方、漁労の仕方について調査する。	・ネトシリク・エスキモーは、一人で出来ることでも他人とあえて協働作業をすることで、共同体意識（結びつき）を形成している。 ・ネトシリク社会は、家族内（小集団内）の構成員の分業による「自給自足」によって食糧を確保する。生産者＝消費者である。	映像 雑誌 地図
「食糧の鎖」		〈アメリカ社会〉 ○一人で出来ることをあえて他の人と協働作業する事例を考える。 ○食糧確保の点でのネトシリク社会とアメリカ社会の違いを考察する。 ○アメリカ社会の「食糧の鎖」について具体的に調べる。	・アメリカ社会は、生産者と消費者が分離され、さらに生産物を運搬する人や販売する人などの中間業者がある（「食糧の鎖」のシステム）。 ・アメリカ社会はシステムを維持するために法律を必要とする。	
分業（男女分業）	B：冬支度を する男女	〈ネトシリク社会〉 ○ネトシリク社会の中で、男女で協働作業をするものと、男女で分業になるもの、それぞれを確認する。 ○男性が作ることになるそりと、女性がつくることになるパーカーの材料を確認し、それらを設計する上で求められる素材の特性を説明する。暖かくなったらそれらの材料はどう再利用されるのか調べ表にする。 ○パーカーをあざらし猟の前までに作ることの理由を調査する。	・ネトシリクは、漁労は男女で協力するが、そりの作成と裁縫は男女分業となっている。 ・アザラシ猟や裁縫には、ネトシリク独自の慣習やタブーがある。それらの背景には、ネトシリクの自然に対する価値観や世界観が反映している。 ・ネトシリクは材料をほぼ全て再利用する。	映像に関するノート

第4章 民主主義社会の形成者育成における文化慣習的価値学習の特質と課題　193

結婚	C：いかにItimangnarkは妻を娶ったのか	〈ネトシリク社会〉 ○映像の Itimangnark の結婚物語をもとに、これを劇にして表現する。	・ネトシリクは幼いときから許嫁がいることが多い。結婚は両親が取り決めるのが一般的である。 ・結婚の際は男性が女性のキャンプにまで出向く。	映像
教育・学習	D：子どもの学習	〈ネトシリク社会〉 ○ブックレットを読み、写真を観察して、ネトシリクの子どもたちが学ばなければならないことを読み取り表にする。男女で学ぶことが違っている場合は、分けて示す。 ○ネトシリクの子どもたちが幼いときから聞かされる歌から彼らは何を学んでいるのかを考察する。	・ネトシリクの子どもたちは、学校ではなく父母や親族から学ぶ。母親や父親の行動を直接目にすることで学び、また遊びの中から学ぶ。手伝いをして学ぶこともある。 ・ネトシリクの子どもが学ぶことは、ネトシリクの社会生活を維持していく上で必要不可欠なことである。	写真 ブックレット レコード
		〈アメリカ社会〉 ○自分たちがこれまで学んできたことのうち、重要と思ったものを挙げて表にして示す。またこのうち、本当に必要と思うものを考える。 ○大人の行動のうち、真似たいもの、そうでないものを挙げる。 ○アメリカの子どもは何をどのように学んでいるのか考える。 ○学校は本来、アメリカの子どもたちに何を教えるべきなのか考える。	・アメリカ社会の子どもたちは、両親や周りの大人たちからも学ぶが、学校や教会、部活動などから学ぶことも多い。	
家族（父母と子どもとの関係）についての一般原理	E：家族の結束と期待された行動	〈ネトシリク社会〉 ○写真を見て、Itimangnarkの日々の生活での行動をまとめる。 ○ラムンゼンがネトシリクの男性について書いた文章に	・自給自足生活をするネトシリクは、家族の構成員の誰かが欠けると、死活問題になるが、家族内での助け合いで困難を克服	写真 ブックレット レコード

		書かれている「子どもたちは愛情豊かに健全に育てられている」といった一般的言説を、ラムンゼンはどのようにして導き出したのか考える。 ○レコードを聴き、家族の誰かが病気になることで、どのような事態が家族に生じるのか確認する。	する。	雑誌
		〈アメリカ社会・その他の社会〉 ○各過程の母親が子どもにどのような対応をしているのか詳細に調べてみる。（おばあさんの時と比較してみる） ○ほとんどの母親（父親）が子どもに対してとる行動を明らかにして、一般的言説として表現してみる。 ○家族において、母親の母親以外の役割について考える。 ○自分たちの母親の共通ではない行動について挙げてみる。	・どの親も子どもがその社会に適応できるように期待し教育をする。 ・どの社会も、家族は協力して課題に立ち向かう。 ・どの社会も、男女での分業が見られるが、最近のアメリカ社会では分業の境界が無くなりつつある。	

(Education Development Center, *The Netsilik at the Inland Camps; Man: Course of Study*, Curriculum Development Associates, Inc., 1968 より筆者作成)

査させている。また合わせてネトシリクの素材を無駄なく再利用する生き方や、女性の裁縫作業における慣習・タブーも調査させている。小単元Cでは、ネトシリクの結婚についての劇を計画・実行する中で、ネトシリク社会の結婚の慣習について学ばせる。小単元Dでは、ネトシリクの子どもたちが親や親族から何をどのように学んでいるのか確認し、それと学習者である子どもたちの学びの体制とを比較させ、アメリカ社会における教育システムの特質を理解させるものである。そして最後の小単元Eでは、家族という集団組織（親子関係）に関する一般原理の抽出を試みる構成となっている。小単元Eで

一般原理を抽出するまで、小単元A〜Dで様々な活動を通して様々な家族に共通する部分についてのイメージを膨らませ、最後にそれを言語で表現させていくこの展開は、前述した「行動」「イメージ」「記号（言語）」の「三種類の認識様式」を意識したものであると考えられる。

MACOSは、授業のねらいとして、次の7つを挙げている[30]。

1．若者に問いを投げかけていく過程を促し、発達させる。（探究方法）
2．生徒が挙げた問いに対して解答を探し出すために子どもたち自身が情報を探していくことができるように、そしてこの教育課程の中で生み出された枠組み（例えば、ライフサイクルといった概念）を活用できるように、そして他領域に転用できるように、研究手法を教える。
3．仮説を生み出し結論を引き出すために、証拠となる多様な一次資料を用いる能力を開発することを手助けする。
4．若者が、自身の見解を表現したり、他人の話を聞いたりするような話し合い活動を用いる。
5．研究を道理にかなったものにする。つまり、多くの問いに対して明瞭な解答のないオープンエンドな討論を推奨・支援する。
6．子どもたちに自らの経験を省察させるように働きかける。
7．教師は、権威ではなく資料として存在するという、新たな教師像を創造する。

セクションⅢは、この7つのねらいが色濃く特色として表出されている。基本的にセクション全体が問いで構成されており、基本的にそれは、テーマ別にネトシリクの家族の特性を明らかにしたのち、子どもたちの住むアメリカ社会の家族と比較させ、自分たちの家族集団の特質を確認させていくというものである。このようにして、MACOSは、学習者である子どもたちに問いを投げかけていく（つまり分析していく）ためのプロセスを「教えていこ

う」としているのである。また、全ての小単元で、問いを考察するに当たって、地図、写真、雑誌、レコードなどの資料が用いられ、その分析が試みられている。また、劇、小グループ活動も頻繁に組織され、話し合い活動が重視されている。

さらに授業のねらいがこのセクションⅢに色濃く反映されていることを確認するために、授業展開の詳細部を見てみよう。小単元D「子どもの学習」の授業展開の詳細を示したものが表4-9である。ここでは、問いの多くが、特に教師（教材）側で特定の解答を設定していないものが多く設定されていることを確認することができる。また小単元の冒頭で、小単元を貫く主要発問が設定されており、仮説演繹法の思考様式が小単元の授業レベルでも徹底されていることを確認することができる。

加えて、ネトシリク社会とアメリカ社会を比較する中で、子どもたちに自分たちの社会の特質を改めて確認させ、概念を用いて説明できるようにさせている（「自給自足」社会と「食糧の鎖」社会の箇所など）。さらには特色の理解に留まらず、ネトシリク社会とアメリカ社会の共通性に気付かせていく箇所や（一人でできるのにあえて仲間と協働作業をとる行動とその意味に見られる両者の共通性を捉えさせる箇所）、アメリカ社会の見直しを試みたりしている箇所も確認できる（大人たちの行動の批判的検討や、学校で教えていることの批判的検討

表4-9　第4単元・セクションⅢ「ネトシリクの家族」小単元D「子どもの学習」の授業構成

教師による発問	教授学習活動	資料・子どもに保証したい知識
1．ネトシリクの子どもたちはどのように学ぶのか。 ○次の問いがこの小単元のテーマです。 いかにして人類は、独りのネトシリクの人間、アメリカ人、イタリア人、そしてその他自分が生まれ育った場所の構成員となっていくのか。	T：テーマを黒板に示す。	■ブックレット ・『ネトシリク・エスキモーの歌と話』 ・『北極への旅』 ■活用する写真

第4章　民主主義社会の形成者育成における文化慣習的価値学習の特質と課題　　197

○こうした視点を頭に思い描きながら、小さなグループ（またはペア）に分かれて、次の活動のどれかをそれぞれしていきましょう。 (a)：「私たちの知っている世界」の中にある「古代の生活のルール」を再度読み直しましょう。そして、この章で語られている事柄の中で、ネトシリクの子どもたちが学ばなくてはならない事柄を表にしましょう。この表の中から一つの項目を選び出し、それがネトシリクの子どもたちに教えられていく方法を記述しましょう。あなたがネトシリクの信念を学んできた方法と、ネトシリクの子どもたちがそれについて学ぶ方法と、どのような違いがあるのでしょう。 (b)：レコードにある「石になった女性」と「Kaluarsuk」を聞きなさい。そして「ネトシルク・エスキモーの歌と話」の中から一つ選び出して、以下の問いに答えていきなさい。Umiapik は人生のいつ頃にこうした話を聞かされるのでしょうか。こうした話から Umiapik は何を学んだとあなたは考えるのでしょう。 (c)：「ネトシリクの生活」に関するフレーム5～9をよく見なさい。ネトシリクの男の子や女の子が学んでいる事柄として手がかりとなるものを、出来るだけ多く見つけなさい。そしてそれを男の子と女の子とに分けて表にしなさい。話し合いや学ぶ上で教師の説明が必要なものには下線を引きなさい。表のうちどの事柄が、あなたが学んだことと一致しますか。	T：幾つかの小グループに分ける。 T：写真を配り、(a)～(c)の課題を考察させる。 T：必要に応じてブックレットも活用させる。	フレーム5：Umiapik は父や父のいとこの Ugak が自分たちの作った皮製のそりから革紐を取り出しているのを眺めている。 フレーム6：大きな祭礼的なイグルーの中で、Nullut はその娘 Alertailok がトナカイの皮の衣服を作ることができるように手助けしている（Nullut もトナカイの皮のパーカーを着ている）。Alertailok はおそらくすぐに自分で衣服を仕立てることを学ぶであろう。その背後には、オイルランプと乾いた棚を見つけることができる。 フレーム7：Umiapik は自分の母親がアザラシの肉を解体しているところをみている。このシーンから、彼は労働の分業について何かを学んでいるし、また道具の使い方についても学んでいる。春の終わりになると、海岸沿いや遠い島々に沿ってゆきが解けていくが、家族は未だにテントに住んでいる。ペリー湾にはまだ流氷が残っているが、アザラシ猟は続いている。洞穴にアザラシはまだいるし、氷の上でひなたぼっこをしている動物もまだいる。 フレーム8：暖かいトナカイの皮の衣服を身につけて、Umiapik と従姉妹の Alertallok は、Umiapik の父親 Itimangnark が作った小さなおもちゃのそりで一緒に遊んで喜んでいる。子どもたちは世界を遊びながら学んでいる。 フレーム9：Karmatslark は最年長の従兄弟 Itimangnark から弓矢の使い方を学んでいる。子どもたちが10歳から12歳くらいになると真剣な指導が始まる。それは説明と実践によってなされる。

2．アメリカの子どもたちは何を学んでいるのか。		
○これまで学んできた事柄や教えられてきた事柄のうち、「あなたにとって重要な事柄」「あなたが本当であると考えている事柄」「どのように人々は振る舞うべきとあなたは考えているか」を挙げて表にしてまとめましょう。	T：発問する	（子どもの自由な回答が期待される）
○こうした事柄が全て皆さんに教えられるのはなぜなのかについて議論してみましょう。	T：発問する	・大人は子どもに社会や集団に適応できるように成長して欲しいと期待している。
○次のことを議論しましょう。 (a)：あなたの大人たちの行動とは違った行動をとりたいと考えていることについて、あなた独り、もしくは友人とまとめてみましょう。 (b)：あなたがもし女の子であるなら母親に、あなたがもし男の子であるなら父親に、次のことを尋ねてみましょう。「私が大きくなったとき、自分のどの部分をまねてほしいとあなたは考えますか」	T：発問する	（子どもの自由な回答が期待される） （子どもの自由な回答が期待される）
3　教授学習における独立プロジェクト ○アメリカ人の子どもたちは何を学んでいるのだろうか。またそれをどこでどのように学んでいるのだろうか。	T：発問する T：必要に応じてブックレットを読ませる。	■ブックレット ・『観察者のハンドブック』 ・学校で学んでいることは、生活と直接関係あることだけではなく、直接は生活と関係ないことも学んでいる。 ・ネトシリクの人々は親や親族から直接的に学ぶのに対して、アメリカ人の子どもたちはこの他に学校、教会、部活動などから学ぶ。
○学校は本来どういったことを子どもたちに教えていくべきなのでしょうか。	T：発問する	（子どもの自由な回答が期待される）

(Education Development Center, *The Netsilik at the Inland Camps; Man: Course of Study*, Curriculum Development Associates, Inc., 1968, pp. 69-95 より筆者作成)

の箇所がここに該当する）。

第３項 「通約的多元主義型」文化慣習的価値学習の特質

　「通約的多元主義型」の文化慣習的価値学習は、「非通約的多元主義型」の価値学習と同じく、異文化について正しい情報を捉えていくことで、異文化に対する偏見を克服し、異文化への理解を進めていこうとするところで共通点があった。しかし「通約的多元主義型」はそこに留まらず、異文化間に共通してみられる構造の部分にまで着目し、人類には共通した部分があることを理解させることで、そして一見奇妙で嫌悪感すら覚える異文化の文化慣習的価値も、共通構造が地域の自然環境やその他の影響を受けて変形して表現されたものであり、それなりの合理性があることを理解させることで、人類全体への同朋意識をはぐくませようとしていた。このことは、「非通約的多元主義型」の価値学習よりも異文化への理解を深いものとすることは、間違いない。このことは、民主主義社会の有意な形成者を育成する上でも、大きな貢献をすることになる。

　なお、この「通約的多元主義型」文化慣習的価値学習には、『世界文化』に見られるような「異文化間比較」系のものと、MACOSに見られるような「超異文化間比較」系のものとある。この両者は、民主主義社会の形成者育成という観点から評価すると、一長一短あり甲乙つけがたい。

　まず、人類の共通性を探究するに当たっては、「超異文化間比較」系の方が、より根源から問いかけることができると言える。例えば『世界文化』では、異文化間に共通して存在する要素として、①価値の構築、②家族の組織化、③必要と欲求の充足のさせ方、④他者と考え方を共有すること、⑤統治の仕方、⑥感情の芸術的な表現方法の６つが挙げられていたが、この６つの要素は、あくまでカリキュラム教材の開発者側が学習者に先んじて設定した枠組みである。これに対してMACOSに見られるブルーナーのアプローチは、この問題に多少なりとも応えるものである。MACOSでも、『世界文

化』と同じく、異文化間にも共通する要素として9つの概念を設定していたが、これらはカリキュラム教材側がその枠組みを押し付けていくのではなく、学習者である子どもたちの側が、具体的な学習活動の中で、諸事実に基づいて徐々に見つけ出していく（構築していく）ものとして位置付けられていた。このことにより、MACOS は人間共通に見られる部分でありながら、人間以外には見られない、そうした要素を、より根源的に問い直すことができる。少なくともそうした知的作法を保証している。

　だが、「超異文化間比較」系には、課題もある。MACOS は生物進化の歴史的過程を捉えさせる中で、その当時存在していたが現在は絶滅してしまった動物を研究対象として設定して、そうした動物の化石などを研究させるのではなく、これを類推できる現在の動物などの事例に置き換えて考察させるようにした。この中でネトシリク・エスキモーはアウストラロピテクスと同じ原始的で未開の存在として、そして彼らの文化規範は近代合衆国社会の前段階に位置づけられる社会として扱ってしまっていた。これではかえって偏見を増長させてしまう危険性がある。なお、MACOS の開発者ブルーナー自身もこのことには気が付いており、「類推を追求し過ぎると、危険な誤解をまねきうることを、十分に知ってはいたが」[31]と弁明している。

　さて、こうした「通約的多元主義型」の文化慣習的価値学習であるが、民主主義社会の形成者の育成という観点からみて、「異文化間比較」系であろうと、「超異文化間比較」系であろうと、その構造的なところから共通して生じる見過ごすことのできない大きな課題がある。それは、この学習は、子どもたちの異文化に対する偏見を克服することで、子どもたちの生き方を変革できても、そのことでそうした偏見を生み出してしまう社会制度や構造については不問のままとされ、こうした社会制度や構造の変革に向けて必要となるような知的作法も具体的な知識も、殆ど保証できないことである。

　さらには、「通約的多元主義型」の文化慣習的価値学習は、子どもたちの身の周りにある文化慣習的価値をより深く理解することを保証するものかも

しれないが、子どもたちの日常生活の中で当然のように存在している身の回りの文化慣習的価値のあり方そのものを、その合理性や公正さといった観点から批判的に問い直して、新しい文化慣習的価値を構成していくことには直結しないことも、こうした課題として加えることができる。

第4節 「構成主義型」文化慣習的価値学習
  　　　：『文化の関係』の場合

1.『文化の関係』の内容編成—文化テーマ別の配置—

「非通約的多元主義型」の文化慣習的価値学習も、そして「通約的多元主義型」の価値学習も、異文化の理解と異文化への偏見の克服を通して子どもたちの生き方を反省させようとするものであった。だが1980年代に入ること、これとは全く違った発想から、全く違ったアプローチを用いることで民主主義社会の形成者育成に寄与していこうとする文化慣習的価値学習が登場するようになる。それは現在の子どもたちの日常社会の文化慣習的価値の見直しと創造（改造）を目指そうとするタイプのものである。その1つが、ここで取り上げる「構成主義型」文化慣習的価値学習で、もう1つが次の節で取り上げる「社会改造主義型」文化慣習的価値学習である。前者は、異文化と学習者の日常社会の文化慣習的価値を比較して、より合理的で公正な価値を選択していく展開を採る。後者は、各国や地域の文化慣習的価値が現在実際に生み出している社会問題を学習することで、あるべき文化慣習的価値を考察していくことを目指すものである。

ここでは、「構成主義型」文化慣習的価値学習の事例として、ネブラスカ州の社会科教師シュル・ヒーベンタールが開発した『文化の関係』（フランク・スカッファー出版（A Frank Schaffer Publication）社刊、1994年)[32]に注目してみよう。

シュル・ヒーベンタールはアメリカが異民族の共存する多民族国家である

こと、そして国内には様々な民族が共存しており、それらは独自の文化形態を持っていることを踏まえ、合衆国に生活する市民の資質として、こうした異民族の文化慣習的価値の違いを理解し尊重する態度の形成が求められると主張している[33]。

しかしシュル・ヒーベンタールは、これらの異民族が持つ文化慣習的価値は、いわゆるWASPの文化慣習的価値とは全く切り離された存在としてあるのではなく、社会の中に入り、それぞれ合衆国社会に少しずつ溶け込んで、合衆国の文化慣習的価値を形成する一要素となっていることを指摘する[34]。そして、世界の様々な地域の伝統的慣習など文化慣習的価値を学ぶ目的として、地域間の文化的価値の違いを知り、相手への偏見を無くし、それを尊重する態度を育成することだけでなく、(1)アメリカ社会にそれらがどのような影響を及ぼしているのか、どのような関係を持っているのかを発見すること、そして、(2)今後それらをアメリカ国民である学習者個人は、そして合衆国はどのように取り入れ、どのような文化的価値を構築していくのかを考えていくこと、を挙げている[35]。

こうした目標を立ててシュル・ヒーベンタールが開発したのが『文化の関係』である。次の表4-10は、『文化の関係』の全体計画を示したものである。『文化の関係』には異文化間で共通するテーマとして、建築、芸術、音楽、言語、文学、食べ物、貨幣が挙げられており、それがそのまま単元のタイトルとして表現されている。各単元は、8つばかりの小単元からなる。この小単元は、単元1「建築」の場合、聖バジル教会（ロシア）、タージマハル（インド）、アルハンブラ宮殿（スペイン）、エッフェル塔（フランス）……、単元2「芸術と芸術家」の場合、シャガール（フランス）、デューラー（ドイツ）、ベラスケス（スペイン）、葛飾北斎（日本）……、単元3「楽器」の場合、バラライカ（ロシア）、バグパイプ（イギリス）、アルペンホーン（スイス）、三味線と尺八（日本）……と言ったように、そのテーマに則した文化的事例、作品が世界中から選ばれ、それがそのまま小単元のタイトルに反映されている。

表4-10 『文化の関係』の全体計画

単元1　建築	単元5　文学
小単元1　聖バジル教会（ロシア）	小単元1　果てしなきステップ（ロシア）
小単元2　タージマハル宮殿（インド）	小単元2　グリム兄弟の収集した物語（ドイツ）
小単元3　アルハンブラ宮殿（スペイン）	小単元3　大波（アメリカ）
小単元4　エッフェル塔（フランス）	小単元4　ハイジ（スイス）
小単元5　階層式教会（スカンジナビア半島）	小単元5　エジプトのゲーム（エジプト）
小単元6　石柱群（イギリス）	小単元6　それを勇気と呼ぶ（アメリカ）
小単元7　ローマコロシアム（イタリア）	小単元7　ハンス・ブリンカーと銀のスケート（アメリカ）
小単元8　世界中の家	小単元8　ハンス・C・アンデルセンの物語（デンマーク）
総合的な課題	総合的な課題
単元2　芸術と芸術家	単元6　食べ物
小単元1　シャガール（フランス）	小単元1　スペイン料理
小単元2　デューラー（ドイツ）	小単元2　ノルウェー料理
小単元3　ベラスケス（スペイン）	小単元3　インド料理
小単元4　葛飾北斎（日本）	小単元4　ロシア料理
小単元5　ジャン・レストゥー（オランダ）	小単元5　中華料理
小単元6　ギリシャの彩色土器（ギリシャ）	小単元6　ドイツ料理
小単元7　伝統工芸―折り紙―（ポーランド）	小単元7　フランス料理
小単元8　京劇のマスク（中国）	小単元8　アフリカの料理
総合的な課題	総合的な課題
単元3　楽器	単元7　貨幣
小単元1　ロシアのバラライカ（ロシア）	小単元1　アフリカの貨幣
小単元2　バグパイプ（イギリス）	小単元2　インドの貨幣
小単元3　アルペンホーン（スイス）	小単元3　ドイツの貨幣
小単元4　三味線と尺八（日本）	小単元4　イギリスの貨幣
小単元5　琵琶（中国）	小単元5　スカンジナビア半島の貨幣
小単元6　インドのシタール（インド）	小単元6　オランダ・ベルギーの貨幣
小単元7　ルート（古代メソポタミア）	小単元7　スペイン・ポルトガルの貨幣
小単元8　世界の太鼓	小単元8　オリエントの貨幣
総合的な課題	総合的な課題
単元4　言語	
小単元1　インドの言語	
小単元2　ドイツ語を話す	
小単元3　オランダ語を話す	
小単元4　フランス語を話す	
小単元5　ロシア語を話す	
小単元6　デンマーク語を話す	
小単元7　スペイン語を話す	
総合的な課題	

(Shull-Hiebenthal, J., *Cultural Connections*, A Frank Schaffer Publication, Inc., 1994, pp. 1-27 より筆者作成）

これは単元7「貨幣」まで共通して見られる。そして全ての単元の最後には、「総合的な課題」が付属している。

こうした全体計画から、次の2つの特質を指摘できる。特質の第一に、『文化の関係』では、世界の主要国・著名国の、世界レベルで知られている文化的価値、伝統的作品ばかりが取り扱われていることがある。各単元が取り扱う事例は、どれもフランス、ドイツ、スペイン、中国、日本、インド、メキシコといったように、世界の主要国・著名国のものとなっている。これらの国は、同時にアメリカ社会を構成する主要民族の出身国の上位と一致する。また、各小単元では、単元のテーマ（建築、芸術、音楽、言語、文学、食べ物、貨幣）に沿って、その地域における世界的に著名な作品が取り上げている。例えば日本に視点を置くと、ここで扱われているものとしては、フランス印象派に大きな影響を与えた葛飾北斎の浮世絵（単元2）、世界中でコンサートが開かれている三味線と尺八（単元3）である。これはどちらも世界レベルで知られた日本の文化である。

世界各地域の建築、芸術、音楽、言語、文学、食べ物、貨幣に関する知識をより包括的に知ることを目的とするのであれば、より小国のものや、アメリカから遠く離れてアメリカ人にはなじみのない地域のそれを取り扱ってもよいはずであるし、むしろ積極的にそうしたものを扱った方がよいはずだが、そういった事例は『文化の関係』の中では極力避けられている。ここに、『文化の関係』の学習の目的が、世界の文化慣習的価値の包括的理解というよりは、アメリカ国内で生活する内で大きな割合を占める民族の文化的なアイデンティティの理解にあることを物語っている。

特質の第二に、全ての単元の最後に「総合的な課題」という小単元が設定されているが、小単元別に、エッフェル塔ならエッフェル塔、タージマハルならタージマハルといったように、各文化的価値に関する基礎情報を学習した後、単元の最後でこれらを比較して、何らかの活動を行うためである。これによって、相手の文化的価値に関して評価するような行為はできるだけ慎

み、全てを認め合おうとする文化相対主義を脱し、比較しあうことで各文化慣習的価値の優れていると思われる点（これは学習者が判断する）を発見し、より高次な文化的価値を創造しようとした。

　シュル・ヒーベンタールは、学習者に、アメリカ社会を形成する主要な民族のアイデンティティとも言うべき文化的価値を確認させ、それを結集・融合した文化的価値を創造させようとした。それは、単元末尾に「総合的な課題」が設置されるなどの形で、ある程度内容編成にも現れている。これらの点は、本章第2節のウィラーが示す、世界中の文化的価値に関する情報を出来るだけ多く獲得し、同時にこれを尊重しあう態度を養うとした教育論との大きな違いである。

2．『文化の関係』の授業構成―異文化間の比較と討論―

　表4-11は『文化の関係』の単元1「建築」に記載されている内容や設定された発問を参考にして、筆者が教授書形式で示したものである[36]。

　単元1「建築」は9つの小単元から成る。小単元1「聖バジル教会」では、前半でモスクワの聖バジル教会に関しての複数の写真が配布され、誰がいつ建設したのかといった建物に関する基礎的な情報を獲得した後、建物の持つオリジナリティを発見する活動が組まれている。後半では、その発見した建物のオリジナリティをアピールする手段を考える活動や、身近な建物にそうした聖バジル教会の持つ建築的な特質を模倣したものがないかを探す活動が組まれている。小単元2「タージマハル宮殿」でも、小単元1と同じような展開であり、前半でインドのタージマハル宮殿に関しての複数の写真が配布され、誰がいつ建設したのかといった建物に関する基礎的な情報を獲得した後、建物の持つオリジナリティを発見する活動が組まれ、後半では、身近な建物にそうしたタージマハル宮殿の持つ建築的な特質の影響を受けたものがないかを探す活動が組まれている。以下、小単元3「アルハンブラ宮殿」、小単元4「エッフェル塔」、小単元5「階層式教会」、小単元6「石柱群」、

表4-11 『文化の関係』単元1「建築」の授業構成

小単元と授業の展開			主な発問	教授学習活動	獲得される知識
【個別の建物に関する基礎的知識の習得】世界各地の建築物の特質と、身近な地域への影響を知る	小単元1	聖バジル教会	建築物の特質を知る	○聖バジル教会はどこにあるのか。 ○聖バジル教会はいつ、誰の手によって建てられたのか。 ○聖バジル教会の特徴は何か。 ○聖バジル教会は現在どのように活用されているのか。	T：聖バジル教会の写真を配る T：発問する T：発問する	○ロシアのモスクワ ○17世紀、イワン大帝によって建設された。 ・8つのドーム（など） ○国立歴史博物館の一部として活用されている。
			身近な地域の建築物への影響を知る	○聖バジル教会を様々な角度から見た後、その8つあるドームを12×18cmの画用紙に書き写すように指導しなさい。その違いを出すために、カラーのペンやチョークを活用しなさい。 ○聖バジル教会は、赤の広場やクレムリン宮殿の近くにあります。モスクワに来た観光客がこれら全ての建物を見ることができるように、地図を作りなさい。 ○あなたの学校の周辺を探索し、ドーム屋根をもった建物を見つけなさい。	T：指示する S：発表する T：指示する S：発表する T：指示する S：発表する	（画用紙に描く） （地図を作る） （外に散策に行く）
	小単元2	タージマハル宮殿	建築物の特質を知る	○タージマハル宮殿はどこにあるのか。 ○タージマハル宮殿はいつ、誰の手によって建てられたのか。 ○タージマハル宮殿の特徴は何か。	T：T：宮殿の写真を生徒に配る T：発問する	○インドの首都ニューデリーから125マイル離れた郊外。 ○ムガール帝国皇帝シャージャハーンにより1659年に建設された。 ・ペルシャ風のデザインをした壁に囲まれている。 ・左右対称（など）
			身近な地域の	○タージマハル宮殿のうち、左右対称でない部分を挙げなさい。 ○あなたの学校の周辺を探索し、左右対称の特質をもつ	T：指示する S：答える T：指示する S：発表する T：指示する T：指示する	○前方のプール、ドームの屋根、ミナレット塔など。 （外に散策に行く） （模写する）

第4章　民主主義社会の形成者育成における文化慣習的価値学習の特質と課題　207

	建築物への影響を知る	た建物や、非対称の建物を見つけなさい。 ○建物のひとつを選択し、模写しなさい。 ○イラスト、教科書、図書館の本などを利用して、ペルシャの芸術スタイルである幾何学模様を学習しましょう。またモザイクなどを利用して自分の幾何学模様を生み出し、6×8cmの画用紙に描きなさい。	S：発表する	（画用紙に描く）
	小単元3「アルハンブラ宮殿」～小単元7「ローマコロシアム」も、小単元1、2と同じ「建物物の特質を知る」活動と「身近な地域の建築物への影響を知る」活動の二段構造となっている。			
【学習のまとめ】世界各地の建物の比較	小単元8 世界中の家	○これまで描いてきた建築物の絵を、場所別、時代別に整理しなさい。また雑誌などから家の写真を切り抜きなさい。 ○あなたの住む所に、あなたが理想だと考える家を建てるとする。あなたが考える家を立体的に画用紙に描け。 ○地元の建築家から話を聞こう。	T：指示する S：活動する S：描いて発表する	（これまで学習した建築物の特質を踏まえて理想的な建物を個々が描く）
	総合的な課題	○クロスワードパズル「隠れた宝」を完成させなさい。 ○「私は何、私は誰」を完成させなさい。 ○アーチ、柱廊などの建築的な特徴は身の回りの建築にも見ることができる。学校のどこにあるか探してみよう。 ○自由の女神像の骨組みはどのようなものであったのか想像して発表してみよう。 ○ガウディは様々な建築的特徴を生かして自らの独創的な建築物を建てた芸術家である。みなさんもガウディのように独創的な建物を画用紙に描いてみよう。	S：完成させる S：探しだして発表する T：指示する S：発表する T：指示する S：発表する	（クロスワードパズルなどを解いて、これまでの学習の復習をする） （自由に答える） （自由に答える） （これまで学習した建築物の特質を踏まえて理想的な建物を個々が描く）

（Shull-Hiebenthal, J., *Cultural Connections*, A Frank Schaffer Publication, Inc., 1994, pp. 1-27 より筆者作成）

小単元7「ローマコロシアム」まで、ほぼ同様に、前半で対象となる建物の写真が複数配布されて建物の持つ特質（オリジナリティ）を発見し、後半では地域を散策して前半で発見した建物の特質が身近な地域の建物にも見られないか探すといった二段階の展開が組まれている。小単元8では、小単元1～小単元7までに学習した建築物の特質を踏まえて、自分の理想とする建物を自由に描く活動が組まれている。そして最後にある「総合的な課題」では、前半で小単元1～小単元7までで学習してきたことを、クロスワードパズルなどを通して確認した後、再び外に出て身近な地域の建物を観察してみたり、小単元8と同様に、独創的な建物を描いてみたりする活動が組まれている。

　こうした『文化の関係』の内容編成には、次の2つの特質を見ることができる。第一の特質として、表4-11にあるように、学習者は小単元1で聖バジル教会、小単元2でタージマハル宮殿といった形で、小単元7でローマ・コロッセウムを学習するまで、世界各地の著名な建築物の所在地や歴史、その建築的特質などを学習することが小単元の前半部では求められ、小単元の後半部では、対象となる建物を描く活動や、対象となる建物の特質が町の建物からも見られないか探索する活動などが組まれていることである。これは、シュル・ヒーベンタールが挙げた目標である、世界の様々な文化的価値が社会に与えた影響や関係を見出すことを実現するために組まれた小単元の構造である。また、『文化の関係』というタイトルが付けられる所以でもある。

　第二の特質として、単元末尾の「総合的課題」における比較・評価活動である。単元1「建築」の場合、表4-11が示すように、小単元8及び「総合的な課題」において、小単元1～7まで学習した知識を確認するためのクロスワードパズルに挑戦した後、自分の理想とする建物を描かせるような活動が組まれている。学習者は、理想とする家を考える上で、これまで学習してきた世界各地の家の特色を比較吟味し取捨選択することで、より望ましい家とは何か、その審美的な価値の基準（価値観）を学習者は一人一人抱くことになる。

こうした単元の構造の特質は、学習者が普段何気なく住んでいる家の構造や、普段何気なく見ている町の建築物がどのような文化の影響を受けた構造であるのかを知るばかりではなく、それらに対して批判的に見る目を育てることをも可能にする。こうした授業の構成は、単元1「建築」に限らず全体に共通している『文化の関係』の授業構成の原理である。

3．「構成主義型」文化慣習的価値学習の特質

　「構成主義型」文化慣習的価値学習の特質は、学習者である子どもたち自身に文化慣習的価値の創造を行わせるところにある。例えば『文化の関係』の場合、各単元は、前半部の小単元で、世界各国の様々な文化慣習的価値を紹介したり、それが自分たちの身近な地域にも見られるかどうかを確認したりする作業が行われたのち、後半の小単元や「総合的な課題」において、学習者がそれらの特質を踏まえて理想とする建物を各々自由に描き出す活動が組まれていた。

　ただこの『文化の関係』では、世界の様々な地域の文化慣習的価値を概観していたが、そうした文化慣習がいかなる自然条件や人々の価値観などによって生まれてきたのか、より深い追求は見られない。この『文化の関係』では、建物のデザインのどれが好きであるのか、どの画家の画風が好きであるのかといった、実に個人的な次元で、感覚的・審美的な問題として文化慣習的価値の創造を捉えているところがある。価値についての深い追求とその価値が社会に与える影響などを踏まえて社会的価値や普遍的価値の創造をしようとした足跡は全く見られない。

　「構成主義型」文化慣習的価値学習は、価値の創造という、これまでの価値学習には見られなかった試みをしている点に特色がある。これは既存の文化慣習的価値の存在を認めることを前提として、この理解を深めていくことに固執してきた「非通約的多元主義型」「通約的多元主義型」の文化慣習的価値学習の受身的な性質を脱却する発想を持つ点で、民主主義社会の形成者

育成という観点からみても大変に意義があると評価できる。

　だがしかし、これは、前章で扱った「構成主義型」思想的価値学習の「文脈主義」系の場合と同じく、個人の選択の問題として処理されてしまい、社会全体にも通用するような社会的価値や普遍的価値の創造には結びつかないものに陥りやすい危険性を持つ。そしてこのことは、民主主義社会の有意な形成者育成という観点からみても、大きな問題となる。子どもたちが社会に働きかけるために必要となる知的作法などを、この型の価値学習が保証できない危険性があることを意味するからである。

第5節　「社会改造主義型」文化慣習的価値学習
　　　　　：『文化の衝突』の場合

1．ラーナーの教育論と『文化の衝突』の内容編成―世界の文化接触による論争問題から成る構成―

　シュル・ヒーベンタールの『文化の関係』に見られる「構成主義型」文化慣習的価値学習をさらに発展させ、文化慣習的価値学習の新たなる可能性を生み出した一つの事例が、中東地域研究者のエドワード・ラーナーが開発した『文化の衝突』に見られる。

　ラーナーは、従来の文化慣習的価値学習が、異国の伝統的慣習といった文化的価値の諸情報の紹介に留まっていることに対して、疑問を抱いていた[37]。というのも、急激なグローバル化による激しい社会変化の波が諸外国にも訪れ、諸外国の伝統的慣習は変化することを余儀なくされ、実際に変化しているにもかかわらず、こうした現状を伝えぬままに諸外国の伝統的慣習などの文化慣習的価値を教えることは、諸外国の文化的価値に対して誤った情報、そしてステレオタイプな見方を学習者に提供することになると考えられるからである。例えば、よく日本の文化的価値の事例として、「武士道精神」や「従順な妻」などが取り上げられるが、これは封建社会時代の日本

第4章 民主主義社会の形成者育成における文化慣習的価値学習の特質と課題　211

の価値といってよく、日本も特に戦後、西洋化の影響を受けて、そうした価値は消滅しつつあるのが実態である。しかし、異文化理解ということで、日本文化を「わび・さび」「武士道精神」「従順な妻」といった事例のみで教えることは、アメリカ合衆国の文化慣習的価値学習でも、ヨーロッパのそれにおいてもよくあることで、文化的価値学習を行ったが故にかえって「変な」「誤った」外国像を提供してしまうことになる。

　ラーナーは1980年代にフルブライトで中東を訪れたとき、このギャップに気づいたと述べている[38]。そして、ラーナーは、世界の人々が、拡大するグローバル化、アメリカ化の波に翻弄され、伝統的価値を維持するのか、それとも変革するのか、その判断を迫られている、いわゆる「文化的葛藤」「文化の衝突」場面を教材化することを計画したと述べている[39]。また、ラーナーは同時に、アメリカの文化慣習的価値と自国の伝統的な文化慣習的価値の判断に迫られている場面を学習者に見せることで、世界の実態を理解させるだけではなく、自国の文化的価値を反省する機会を提供しようとも考えた。

　これらを踏まえて、ラーナーが1986年に開発したのが、『文化の衝突—世界の変化の事例研究—』(J. ウェストン・ウォルチ (J. Weston Walch) 社刊、1994年に改訂版出版。以下『文化の衝突』と略記）である。ただし今回は、ロシアや西ヨーロッパが新たに単元として加わった改訂版（1994年版）を使用する[40]。この『文化の衝突』の全体計画を示したものが次頁の表4-12である。

　『文化の衝突』は、日本、中国、インド、東南アジア、CIS、西欧、北アフリカと中東、南部アフリカ、南米、中米、カナダ、合衆国を対象地域として扱っており、それがそのまま単元名となっている。対象地域は日本から西回りで世界を概観することができるように編成されている。単元にはそれぞれに副題があり、これらは各地域で引き起こされている文化接触、特にアメリカを中心とする西洋的価値観との接触が原因となる文化的な価値葛藤の実例の内容を示している。例えば単元4「東南アジア」の副題「大家族か、核

表4-12 『文化の衝突』の全体計画

	単元名（対象地域）	単元の副題
1	日本	個人主義と組織主義の生活
2	中国	選択：市民的自由なき経済開放
3	インド	身分制の維持
4	東南アジア	大家族、それとも核家族？
5	ロシア及び独立共同体	変革期の指標
6	西ヨーロッパ	外国人労働者の役割
7	北アフリカと中東	伝統社会における女性の役割
8	サハラ以南のアフリカ	国家主義　対　部族の忠誠
9	南アメリカ	都市生活　対　村落生活
10	中央アメリカ	改革か、革命か？
11	カナダ	国家の言語か、地方の言語か？
12	合衆国	多文化主義と国家の統合

(Lerner, E., *Cultural Conflict*, J. Weston Walch, 1994 より筆者作成)

家族か」は、東南アジアが西洋文化と接触した結果、従来この地域で伝統的な価値であった大家族主義と、新しい西洋的価値である核家族主義の価値葛藤がこの地域に引き起こされた実例を、単元4で取り扱っていることを示すものである。ラーナーは、世界各地で文化接触が原因で起きた価値葛藤の実例を『文化の衝突』で取り扱うに当たって、各地域の研究家に、情報の提供を求めている。以下は、その専門家と担当箇所である[41]。

〔ジンバブエ〕ビシー・ライマン（Bessie Lyman）
　　　　　　　　　　　　　　　　　　　　（ニュートン・パブリックスクール）
〔ドイツ〕ジョン・ベンディクス（John Bendix）　　（インディアナ大学教授）
〔中国・日本〕レスリー・スワッツ（Leslie Swartz）
　　　　　　　　　　　　　　　　　　　（ハーバード大学東アジア研究所研究員）
〔中東〕キャサリン・ジョーンズ（Catherine Jones）　　（中東研究センター）

〔ソ連・東欧〕ジャネット・バイラント（Janet Vaillant）

（ソ連・東欧言語文化センター）

『文化の衝突』の各単元は、「背景（Background）」と「シナリオ（Scenario）」から成り立っている。「背景」では、文化接触やその他の社会的要素がどのようにして対象地域の価値葛藤を引き起こしたのかを説明している。「シナリオ」は価値葛藤の個別的な実例（個別的な問題状況）を取り上げている。学習者は「背景」で、「シナリオ」で扱われる問題状況が発生した背景（そして、その多くは文化伝播が要因であること）を知り、それを踏まえて「シナリオ」の問題状況に望むのである。こうした『文化の衝突』の各単元における、「背景」及び「シナリオ」の内容と、「シナリオ」で扱われる問題状況の価値対立の関係をそれぞれ示したのが次頁の表4-13である。

　単元1「日本―個人主義と組織主義の生活―」では、「背景」で日本企業が海外進出する中で、欧米型企業システムである個人中心主義の考えが知られるようになり、国内の伝統的な組織中心主義との文化的価値対立を引き起こしたことが情報として提示され、その後の「シナリオ」では、そうした個人中心主義と組織中心主義の間で板ばさみになっている日本人タシノ・ヒロシに焦点が当てられている。単元2「中国―選択：市民的自由なき経済開放―」では、「背景」で市場の開放で欧米的民主主義・個人主義の考え方が中国国内にも知られるようになり、学生などの間ではこうした欧米型民主主義・個人主義を支持する声も生まれてきているが、政府は政治的な権利を未だに国民に認めず国家への忠誠を強要している、という情報が提示され、その後の「シナリオ」では、自分の能力を国家のために尽くすべきか、それとも民主制を認めない国家を捨てて、民主主義・個人主義を認める合衆国のために尽くすべきか迷っている中国人リンに焦点が当てられている。単元3「インド―身分制の維持―」では、「背景」で長年インドを支配してきたカースト制度とそれによる階層別分業の考え方が、近年の欧米化で崩れてきていることが情報で提示され、その後の「シナリオ」では、こうした伝統的な階

表4-13 『文化の衝突』の内容構成―アメリカンスタンダードと世界

テーマ		単元名 (対象地域)	単元の副題	「背景」に記載されている問題発生の社会背景	
文化衝突が原因で引き起こされた異文化社会の諸問題	経営	1 日本	個人主義と組織主義の生活	日本企業は世界市場で成功を収め、海外に進出するようになった。その結果欧米型企業システム(個人中心主義)が日本国内に知られるようになった。	①企業の海外進出による文化接触・伝播
	技能発揮	2 中国	選択：市民的自由なき経済開放	市場が拡大し、世界単位で展開されるようになった。その結果、中国は市場開放に踏み切ったが、政治的な権利は国民に認めていない。	①市場の拡大 ②情報化による文化伝播
	階層	3 インド	身分制の維持	欧米の平等思想が広まり、カースト制による身分差別は1955年以降違法になった。しかし農村部の共同体はカースト制に基づいた分業体制が色濃く残る。	①国際基準に合わせた国家政策
	家族	4 東南アジア	大家族、それとも核家族？	東南アジアでは急激な工業化・都市化が進み、さらには西洋風の生活スタイルが流入して、これまでの大家族形式の生活が減り、核家族が増えつつある。	①都市化・工業化 ②西洋生活習慣の文化伝播
	社会秩序	5 ロシア及び独立共同体	変革期の指標	冷戦が終結し、ソビエト共産党は消滅した。しかしこのことはロシア人の自信を喪失させた。ロシア国内では犯罪が増加し、経済が混乱している。	①冷戦の終結
	労働者	6 西ヨーロッパ	外国人労働者の役割	ドイツにはトルコ系やイタリア系の人々が大量に流入して低賃金労働者として働いている。彼らはドイツ人から職を奪うこともあり、排斥運動が起っている。	①南北問題
	女性	7 北アフリカと中東	伝統社会における女性の役割	中東では宗教の影響で「女性は家庭を、男は外で仕事を」とした考えが広がっていた。しかし近年この地域の近代化が進み、女性が社会に進出してきた。	①工業化・近代化 ②情報化による文化伝播
	政治システム	8 サハラ以南のアフリカ	国家主義対部族の忠誠	アフリカ社会は部族間の結束が固い。しかし帝国主義時代にこうした部族とは関係なく列強の利害で国境が引かれた。	①民主主義思想の拡大
	住居	9 南アメリカ	都市生活対村落生活	南米では現在、工業化・都市化が進み、これまでの農業中心の牧歌的生活が失われてきつつある。しかし都市には犯罪が増加し、失業者に溢れている。	①都市化・工業化 ②西洋生活慣習の文化伝播
	改革	10 中央アメリカ	改革か、革命か？	中南米では、反民主的独裁政権対反政府ゲリラの対立は各地で内戦を引き起こしている。どちらか片方が、大抵の場合、合衆国の支援を受けている。	①合衆国の軍事的支援
	言語	11 カナダ	国家の言語か、地方の言語か？	イギリス系移民が多数を占めるカナダにおいて、ケベックのみがフランス系移民が多数を占める。	①複数民族の同居
自国の問題	多文化の統合	12 合衆国	多文化主義と国家の統合	「人種の坩堝」か「サラダボール」か。多様な価値観を持つ多様な民族が移民として流入してくる合衆国としては、この問題を避けることはできない。	

(Lerner, E., *Cultural Conflicts － Case Studies in a World of Change*, J. Weston Walch, 1994 より筆者作成)

第4章　民主主義社会の形成者育成における文化慣習的価値学習の特質と課題　215

諸地域の伝統的価値との対立からなる内容設定―	文化的価値の葛藤	
「シナリオ」に記載されている問題状況	対象地域の伝統的価値観	伝播した欧米型の新しい価値観
ヒロシは富士通の社員である。彼はコンピューターに関して新しいアイデアがあるが、会社は理解を示さず会社の利益を第一に考えるよう伝えた。ヒロシは独立すべきか迷う。	企業の組織中心主義（企業の成功は自分の喜びである）	企業の個人中心主義（個人の時間があっての労働である）
リンはエンジニアとして優れていた。彼は大学卒業後その能力を国のために使うか、それとも合衆国に留学して、政治運動を海外に展開するべきか迷う。	能力の国家所有（能力は国家・人民に尽すためにある）	能力の個人所有（能力は自分のものである）
ロジャーリは農村部のサンダル製造業者の息子である。父親は彼がサンダル業を継ぐことを望んでいるが、サンダル業は低い階層と見られており、彼は村を出て行こうか迷う。	階層分業制の奨励（分業は早くから専門知識が学べてよい）	階層分業制の否定（人は平等に職業選択の自由がある）
カノートは大家族で暮らせる家を購入したいと考えているが、お金がない。狭い家なら手に入れることができるが、大家族の生活は無理である。今狭い家を購入すべきか迷う。	大家族主義（家族は両親と一緒に住むべきである）	核家族主義（家族は両親と別々に住むべきである）
ボリスは旧ソ連赤軍の退役軍人である。彼はロシアの物価高などに苦しんでいる。彼はある時、同僚だった退役軍人らと会い、今後のロシアがどうあるべきかを議論する。	権威主義（警察権力を強めて秩序を維持すべき）	自由社会（人々の自由権をより拡大すべき）
ヒルガは外国人労働者をどのように取り扱うべきかについて、町の人々に意見を聞いて雑誌を作ろうと考えている。	合衆国にも見られる問題	
ハロウンはイスラエルの農村に住む18歳の女性である。彼女は成績が優秀で、大学に行くように勧められるが、村から女性が大学に行ったことはなく、彼女の両親は迷う。	男女分業主義（男は男の役割、女は女の役割がある）	男女同権主義（仕事に性差はない）
ジンバブエは独立した。この国は様々な民族から形成されている。今後この国の政治システムとしてジョジアは民族別の政党形成を、オコトは西洋型の政党形成を主張する。	民族重視の政党形成（政党は民族別に形成されるべき）	理念重視の政党形成（政党は同じ理念を持つ集団とすべき）
ジョアンは痩せた農地を捨てて都市に出てきた。しかしたいした教育を受けていない彼は、家族を養えるような仕事に就く事ができない。田舎に帰るべきか迷う。	農村の牧歌的生活（穏やかな農村の生活が魅力的である）	都市の刺激的生活（娯楽のある都市生活が魅力的である）
エルサルバドルは政変が続いている。アリーシアは独裁政権を倒すために、武力を使う変革はやむなしと考え、ルイスは、武力で政権を倒しても問題は解決しないと考える。	非暴力主義（暴力は紛争解決手段にならない）	暴力革命の容認（独裁政権には武力で抵抗するべきだ）
ケベック州ではフランス語を公用語とする決議がなされた。アデールら雑誌編集者は、町の人に意見を聞いた。	合衆国にも見られる問題	
フォレスト・グレン・サウス高校で広い年齢層に渡る生徒を集めて、多様な国からやって来る移民をどう扱っていくべきか議論している。		

層分業制を肯定する考え方と、欧米的な階層分業制を否定する考え方の板ばさみになっているインド人ロジャーリに焦点を当てている。単元4「東南アジア―大家族、それとも核家族？―」では、「背景」で、東南アジアで急速に工業化・都市化が進み、また西洋の生活スタイルが流入してきて、伝統的な大家族形式の生活が減り、核家族形式をとる家庭が増えつつあるという情報を提供し、その後の「シナリオ」では、こうした大家族主義を維持したくてもそれが困難な状況にある東南アジアの若者カノートに焦点を当てている。単元5「ロシア及び独立共同体―変革期の指標―」では、「背景」で冷戦が終結してロシア人は自信を失い、国内では犯罪も横行していることを情報として示し、その後の「シナリオ」では、このまま欧米式の自由社会を認めていくことが賢明なのか、それともかつてのソ連のように国家主導の権威主義に戻るべきなのか葛藤するロシアの退役軍人ボリスに焦点を当てている。単元6「西ヨーロッパ―外国人労働者の役割―」では、「背景」でドイツ国内では近年トルコ系やイタリア系の人々が低賃金労働者として大量に国内に流入し、ドイツ人から職を奪うこともあって外国人排斥運動が活発になってきていることを情報で示し、その後の「シナリオ」では、そうした外国人排斥運動をどのように取り扱おうか迷っているドイツ人ヒルガに焦点が当てられている。単元7「北アフリカと中東―伝統社会における女性の役割―」では、「背景」で男女分業主義の考え方が伝統的にあったこの地域で、近年西洋思想の流入や近代化などにより変化が見られるようになったことを情報として提示し、その後の「シナリオ」では、こうした男女分業主義と男女同権主義の考えの板ばさみにあっている中東の女性アリ・ハロウンに焦点が当てられている。単元8「サハラ以南のアフリカ―国家主義対部族の忠誠―」では、「背景」で部族関係を無視して帝国主義時代に国境が引かれたことが、この地域の政情不安を引き起こしていることが情報として示され、その後の「シナリオ」では、伝統的な民族連合としての政治体制と、欧米式の理念別に政党が組織され、それら政党が主導権を持つ政治体制と、どちらを目指すべき

かで意見が対立しているジンバブエの青年ジョジアとオコトに焦点を当てている。単元9「南アメリカ―都市生活対村落生活―」では、「背景」で都市化が進んで伝統的な農業中心の牧歌的生活が失われつつあるが、都市には犯罪が横行し失業者が溢れているという情報を提示し、その後の「シナリオ」では、都市にすむべきか農村に帰るべきか悩む若者ジョアンに焦点を当てている。単元10「中央アメリカ―改革か、革命か？―」では、「背景」で中央アメリカではアメリカ合衆国に支援を受けた集団と、それに対抗する集団との間で長年内戦が続いていることが情報として示され、その後の「シナリオ」では、独裁政治を打倒するための内戦はやむをえないか否かで意見が対立するエルサルバドル人のアーリシアとルイに焦点が当てられている。単元11「カナダ―国家の言語か、地方の言語か？―」では、「背景」でカナダではケベック州のみ、フランス系の人口がイギリス系の人口を上回っているという情報が示され、その後の「シナリオ」では、ケベック州でフランス語を州の公用語とする決議がなされたことに対しての町の人の反応に焦点が当てられている。そして最後の単元である単元12「アメリカ合衆国―多文化主義と国家の統合―」は、「背景」としてアメリカ合衆国が目指す方向性として“人種の坩堝”か“サラダボール”かといったことが話題となっていることが情報として示され、その後の「シナリオ」では、この問題や移民問題について話し合っているフォレスト・グレン・サウス高校の生徒に焦点が当てられている。

　こうした内容編成には次の2つの特質を見ることができる。第一に、各単元の「シナリオ」で扱われる問題、価値葛藤は、西欧とカナダの事例（単元6と単元11）を除いて、グローバル化（西洋化）の拡大が原因で引き起こされたものであり、そのほとんどが合衆国ではあまり議論されることがないと考えられる内容からなっている点である。

　第二に、各単元の「シナリオ」では、一般市民の実際の問題体験が示されるという共通点を持つことがある。例えば単元1ではヒロシの体験、単元2

ではリンの体験…といったように、一般市民に焦点が当てられ、彼らの経験が示されている。なお、この「シナリオ」では、同時に「個人の役割」カードというものが配布される。このカードは、問題状況に遭遇している一般市民たちに、様々な立場の人々が様々な意見や見解を示す、見解の一覧表と言うべきものである。資料4-1は各単元で「個人の役割」カードが取り上げる人物の名前の一覧である。例えば単元7「北アフリカと中東」の場合、問題状況に遭遇し価値葛藤をしているアリ・ハロウンに対して、その家族（Nuria Haroun）や親戚（Selah Haroun など）、近所の人（Achmed Badour）や友人（Hassan Mabdan など）ら14人が各自の考えを示す。このように実際の問題体験や議論を扱うことは、合衆国ではほとんど議論されることのないようなことが、対象となる地域では日常で普通に議論され、対象地域の住民の悩みとなっていることを学習者に、より具体的かつ現実のものとして理解させる効果が期待される。

『文化の衝突』に見られるこうした内容編成上の特質は、合衆国では自明視されている慣習や考え方が、合衆国以外、特に非西洋地域ではそうではなく、その地域の伝統的価値（表4-13の「対象地域の伝統的価値観」が該当）と対立していることを知らせるものであり（220頁の図4-1）、こうすることで、合衆国のそうした価値観が普遍的ではないことを学習者に認識させようとしたと考えられる[42]。このことを認識した学習者は、合衆国では自明であっ

資料4-1　『文化の衝突』の「個人の役割」カードが取り上げる人物の一覧

	単元	問題に遭遇する主人公	主人公にアドバイスしてくれる登場人物
1	日本 個人主義と組織主義の生活	Hiroshi Tashino	Kimiko Tashino　Saburo Matsuoka　Akira Tashino Ichiro Tashino　Etsuko Tashino　Patrick Morinaga Ohisa Kaguchi　Hideki Yosawa　Yoshida Dakai
2	中国 選択：市民的自由なき経済開放	Ling Buzhong	Ling Moshu　Pang Wei　Bai Keng　Wang Qi Ling Zhiyuan　Chen Xilen　Ling Wei　Deng Tung Kiang Hsu

第4章　民主主義社会の形成者育成における文化慣習的価値学習の特質と課題　219

3	インド 階層制の維持	Krishnan Rojatli	Gapur Pojatli　Santha Rojatli　Mantu Singh Aruna Rojatli　Arjun Rojatli　Ravi Bedavar Lira Naktal　Sangeeta Rojatli
4	東南アジア 大家族の生活 か核家族か？	Achmed Kanoto	Rusiah Kanoto　Muhammed Kanoto　Ali Kanoto Pidenogo　Kalambitan　Maria Samrin　Sutan Hattma Agus Domo　Fatimah Hattma
5	ロシアと独立 国家共同体 変革期の指標	Boris Perchov	Ivan Perchov　Vera Percho　Volga Perchov Leonid Mirkich　Vladimir Perchov　Alexander Daretsky Maya Dorovna　Anatol Goorvich　Natasha Spenska
6	西ヨーロッパ 外国人労働者 の役割	Helga tobler	Heinrich Gatzke　Gertrude Tobler　Gunther Meinz Karl Prott　Peter Hellman　Senta Rogar Dietrich Meyer　Mustafa Gabriz　Soraya Gabriz
7	北アフリカと 中東 伝統社会の女 性の地位	Ali Haroun	Nuria Haroun　Fewzia Haroun　Yusuf Haroun Samir Haroun　Amir Haroun　Daoud Haroun Nava Haroun　Saamia Haroun　Selah Haroun Achmed Badour　Hassan Mabdan　Uri Ben-Shem Maryam Ranmani　Jamal Mabdan
8	サハラ以南の アフリカ 国家主義と民 族への忠誠	Josiah Ndema Okot Bende	Kafi Barumbi　Nandi Arando　Abioseh Muriani Abena Thole　Birago Ndema　Camara Atsweyo Kamuzu Tunde　Sarah Warno
9	南アメリカ 都市化対村落 の生活	Juan Cordona Antonio Palmares	Carmen Cordona　Luisa Sanchez　Maria Simona Alfredo Gomez　Jose Parnado　Miguel Cordona Alfredo Cordona　Hernando Cordona
10	中央アメリカ 改革か、革命 か？	Alicia Gomez Alberto Carreras	Luis Molnaro　Emilio Colon　Carlotta Monagas Lorenza Portillo　Rafael Vega　Octavio Furtado Father Lopez
11	カナダ 国家の言語か、 地方の言語 か？	Adele Lorisse Jean-Pierre Moneau	Claude Vachon　Diana Wilson　Boris Kanchenko Jacques Boudreau　Monique Favaux Marie Bouchard　Jean Lecault　Charlotte Janet
12	アメリカ合衆 国 多文化主義と 国家の統合	（該当なし）	Barbara Wilson　Le'Niesse Hazlett　Elena Sonoma Rodolfo Hernandez　Catherine Sikorski Albert Burton　Helen Mitchell　Mounir Ali Bruce Goodman　Richard Kim

（Lerner, E., *Cultural Conflicts—Case Studies in a World of Change*, J Weston Walch, 1994 より筆者作成）

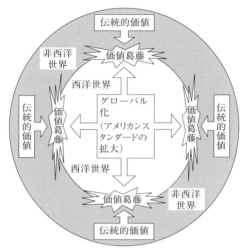

図4-1 『文化の衝突』の内容構成の構造—拡大するアメリカンスタンダードへの接触によって発生した文化的価値葛藤問題から成る構成—

た価値に対して疑念を抱き、自問自答するようになることが期待される（なお、批判対象となる合衆国の価値は、表4-13の「伝播した欧米型の新しい価値観」が該当する）。

　なお、合衆国でも議論されている問題を扱っている、例外的とも言える単元（単元6、単元11）も存在する。これらの単元は、おそらく外国の事例を通して、合衆国の問題を対象化して見ようとするラーナーの意図から設定されたのではないかと考えられる。

2．『文化の衝突』の授業構成—実際の議論を踏まえた判断—

　では、『文化の衝突』の各単元において、ラーナーはどのような授業を組織しようとしたのであろうか。表4-14は『文化の衝突』の単元1「日本—個人主義と組織主義の生活—」の記載事項及び設定されている発問などを参考にして、筆者が教授書形式に整理したものである（発問は、『文化の衝突』

第4章 民主主義社会の形成者育成における文化慣習的価値学習の特質と課題 221

表4-14 『文化の衝突』単元1「日本―個人主義と組織主義の生活―」の授業構成

教材活用箇所	学習過程	主な発問	教授・学習過程	主な学習内容
冒頭の地図	対象地域の位置確認	○日本はどこにあるか。	T：発問する S：地図で確認する	（日本の位置や近隣の国を簡単に確認する）
ビデオ・教科書「背景（background）」	対象地域の文化的価値葛藤（伝統的価値対アメリカンスタンダード）発生の要因の認識	○日本の会社システムにおいて特徴的な形態について説明しなさい。（ビデオ『二つの社会』『日本の人間の顔』を見せる） ○この形態に近年起こっている事態を述べなさい。 ○こうした変化はなぜ起こっているのか。	T：ビデオを見せ発問する T：発問する S：答える T：発問する S：答える T：発問する	○従業員の生活の様々な面を会社が保証することで、従業員の会社への高い忠誠心が維持される組織中心主義が日本企業システムの特徴。 ○従業員は個人の利害や生活よりも、会社の利害を重視することが要請される。 ○近年、アメリカなどの企業システムの特徴である個人中心主義の考え方が日本でも広まりつつある。 ○逆に、アメリカやヨーロッパ人が日本の組織中心主義を研究しにやってくるようにもなった。 ○日本国内で個人中心主義の考えが広まった背景には、日本に外国企業が進出してきたことや、日本企業が海外進出をして、アメリカ合衆国などで個人中心主義の企業システムに出くわしたことがある。 ○対してアメリカやヨーロッパから日本の組織中心主義の企業システムを学びに来る人間が増えたのは、世界市場における日本企業の成功がある。
	実例を通した	○「シナリオ」を読んで、日本の技師タシノ・ヒロシが遭遇している問題について	T：「シナリオ」を配布し発問する	○ヒロシは新しいコンピュータープログラムを生み出すシステムを思いついた。彼は会社に働きかけたが却下された。彼は富士

教科書「シナリオ (Scenario)」「個人の役割 (Part)」	対象地域の文化的価値の理解	述べなさい。 ○タシノ・ヒロシの周囲の人間は、ヒロシの問題をどのように考えているのか。 ○彼らになりきってロールプレイしてみよう。 ○ヒロシはどう判断するべきか。あなたの考えを述べなさい。	S：答える T：「個人の役割」カード①～⑨を配る S：ヒロシに意見を述べる T：発問する S：答える	通を辞めて、独立しようと考えるようになった。しかしヒロシの生活は富士通にかなりの部分依存している。富士通が彼の住居費を払ってくれているし、彼の同僚は近くに住んで、ひとつの社会を形成している。ヒロシはこのことを感謝していた。 (子どもの意見が様々に出される) (「個人の役割」カード①～⑩は資料4-2)
	文化的価値の背後にある根拠（メタ的価値）の理解	○どうして日本型の企業システム（組織中心主義）が支持されるのか。どういった要素がこの考え方を促進しているのか。 ○どうして合衆国型の企業システム（個人中心主義）が支持されるのか。どういった要素がこの考え方を促進しているのか。	T：発問する S：答える T：発問する S：答える	○次の点が重視されることがある。 ・大会社によって生活の安定が維持される点。 ・会社の従業員と常に行動をともにし、成功を分かち合うことで、連帯感、仲間意識を感じることができる。 ・連帯感を高めることで会社の生産性を上げることができる。 ○次の点が重視されることがある。 ・プライベートな時間を持つことができる。 ・コンピューター産業に求められる技術革新に迅速に応えていくことができる。
	アメリカン・スタンダードの反省	○企業が組織中心主義から個人中心主義へ変革することは全ての人々にとって（アメリカ人にも日本人にも）良いことか。 ○合衆国の企業は、こうした日本の会社システムから何か学ぶことはないか。	T：発問する S：答える T：発問する S：答える	(子どもの意見が様々に出される) ※新たなる価値が社会に与える影響について考えながら判断すること。 (子どもの意見が様々に出される)

(Lerner, E., *Cultural Conflicts—Case Studies in a World of Change*, J. Weston Walch, 1994, pp. 3-13 より筆者作成)

の「導入」部分にある「教授の手順」及び、そこで示されている本教材の目標を元に作成した)[43]。なお、『文化の衝突』の学習目標として、次の質問に答えられるようになることが挙げられている[44]。

○様々な文化において、どのような変革が起こっているのか？
○変革を肯定する要素は何であると人々は考えているのか？
○変革を否定する要素は何であると人々は考えているのか？
○それらの変革は全ての人（対象地域の人も、合衆国の人も）にとって「良いもの」であるのか？
○近代化（グローバル化）は伝統的社会において避けられないことなのか？

また、単元1の目標として、「日本型モデルのどの側面がアメリカ社会で適応できるのかを議論する」が設定されている[45]。

『文化の衝突』の授業は、ほぼどの単元も5つの段階から成る。第一段階は、学習対象となる地域を地図で確認させることから始まる。第二段階では、教科書「背景」の記述内容やビデオを見ることを通して、学習対象となる地域の伝統的価値が何であるのかを確認させ、その価値が危機的状況となった原因（文化伝播やその他社会的要因）を探究させている。単元1「日本」の場合、元々企業システムは組織中心主義の考え方が当然であったこと、そして日本企業の海外進出や海外企業の日本進出にともなって、合衆国の企業システムの理論である個人中心主義が入ってきたことなどが示される。

第三段階では、教科書「シナリオ」の記載内容に基づいて、対象地域の伝統的価値と、西洋的（アメリカ的）価値の対立の実例が示される。単元1「日本」の場合では、ヒロシ＝タシノという富士通で働く日本人の価値葛藤が取り扱われている。「シナリオ」の前半では、ヒロシが遭遇した問題状況が示される。ここでヒロシは、コンピュータープログラミングで新しいアイディアを思いついたが、それが会社の方針に合わず拒否されたため、アメリカの人々のように独立をしようか、それとも日本の慣習に従い、会社に残っ

て会社の方針にあわせるようにしようか、迷うようになったという情報が示される。「シナリオ」の後半では、「個人の役割」カードが配られ（単元1「日本」で扱われる「個人の役割」カードの一覧を示したものが資料4-2である）、ヒロシは従来の日本の企業理論に則って会社に従い残るべきか、それとも合衆国の企業理論のように新しい道を歩むべきか、アドバイスをする様々な立場の人間の考え方を知ることが求められている。ヒロシへのアドバイスは、ヒロシの親族（キミコ・タシノやイチロー・タシノなど）、友人（サブロー・マツオカやパトリック・モリナガなど）、恩師（ヒデキ・ヨサワ）などヒロシの関係者10人が行っているが、彼らは、組織中心主義的立場からヒロシの独立に反対する者、個人中心主義の立場からヒロシの独立に賛成する者、中立な者といったように、全員多様な立場にある。彼らはみな独自の理由付けをし、ひとつとして同じ考え方はない。『文化の衝突』はさらに、学習者が彼らになりきって実際にヒロシに色々アドバイスするロールプレイをすることまで求めている。そしてこうした一連の活動の後、今度は学習者を主人公のヒロシの立場に立たせて、会社に残るか会社を去るか、意思決定をさせていく。

　合衆国の子どもたちにとって、独立しようとするヒロシを肯定的に捉える人たちの考えを理解することは容易であろう。しかし、逆にこれに反対する日本人の考えには中々馴染めないと考えられる。そのため『文化の衝突』では、ロールプレイを通じて、馴染みのない考え方をする人間の立場から（例えば松下電器に勤めるエツコ・タシノの立場から）、ヒロシへのアドバイスを考えてみさせることで、合衆国の子どもたちにとってあまり馴染みのない日本の「組織中心主義」の考えを何とか理解させようとさせている。このロールプレイ活動の後に学習者は、ヒロシはどうするべきかについて討論することが求められる。もしこのロールプレイがなければ、討論は一方的なものになる可能性が高い。だからこそロールプレイは、討論を深いものとするためにも重要な学習活動となる。

　第四段階では、合衆国では自明である西洋的（アメリカ的）価値が学習対

資料4-2 単元1「日本―個人主義と組織主義の生活―」における「個人の役割」カードの一覧

①ヒロシ・タシノ（主人公）

彼自身は富士通にいて不幸であると感じたことはない。ただ自力で自らの道を切り開くことに興味を持つようになったのだ。彼はアメリカ。カリフォルニア州のシリコンバレーで、自分と同じ技術者が、大きな会社を離れて、コンピューター等の電子機器の会社を次々に生んでいる姿に感銘を受けたのだ。

富士通が彼の提案を却下したことは彼に少なからず失望を与えた。伝統的な慣習として、会社の役員の多くの人間が、君の考え方は会社の方針に合わなかっただけだと説得しに来た。彼らはヒロシに、会社のとって最善のことに全力を尽くすことが大切であると説明した。

ヒロシは会社が生活のあらゆる面をサポートしてくれていることに感謝していた。ヒロシの生活は富士通にかなりの部分依存している。富士通が彼の住居費を払ってくれているし、彼の同僚は近くに住んでいて、ひとつの社会を形成している。会社を離れることは大変に困難なことであるが、とてもエキサイティングなことでもある。

②キミコ・タシノ

あなたはヒロシの妻です。あなたは日本の妻の伝統的な役割を受け入れ、富士通が組織した活動に参加している。あなたは生花教室に通い、富士通の教師が教えてくれる日本の礼儀作法教室に通っている。あなたの社会活動のほとんどは会社が出資している。

カリフォルニアであなたは、この地で新しく出来た日系アメリカ人の友人に特に影響を受けた。これらの妻たちは、たとえ夫が大きな会社に勤めていようとも、自分で何の活動をするのか決断していた。彼女たちは夫の生活や雇い主と自分の家族の生活を分けて考えていた。

プライバシーの時間（あなたのすることはあなたしか知らない時）は、楽しい時間である。おそらくもしヒロシが自分の会社を経営したら、あなたもこうした時間を持つことができるようになる。

あなたはヒロシに富士通を退社することを勧めるつもりである。

③サブロー・マツオカ

あなたは富士通の技師である。あなたはヒロシ・タシノと同じ職場の同じ部署で働いている。あなたたち二人は友人である。ヒロシはあなたに会社から出て行こうと考えていることを告げた。そしてあなたはそれを心配している。

あなたは多くの人が会社を離れて新規事業を立ち上げているという事実を知っているにもかかわらず、彼が会社を辞めるという判断を下すことは誤りであると考えている。10万近くの小さな会社は、大きな会社から離れた人間が自らの手で最近作られてきている。こうした会社の大半はコンピュータープログラムといったハイテク技術の領域にある。

こうした小さな会社は大変にリスクが大きい。その多くは失敗している。またこれまで大きな会社が堤供してきたような生活の安定も保証されなくなる。ヒロシのように妻や子供など扶養家族がいる男は富士通の安定した生活にとどまるべきである。あなたはヒロシがリスクを背負うことを辞めるべきだと考える。

④アキラ・タシノ

あなたはヒロシの兄である。あなたはヒロシのような学術的な才能は持ち合わせておらず、大学にもいっていない。しかしあなたは良い技術教育を受けている。あなたは松下電器の品質改良部で品質の管理をすることを仕事としている。ここであなたはパナソニックの家電機具を製造している。

あなたは大阪の大きな松下の工場で働けることにとても満足している。彼は松下の会社の持つアパートで暮らしており、妻とは会社が持つレクレーションセンターで結婚式を挙げた。従業員の連帯感を彼は本当に楽しんでいる。

松下電器ではチームワークの精神を育成することを奨励している。そして彼はそのことがこの松下という会社が成功を収めている大きな理由であると考えている。あなたの品質管理の仕事において、品質のエラーはめったに見つからない。従業員が持つチームの責任感の感覚はこうした仕事に対して注意深く臨む事ができるようになる。あなたは富士通がヒロシと同じチームワークの感覚を生み出していると考えている。そしてヒロシがこうしたチームワークを見捨てることは間違いであると考えている。あなたはそのことを彼に伝えようと考えている。

⑤イチロー・タシノ

あなたはヒロシの弟である。あなたは職を探していたとき、兄であるアキラの忠告に従った。そしてパナソニック製品を作っている松下電器に就職した。

アキラが言っていたように、松下電器は生活に基本的に必要な物を全て提供してくれる。そこには会社のスーパーマーケットからアパートまで全てである。あなたはこれらの全てがあなたを養ってくれていることに喜びを感じている。

しかし数年たち、こうした考えが変わってきている。確かに会社のアパートは他の住宅に比べると格段に安いがそれは仕事上の同僚と常に一緒に生活をしていることを意味している。会社のレクレーションプログラムなども、会社の職場の人間と余暇まで一緒に過ごさなければならないことを意味しているのだ。あなたの生活はとても拘束されたものであるかのように感じられる。

あなたはヒロシに自分の会社を設立することを勧める気でいる。そしてその会社に自分も参加できないか尋ねるつもりでいる。

⑥エツコ・タシノ

あなたはヒロシの義理の姉にあたる。あなたの夫であるアキラは松下電器という大きな会社で長年働いている。今あなたの子供は大きくなり、あなた自身も松下電器で働くようになった。

あなたは大変に会社に満足している。あなたは松下ブランドの製品が世界規模で成功を収めていることに誇りを感じている。あなたは他の従業員とともに、青いお揃いのユニフォームを身につけ、社歌を歌うことで仕事を始めることで活力が生まれる。この社歌は、会社の成長を賛美するものとなっている。連帯感の精神は大変に重要なものである。

日本の大企業の活躍は、世界の尊敬を勝ち取った。あなたは合衆国やヨーロッパから訪問者が来ていることを知って、そのことに誇りを感じている。彼らは松下電器の発展の原因を理解するために工場にやってきているのだ。

あなたはヒロシが自分の仕事を始めた場合、こうした良い感覚を全て失うことを知っている。彼はすぐに不幸であるとわかるであろう。そして彼の妻はすぐに苦しむことになるであろう。あなたはヒロシに会社に残るように勧めようと考えている。

第4章　民主主義社会の形成者育成における文化慣習的価値学習の特質と課題　227

⑦パトリック・モリナガ

　あなたはカリフォルニア州のサン・ジョーズに住む日系アメリカ人である。あなたはヒロシとキミコがアメリカで住んでいたとき、彼らと知り合った。今あなたは日本を訪問し、タシノ一家に会いに行っている。

　あなたはヒロシが新しい事業を始めようとしていることを聞いて幸福を感じた。あなたは普段からヒロシが他とは違う特別な才能と想像力の持ち主であると考えていた。日本の集団主義の考え方や計画を重視する姿勢では、彼の才能は阻まれてしまうのではないかと考えていた。

　あなた自身カリフォルニアの小さな会社で成功を収めている人物であった。あなたはまた多くの技術者が新規事業を立ち上げて成功していることを知っていた。コンピュータープログラミングは常に技術革新が求められる分野である。このことは常に小さな会社がライバルの会社よりも素早く前進することができることを意味している。ヒロシはこうした訓練を多分に受けている。

　あなたは自力で会社を経営するようにヒロシに働きかけることにした。また特別な取り決めをあなたの会社と結ぶことを提案しようと考えた。

⑧オドサ・カゲチ

　あなたはヒロシの妹である。あなたは中学校で英語を教えているが、日本のコンピューター産業に関しても詳しい。ヒロシの妻キミコはすでにあなたにヒロシが新事業を立ち上げようとしていることを伝えている。

　あなたはヒロシの考えが大変に興味深く思えた。あなたも夫も教師であり、その生活スタイルは、ヒロシ夫婦とは大きく違うものであった。あなたは家庭ではキミコよりずっと自立した立場にあった。あなたは社宅に入居する必要もないし、会社のレクレーションや会社のクラブに参加する必要はないと考えている。何をするのかは自分で決めるべきであると考える。会社の人と同じことをしないのはなぜかなんて考える人はいないとあなたは思っている。

　あなたは自分のしている仕事に興味が強くある。実際彼女の時間の多くは、生徒と連絡をとったり、クラスを経営していくことに割かれてしまう。しかしあなたの時間はあなたのものである。時にはあなたは教師と時間を過ごしたいと考える。しかしまた時には学校とは関係のない友人や隣人と時間を過ごすこともある。

　あなたは兄や義理の姉にももっとプライベートな時間を楽しんでもらいたいと考えている。あなたもまたヒロシには会社を離れて独立するべきであると提案する。

⑨ヒデキ・ヨサワ

　あなたは引退した数学の教師である。ヒロシ・タシノはあなたのお気に入りの生徒の一人であり、何年間も連絡をとりあっている仲である。ヒロシはあなたに富士通から独立しようと考えていることを手紙で報告してきた。

　あなたは彼に何のアドバイスをするべきかわからない。あなたは多くの会社がコンピュータープログラミング部門で生まれていることは知っている。それらの中には成功を収めているものもある。しかしあなたはヒロシが誤った理由から会社を去ることは避けて欲しいと考えている。

　あなたは日本の伝統に誇りを持っており、また世界市場における日本企業の偉業も誇りに思っている。大企業はその生産手段において日本の特性を十二分に生かしていることが特に重要なことであると考えている。アメリカやヨーロッパの音楽や洋服、食事の形態をコピーすることは彼にとって嘆かわしいことである。アメリカのどの企業も企業独自のユニフォームなどないし、社歌など存在しない。しかしこのことこそが日本企業が大きな成功を収めた理由ではないかと彼は考えている。

> 彼は会社を経営するこうした日本の特別な方法が大変に重要であることを彼に伝えようと思っている。こうした慣習を変えるようなことはしないようにすべきと忠告するつもりである。

⑩ヨシダ・ダカイ

> あなたはヒロシの長年の友達である。あなたはヒロシと同じ高校に通い、同じ大学に行った。しかしあなたたち二人は会社の人間と付き合うようになったので、思ったほどしばしば会うことができなくなった。あなたはこうした生活スタイルが大企業に勤めている人間にとっては普通のことであり、また必要とされていることであることを知っている。しかしこのことが、あなたがヒロシが独立をすることを待つ理由でもある。ヒロシが自分で会社を開けば、私生活がもっと柔軟なものになるからである。
> あなたは彼にどのくらい私生活が会社によって支配されているのかを気付かせようとしている。会社が提供するベビーシッター、会社が企画する旅行……、彼が古い友人と会う時間がほとんどないのも彼の責任ではないことをあなたは知っている。こうした境遇は仕事を変えるしかないとあなたは感じている。あなたはヒロシに新事業を始めるように勧めるつもりである。そして仕事としての活動だけでなく、個人の活動もコントロールできるようにすべきであると進言するつもりである。

(Lerner, E., *Cultural Conflicts— Case Studies in a World of Change*, J. Weston Walch, 1994, pp. 7-13 より筆者作成)

象の地域の一定の人々に受け入れられる根拠や、逆に同地域の一部の人々に拒否される根拠を考察する。そして、学習対象の地域の伝統的価値と西洋的（アメリカ的）価値のそれぞれを支持する人たちの背後にある価値観を明らかにする。そして最後の第五段階では、学習対象となる地域に西洋的（アメリカ的）な価値を持ち込むことが良いことなのか、そして合衆国も、学習対象となる地域の伝統的価値から何か学ぶことはないか議論していくことが求められている。単元１の場合、「個人の役割」カードで扱われた人物の考え方などをまとめることで、学習者である子どもたちは、（西洋的（アメリカ的）価値である）個人中心主義が、個人のプライベートな時間や、イノベーションを他の要素より重視したいとする価値観を持つ人たちから支持されていること、（日本の文化慣習的価値である）組織中心主義が、連帯感や生産効率性を他の要素より重視したいとする価値観を持つ人たちから支持されていることなどを読み取っていく。そしてこれを踏まえ、日本にアメリカでは常識である個人中心主義の考え方を導入することは良いことなのか、また逆に合衆国は日本の考え方から何か学ぶことはないかなどを考えることになる。なおそ

第4章　民主主義社会の形成者育成における文化慣習的価値学習の特質と課題　229

の判断の際には、そうした新たなる価値を社会に導入することで、社会に与える影響や変化などを予想し、そのことを踏まえながら判断することが求められている。

　こうした『文化の衝突』の授業構成には、次の３つの特質がある。第一に、諸外国の文化慣習的価値の学習を、価値葛藤を含む論争問題から構成したことで、グローバル化が進む現在において、異文化の文化慣習的価値が一元的なものではない現状を子どもたちに具体的に示したことである。日本が侍の国、封建的な国だと思っていたが、実際に訪れるとびっくりするくらい西洋的だったという話を時々耳にするが、これは日本＝イエ社会・ムラ社会（組織中心主義）、イスラム圏＝男尊女卑、といった一元的な構図で示すことが生んだ偏見と言えるだろう。前述したように、『文化の衝突』の開発者であるターナー自身がこのカリキュラム教材を作るきっかけとなったのも自身のそうした経験があったからである。能や歌舞伎や組織中心主義の考え方について詳しく知ることよりも、そうした文化慣習的価値を実際に日本人が現在どのように捉え評価しているかを理解することが、本当の意味での現在の日本人の価値観を理解することになる。ターナーの『文化の衝突』は、これまでの文化慣習的価値学習にはない斬新な発想から生み出されているのである。

　第二に、『文化の衝突』は、異文化の持つ文化慣習的価値の理解だけでなく、それらを合衆国社会に導入することを真剣に検討することで、合衆国の文化慣習的価値を具体的に見直し、合衆国社会の変革を図ろうとしていることである。『文化の衝突』の場合、第五段階の授業展開に見られるように、異文化の文化慣習的価値の導入を個人単位で終わらせるのではなく、社会全体に広げることも検討課題としていた。また、その価値を導入することが社会に与える影響についても推察させながら、導入すべきかどうかを検討させることで、この議論を理念的・論壇的なもので終わらせないような配慮もあった。

　第三に、第一や第二のことを合衆国に住む子どもたちに理解させることで、

合衆国国民が抱きがちな文化帝国主義的な視点[46]、つまり世界の文化が全てアメリカの文化に染まることこそ世界の幸福であるとした考え方を反省させ、その見直しをも図ろうとした。『文化の衝突』では、世界各地で生じている様々な価値葛藤場面を子どもたちに触れさせようとしているが、その際、一切、どちらの立場にも肩入れしないような配慮が見られた。イスラム教圏の男尊女卑の文化慣習的価値についても、そうした立場が貫かれている。

3．「社会改造主義型」文化慣習的価値学習の特質

　「社会改造主義型」文化慣習的価値学習の一例であるラーナーの『文化の衝突』は、異文化への偏見を克服するため、あえて諸外国の伝統的価値が揺さぶられて論争が巻き起こっている事例を子どもたちに学ばせた。また、諸外国の人々が、拡大するグローバル化、アメリカ化の波に翻弄され、伝統的価値を維持するのか、それとも変革するのか、その判断を迫られている場面を学習者に見せることで、世界の実態を理解させるだけではなく、自国の文化慣習的価値を見直させ、場合によっては実際的に社会変革を図ることまで考えさせようとしていた。

　これらのことは、民主主義社会の有意な形成者の育成という観点からみて、大変に評価できる部分である。というのも、「非通約的多元主義型」や「構成主義型」の文化慣習的価値学習が持つ意義をうまく取り込みつつも、それらが持つ課題を実にうまく克服することができるからである。

　まず異文化の文化慣習的価値の理解という面で見て、明らかに「非通約的多元主義型」より優れている。例えば『国と文化』では、諸外国の（伝統的な）文化慣習的価値の諸情報を包括的・網羅的に把握することばかりにこだわり、それらの価値を維持してきた現地の人々には目を向けていない。このことは、こうした価値を維持してきた人々の持つ価値観を見出そうとする深い探求を阻害することになった。また、そうした伝統的価値が実際には現地の人々に多様な評価や批判を受けているという事実や、グローバル化の波の

中で変革しつつある実態を隠してしまうものであった。結果、「非通約的多元主義型」文化慣習的価値学習は、その推進者たちのねらいとは裏腹に、異文化への偏見を生み出したり、十分な理解を生み出さなかったりした。これに対して「社会改造主義型」文化慣習的価値学習は、諸外国の伝統的な文化慣習的価値をめぐる論争問題から内容編成をし、伝統的価値に対する様々な見解を持つ人々の声を取り上げることで、この課題の克服を図った。

　また、従来にはない新たなる文化慣習的価値を生み出そうとするアプローチは「構成主義型」文化慣習的価値学習にも見られたが、それらは個人の選択問題として扱われたり、審美的な問題として扱われたりすることで、社会変革に結びつかないという課題があった。これについても、例えば『文化の衝突』は、文化慣習的価値の論争問題をヒロシ・タシノ個人の選択の問題にとどめず、日本社会や合衆国社会の文化慣習的価値の変革の問題にまで拡大して議論させていた。さらには、こうした価値を現状の社会に導入することによって生じる実態にまで目を向けさせて、子どもたちに議論させていた。こうすることによって、文化慣習的価値学習が、より現実的な社会変革に必要となる知的作法や態度までも保証することできることを示した。「社会変革主義型」文化慣習的価値学習は、おそらく現時点において、文化慣習的価値学習の中では、最も民主主義社会の有意な形成者の育成に直接的に寄与できる形態と言えるのではないだろうか。

第6節　文化慣習的価値学習の特質と課題
―判断基準なき社会的価値の創造―

　本章では、アメリカ合衆国における文化慣習的価値学習の4つの流れである「非通約的多元主義型」、「通約的多元主義型」、「構成主義型」、「社会改造主義型」を、ウィラーの『国と文化』、ブルーナーのMACOS、シュル・ヒーベンタールの『文化の関係』、及びラーナーの『文化の衝突』の分析を通

して示してきた。これら4つには、次の3つの点で共通した特質が見られる。

　第一の特質は、異文化学習の意義を異文化に対する偏見の克服に求めていることである。ただしそのアプローチには違いがある。「非通約的多元主義型」文化慣習的価値学習は、『国と文化』にも見られるように、その克服を情報の量と教科書の記述内容の確実な習得に求めた。「構成主義型」にも、そうした傾向が見られた。「通約的多元主義型」の場合、その克服を、MACOSに見られるように、異文化間の共通性の発見に求めた。「社会改造主義型」は、伝統的価値をめぐる人々の価値葛藤や論争に求めた。

　第二の特質は、諸外国の文化慣習的価値を包括的に取り扱おうとしていることである。よりこの傾向がはっきり見られるのは「非通約的多元主義型」の文化慣習的価値学習であるが、他の形態にもこのことは共通して見られた。その背後には、異文化に貴賎はなく、どの異文化の文化慣習的価値も、知るに値するとした世界観があるのだろう。

　第三の特質は、第二の特質とも関係するが、どの文化慣習的価値学習ともに、どれか一つの地域の文化慣習的価値を優れたもの、優位なものとして描こうとはしていないことである。

　しかしこうした文化慣習的価値学習間には、明確な違いも見られた。まず伝統的価値の理解に徹するのか、新たな価値の創造に向かうのか。「非通約的多元主義型」と「通約的多元主義型」は前者に徹し、「構成主義型」と「社会改造主義型」は、後者に踏み込んだ。また文化慣習的価値の創造を個人レベルで行うのか、社会的価値の創造まで目指すのか。ここで「構成主義型」と「社会改造主義型」では違いがあった。このことは結果的に、各学習形態の民主主義社会の形成者育成への寄与の度合いを変えることになった。これに一番寄与できるのは、現時点では「社会改造主義型」の文化慣習的価値学習であろう。

　だが文化慣習的価値学習にも一つの課題がある。それは伝統的価値をめぐる論争において、何を基準として文化慣習的価値の優劣を判断すれば良いの

第 4 章 民主主義社会の形成者育成における文化慣習的価値学習の特質と課題　233

か、その指標が見えないことである。『文化の衝突』も含め、いずれの形態の文化慣習的価値学習も、あらゆる文化慣習的価値の優劣の判断を回避し、「みんな違ってみんな良い」とする相対主義的な建前にあった。しかしこれでは、価値判断を下せないし、下すとすれば個人の嗜好によるもの、または最大多数の最大幸福といった功利主義的なものとなりやすい。「社会改造主義型」の文化慣習的価値学習は、扱う題材が文化慣習的価値であるがゆえに、この部分の克服は難しい。

【註】
1）タバは1950年代から60年代にかけて、カリキュラム理論に関する書物をまとめる一方、タバ社会科と呼ばれるカリキュラム教材を開発した。
　〔教科書〕：（一部のみ）
・Durkin, M. C., et al., *The TABA Social Studies Curriculum: Grade 2—Communities around Us*, Addison-Wesley Publishing Company, 1969.
　〔教師用指導書〕：
・Taba, H., *Introductory Edition Teacher's Handbook for Elementary Social Studies*, Addison-Wesley Publishing Company, 1967.
　〔理論書〕：
・Taba, H., *The Taba Program in Social Science; People in families*, Addison-Wesley Publishing Company, 1972.
・Taba, H., *Curriculum Development: Theory and Practice*, Harcourt, Brace & World, 1962.
　なお、先行研究としては、次のものがある。
・今谷順重「社会科における概念的探求の育成過程— TABA 社会科におけるカリキュラムの構造—」『広島大学大学院博士課程論文集』第一集、1975年。
・―――「概念的探求法に基づく新しい単元構成のあり方— TABA 社会科における Idea-Oriented Unit を手がかりとして—」『島根大学教育学部紀要（教育科学）』第9巻、1975年。
・―――「タバ社会科における価値的論争問題の取り扱い—価値学習への分析的アプローチ—」広島史学研究会『史学研究』140号、1978年。
・大野連太郎「社会科カリキュラム構成の展望3—市民生活概念志向型カリキュラ

ムの分析（タバ・カリキュラムの場合）」『社会科教育』190号、明治図書、1979年。
  ・棚橋健治「社会科カリキュラム構造における"概念"構造について―タバ・カリキュラムの場合―」『教育学研究紀要』第28巻、1983年
  ・―――『アメリカ社会科学習評価研究の史的展開―学習評価にみる社会科の理念実現過程―』風間書房、2002年、172～225頁。
  ・中野重人「社会科教育と人間理解―アメリカにおける社会科教育の動向を手がかりに―」『宮崎大学教育学部紀要』第38号、1976年。
  ・森分孝治「アメリカ社会科の学力観」朝倉隆太郎ほか編『社会科教育学研究』明治図書、1981年。
2) レヴィ・ストロース著（大橋保夫訳）『野生の思考』みすず書房、1976年など。
3) その代表的な研究者の一例として、上野千鶴子がある。詳しくは上野千鶴子『構造主義の冒険』勁草書房、1985年を参照されたい。
4) 実際、上野千鶴子も構造主義の批判から、社会構築主義を唱えるようになる。詳しくは上野千鶴子ほか『構築主義とは何か』勁草書房、2001年を参照されたい。
5) Wheeler, R., *Countries and Cultures*, A Frank Schaffer Publication, Inc., 1994. この教材の対象学年は、小学校高学年以上である。
6) Wheeler, R., *ibid.*, p. iv.
7) *Ibid.*, pp. 15-18.（フランス）、pp. 41-44.（中国）
8) VerSteeg, C. L., *World Cultures*, Scott, Foresman and Company, 1977. バースティーグは、ポール・ハンナとともに、『人間世界の探求』シリーズを編纂したことでも知られるノースウェスタン大学の教授である。このカリキュラム教材については既に草原和博氏の研究がある（草原和博『地理教育内容編成論研究―社会科地理の成立根拠―』風間書房、2004年、第五章）。ただし本研究とは分析の視点が異なる。草原氏は同カリキュラム教材の分析視点が社会学に即していることを解き明かし、そこから教育的意義を論じているが、本研究では、同カリキュラム教材の価値学習としての効果を考察することに焦点を置く。
9) Deines, S. S., *World Cultures, Teacher's Resource Book*, Scott, Foresman and Company, 1977, p. 4.
10) VerSteeg, C. L., *ibid.*, p. xii.
11) VerSteeg, C. L., *World Cultures*, pp. 481-578.
12) Deines, S. S., *ibid*, p. 106.
13) MACOSは次の8冊の教科書・評価テストと1冊の理論書からなる。

〔教科書〕
・Education Development Center, *Man: A Course of Study, Talks to Teachers*, Curriculum Development Associates, Inc., 1968.
・Education Development Center, *Man: A Course of Study, Introductory Lessons/Salmon*, Curriculum Development Associates, Inc., 1968.
・Education Development Center, *Man: A Course of Study, Herring Gulls*, Curriculum Development Associates, Inc., 1968.
・Education Development Center, *Man: A Course of Study, Baboons*, Curriculum Development Associates, Inc., 1968.
・Education Development Center, *Man: A Course of Study, The Netsilik Eskimos at the Island Camps*, Curriculum Development Associates, Inc., 1968.
・Education Development Center, *Man: A Course of Study, The Observer's Handbook*, Curriculum Development Associates, Inc., 1968.
・Education Development Center, *Man: A Course of Study, Seminars for Teachers*, Curriculum Development Associates, Inc., 1969.
・Education Development Center, *Man: A Course of Study, Evaluation Strategies*, Curriculum Development Associates, Inc., 1970.

〔理論書〕
・Bruner, J. S., *Man: A Course of Study*, Educational Services, Inc., 1965.

14) J. S. ブルーナー著（田浦武雄・水越敏行訳）『改訂版　教授理論の建設』黎明書房、1983年、55〜57頁。
15) 同上、208頁。
16) 同上、209頁。
17) 同上、208頁。他に J. S. ブルーナー著（平光昭久訳）『教育の適切性』明治図書、1972年、166頁にも記載あり。
18) ブルーナー『教育の適切性』、36頁。
19) ブルーナー『改訂版　教授理論の建設』、102〜138頁。
20) Education Development Center, *Curiosity/Competence/Community, Man: A Course of Study An Evaluation*, 1970, pp. 1-8.
21) ブルーナー『改訂　教授理論の建設』、196頁。
22) J. S. ブルーナー著（橋爪貞雄訳）『直観・創造・学習』黎明書房、1969年など。
23) ブルーナー『改訂　教授理論の建設』、127頁。
24) 同上、127〜128頁。

25）同上、128〜129頁。
26）例えば、MACOSの最終単元「何がヒトを人間としているのか」において、次の問いが投げかけられてオープンエンドに終わる。「これまでの映像の中で、エスキモーだけの行動だと思うものはどれか。これまでの映像の中で、全ての人間に共通する特質は何か。あなた自身の社会とは異なる社会を勉強することの価値とは何か。ネトシリクを学んだことで、あなた自身についてあなたはこれまでどのようなことを学んだか。人間全体のこととしてどのようなことを学んだのか。」(Education Development Center, *The Netsilik Eskimos on the Sea Ice; Man: Course of Study*, Curriculum Development Associates, Inc., 1968, p. 89)
27）ブルーナー『教育の適切性』、26頁。
28）ただし、ブルーナーとポパーを同一のものと捉えることには、特に認識論に関しては注意が必要である。註1の拙稿でも紹介したが、ブルーナーは「学問の構造」を、各学問領域が問いや仮説を生み出すための人々が前提として共通して持つ思考様式であると考えているところがある。そこには「認識主体」としての学問領域の構成員という存在が意識されている。ポパーは、学問領域の構成員によって構成される一連の知識群は、多くの人々の批判に開かれた「認識主体なき」客観的な存在と考えていた（カール・ポパー（森博訳）『客観的知識—進化論的アプローチ—』木鐸社、1974年）。
29）ブルーナー『教育の適切性』、46頁。
30）Education Development Center, *Curiosity/Competence/Community, Man: A Course of Study An Evaluation*, 1970, p. 5.
31）ブルーナー『教授理論の建設』、196頁。
32）Shull-Hiebenthal, J., *Cultural Connections*, A Frank Schaffer Publication, Inc., 1994. この教材の対象学年は、ホームページなどによると、3学年から8学年と示されているものと、6学年から12学年と示されているところとある。実際、教材『文化の関係』には、対象学年についての具体的な記載はない。6学年から8学年（中学校段階用）くらいではないだろうか。
33）*Ibid.*, p. iv.
34）*Ibid.*
35）*Ibid.*
36）*Ibid.*, pp. 1-27.
37）Lerner, E., *Cultural Conflicts—Case Studies in a World of Change*, 2nd Edition, J Weston Walch, 1994, p. vii.

38）*Ibid.*
39）*Ibid.*
40）Lerner, E., *Cultural Conflicts—Case Studies in a World of Change*, 2nd Edition, J Weston Walch, 1994. この教材の対象学年は、7学年から10学年である。
41）Lerner, E., *op cit*, p. vii.
42）いわゆる、「異化効果」を期待したと言える。「異化効果」とは、文化接触によるカルチャーショックが原因となって、異文化の視点から自分たちの文化に対して距離をもって見ることができるようになることである。野村一夫によれば、異文化と接触した当初は違和感や拒絶を覚えるが、やがて異文化を理解できるようになり、そのことで自分たちの文化を反省できるようになると指摘している。（野村一夫『リフレクション：社会学的な感受性へ』文化書房博文社、1994年、73～74頁。）
43）Lerner, E., *op cit.*, pp. 3-13.
44）*Ibid.*, p. ix.
45）*Ibid.*, p. 4.
46）ジョン・トムリンソン著（片岡信訳）『文化帝国主義』青土社、1991年。

第5章 民主主義社会の形成者育成における法規範的価値学習の特質と課題

第1節 合衆国における法規範的価値学習の概要

　アメリカ合衆国では、社会科から価値を排除しようとする流れの中で、こうした法律や判例といった法規範的価値に関しても、他の価値同様、社会科を始め学校現場ではほとんど扱われることがなかった。こうしたものは、法律家の卵が勉学するものであると考えられてきたからである。たとえ社会科において法が扱われることがあっても、それは法が人間に及ぼす影響など、法が持つ機能や一般性質を、社会学的・人類学的見地から教えるものであった。そのため、法制度や民法、商法などの実定法を制定した者たちの意図や理念（価値観）はおろか、民法や商法といった実定法そのものが取り扱われることもほとんどなかった[1]。

　ただ例外的に、クイーンズ大学教授イザドラ・スターや、ハーバード大学教授ドナルド・オリバーらが、1950年代の後半から社会科で積極的に法律や判例を取り扱い、これら法規範的価値の議論やこれの批判をする学習論を主張し、またそうした教材の開発を行っていた[2]。やがて1960年代後半になると、この流れに変化が生じる。ハーバード大学のホッキング教授の「法規範（的価値）を扱わない社会科は、背骨を知らずに脊椎動物の解剖をするようなものだ」[3]といった発言に見られるように、法を扱うことによる学校教育改革、社会科改革、道徳教育改革が始まったのである[4]。

　そこには、次のような事情がある。第一に、ウォーレン・コートやブラウン判決の影響である。これは社会変革において法が果たす役割の大きさを合

衆国国民に印象付けた。例えば先述のスターは、ウォーレン・コートの影響について、次のような説明をしている[5]。

> 「極端な反共主義をとり、懐疑と恐怖を伴ったマッカーシーズムへの反省、合衆国憲法や権利章典について学生が無知であることを見せ付けたバーデュ大学の調査結果への驚き、反動的批判や公的な反対さえ起きたウォーレン判事の判決—それら全てが学校や国家における市民教育の在り方について疑いを引き起こした。」

第二に、アメリカ法曹協会（ABA）や大学法学部が、1960年代後半以降、法教育の普及に力を入れたことがある[6]。もともと ABA は、学校が法をもっと積極的に取り入れるべきであることを主張し、そうした運動も20世紀に入る頃くらいから展開していた。しかしこの時は大きな動きにはならなかった。だが、ブラウン判決などが社会に大きな影響を与えるようになり、人々の目が法に向かうようになった1960年代、ABA などの団体は、大学生の法知識の未熟さを明らかにする調査研究を試み、世論の危機感を煽った[7]。また、折しも「教育の現代化」運動期にあり、社会諸科学は次々と学問中心カリキュラムの開発を進めながら、莫大な資金を連邦政府からせしめており、この流れに乗りたいと多くの大学法学部が考えていたこともあって、ABA が法教育のカリキュラム教材開発を呼びかけたとき、カリフォルニア大学ロサンゼルス校（UCLA）などの名門大学の法学部も、こぞってこれに協力した。1960年代後半には法教育の学会が創設され、70年代に入ると、「法関連教育（Law Related Education）」という名称も生み出された。ABA は1971年に「青少年のための市民教育に関する特別委員会（YEFC）」を設置し、法教育推進の特別研究チームを組んだ。また、1978年に「法関連教育法」という法律が成立し、法規範的価値を取り扱うこれら「法関連教育」が、国家の全面的な資金援助を受けることができるようになったが、これも ABA が数年に渡って国家の支援の重要性を強く訴えてきた努力の成果である。こうした一

連のABAや大学法学部の活動により、アメリカ合衆国において法関連教育が大きく躍進することにつながったのである。

現在では、ABAだけでなく、アメリカ合衆国司法省の「少年司法と非行防止に関する委員会」という部局も法関連教育を支援するようになった。そして、1960年代から70年代にかけて相次いで設立された「憲法上の諸権利財団（CRF）」「法における市民教育のための全国組織（NICEL）」「フィ・アルファ・デルタ公共サービスセンター（Phi Alpha Delta Public Service Center）」「公民教育センター（CCE）」の4団体や、さらにはアメリカ歴史学協会（AHA）、アメリカ政治科学協会（APSA）なども、法関連教育の教材を積極的に開発するようになっている。

さて、この法関連教育であるが、ABAやその他多くの法関連教育の開発者・理論家らは、学習者である子どもたちに「リーガルマインド（法的思考力）」を育成することを、教育の大目標として掲げている[8]。この「リーガルマインド」とは何であるのか、その統一された定義はなく、細かく見れば、その定義は法関連教育の開発者・理論家個々で異なるのが現状である。大きくは次の2つの流れに分けることができるであろう。1つは、既存の法規範的価値を公的な判断基準として習得し、日常生活で活用できるようになることを、「リーガルマインド」の育成と考える立場である。この立場にある法関連教育の開発者・理論家らは、合衆国憲法や権利章典、刑法、民法の内容、司法制度、法的手続き、そして合衆国国内で起きた重要裁判の判例などは、アメリカ国民として最低限知っておかねばならない法規範的価値であると考える。「適応主義型」法規範的価値学習と位置付けることができるだろう。こうした考えを持つ人物の代表として、ジョン・パトリックやハワード・メーリンガーを挙げることができる。

これに対してもう1つは、民法やその他法律の内容や、司法判断、司法の解釈などの既存の法規範的価値を、学習者の目でもう一度反省的に吟味し、学習者独自の法規範的価値（判断基準）の再構築をして、これに従って行動

できるようにすることが、「リーガルマインド」の育成であると考える立場がある。「社会改造主義型」法規範的価値学習と位置付けることができるだろう。こうした考えに立つ人物としては、前述のスターやオリバー、そしてマーシャル・クラッディなどがある。

次節からは、こうした法規範的価値を取り扱った価値学習論の特質を、それぞれのカリキュラム教材を取り上げ、その内容編成や授業構成の相違を明らかにしながら見ていこう。

第2節 「適応主義型」法規範的価値学習

第1項 「教養主義」系:『憲法の学習』の場合

1.『憲法の学習』の内容編成—合衆国の法規範に関する包括的理解—

合衆国憲法や権利章典、刑法、民法の内容や、法的手続き、そして合衆国国内で起きた重要裁判の判例など、合衆国の司法が下した公的判断基準に関する諸知識の理解を学習者に促すことを目的として開発された教材・プロジェクトの事例として、1986年〜1987年にかけて、インディアナ大学の社会科教育学者パトリックが、同じく社会科教育および政治学の専門家であるオハイオ大学マーションセンター教授リチャード・レミーと供に作成した『憲法の学習』(SSEC (Social Science Education Consortium) 刊、1986年) を挙げることができる[9]。この教材は、70年代の後半から、憲法や法を社会科で扱うことに注目しはじめたアメリカ歴史学協会（AHA）やアメリカ政治科学協会（APSA）が、メーリンガーらを中心に合衆国憲法成立200周年に向けて企画した「プロジェクト '87」[10]の一環として、高校生用の教材として開発したものである。

開発者の一人であるレミーは、アメリカ合衆国国内では、エングルやバイロン・マシャラスと並んで、社会科での議論や反省的思考、学習者独自の価

値観の創造や意思決定の重要性を唱えた人物であることが知られている。実際、レミーが1975年に著した『市民性基礎能力に向けたハンドブック』では、ディシジョン・ツリー（Decision Tree）を活用した社会科授業理論を発表し、このことで彼は注目されることになった[11]。彼が示したディシジョン・ツリーとは、問題に対して考えられる解決案を複数学習者がブレインストーミングなどを通して提示したのち、それぞれの解決案がもたらす結果を予想し、そのメリットやデメリットをまとめた後、より優れた解決案を考察していくといったものであった。

　これに対してもう一人の開発者であるパトリックは、議論よりも、法制度を支えるコアとなる法原理やその他の憲法に関連のある法規範的価値を、法学的成果に基づいてより「深く理解すること」、そして「他の事例にその価値を適応できること」を求める傾向があった[12]。彼は従来の教育が合衆国憲法を取り扱ってはいるが、それは内容を表面的かつ解説的に取り扱うことに終始していると指摘し、その改善としては、合衆国憲法の基盤となる法原理の内容やその重要性を学ぶことや、合衆国憲法の解釈において論争となった重要裁判、特に「少数派の権利と多数派のルール形成」の対立が見られる裁判事例を取り上げ、そこでの判決を理解することを通して、「いかなる時に少数派の権利が制限され、逆にいかなる時に政治的多数派の権利が制限されるべきであるのか」という課題に対する司法の公的な判断基準とその重要性を学ぶことが、憲法のより深い理解につながると考えていた[13]。またパトリックは、このように憲法やそれに関連する法規範的価値を深く理解することが、学習者である子どもたちの目を社会の不公正に向けさせ、それを是正したり、さらには彼らが民主主義社会の一員として社会に参加し、公平に物事を判断したりするための礎となると考えていた[14]。

　このレミーとパトリックの二人は、1980年代に共同してこの『憲法の学習』の他にも『核時代の国家安全保障プロジェクト』（1983-1987）[15]など複数の教材開発をしており、その協力研究の跡を見ることができる。そしてこの

『核時代の国家安全保障プロジェクト』の場合は、課（レッスン）によって合衆国の対外政策の議論をさせるものであったり、合衆国の対外政策の意義を教えるものであったりと、レミーとパトリックの両方の考え方が折衷した内容編成となっていた。

その点でこの『憲法の学習』の内容編成を見てみよう。『憲法の学習』の内容編成を示したものが表5-1である。『憲法の学習』は5つの章、64個の課（レッスン）から成る。それぞれの課（レッスン）は、資料や解説と、授業計画から成る。

第Ⅰ章「自由に関する文章」では、合衆国憲法、修正条項、批准されなかった修正条項、論文『フェデラリスト』[16]の記載内容を確認する。第Ⅱ章「憲法の目的と起源」では、憲法制定に至る過程（1776年～1791年）を学習する。第Ⅲ章「憲法における政治的原理」では、連邦主義、三権分立、司法審査、市民の自由という、合衆国憲法を支える法原理とその意義を学習する。第Ⅳ章「憲法の修正や解釈」では、憲法の修正議論や、その他話題を呼んだ憲法解釈議論を取り上げている。第Ⅳ章の多くの課では、こうした憲法の修正や憲法解釈が決断されるに至った事件の背景を学習し、政府や議会、司法が憲法修正・憲法の解釈を下したことの意義を理解することに重点を置いた展開がとられているが、第6課、第8課、第10課は、そうした決断を批判的に吟味し、どうあるべきであったのか、どうあったら最善の解決策であったのかを考える展開となっている。第Ⅴ章では、アメリカ司法に大きな影響を及ぼしたこれまでの連邦最高裁の判決に重点を置き、第Ⅳ章同様に、多くの課では裁判に至った事件の背景を学習し、その事件に対して連邦最高裁が下した判決の意義を理解する展開がとられているが、第6課、第9課、第12課では、連邦最高裁の判決を批判的に吟味し、どうあるべきであったのか、どうあったら最善の解決策であったのかを考える展開となっている。

この表5-1から『憲法の学習』の内容編成には、次の3つの特質を見出せる。第一の特質は、やはりこの『憲法の学習』の内容編成でも、課（レッ

第5章 民主主義社会の形成者育成における法規範的価値学習の特質と課題　245

表5-1 『憲法の学習』の内容編成

内容編成原理		章とレッスン（課）	教授される事実的内容
憲法・権利条項などの条文を概観する	憲法の条文	Ⅰ 自由に関する文章 1. アメリカ合衆国憲法	・アメリカ合衆国憲法
		2. 憲法修正条項	・憲法修正条項の条文
	憲法の基礎となる資料	3. 提案されたが結局批准されなかった修正条項	・提案されたが結局批准されなかった修正条項の条文
		4. 論文『フェデラリスト』	・論文『フェデラリスト』
憲法の目標・性質を知る	憲法の性質	1. 憲法とは何ですか	・憲法の定義、憲法の特質
		2. 憲法を解剖する	・憲法の目的、条文にある手続き
歴史的に憲法の存在意義を学ぶ（課題とその克服を繰り返す中で吟味され成立した合衆国憲法の素晴らしさを確認する）	憲法制定の歴史	Ⅱ 憲法の目的と起源 3. 州憲法1776-1780	・マサチューセッツ憲法の起草・批准までの過程
		4. 連合規約	・連合規約の目的、特徴、欠点
		5. 連合規約の下での政府への意見	・連合規約に向けられた意見書
		6. 憲法制定議会に参加するワシントン	・ワシントンが憲法制定議会に参加した理由
		7. 1787年の憲法制定会議での支配者に関する決定	・大統領制が採用されることになった背景や、そこでの議論
		8. 論文『フェデラリスト』からの概念	・強い結びつきを主張する立場からの議論
		9. 反フェデラリストの論文からの概念	・より広い州の権限を主張する立場からの議論
		10. 1788年のマサチューセッツ議会での憲法に関する決定	・マサチューセッツ会議での憲法案可決の過程 権利章典付加の約束
		11. 1789-1791年の権利章典に関する決定	・権利章典が付与された経緯（フェデラリスト派と反フェデラリスト派の対立）
		12. 1781-1791年の憲法	・憲法成立過程の年表

				制定時における主な出来事	
憲法を支える政治的法原理の内容とその意義を知る	連邦主義	Ⅲ 憲法における政治原理	1．連邦主義の本質	・連邦主義の基本的定義と3つの役割
			2．憲法は連邦主義に関してどのように述べているのか	・合衆国憲法1・4・6・10条
			3．連邦主義を理解するために重要な言葉	（確認テストとしてクロスワードパズル）
	権力分立チェック&バランス		4．権力分立とチェック&バランス	・三権分立（司法・立法・行政）
			5．拒否権：チェック&バランスのシステムにおける武器	・拒否権の基本的定義と司法・立法・行政が持つ拒否権
			6．憲法は権力分立とチェック&バランスに関してどのように述べているのか	・合衆国憲法1・2・3条
			7．権力分立とチェック&バランスを理解するために重要な言葉	（確認テストとしてのクロスワードパズル）
	司法審査		8．司法審査の本質	・司法権の起源と司法審査の3つの役割
			9．裁判官は権力をどのように使うべきか	・司法行動主義と司法抑制主義の対立
			10．司法審査を理解するために重要な言葉	（確認テストとしてのクラスワードパズル）
	市民権市民の自由		11．憲法上での権利と自由	・憲法で認められている各種自由権
			12．市民権と市民の自由に関する意見	・少数派は多数派の見解を批判できる権利があるかどうかの議論
			13．憲法は市民権と市民の自由に関してどのように述べているのか	・合衆国憲法1条、修正条項1・4・14・24条

第5章　民主主義社会の形成者育成における法規範的価値学習の特質と課題　247

			14. 市民権と市民の自由を理解するために重要な言葉	（確認テストとしてのクロスワードパズル）
修正の目的や手続きを知る	修正の目的		1. 修正の目的	・修正条項の条文一覧
	修正手続き		2. 修正条項26条の結果	・修正条項制定過程（修正26条の場合）
			3. 新合衆国憲法：憲法修正の別手段	・特例的な憲法修正の方法
憲法の修正議論を知り、その結果として下された判決や判断の内容の意義を知る	行政・立法的判断の意義	Ⅳ　憲法の修正や解釈	4. 政党の起源	・政党の危険性（巨大政党による政治機構の硬直化）と憲法による規制議論
			5. ウィスキーの反乱：連邦権力のテスト	・1791年のピッツバーグ農夫らの税金課税反対運動と大統領の決定
			6. 憲法の拡大：ルイジアナ購入のためのジェファーソンの決定	・土地購入における大統領の憲法の拡大解釈と議会の対立
			7. 法廷と商人の権力の増徴	・フルトン社の河川運航独占を議会が規制
			8. 憲法的危機に対する二人の反応：ブキャナンとリンカンの分離に対する決定	・ブキャナン大統領の考え方とリンカン大統領の考え方
	司法的判決の意義		9. 判決への道：ニアー vs. ミネソタ	・ニアー vs. ミネソタの裁判過程と判決
			10. 下級審の却下：国旗敬礼拒否事件	・宗教上の理由で国家に対する敬意をエホバ信者が拒否することの是非についての議論
			11. 裁判所による反対意見の使用	・バッツ対ブラディ裁判における少数意見の活躍
			12. 危機の時代の憲法上の権利	・日系アメリカ人への排斥を招いた大統領の判断と連邦法の違憲性を問う裁判とその過程・判決

		13. 大統領権力の限定：製鋼所の捜索におけるトルーマンの決定	・朝鮮戦争の状況下、製鋼所の労働組合がストを予告したことに対し法律を超えて行政府命令をだしたトルーマンの裁判その過程・判決
	司法の判断基準	14. あなたは裁判官になる：1967年のカメラ vs. サンフランシスコ地方裁判所	・裁判官が考慮する4つの要素（裁判の事実、憲法、判例、原告被告から出される議論） ・カメラ vs. サンフランシスコ地方裁判所裁判で4要素がどのように使われたのかをみる
憲法解釈が争われた各種重要裁判に下された判決の意義を知る	司法判断の意義	1．マブリー対マディソン裁判（1803年）	・司法審査権を行使し連邦法に無効審査を下した司法行為に対する共和党とフェデラリストの対立・判決
		2．マッカロッチ対メリーランド州裁判（1819年）	・合衆国銀行に対して州が課税できるかどうかを争った裁判・判決
		3．ダートマウス大学対ウッドワード裁判（1819年）	・州が特許状を与えた学校に対して州法でその特許を破棄したことに関する裁判・判決
		4．ギッボス対オーディン裁判（1824年）	・独占的営業権が与えられている業者が州内にある連邦法が認めている業者を排斥しようとして起こした裁判・判決
		5．チャーリーズ河川橋対ウォーレン河川橋裁判（1837年）	（省略）
		6．ドレッド・スコット対スタンフォード裁判（1857年）	・黒人奴隷が奴隷禁止州へ逃げたことで解放されたとしてかつての所有者を訴えた裁判。所有者へ奴隷の所有権があることを認める判決。
		7．ミリガンの反逆罪裁判（1866年）	・デュープロセスを守らずに戒厳令を出して南北戦争に反対した人間を拘束したリンカン大統領

第 5 章　民主主義社会の形成者育成における法規範的価値学習の特質と課題　249

				への裁判・判決
		Ⅴ　最高裁の注目すべき判決	8．ミュン対オレゴン州裁判（1877年）	・州の倉庫料金への規制に関する裁判・判決
			9．プレッシー対ファーガソン裁判（1896年）	・白人と黒人を分離する政策は修正条項14条暴動保護条項に違反するのでは、とした裁判。「分離すれど平等」の考えが示される。
			10．ノーザンスクリティカンパニィ対合衆国裁判（1904年）	・運送業を独占するために複数の鉄道会社の株を買い占めたことに対する裁判・判決
			11．ミューラー対オレゴン州裁判（1908年）	・女性の労働時間を規制した州の労働法案は違憲ではないかという裁判・判決
			12．スケンク対合衆国裁判（1919年）	・軍内で反戦のビラを配った兵士への裁判・判決
			13．Schechter対合衆国裁判（1935年）	・特定の業種に対して大統領が「公正な取引の基準」を定めたことに関する裁判・判決
			14．合衆国対カーティス・ライト輸出会社（1936年）	（省略）
			15．ブラウン対教育局裁判（1954年）	・人種分離教育は黒人に劣等感を与えるとして、分離教育の違憲性を訴えた裁判とその判決
			16．ギディオン対ウェインライト裁判（1963年）	・弁護士の費用を誰が払うのかで争われた裁判と判決
			17．レオノルド対シムス裁判（1964年）	（省略）
			18．ミランダ対アリゾナ州裁判（1966年）	・被疑者に対して警察は、警察の尋問に対して黙秘権などがあることを告げる必要があるか、またそうした手続きをとらずに自白して得た証言を証拠として利

				用できるのか、裁判で争われた。
			19. ハート・オブ・アトランタモデル対合衆国裁判（1964年）	（省略）
			20. 合衆国対ニクソン裁判（1974年）	・大統領がウォーターゲート事件の捜査で盗聴テープの提出を求められた時、憲法上の執行特権を主張して拒否したことに関する裁判・判決

(Patrick, J. J. and Remy, R. C, *Lesson on the Constitution*, Social Science Education Consortium, 1986 より筆者作成)

スン）によって、法規範的価値の批判・評価を求める問いが設定されているものと、そうではないものと、2つのケースが存在し、ここに両者の考えが折衷・並立していることがうかがえることである。『憲法の学習』の導入部には「この教材は、全てが憲法の歴史、理論や法律などについて包括的かつ一貫した調査をするばかりではない」との記載があり、ここからも、その折衷をうかがうことができる。

　第二の特質は、法規範的価値の批判・評価を求める問いの設定されている課（レッスン）の課（レッスン）全体に占める割合が大変に低いことである。『憲法の学習』の課のうち、法規範的価値の批判・評価を求める発問が設置されているのは、第Ⅳ章の第6課「憲法の拡大」や第Ⅴ章の第9課「プレッシー対ファーガソン裁判」などがあるが、このタイプが全体に占める割合は、ほんのわずかである（第Ⅳ章において3／14、第Ⅴ章では3／20）。

　このことは、『憲法の学習』の教育目標を通しても見て取れる。以下のものが、『憲法の学習』の教育目標である[17]。

1．私たちの憲法の起源をより十分に理解する。
2．私たちの政治システムにおける憲法の目的を知る。
3．憲法の主だった原則や、その原則の私たちの社会や政治への活用のされ方についての理解を深める。

第5章 民主主義社会の形成者育成における法規範的価値学習の特質と課題　251

4．公的ないし非公式の憲法の変革の動きを理解する。
5．過去から現在にかけての憲法に関する重要な論争について調べる。
6．最高裁判決の基本的な重要性について理解する。
7．憲法の知識を過去から現在に至るまでの様々な論争や事件、人々に活用する。
8．憲法で具体化された価値への合意を高める。

　この『憲法の学習』の目標には、既存の法規範的価値について批判的に吟味することを求めるような項目が見られない。それどころか、「憲法で具体化された価値への合意を高める」[18]とあり、『憲法の学習』が、憲法そのものや司法の判決内容といった既存の法規範的価値への合意とその重要性の理解に重点を置いていることが見て取れる。

　特質の第三は、憲法（権利章典）の条文（第Ⅰ章）、憲法の成立過程（第Ⅱ章）、憲法を支える法原理（第Ⅲ章：連邦主義・三権分立・司法審査・市民の自由権の4項目から成る）、修正条項（第Ⅳ章）、さらには重要な最高裁の審議過程と判決（第Ⅴ章）といったように、憲法や司法判断に関する諸情報を包括的・網羅的に学習できるように編成されていることである。そしてここには、スケンク対合衆国裁判やミランダ対アリゾナ州裁判の判決など、パトリックが憲法のより深い理解に必要と主張する事例が多く含まれている。前述したが、パトリックは「少数派の権利と多数派のルール形成」の対立が見られる裁判事例を取り上げ、そこでの判決を理解することを通して、「いかなる時に少数派の権利が制限され、逆にいかなる時に政治的多数派の権利が制限されるべきであるのか」という課題に対する司法の公的な判断基準とその重要性を学ぶことで、憲法のより深い理解につながると考えていた。スケンク対合衆国裁判やミランダ対アリゾナ州裁判などは、こうした少数派の権利を奪いかねない政策を合衆国政府や州政府が実施しようとし、司法がそうした政府の対応を批判した判決を出した裁判事例の典型と言える。例えばミランダ対アリゾナ州裁判は、婦女暴行容疑で逮捕されたミランダに対してアリゾナ

州警察が被疑者の権利についての説明なく逮捕したことを理由にミランダが逮捕手続きの不当をもとに逮捕の無効を訴えた裁判で、司法（裁判所）は被疑者の権利をミランダに伝えないで逮捕に踏み切るという警察の行為は、被疑者という少数派の権利を冒涜する行為に当たるとしてミランダの訴えを支持し、逮捕無効の判決を下している。ここにパトリックが、重要な最高裁の審議を取り扱う中でも、特に「少数派の権利と多数派のルール形成」の対立が見られるような裁判事例にこだわったことをうかがうことができる。

なお、各章の課（レッスン）の配列は、基本的には時系列になっている。こうした配列は、特に教育的な効果は不明だが、おそらくは、通史的な歴史教育に補助教材として『憲法の学習』を加えることを可能にするためであり、『憲法の学習』の開発を支援するアメリカ歴史学協会への配慮であろう。

このように、『憲法の学習』は、憲法に関する様々な情報を、包括的・網羅的に、そして時系列に即して取り扱っていた。また、その情報は、学習者が批判的に吟味・検討することよりも、その重要性・存在意義を理解することに重点が置かれていた。このような内容編成からは、憲法の条文、法原理、法的手続き、重要判例など、広い領域での法規範的価値の理解を図ることこそが、まずは最低保証せねばならないリーガルリテラシーであるとした開発者たちの意図をみることができる。

2．『憲法の学習』の授業構成―法規範の「意味」や「意義」の理解―

『憲法の学習』の各課（レッスン）においても、憲法や重要判例などの法規範的価値を効果的に学習者に習得・定着させ、その重要性を理解させようとした構造となっている。というのも、『憲法の学習』では、その課のほとんどが、憲法の条文や憲法の法原理、法的手続き、重要裁判の判例などに関する諸情報について、教科書を読ませるなどして学習者に解説的に提供し、その後の小単元末の問いで、その理解度を確認したり、さらには、その条文などの「歴史的な意味」や「歴史的な意義」を理解させていくことで、学習者

第 5 章　民主主義社会の形成者育成における法規範的価値学習の特質と課題　253

にそれらがもたらす法規範的価値について着実かつ"肯定的な"理解を図っていく展開が採られているからである。

では、こうした一例として第Ⅴ章「最高裁の注目すべき判決」の第18課「ミランダ対アリゾナ州裁判」の授業構造をここでは取り上げよう。表5-2は、第18課「ミランダ対アリゾナ州裁判」の記載内容や設定されている発問を参考にして、筆者が教授書形式で示したものである[19]。『憲法の学習』の場合、各課（レッスン）に、資料や解説の他に、授業計画が付属しており、この中には、授業目標と詳細なレッスンプラン（「導入」「展開」「終結」の三段階から成る）、それにあわせた発問がそれぞれセットで詳細に設定されている。そのため、教授書形式での授業の再現は大変に容易である。

この第Ⅴ章第18課「ミランダ対アリゾナ州裁判」は、「導入」「展開」「終結」の三段階から成り、それぞれ「事件内容と論争点の確認」「判決内容の確認」「判決の影響などからの判決の重要性や意義の理解」を行っている。「導入」の「事件の内容と論争点の確認」をするパートでは、まず教材の記載内容を確認し、事件のあらましや、論争の状況、そして論争点を明らかにすることが学習者に求められている。「ミランダ対アリゾナ州裁判」の場合、ミランダが婦女暴行容疑で逮捕されたこと、そしてその取調べの際に被疑者であるミランダに、黙秘権や弁護士を立てることができる権利があることなどを伝えなかったことに対してミランダが不満を持ち、修正条項5条「自己負罪条項」の違反、つまり違法な法的手続きとして訴え、対して警察やアリゾナ州側も裁判で争う姿勢を見せたことなどが確認されることになる。次の「展開」の「判決内容の確認」のパートでは、判決の結果と、その解釈（正当化の根拠付け）を確認することが学習者に求められる。「ミランダ対アリゾナ州裁判」の場合、被疑者に黙秘権や弁護士を立てる権利があることを通告せずに逮捕することは、法的手続きの欠陥となるとした判決をウォーレン裁判官らが下したことを確認することになる。最後に「終結」の「判決の影響などからの判決の重要性や意義の理解」では、「展開」で確認した司法判断

表5-2 『憲法の学習』第Ⅴ章第18課「ミランダ対アリゾナ州裁判」の授業展開

授業展開		教師の発問	教授学習過程	主な学習内容
判決の意義を理解する過程	[導入]事件内容と論争点の確認をする	○教科書の「ミランダ対アリゾナ州裁判」を読みなさい。	T：発問する	

ミランダ対アリゾナ州裁判（1966年）

　1960年代、最高裁判事ウォーレンの下で被疑者の権利を強める重要な判決が下された。この判決は大変に重要かつ論争を呼んだ判決で、E.ミランダ、アリゾナ州の人々、そして修正条項5条を含んだ問題となった。

　1963年ミランダはフェニックス近郊での若い女性の誘拐と婦女暴行の罪で逮捕された。女性は警察署で彼が犯人であることを確認し、警察は彼に二時間以上尋問をした。誰も彼に警察の尋問に対して黙秘する権利があり、また弁護士に面会する権利があることを告げなかった。ミランダは罪を白状した。彼は起訴され有罪となった。

　彼はこの有罪に不満を持って上告した。彼の弁護士は警察が修正条項5条にある「自己負罪条項」に違反するのではないかと主張した。修正条項5条には次のように書いてある。「人は誰も、刑事事件において自己に不利益をもたらす証言を強要されることはない」

　アリゾナの弁護士は、もしこの言及があれば、ミランダが尋問を受けている間いつでも弁護士を雇うことができたはずだと主張した。彼はそうしたことができなかった。彼らはまた何人たりとも自白を強要することはできないと主張した。

憲法的問題
修正条項5条は容疑者が黙秘権を持ち、不利益な質問に答える必要がないことを警察は告げることを要求したものなのか。またこうした警告がない中で獲得した証拠を警察が法廷で活用でることはできないのか。

判決
　5対4で法廷はミランダの有罪を否決した。法廷は、修正条項5条は警察が容疑者に黙秘権があり、不利益となる警察の尋問に答えなくてよい権利があり、弁護士に面会する権利が保障されていることを告げることを求めるものであると判決した。法廷は、警察は必ずこうした警告を尋問の前に伝える義務があり、被告はこうした権利を放棄する自由があると述べた。

　さらに法廷は、もし容疑者が黙秘を望んだり、弁護士との面会を望んだ場合は、容疑者が再び話す準備が出来たり、弁護士が現われるまでは尋問を停止しなくてはならないことを加えた。検察官はこうしたルールに違反して獲得した証拠を法廷で採用することができなくなった。

第 5 章　民主主義社会の形成者育成における法規範的価値学習の特質と課題　255

> 　ミランダ裁判の判決は議論を呼んだ。多くの法執行機関はこの判決に対して「警察に手錠をする行為だ」と不満を述べた。こうした強い不満の中で、判事ジョン・ハーランは「法執行の合法的な手段として自白をなくすことを意味する判決であろう」と言及している。かつて検察官であったウォーレン判事はこのルールを守った。彼らは私たちの司法制度は有罪が決定するまでは個人は無罪であるという原則に基づいたものである。また彼らは、政府が被疑者に証拠を示さねばならないが、被疑者が自分が有罪であると示すことを強制することができないと述べている。
> 　ミランダ裁判の判決以降、ほとんどの警察官は被疑者に彼らの権利を読み上げるために、カードを携帯している。このカードは「ミランダ・カード」としてすぐに知られるようになった。

	○ミランダはどのような罪で起訴されたのか。	T：発問する S：答える	・若い女性の誘拐と婦女暴行の罪
	○ミランダは警察が憲法で保障された何の権利を侵害したと主張したのか。	T：発問する S：答える	・自分に不利な質問に答えなくて良い権利 ・尋問中弁護士を呼ぶことができる権利
	○修正条項5条のどこを警察が違反したとミランダは主張しているのか。	T：発問する S：答える	・「自己負罪条項」
[展開] 判決内容の確認をする	○法廷はミランダを勝訴としたのか、敗訴としたのか。	T：発問する S：答える	・ミランダを勝訴とした。
	○ハーラン判事は何に不満があったのか。	T：発問する S：答える	（省略）
	○ミランダの判決によれば、警察は尋問する前に、どのような権利を被疑者に伝える義務があるのか。	T：発問する S：答える	・黙秘権 ・尋問中に弁護士に面会できる権利
[終結] 判決の影響から判決の重要性や意義の理解する	○この判決の影響として何があったのか。	T：発問する S：答える	・容疑者の権利が拡大した。 ・警察は、自白だけで有罪に導くことが困難になった。
	○修正条項5条「自己負罪条項」やこの判決がなかったら、法制度の判定機能にどのような危険をもたらしていたでしょうか。	T：発問する S：予想を発表する	（例）調査官がどうしても自白させたいために、被疑者をおどし、冤罪事件を生み出す。

（Patrick, J. J., and Remy, R. C., *Lesson on the Constitution*, Social Science Education Consortium, 1986., pp. 297-298 より筆者作成）

の「意味」や「意義」を考え、その重要性を理解するパートとなっている。「ミランダ対アリゾナ州裁判」の場合、学習者はまず、ウォーレン裁判官らが下したミランダ対アリゾナ州裁判の判決が社会に与えた影響を調査する。ここで学習者は、この判決以来、「容疑者の権利が拡大した」ことや「警察は、自白だけで有罪に導くことが困難になった」ことを学ぶ。そして、今度は、その判決が下らなかった場合の社会を予想し、そのことから「展開」で学んだ司法判断の意味や意義を学習者は考えることになる。判決の社会への影響と、その判決が下らなかった場合の社会への影響とを比較することで、学習者に、より効果的かつ"肯定的に"司法判断の意味や意義を理解させているのである。

パトリックらの目指すリーガルマインドを持つ学習者の理想像は、幅広い法への知識に基づく行政行為を求められる、法令への遵守義務を持つ「公務員」にあるのかもしれない。つまり、『憲法の学習』は、学習者の「プチ公務員」化を図る法規範的価値学習論であると言うこともできよう。

3.「教養主義」系法規範的価値学習の特質

『憲法の学習』は、既存の法規範的価値を公的な判断基準として習得し、他の事例にも活用できるようにすることを重視していた。そしてその目的を達成するために、次のような内容編成、授業構成をとっている。

まず内容編成の点からみると、合衆国憲法や権利章典、刑法、民法の内容や、法的手続き、そして合衆国国内で起きた重要裁判の判例などの法規範的価値（公的判断基準）を、包括的に取り扱っている。また授業構成の点からみると、そうした法規範的価値（公的判断基準）が生み出されることになった事件のあらすじを確認したのち、その重要裁判の判例などの法規範的価値の歴史的意味や存在意義を考えさせることで、これを"肯定的に"学習者に伝達しようとしている。そこには、法や判決への懐疑的な態度を育成しようとした姿勢をまったく見ることができない。

この『憲法の学習』に代表して見られる「教養主義」系法規範的価値学習は、この後の第3節、第4節で取り扱う他のタイプの法規範的価値学習とは決定的に異なる特質を持つ。それは、既存の社会的価値の相対化や批判的な吟味といった手続きがほぼとられていないことである。法規範的価値の批判的な吟味や優劣を決めるような評価・判断活動がほとんどとられていないことの理由について、例えば『憲法の学習』の開発者のパトリック自身は直接には言及してはいない。しかしこれは、ひとつひとつの法規範的価値の議論をする時間があったら、法規範的価値を包括的に捉える時間に回した方がよいとした判断が働いているからと考えることが自然であろう。議論より情報量の増大が優先されたのである。

第2項 「生活是正主義」系：『私の尊厳、あなたの尊厳』の場合

1.『私の尊厳、あなたの尊厳』の授業構成

　1971年にアメリカ法曹協会（ABA）が法関連教育に積極的に関与するようになってから、これまで公民科・社会科の学習内ではあまり見られなかったタイプの法規範的価値学習が登場する。その内の一つは、憲法や権利章典の人権条項、その他各種法律の原理原則の合理性を伝えるとともに、それを個人の生き方や私人間の紛争解決、日常生活でのルール作りに適用し、日常生活の改良を図ろうとするタイプのものである。

　その典型的事例として、フィ・アルファ・デルタ公共センターが1995年に作成した『私の尊厳、あなたの尊厳』[20]がある。本教材は6つの単元から成るが、そのうちの「単元1：暴力に訴えない紛争処理」の授業構成を表5－3で示した。単元1は、目標にもある通り、紛争の処理の手法として、法廷で活用されている「調停」法を学習し、それを日常生活に適用することで、コミュニケーション空間の改善を試みている。授業は、その前半で「三匹の子豚」の物語における狼と子豚のやり取り（＝やられたらやり返す）が批判の対象となる。そして子豚たちが採った解決法以外の平和的解決法として「調

表5-3 『私の尊厳、あなたの尊厳』単元1「暴力に訴えない紛争処理」の展開

【レッスン1の概要】子どもは、暴力に訴えることなく、架空の紛争を処理するために、三つのグループに別れて活動する。子どもはコミュニケーションと理性に基づく行動によって紛争を「調停」することを学習する。	
【レッスン1の目標】 ①子どもたちは、紛争処理として暴力に訴えるよりも、「調停」を行う方が良いことを理解する。 ②子どもは効果的に「調停」を行う方法を学習する。 ③「調停」技能がどのように自分の日常の活動に影響を及ぼすかを学習し、適切にコミュニケーションを改善する。	
学習展開	
第1課	・子どもに「三匹の子豚」を読む。その物語が、紛争処理にとって不適切なやり方を示している限り、異なる物語を選んで構わない。子どもに紛争の実態を認識するように促す。また、子どもに、物語の登場人物たちの紛争処理方法を認識するように促す。 【紛争】狼はうなり、息を吹きかけて、二匹の子豚の家を吹き飛ばした。 【処理】三匹の子豚は、三番目の子豚のレンガのうちに集まり、三匹が協力して狼を煙突から突き落とし、お湯の沸いている桶に狼を突っ込んだ。
第2課	・「三匹の子豚」の話にある処理方法は、良い方法と感じるかどうかを議論させる。 ・紛争処理には平和的な方法があることを子どもたちに伝える。 ・暴力を用いないでこの紛争を処理するにはどうしたらよいか議論するように子どもたちに働きかける。
第3課	・次の「主要な概念と単語」という情報を示す。 「積極的に聞くこと」・「紛争」・「紛争処理」・「争い」・「計画書」・「調停」（など）
第4課	・教科書の2〜3頁にある「上手な調停員の技能」と「紛争処理のためのステップ」という表に書かれている情報について理解させ、議論を行わせる。 ・子どもたちの理解を確かめる。
第5課	・教科書の4頁に掲載されている調停の求められる紛争状況（A〜C※資料5-1）を読む、または読ませる。

（Phi Alpha Delta Public Service Center *Respect Me, Respect Yourself*, 1995. 及び、磯山恭子「「法教育」における紛争処理技能の育成—"Respect Me, Respect Yourself"の分析を通して—」『公民教育研究』第5号、1997年75〜76頁を参考に筆者作成。基本的には磯山の翻訳・概略をそのまま引用している。）

資料5-1　単元1―第5課の資料（A〜C）の一例

(A)　サニタとテレサは姉妹です。二人のうち、サニタの方が年上です。天気が雨なため彼女たちは外に遊びにいけないので、家の中で人形遊びをすることになりました。遊んでいるうちに、サニタはテレサの遊んでいる人形が着ている服に目を留めました。サニタは、その特別なドレスをとても気に入りました。サニタは、テレサの人形から洋服を脱がせ、自分の人形にそれを着せてしまいました。テレサは、サニタにそのようなことをしないように言いましたが、サニタはそれを無視して相変わらずそのドレスを自分の人形に着せたままでした。テレサは自分の人形の服を取りかえそうとしました。サニタはテレサの人形から全て脱がせてしまい、その人形を外に放り投げました。その状況について、二人の姉妹は激しく口げんかを始めました。

停」の手法とその合理性が紹介される。後半では「調停」を他の複数の紛争事例に適用し、暴力ではなく調停による解決を子どもたちに習慣化するように働きかける。

　こうした授業計画の意図は明確である。背景には、子どもたちが自己の利益を暴力に訴えてまで主張し合うことから、彼ら自身の力ではなかなか私人間の契約関係を平和的に構築できないという実態があり、これの打開に向けて、司法の「調停」という手法を適用することで、彼らの暴力を静め、平和的な契約関係を構築できるようにさせることにある。つまり、彼らの暴力的な生活態度の矯正にある。

　従来、英米法圏において法とは、権力を縛るものという前提の下にあり、私人間の契約関係（民事）には市民側からの申し出がない限りにおいて法を政府の側から強制しない「私的自治の原則（権力の民事不介入）」が採られてきた。しかし1960年代後半頃から、そうした前提での法体制の限界が指摘されるようになった。消費者問題や労働問題の増加などから、権力体は政府ばかりではないといった意識が高まり、私人間での問題の自力解決の限界が指摘され、同時に法を私人間の契約関係にも積極的に適用することが主張された。その最初の形が消費者保護法であるが、その後もドメスティック・バイオレンスの増加などの背景から、生活や家族にも法を適用するような働きか

けが起こり、法も生活の細部に介入する動きが活発化した。いわゆる「法化社会」の到来である。こうした法化社会の進行に対して、教育を通して人々に法の合理性を理解させ、人々が法の持つ合理性を生かした豊かな生活を送ることが出来るように支援して行くことが必要であるとした問題意識を、法関連教育推進団体の多くやABAが共有するようになり、併せて「生活是正主義」系のカリキュラム教材の作成を積極的に進めるようになったと考えられる。

2．「生活是正主義」系法規範的価値学習の特質

『私の尊厳、あなたの尊厳』に見られるように、「生活是正主義」系の法規範的価値学習は、より積極的に人々の生活指導に法規範的価値を利用していこうとするアプローチである。「教養主義」系の法規範的価値学習に比べると、学習の意義を学習者も直接的に捉えやすいといったメリットがあり、また伝えようとするメッセージはとてもわかりやすいものであるという特色がある。

ただ民主主義社会の形成者の育成という観点で見るとき、幾つかの課題がある。第一に、既存の法規範的価値の存在を、「教養主義」系よりもより直接的に肯定し日常への取り込みを推進することで、これへの批判的姿勢が失われてしまうことである。『私の尊厳、あなたの尊厳』単元1の場合、調停という法制度を紛争解決の手段として学習者である子どもたちに提案する展開をとる。調停にみられる課題の部分はこの授業に登場しない。これを受け入れるかどうかは子どもたちの自由ではあるかもしれないが、その判断の前段階で、法制度それ自体を合理的な存在として子どもたちに無批判にイメージさせてしまう危険性がある。

第二に、法と道徳を混同してしまう危険性があることである。法と道徳は基本的には明確に区別できないことがしばしば指摘されるし、それは事実でもある。しかしこのことを以て両者を区別するべきではないという議論を耳

にすることがあるが、これは、強引な主張ではないだろうか。この区別が曖昧となると、生き方にまで法（国家や第三者の意見）が介入することを自ずと促してしまうかもしれない。

こうした危惧は、筆者の考え過ぎであって欲しいものであるが、「生活是正主義」系の法規範的価値学習は、その取扱いに慎重にあるべきだろう。

第3項 「適応主義型」法規範的価値学習の特質

「適応主義型」法規範的価値学習は、学習者に法規範的価値を理解させ、それをもって日常生活に適応できるようにすることを目的とする。より直接的にその目的を果たそうとする「生活是正主義」系と、間接的にそうなってしまう「教養主義」系との2つに分かれるが、民主主義社会の有意な形成者を育成するという点からみると、次のような課題があるといった点で共通する。

第一に、従来の法規範的価値の内容的理解や生活社会での存在意義を理解できる反面、その批判的検討がなされないため、そうした態度や知的作法が育たず、支配体制の中に取り込まれてしまう危険性がある。心理学者スタンリー・ムーアらのグループは、社会階層の中で低位にいる人ほど、法制度を何か怖い存在として嫌悪感を抱き、これをうまく利用できないことを調査によって明らかにし、また合わせて、法理解の程度も低く、法への関心も低いことを明らかにした[21]。こうしたデータを踏まえると、「適応主義型」法規範的価値学習を全く以て危険な学習論であるとすぐに判定してしまうことは、軽率である。こうした学習は、社会階層の低位にいる者たちの一定数には、意味も効果もある。ただこれも度が過ぎると、体制に無批判で無抵抗な市民の形成を生んでしまうことになりかねない。教師はこのバランスを考えて法規範的価値学習を実行していく必要があるだろう。

第二に、子どもたちの持つ常識的な認識の質的な変革をもたらさない危険性があることである。法は合理的で公正な存在であるとした認識は、おそら

く法によって不利益を被っている立場にある人々を除いて、まずほとんどの人間が持ち合わせている世界観ではないだろうか。そしてその世界観は、日常生活で学ぶことができる（学びたくなくても学んでしまう）「常識的」な発想と言えよう。こうしたことは、学校教育でなくとも教えることのできる認識である。学校教育（教科教育）の存在意義を考えたとき、「適応主義」型の法規範的価値学習は、それに何ら応えるものにはならないのではないだろうか。

第3節　「社会改造主義型」法規範的価値学習

　「社会改造主義型」法規範的価値学習、つまり法規範的価値をめぐる論争問題を中核となる教材として取り入れ、これの分析と議論を通した法規範的価値の見直しを通して、社会を改善していこうとするアプローチをも用いることで、価値学習の改革を行おうとする試みについてここでは取り上げていく。本節では、ハーバード社会科と、道徳性発達教育それぞれのカリキュラム教材に焦点を当てたい。前者は法学者で社会科教育学者でもあったオリバーが中心になって開発された。また後者は発達心理学者コールバーグが生み出した道徳性発達の理論に影響を受けたロックウッド（歴史教育）やオッツィ（STS教育）らによって開発された。

　実は、1960年代、道徳性発達教育のカリキュラム教材をコールバーグ自身が開発していく際、コールバーグの最初のパートナーとして予定されていた人物が、大学の同僚でもあるオリバーであった[22]。しかし諸事情からコールバーグのパートナーは、「新社会科」時代の社会科歴史教育の第一人者で、『中等ホルト社会科』シリーズの開発でも知られているカーネギー・メロン大学のエドウィン・フェントン教授となった。フェントンとコールバーグの共同研究の具体については、既に先行研究があるのでここでは詳しく示さない。ただ確実に言えることは、1960年代から1970年代にかけて、ハーバード大学には、当時のハーバード大学法学部で主流になってきた思想である功

利主義批判、立憲主義、そしてロールズの『正義論』等に大きな影響を受けた2つの「法規範的価値学習」のプロジェクトが生み出され、そして米国の「法規範的価値学習」の二系統となったことである。

両者はお互いの研究を意識していた[23]。それはコールバーグの著書や論文にも散見される。コールバーグは発達心理を専門とし、そしてオリバーは法理学を専門としていたことから、結果として開発されたプログラムは、それぞれ違った特質を持つものとなった。それは言うなれば、前者が開発したプログラムが「判断基準としての法原理の習得」とそれに基づいた価値の「選択」（筆者はこれを「法的選択」系と呼びたい）能力の育成を目指したものであることに対して、後者が開発したプログラムは「判断基準としての法原理の習得」とそれに基づいた価値の「調停」（筆者は、これを「法的判断」系と呼びたい）能力の育成を目指したものとなった[24]。

本節では、まずこうした道徳性発達教育とハーバード社会科法理学的アプローチの特質の違いについて、それぞれの理論に基づいて開発されたプロジェクトの具体的な指導計画等の検討を通して見ていきたい。また、両者の比較検討から、これら1970年代型の「法規範的価値学習」の到達点及び限界がどこにあるのかを整理し、それが80年代に入ってどのように克服されていくことになるのかを、その鍵となる社会科プロジェクトの紹介を通して論じていきたい。

第1項 「法的選択」系：『今日と明日への決断』の場合

大変に有名な話であるが、コールバーグは、合衆国憲法を支えるような法原理を意識し、それに基づいて政策などを生み出すことで道徳的なジレンマ（モラル・ジレンマ）を考察することが出来る人間を、道徳性の発達段階の最終形態として位置づけた。そして、出来るだけ多くの人間を、この最終段階まで発達を導いていけるように支援していくことこそが、教育の役割であると論じた。この主張に合わせ、1970年代から90年代にかけて、多くの社会科

教育学者や歴史学者らが、彼の理論に基づいたプログラムを開発することになる。

ここで分析対象として中心的に扱うのは、アメリカ合衆国の農学者ルイス・オッツィ（Iozzi）が1980年代に作成（今回の分析対象は1990年版）した『今日と明日への決断』プロジェクト（ソプリス・ウエスト社（Sopris West Inc.）刊)[25]である。このプロジェクトは、いわゆるSTS（科学・技術・社会）の教育プログラムであるが、コールバーグの道徳性発達論を意識して編成されていることが理論書に明記されている。

1．コールバーグの道徳性発達論と『今日と明日への決断』

まず、道徳性発達教育の具体的事例であるオッツィの『今日と明日への決断』の各プロジェクトを見ていく前に、その基盤にあるコールバーグの道徳性発達の理論について確認しておきたい。

コールバーグは、ピアジェの理論や研究方法を継承し、子どもたちの道徳性の発達の発達段階について研究した。その結果、道徳性の発達には全部で5つ（やがて6つ）の段階が存在するとする仮説を提唱した。この発達のスピードは地域や性別によって異なり、時には第5段階や第6段階まで向かわないケースもあるとコールバーグは指摘しているが、基本的にこの成長は、普遍的であるとコールバーグは言い切る。またコールバーグは、この発達は不可逆性のもので、また段階の追い越しはあり得ないとしている[26]。

●道徳性発達の段階論（コールバーグ）
【前慣習レベル】
○行為の決定要因は、規則の持つ権威や、当面している人物の身体的力の強弱であり、行為によって生じる物理的ないし快楽主義的な結果（罰、報酬、好意など）である。
第1段階＝罰と服従への志向
罰の回避と力への絶対的服従がそれだけで価値あるものとなり、罰せられ

るか褒められるかという行為の結果のみが、その行為の善悪を決定する。

第2段階＝道具主義的相対主義への志向

　正しい行為は、自分自身の、また場合によっては自己と他者相互の欲求や利益を満たすものとして捉えられる。具体的な物・行為の交換に際して、「公正」であることが問題とされはするが、それは単に物理的な相互の有用性という点から考えられてのことである。

【慣習レベル】

○人の属する集団（家族、学校、企業など）の期待に添うことが、それ自体で価値のあることとみなされる。単なる同調だけでなく、忠誠心、秩序の積極的な維持と正当化、所属集団への同一視が生じるが、なぜそうすることがよいことなのかということは考慮されない。

第3段階＝対人的同調あるいは「よい子」への志向

　善い行為とは、他者を喜ばせたり助けたりするものであって、他者に善いと認められる行為である。多数意見や「自然なふつうの」行為についての紋切り型のイメージに従うことが多い。行為はしばしばその動機によって判断され、初めて「善意」が重要となる。

第4段階＝「法と秩序」の維持への志向

　正しい行為とは、社会的権威や定められた規則を尊重してそれに従うこと、すでにある社会秩序を秩序そのもののために維持することである。

【原理レベル】

○既成の法律や権威を超えて自律的に判断し、道徳的価値や原理を自ら規定しようと努力する。

第5段階＝社会契約的遵法への志向

　ここでは規則は固定的なものでも権威によって押しつけられるものでもなく、そもそも自分たちのためにある変更可能なものとして理解される。正しいことは、さまざまな価値観や見解が存在することを認めた上で、社会契約的合意に従って行為することである。社会契約的合意とは、個人の権利や独立宣言、合衆国憲法のように、社会によって批判的に検討され同意された基準のことである。

　コールバーグは、第5段階に到達するだけのレディネスは、形式的操作期

を待たなくてはならないと論じている。またそれまでに社会的洞察力を育成しておくことも必要であると論じている。社会的洞察力としては、セールマンの理論が参照されている。

●社会的洞察力の発達段階論（セールマン）
第1段階　自分の興味の対象だけを注視する段階。他者や属する段階の義務や責任だけでなく、自分の義務や責任も顧みない。
第2段階　自分の興味を満たしたいと望むが、他者の反応を見越した行為もできる。
第3段階　お互い理解しあえた人間関係の中でなら、信頼や尊重といった関係の視点から物事を見ることができる。
第4段階　社会の一員としての視点を持ち合わせ、社会システムの観点から考えることができる。自分が知らない人も含めて、様々な視点から状況や社会的事象を見ることができる。

その上でモラル・ジレンマに関する問題を、次のような学習過程を通して、子どもたちの間で議論し、相互作用しながら学んでいくことで、子どもたちは道徳性を少しずつ高めていくとしている。（こうした子ども相互の学び合いから道徳性を発達させようとしたコールバーグのアプローチは、社会構成主義の典型事例としてよく知られる）

　　第1段階　ジレンマの提示
　　第2段階　問題状況に対する立場の設定
　　第3段階　小グループでの議論
　　第4段階　大グループでの議論
　　第5段階　議論のまとめ（意思決定）

コールバーグの道徳性発達の理論や道徳性発達教育については、これまで様々な研究がなされてきており、その先行研究をここで全て挙げるようなことはしない。ただ殊に我が国の社会科教育研究という領域に限定して言えば、

米国に比べてそれ程は注目されてこなかった。この理由としては、次のことが考えられよう。

　第一点目として、我が国の社会科教育は、専ら社会認識教育として取り扱われ、価値領域の扱いは社会科以外が担当するとした認識が強くあったことである。道徳性の問題は、専ら価値の領域がテーマとなる。これは社会科のテーマではないとされたのだろう。ただ80〜90年代以降我が国でも社会科で積極的に価値、特に法や文化的規範について取り扱おうとする動きが生じたことから、この説明だけでは、上記の理由としては不十分である。

　理由の第二点目としては、道徳性発達教育が、日常生活での生き方に関わる問題の考察と価値判断の質的向上を目指した学習としてのみ理解されたからである。もちろん道徳性発達教育はそうした性質を持つ学習であるし、コールバーグもそれを期待した部分がある。道徳性発達段階を見極める上で事例に出した「ハインツのジレンマ」を初め、コールバーグが示す多くの事例は、明らかに個人的な生き方の判断を求めるものである。以下はその一例である[27]。

　　　三人の人間が救命ボートで漂流している。地理に詳しいキャプテンと屈強な若者、そして肩を骨折した老人である。限られた食糧で三週間ボートをこぎ続けるためには、誰か一人が犠牲になる他ない。キャプテンが犠牲になると、残りの二人が生き残れる可能性はほとんどない。若者が犠牲になった場合は50％。老人が犠牲になった場合は80％の確率になる。誰も自発的に飛び込もうとはしていない。キャプテンはどのように決断すべきか。

　ちなみに、この事例で最も段階が高次な決断（第5段階や第6段階）というのは、人権尊重の観点からくじ引きにするというのがコールバーグの見解である。コールバーグは、自由や平等、公正、人権などといったような、合衆国憲法を支える法原理を判断基準として持ち合わせ、こうしたモラル・ジレンマと呼ばれる問題に対応できるようになった段階こそが、道徳性が最も発

達した段階であると考えるからである。

　ただ、この事例においてのコールバーグの判断も含め、モラル・ジレンマといった日常での個人的な生き方をめぐる問題（私的な空間）の判断に、ここまで厳格で合理的な判断を公教育が求めていくことや、そのような判断を他の判断より優秀なものとするコールバーグの考え方には、批判が絶えない。特に価値明確化学習の擁護者（例えばラスやサイモン）らは、コールバーグのアプローチを厳しく批判した（し、コールバーグも彼らを批判した）。

　たた、コールバーグの理論は、個人の日常での生き方の基準を構築しようとする道徳教育などよりも、むしろ公的論争問題を考える社会科教育に応用していく方がふさわしいと考える者も現れるようになった。それがフェントンであり、ロックウッドであり[28]、オッツィである。また全米社会科教育協議会（NCSS）もコールバーグに注目する。1972年のNCSS大会のテーマは「法と正義」であったが、ここでコールバーグはゲストとして招かれ、演説をしている[29]。その後、コールバーグの道徳性発達教育は、社会科の中でも展開されていくことになる。ただそれは、フェントンが道徳性の発達段階を「公的事象の理解力」と呼び変えているように、道徳性の発達よりは、公的論争問題の理解・分析や価値判断の能力形成として注目されることになる。

2．『今日と明日への決断』の内容編成―科学技術が生み出す公的論争問題中心の構成―

　『今日と明日への決断』プロジェクトは、クック大学の農学者オッツィ（Iozzi）が1990年に作成した。本プロジェクトの全体計画を示したものが、表5-4である。ここから、本プロジェクトは12の単元から成り、それらの多くは原子力や臓器移植といった近代の科学技術が項目に立てられていることがわかる。

　この全体計画を分析したものが、270〜271頁の表5-5となる。表は左か

表5-4 『今日と明日への決断』プロジェクトの全体計画

第1単元 技術（テクノロジー）とは何か	第7単元 危険な廃棄物
第2単元 ハイテク世界での意思決定	第8単元 食糧と農業
第3単元 遺伝子技術	第9単元 臓器移植
第4単元 人工知能	第10単元 交通
第5単元 原子力	第11単元 ロボット
第6単元 酸性雨	第12単元 技術（テクノロジー）と意思決定

（Louis A. Iozzi, *Decisions for Today and Tomorrow*, Sopris Est, Inc., 1990 より筆者作成）

ら「単元名」「取り扱われる内容（社会問題）の概要」「全体構成」となっており、「全体構成」はさらに「教材（社会問題）選択の原理」と「教材（社会問題）配列の原理」「全体構成原理」に分かれる。筆者の分析部分は基本的に、右側の「全体構成」の部分となる。

　本プロジェクトの単元は大きく第1単元、第2単元、第3単元～第11単元、第12単元の4部に分けることができる。第1単元は【展開1】「科学技術の問題提起」の部分として、科学技術が人間の存在すら脅かす事態を生じさせていることなどが紹介される。そして市民は何らかの規制をかけていくためのルール作りをする必要があるのではないか、と問いかける。

　第2単元は【展開2】「合理的意思決定手法の習得」として、ディシジョン・ツリーやディシジョン・マトリクスが紹介される。このような手法を用いて、問題の解決案として見いだされたものが、それぞれ社会にどのような影響を与えるのかを算出する技能の習得が目指される箇所である。

　第3単元～第11単元では、【展開3】「分析枠組みの習得と社会問題の考察」として、科学技術が生み出す未解決で、喫緊の問題を題材として取り扱い、これらの問題の解決策を整理し選択することが求められる。例えば第6単元「酸性雨」では、窒素酸化物や硫黄酸化物が酸性雨を引き起こし、森林や彫刻を破壊しているという問題を取り上げている。そしてこの問題の解決策において意見が分かれている状況を学習し、それぞれの主張の背後にある社会認識、そして価値観の対立構造を整理していく。そして子どもたちは、

表5-5 『今日と明日への決断』プロジェクトの全体構成

	単元名	取り扱われる内容 (社会問題)の概要	全 体 構 成		
			教材(社会問題) 選択原理	教材(社会問題) 配列原理	全体構成原理
1	技術(テクノロジー)とは何か	・キーリンの「技術」の定義 ・以前のように生活の利便性を求め、個人が自らの意図で科学技術を開発し、その欲望の赴くままそれを消費することでは、社会の安全が保証されない。			【展開1】 科学技術の問題提起(・科学技術の発達が欲望のままに利便や効率を追求できなくしたことを認識)(・市民が社会システムを作る必要を確認)
2	ハイテク世界での意思決定	・ディシジョン・ツリー(二者択一用:ミニマックス理論)、ディジョン・マトリクス(複数選択肢用:効果最大化原理)			【展開2】 合理的意思決定手法の習得
3	遺伝子技術	・遺伝子技術悪用への不安 ・遺伝子組み換え食品の安全性への不安	効率・利便 対 社会秩序 (秩序へのリスク)	科学技術の発展で問題が起こらないように事前対応する	【展開3】 分析枠組みの習得と社会問題の考察 ・社会問題を分析するための概念を獲得し、それを応用して社会問題を考察する ・概念は、社会秩序、安全な生活、公正な負担と
4	人工知能	・コンピュータ制御社会への不安 ・情報漏洩への不安			
5	原子力	・原子力発電建設の問題 ・使用済み燃料処理の問題	効率・利便 対 安全な生活 (生命へのリスク)	科学技術の発達により問題解決が行われるまでの一時的な対応をする	
6	酸性雨	・異常気象と酸性雨、温暖化の問題			
7	危険な廃棄物	・ダイオキシン、放射性廃棄物処理などの問題			
8	食糧と農業	・農業の機械化 (企業・大農家と零細農家)		科学技術の発展が問題の拡大を引き起こさないように制限する	

(これからの問題 ↕ これまでの問題)

9	臓器移植	・生体間移植（臓器提供者のいる者といない者）	効率・利便対利益・負担の平等（公正へのリスク）		公正な利益配分
10	交通	・騒音、排気ガス、公害問題（道路周辺と郊外の住民）			
11	ロボット	・工場のオートメーション化（経営者と労働者、零細企業と大企業）			
12	技術（テクノロジー）と意思決定	・工場従業員、経営者、政治家、環境保護団体の立場から、第3単元〜第11単元までに出てこなかった技術のうち、今日の社会に活用できるものがないか、またどのように活用するべきかを検討する。			【展開4】まとめと応用問題

(Louis A. Iozzi, *Decisions for Today and Tomorrow*, Sopris Est, Inc., 1990 より筆者作成)

　こうした分析を通して、最終的に採るべき解決案について意思決定していくことが求められるのである。この解決策の有効性を検討する際、第2単元から学んだ合理的意思決定の手法は、大いに役立つことになる。

　この【展開3】で取り扱われる社会問題は、その性質から3つのタイプに整理できる。まず第3単元、第4単元は、科学技術の発展が社会秩序を脅かす可能性のある事例である。この構図は、「利便・効率　対　社会秩序」と示すことが出来るだろう。例えば第4単元「人工知能」で取り扱うコンピュータに制御された社会は、ハッカーなどによる情報混乱の危険性や情報漏洩の危険性と隣り合わせの「秩序へのリスク」を持つものであるし、第3単元「遺伝子技術」で取り扱われる遺伝子の組み換えは、ヒトラーのような人物を生み出す危険性を孕む「秩序へのリスク」を持つものである。

　次の第5単元、第6単元、第7単元は科学技術によって環境や人体を脅かすような危険物質が生み出される「生命へのリスク」をもたらすものを扱っている。その構図は、「利便・効率　対　安全な生活」とまとめることが出来る。例えば第5単元「原子力」では、原子力発電所建設の問題が、放射能漏れや核廃棄物処理などの危険をもたらすものであることが扱われ、それに

向けた対策の論争が取り扱われることになる。

　最後に第8単元から第11単元までは、科学技術によって負担の不公正が生じたり、利益配分の不公正が生じたりするような、「公正へのリスク」の問題が取り扱われている。その構図は「利便・効率　対　利益・負担の平等」と示すことができよう。例えば第10単元「交通」では、高速道路建設の問題を取り上げ、近郊からの通勤者にとっては利便の良いものであるが、周辺住民にとっては騒音や排気ガスという問題を引き起こすなど、利益を得る者と損をする者が生じる問題である。【展開3】では、このように個人が自分の欲望のままに自由に科学技術を開発し、より高い利便性と効率を追求し過ぎることが、社会秩序を脅かしたり、公正を脅かしたり、安全な生活を脅かしたりすることが学ばれることになる。

　また同時にここ【展開3】では、こうした論争問題の学習を通して、論争問題の分析・判断の基準となる価値が習得されることになる。その価値については、【展開3】で取り扱っている論争問題の性質から、「自由」「平等」「権利」「利便」「効率」「公正」「社会秩序」「生命」「環境」などになると予想される。

　最終の第12単元は、【展開4】「まとめと応用問題」といった位置づけのもので、第3単元から第11単元までで取り扱えなかったようなテーマについても学習をしていくことが求められる。

　本プロジェクトで取り扱われている社会問題は、どのような観点から配列されているのかを示したものが表5-5「教材（社会問題）配列原理」である。ここから、本プロジェクトの【展開3】で取り扱う教材（社会問題）は、単元の前半が、これから生じるかもしれない「未来形」の問題であり、単元の後半は、これまで実際に社会の中で生じてきた「現在進行形」の具体的な問題、そして前半の方が感覚的な問題であり、後半は利益配分の不均衡など、現実社会のリアルな問題となるように配列されていることが指摘できる。つまり、後半に向かうほど、子どもたちは解決困難な問題に取り組むように段

階的に配列されているのである。

　第3単元や第4単元の「クローン人間」や「ハッカー」などの社会問題は、このプログラムが作成された1990年当時、まだ発生していない問題（予測の段階の問題）である。ここでの子どもたちの役割は、前もってこうした社会問題が生じないように、事前のルールを作って対応しようとするものである。当然、実際に起きてみないと分からない事実が多くあり、ここでの議論は抽象的なものとならざるを得ない。

　第5単元から第7単元で扱う「放射能汚染」「酸性雨」などの問題は、このプログラムが開発された1990年当時、すでに大きな社会問題となっていたものである。しかしこれらの本質的な解決は、より高度な科学技術が開発されることによってなされる可能性が高い。ここで子どもたちが求められるのは、こうしたより高次な科学技術が開発されるまでの対策作りである。例えば原子力発電であれば、太陽光発電などの技術が実用化されれば、議論する必要が少なくなる問題であるが、こうした科学技術が開発されるまでは社会問題として存在し続けるかもしれない。ここでのルール作りは、具体的かつ現在的な事例の考察を通して、抜本的な問題の解決というものにならないかもしれないが、被害を最小限に抑えていこうとする試みについて評定する。

　第8単元から第11単元の「生産の効率化と失業」「都市の住民と近郊の住民」といった問題は、1990年代当時、とても深刻な問題であり、科学技術の発達を待っていても解決しないような、場合によってはその発達が問題のさらなる悪化を招くような問題である。第5単元から第7単元までで取り扱う「酸性雨」や「放射能汚染」は、人類の危機に至るような本格的な被害は、もしかしたら何十年か後であるかもしれないが、第8単元から第11単元で扱っている問題は、まさに今の問題である。

　このように本プロジェクトでは、未解決の問題を、緊急性が少し低いものから、より喫緊の問題へと、そして抽象的な議論のものからより具体的な議論のものへと、そしてより単純なものからより難解なものへと配列している

ことがわかる。

3．『今日と明日への決断』の単元構成・授業構成—見解の相違を整理する—

では、本プロジェクトは、こうした科学技術がもたらす喫緊の社会問題を子どもたちにどのように分析させようとしたのだろうか。その具体をみていくために、単元構成について詳細に見ていこう。

オッツィは、単元の構成原理として、「論理的推論 (logical reasoning)」「道徳的推論 (moral reasoning)」「社会的役割を果たす (social part taking)」の3段階を原則とすると論じている[30]。「論理的推論」は、論争の複雑性を整理していくことを求めている。「道徳的推論」は、さらにその論争の背後にある価値的なバックグラウンドを、憲法的法原理やその他価値概念を用いて明らかにしていくことが求められる。「社会的役割を果たす」は、論争に子どもたちが参加して議論し、さらに行動計画を立てていく段階である。

こうした三段階が具体的な単元・授業計画としてどのように生かされているのだろうか。ここではオッツィの専門分野である農業問題を取り上げた第8単元「食糧と農業」の単元計画の分析を通して、確認してみよう。次頁の表5-6はその第8単元の単元計画と、その流れをまとめたものである。表5-6は左から、「学習課題の要約」「学習内容の要約」「単元構成」となっている。「学習課題の要約」と「学習内容の要約」は、本プロジェクトの生徒用の教科書や教師用指導書などに記載されたものを参考とした。また「単元構成」は筆者の分析である。

(1) 第8単元「食糧と農業」の社会背景

この教材が作られた1990年頃は、合衆国は貿易赤字の解消のため、農業戦略の重視を挙げ、特に対日輸出拡大に躍起になっていた時代である。レーガ

第5章　民主主義社会の形成者育成における法規範的価値学習の特質と課題　275

表5-6　『今日と明日への決断』第8単元「食糧と農業」単元計画の流れ

単元	学習課題の要約	学習内容の要約	単元構成
小単元1　未来を予想する	○次の研究報告書（1972年のマサチューセッツ技術研究所報告）を読みなさい。 ○この研究は20年前に完了した。今日あなたの周辺で起こる事件から、その予想はどの程度正確であると考えますか。 ○その理由は何ですか。 ○次の研究報告書（1980年のカーター大統領による「グローバル2000報告」）を読みなさい。 MQ ○2000年を予想した2つの報告書は農業問題において違った報告をしている。それはなぜか。 ○どちらのシナリオが実現すると思いますか。どちらのシナリオにあわせてどういったルール作りをするべきですか。 ○人間の「科学技術」を発明する才能は、生産成長を加速させ、生産の限界すべてをも超えることができるのでしょうか。	今後は、新しい技術（機械）が生産コストを下げ、農作物の費用を下げるとした報告書。（肯定的将来像） （各自の答え） （各自の答え） 今後は、新しい技術（機械）への投資が続き、コスト上昇による利益の減少が続くとした報告書。（否定的将来像）	問題提起 発問1：農業において、否定的将来予測をしている報告書と、肯定的将来予測をしている報告書の将来予測の食い違いがなぜ起こるのか（仮説設定）） 発問2：どちらのシナリオが実現するか。どちらのシナリオに合わせてどういったルール作りをするべきか。科学技術は生産の限界すべてを克服できるのか。（仮説設定））
小単元2　農耕と食糧	○合衆国の過去15年間における農業事情の変遷と、今後15年間の見通しを数値化して示した、資料1：コヌーコピア・ニュースレターを確認しなさい。	（資料1参考）	中小農家の減少傾向の確認 発問1-1：中小農家がなぜ減っているのだろう。 発問1-2：中小農家が減ることは何を引き起こしているのだろう。
小単元3　農業に何が起こるのか	○合衆国の人口はどうなるのか。 ○現在の合衆国の人口はどのくらいか。 ○そのうち農業人口はどのくらいになるのか。何％変化するのか。 ○第二種兼業農家の人口はどうなるのか。 ○アメリカ農林水産省の役人の数はどうなるのか。 ○大農地は増えるのか。 SQ 1・2 ○なぜ大農家が増え、中小農家の数が減ると予想されるのだろう。 ○そのことは何を引き起こすのだろうか。（現在なにを引き起こしているのだろう）	これまでの15年間で13％増加しており、今後も20％程度増加すると見られている。2億3000万人。 これまでの15年間で18％減少しており、今後は184万人まで減り、全体の1.1％程度になると見られている。現在より25％減る。 第二種兼業農家はここ15年間で15％程度増えており、今後も14.8％増加し、460万人に達する予定。 3％増加しており、129776人と予想されている。 大農家の人数はここ15年間で6％増加しているが、今後140％増が見込まれている。農地全体はこれまで5％減少し、今後も8％減少が見込まれているが、大農地はこれまで増加しており、今後も増加が予想されている。現在約1％の農家が全体収入の25％を占めているが、さらにこれは加速し、1995年には全体の50％を稼ぐであろう。	
	○教科書を読みなさい。	人口が増加するため、食料問題は深刻であ	

小単元	発問	内容	要点	探究区分
	○誰が水を獲るのかを決めることができる、ないし決めるべき人間だと思いますか。それはなぜですか。	る。この食糧問題を解決する手段として、アメリカの荒野を灌漑し、農地にして農業生産をする必要があるが、そのために必要な水は十分にはない。結果水にかかる費用は上昇し、農業生産費を上昇させてしまう。（自由に討論する）	水使用コスト上昇の理由確認	農作物生産コスト上昇確認
小単元4 農業にかかる費用	○物価上昇などによる殺虫剤にかかる費用はどの位になると予想されますか。何％変化するのですか。○物価上昇などによる化学肥料にかかる費用はどの位になると予想されますか。○物価上昇などによる生産にかかる費用はどの位になると予想されますか。	年々殺虫剤の使用量は増加している。また物価の上昇からこれにかかる費用もここ15年間で83％値上がりしている。2000年には1lbあたり0.36ドルになると予想され、60％上昇している。化学肥料の使用量はここ15年間で31％増えており、今後も増加すると考えられる。かなりの額が生産するために必要となってくる。コーヌコピアの予想では2000年は1982年の1.28倍と考えられている。	殺虫剤・化学肥料の理由確認コスト上昇	発問1の探究 農業の現状に関する事実の探究①（両者が合意している部分の事実解釈）
	○教科書を読みなさい。○もし収入より多くの費用を払わなくてはならなくなったら、何が起こると思いますか。	政府の農家支援は798％も増加しているが、それでも農家の借金は収入の倍以上の借金を負っている農家が多い。これは食糧価格にも影響を及ぼす。	農家への影響	コスト上昇による影響
	○首都圏における食糧価格はどの位変化すると予想されていますか。○食糧価格の変化は何を生み出しますか。	これまで160％の食糧価格の上昇が見られ、今後75％の上昇が予想される。これは市民全員の生活に重くのしかかり、貧困層を拡大させる一因となる。	都市市民への影響	
	○どうすれば食糧価格を少しでも抑えることができますか。	・農業の機械化・農業生産の効率化（など）	コスト削減対策の一例としての機械化	
	○この予想には納得できますか。改めるとしたらどこですか。	（データの再調査をする）	データ検証	
小単元5「農業こそが私自身なのだ」	○教科書を読みなさい。SQ1○なぜ大農家が増え、中小農家の数が減ると予想されるのだろう。（現在なぜ中小農家が減っているのだろう）	【理論】人口増加に対応するため生産増大が必要となるが、これが水使用量や肥料、農薬への出費の増加を生み出し、生産コストが上昇する。これは農家の借金を増やし、食糧価格の上昇を招き、貧困層の拡大につながる。これを防ぐためには農業の機械化をはかり、農業生産の効率を上げる方法が考えられるが、中小農家には生産効率での利益より機械導入費用の方が高く、大農家と中小農家との収入格差が拡大し中小農家を離農させている。	中小農家の減少の理由説明結論1-1：コスト削減のために機械化が必要となったが、これが中小農家の家計を圧迫した。	

第 5 章　民主主義社会の形成者育成における法規範的価値学習の特質と課題　277

小単元6　農業の機械化	○UC（カリフォルニア大学）とCRLA（農夫を支持する弁護団）の裁判に関する報告を読みなさい。	中小農家の減少が何を示しているのか、という社会認識に関してUCとCRLAは対立している。	解釈相違点確認	発問1の探求　農業の現状に関する事実の探究②（両者が合意していない部分の事実解釈と主張）
	○教科書を読んで原告側CRLAの主張とその理由付けを確認しなさい。 SQ 1 ○そのことは何を引き起こすのだろうか。（現在なにを引き起こしているのだろう）	【主張】UCは、開発した科学技術が、一部の大農家を潤す結果しかもたらさないかどうか調査し、そう判断されるときは研究を打ち切るべき。研究者に農夫の仕事を奪う権利はない。 【理由付け】科学技術の開発は農夫の仕事を減少させ、中小農家を出稼ぎに依存する第二種兼業農家や失業者に没落させ、彼らの生活を脅かし続ける。新たな産業が生まれても、失業者は生まれ続けるため、これを全て雇用することはできない。また大農家の寡占状態は自由競争を阻害し、不当な物価上昇を招く危険もある。（グローバル2000報告書に近い考え方）	否定的将来像を持つ側の主張・理由付け（理論）確認 結論1-2 ①失業者を生み続け、大農地のみを潤す。	
	○1964年に比べて今日の平均作付面積はどのくらい広くなったのだろう。 ○1970年は1964年に比べてどの位の労働者が農業に従事していたのか。	1964年は、平均作付面積は32エーカーだったのが、今日では363エーカーにまで増加。1964年には5万人の農業労働者がいたが、今日では1万3千人にまで減っている。離農者・第二種兼業農家人口は増えている。	解釈の食い違いを生む原因となる農業の現状に関する事実確認	
	○教科書を読んで被告側UCの主張とその理由付けを確認しなさい。	【主張】UCの科学技術研究は農業の向上を目指した健全なものである。CRLAがこれを制限する正当事由も、権利もない。	肯定的将来像を持つ側の主張・理由付け（理論）確認 結論1-2 ②農業を効率化し、新たな産業を生み、仕事につくことを可能にする。	
		【理由付け】生産額全体の3分の1以下にあたる200万人の中小農家の利益を守るようなことをすれば、多くの消費者を食糧価格上昇で苦しめることになる。機械化は中長期的には仕事を奪うどころか新たな余剰産業を生み出すのであり、中小農家の農夫は失業しても、別の農業関係の仕事に就ける。農業人口の減少は機械化だけでなく、工業の発展と工業収入の増加も起因している。また機械化は女性の農業への進出も手助けし、これが第二種兼業農家の増加を招いている。（マサチューセッツ報告に近い考え方）		
	○カルフォルニア・トマト産業の主な従事者の性別は何か。 ○UCによれば、機械化が進んだ後、カリフォルニアではどのくらいの人間が雇われているか。 ○従業員のうちアメリカ人はどのくらいか。メキシコ人はどのくらいか。	女性が農業をできるようになり、第二種兼業農家が増えた。 機械化によりアスパラガス等の生産が上昇し、缶詰工場などが建てられ、多くの人間が雇われた。 過去は2500万トンのトマト収穫に3万8千人のメキシコ人を雇う必要があったが、現在では8千人でよく、コスト削減になる。	解釈の食い違いを生む原因となる農業の現状に関する事実確認	

○なぜ彼らの主張は分かれるのであろうか。彼らは何を自分の主張の利点と考えているのだろうか。相手の主張の何を欠点と考えているのであろうか。教科書をもう一度読んで考えてみましょう。 SQ 2 ○2000年を予想した2つの報告書は農業問題において違った報告をしている。それはなぜか。	【価値】 CRLA（グローバル2000報告書）：非開発主義 労働者の雇用の安定こそが最優先されるべきである。 レッセフェールは信用できない。 UC（マサチューセッツ報告書）：開発主義 労働者を苦役から解放する事こそ優先されるべきである。 レッセフェールは信用できる。 第二種兼業農家増加や離農者増加の解釈の食い違いなどに見られるように、報告書の見解が食い違った背景には、先行する価値観の違いが社会のものの見方、考え方に影響したことによる。	発問1の結論 （機械化が中小農家の減少を生み出す点では合意している。しかし社会認識の前提となる価値観が食い違うために、中小農家の減少が何を引き起こしているかという点で見解の相違（将来像の相違）が起こった。）
MQ ○どちらのシナリオが実現すると思いますか。どちらのシナリオにあわせてどういったルール作りをするべきですか ○人間の「科学技術」を発明する才能は、生産成長を加速させ、生産の限界をも超えることができるのでしょうか。 ○裁判所はUCに賛成してルール作りを進めていくべきですか。それともCRLAに合わせて進めていくべきですか。3〜5人のグループで話合い、解決案をまとめなさい。また理由付けをしなさい。 ○この事件に関する記事を集めてきなさい。 ○各グループの代表者1人を選びなさい。代表者はクラスの前に出てグループの意見を発表しなさい（裁判官を決め、ディベートを試みても良い）。		結論2（第1段階） （社会問題における意見の相違を子ども達なりに解決する：班レベル） ↓ 結論2（第2段階） （社会問題における意見の相違を子ども達なりに解決する：クラスレベル） / 発問2の探求と結論

(Louis A, Lozzi, *Decisions for Today and Tomorrow*, Sopris Est. inc., 1990 より筆者作成。なお点線内は、実際に指導する際に問うであろう発問を、筆者が加えた発問である。)

ン政府は農業生産の効率化をはかるため、農業の機械化・規制緩和をはかり、中小農家の切捨てを進めた。これは様々な波紋を当時起こすことになった。雇用安定を第一とするケインズ派はこれに大きく反発したが、フリードマンら反ケインズ派（マネタリスト）はこれを支持した。第8単元はこうした農

業の現状を教材化したものである。単元は次の6つの小単元に分かれて展開している。

　　小単元1　　未来を予想する

　　小単元2　　農耕と食糧

　　小単元3　　農業に何が起きるのか

　　小単元4　　農業にかかる費用

　　小単元5　　農業こそが私自身なのだ

　　小単元6　　農業の機械化

(2)　**現状認識相違の分析**

　小単元1は問題提起の役割を担う。ここではマサチューセッツ技術研究所が示す合衆国の農業の将来像（開発主義による農業の発展：反ケインズ派の見解）と、『グローバル2000報告』が示す農業の将来像（開発主義による農業の衰退：ケインズ派の見解）が全く食い違っていることから、発問1：なぜその食い違いが生じるのか、発問2：どちらの未来像が実現し、どういったルール作りが必要となってくるのか、が問われている。発問2の方は社会問題の解決案作成を通じた社会的価値の構築を指示しているわけだが、この課題を達成するために、まず食い違う農業の現状認識の原因を突きとめることが先決である、ということを発問1は示している。以降発問1の課題を探求する活動が単元前半で取られる。

　発問1の課題を探求するべく、まず農業の現状認識において、両者が合意している部分を明らかにする作業が組まれている。小単元2では合衆国の農業に関するデータが提示されている。小単元3では小発問を通じて、大農家が増え、中小農家が減っていることが分かり、なぜこの現象が起こったのかを探求していく。小単元3から4にかけて現象の原因を探求する中で、水の使用コスト、殺虫剤・化学肥料使用コストの上昇が、農家の生産コスト全体の上昇を招き、農家の生活を悪化させ、消費者の物価にもそれが反映されて上昇し、貧困層の拡大の一因となったことが解明される。そしてコスト削減

の一手段として農業の機械化という策があることを確認するが、このことが中小農家と大農家の貧富の格差を生み出すことが明らかになる。小単元5の教科書の内容は、分析結果をまとめるものになっている。

その後、小単元6前半では農業の現状認識において両者が合意していない部分を明らかにする作業が組まれている。ここでは具体的な裁判の事例（カリフォルニア弁護士協会（CRLA）対カリフォルニア州立大学（UC）裁判）が取り扱われている。この裁判の概略は以下の通りである[31]。

> 「1980年代、カルフォルニア州において19人の農夫側に立った民事訴訟が起こされた。民事法廷はカルフォルニア州立大学デービス校が農夫の仕事を奪うような研究のために、公的資金を違法に使っていると非難した。カルフォルニア地方弁護士会（CRLA）によると、この研究の主な目的は『出来る限りにおいて農業生産の手法として労働力を使わなくて済むように機械や、その関連した科学技術を開発すること』にあるそうである。CRLAはこの研究が
> ・農夫の仕事を減少させる。
> ・中小の農家を没落させる。
> ・消費者に害を与える危険がある。
> ・地方の生活の質に割り込む。
> ・共同集団農場の契約を制限したり、侵害する。
> として非難した。CRLAはカリフォルニア州立大学デービス校による農業の機械化研究の全てを凍結することを要求した。」

ここから、両者の主張（問題の解決案）と、その理由付けとなる彼らの現状認識（理論）、その根拠となる事実を確認することで、両者の意見対立は、機械化によって大農家が増え、中小農家が減った結果どのようなことが農業に起きてきているのか、といった部分の見解の相違にあることが明らかになる。CRLAは機械化の進行は常時大量の中小農家を没落させ続け、失業者を増加させるのみと考え、対してカリフォルニア州立大学デービス校はやがて大農家によって新しい産業が次々生まれ、ここに中小農家の人間が吸収さ

れることで失業者が減少すると考えている。後者は開発主義を肯定するマサチューセッツ報告、前者は開発主義に批判的な『グローバル2000報告』に近い考え方である。そしてこの見解の違いは、一部の事実解釈の相違が生み出したことが確認される。例えば、第二種兼業農家の増加という事実を、CRLA は機械化が失業者を生み出した結果と捉えているのに対して、カリフォルニア州立大学デービス校は機械化によって女性だけで農業ができるようになり、男性がより利益率の高い第2次・第3次産業へと進出できるようになった結果が含まれていると捉えていることから、そのことが裏付けられている（これは、カリフォルニア州立大学デービス校がカリフォルニアのトマト農園の事例を示し重要視していることに対し、CRLA にとっては、それは些細なことであり、特筆するべき事実として捉えていないことからの相違である）。

　ここまでがオッツィの言う「論理的推論」の部分に該当しよう。「論理的推論」は、データを整理し、対立する二者の合意部分と、見解対立部分を明確にすることまでの一連の作業をより的確に行うことが出来る推論力のことを意味している。

　小単元6後半では、「両者は何を利点と考えているのか、なぜ彼らの主張は分かれるのか」を考えさせ、両者の現状認識の相違の背後には、両者が重視している価値の相違が背景にあることが解釈されることになる。特にここでは、レッセフェール（自由放任）を信用するか否かで意見が分かれることが分かる。こうした小単元6後半の展開は、オッツィの言う「道徳的推論」の部分に該当しよう。

　ここまでの内容から、本プロジェクトは社会的な論争問題の分析を、事実・推論（理由付け）・主張・価値の4種類の観点から捉えて対立点を整理する能力や、憶測でものを言っている部分を発見することなどを子どもたちに育成していこうとしていることがわかる。それはオッツィの次の陳述から裏付けられる[32]。

「STSの領域において私たちが最も重要と考え、かつ強調している批判的思考技能の幾つかは、次のようなものを含む。
― 立証出来る真実や価値、主張を区別すること。
― 主張、情報、そして推論の区別をすること。
― 偏見を発見すること。」 (一部省略)

そして、明らかにした価値は、事実から社会認識の理論を組み立てる際に大きな影響を与える要素であり、この社会認識の理論がどのようなものであるかによって、主張(解決案)が変化するのだとオッツィが捉えていることが分かる。

(3) 選択肢の選択

小単元6の最後は、発問2：どちらの未来像が実現するのか、どういったルール作りが必要となってくるのか、という課題に取り組む。オッツィの言う「社会的役割を果たす」[33]がこれに当たる。

第8単元の場合、農業における科学技術研究をある程度制限するべきか否かを考察する。解決案を作る上で、現状認識が変われば、その解決案も異なってくるため、現状認識をある程度すりあわせていく必要がある。また認識の相違を生み出した価値のどれが合意しえるのかを検討することが求められる。両者のこうした批判吟味の視点だが、次の5つとなる。

①事実の信憑性はあるか
②事実・推論(理由付け)・主張は適合しているか
③価値が合意できるものであるか
④価値・推論(理由付け)・主張は適合しているか
⑤推論(理由付け)が反証に耐えられるか

このような単元構成は、第3〜11単元までの全てに共通して見られる。

第2項 「法的判断」系：ハーバード社会科の場合

1．オリバーの市民的資質論

　民法やその他法律の内容や、司法判断、司法の解釈などを学習者の目でもう一度反省的に吟味し、その再構築を図ることで、問題の認識能力や、法規範的価値を構築する上での議論のテクニックやその進め方、判断の規準、そして創造力といった、より実践的な技能や、法規範的価値の議論に積極的に参加して自らの考えを述べることができる態度を育成しようとしたもう一つのカリキュラム教材の事例として、ハーバード大学教授オリバー、そしてその院生であったジェームズ・シェーバー（のちユタ州立大学教授）とフレッド・ニューマン（のちウィスコンシン・マディソン大学教授）らが開発した『公的論争問題シリーズ』（別名「ハーバード社会科」）がある。これは社会科歴史用のカリキュラム教材として設定されている[34]。

　オリバーは、科学主義社会科全盛期の1960年代に、こうした動きとは逆行する、価値を積極的に社会科に取り組む従来のデューイらのグループに近い立場からの研究に従事した。

　オリバーは民主主義社会を、「個人や集団が自らの基準や分別、言い換えれば、人間の尊厳についての定義を開発する際に、幅広い裁量権が認められる」社会と定義した[35]。そしてオリバーが社会科で目標としたのは、そうした幅広い裁量権を持ち、民主主義社会の実現を担っていく市民に求められる態度や技能、知識の育成、いわゆる「市民的資質」を育成することであった。これを具体化すれば、オリバーは次の3つの市民像をもって、その育成を目指したとまとめることができる。

　第一点目は、地域・国・世界の政治活動や政治議論への参加を主体的かつ積極的にできる市民、いわゆる「社会参加できる市民」の育成である。オリバーはこの目的を達成するために、これまでアメリカ社会科が避けてきた、労働・就業問題や核管理問題、宗教問題などに着目し、このうち、特に公的

判断が求められる、ないし、公的判断がなされ何らかの政策や法律（法規範的価値）が生み出された論争問題を取り扱うことにした（オリバーはこれを「公的論争問題」と呼んだ）。そして学習者に、これらの公的論争問題への興味・関心を高めてもらい、積極的にこうした議論に参加できる態度の育成や、知識の提供を図ろうと考えたのである。オリバーは、個人主義が進むアメリカ社会を嘆き、「責任ある個人」「共同体の一員」としての市民を意識させることに研究の重点を置いていたことは、小田泰司の研究で明らかになっている[36]。その共同体の一員としての市民を形成するために、オリバーは、共同体の問題である公的論争問題を取り上げ、教室で将来同じ共同体を形成する一員となる（はずの）仲間たちと議論することで、意識面でも技術面でも、共同体に参加するための準備を学習者にさせようとしたのである。

　第二点目は、社会の様々な制度や法律などの法規範的価値を批判することができる市民、いわゆる「社会批判できる市民」の育成である。オリバーは人間社会が、人間が作成した法や慣習といった「ルール」を通して歴史的に形成されるとした、後に社会構築主義と呼ばれるような世界観を持っていたと考えられる。こうしたルールは、民主主義を国是とするアメリカ合衆国の場合、本来は自由や民主主義を促進することが目的で作られるものであるが、時としてそれを制限するためにも必要とされることもある。その制限が正当だったのか、現在においても正当なものなのか、その判断は民主社会では常に社会の構成員たる市民に任される。もし正当ではないと判断されるなら、本来ルールは人間が作ったものであり、市民の話し合いを通して、改変可能であり、又それが求められるものである。オリバーは次のように言う[37]。

　　「市民は、常にある特定状況での公的行為によってなされた自由の制限が、正当なものであるかを知るために、一般的な道徳原理や法原理に基づいて、判事のように解釈し、それに基づいて行動しなければならない。」

　オリバーは、こうした教育観に基づいて、学習者に、各種の制度や法、重

要判例の来歴・起源に立ち戻り、そこでの論争を見ることで、どのような価値観をもって現在まで続くその政治制度や法、判決が生まれたのか、他にどのような選択肢がありえたのかを考えるように仕向けさせた。そのため、オリバーが取り上げる公的論争問題は、現在の問題ばかりではなく、合衆国が建国される以前から取り扱うことになった。ハーバード社会科が歴史用のカリキュラム教材として設定される理由がここにある。オリバーは、歴史事実そのものの学習を決して軽視したわけではないが[38]、その学習だけでは何の意味もないと考えていた。そして、現代社会を規定する法や判例、慣習を反省・批判するために、歴史を手段として、道具として活用するという「歴史手段型歴史学習論」「道具主義歴史学習論」を展開したのである[39]。

　第三点目は、他者の見解を受け入れるばかりでなく、時にはこれを吟味して取り入れたり、自らの見解を常に反省するのに利用したりしながら、さらには直接自らが証拠などを収集するなどして、独自の見解を構築し、これに基づいての論争問題に対して独自の意見を主張できる市民、いわゆる「知的判断ができる市民」の育成である[40]。オリバーは大学や研究室の論争問題に下した事実認識（解釈）や解決策をそのまま教えることを批判する。もちろん、オリバーは、大学や研究所が明らかにしてきた事実認識（解釈）や解決策を、虚構であるとして無視をするところまでは考えてはいないが、これらは学習者独自の見解を育てていくために参考として活用する程度の位置づけにしている。こうした学術成果の位置づけは、オリバーがこうした大学や研究所の学術成果を、真実に限りなく近い仮説、客観的な見方として見なすのではなく、あくまでも、数多くある有力説の一つと考えていたことの現われと見ることができる[41]。オリバーはさらに、こうした学習者独自の見解を育てていくために、教室における教師の役割や位置づけを見直し、教師は正解を教える（教師自身が正解だと考えている事実認識（解釈）や価値観、解決策などを押し付ける）存在とすることを否定した[42]。そしてオリバーは教師を、"議論への案内役""火付け役"、さらに学習者の議論のまとめ役と位置づけ

た[43]。オリバーは、教師が学習者に投げかける発問で議論をする場合と、学習者間で議論する時に学習者間で投げかけ合う発問に基づいて議論する場合とをそれぞれ区別し、前者を「問答法」と呼び、後者を「対話法」と呼んだ[44]。そして、「問答法」は教師が学習者に事件に関する事実や、その解決のあり方、価値選択などを問う発問を投げかけることで、学習者間に葛藤を生み出し、議論を生じさせることを目的とし、「対話法」は、その葛藤が起きた学習者同士が議論を通して相手の事実認識や価値観に揺さぶりをかける発問を投げかけることで、相手の学習者の心理内部に葛藤を生じさせることを目的とした[45]。つまり、教師は、学習者に「対話法」による議論を生じさせるために発問をし、学習者間に「葛藤（認知的不協和）」を生み出すことを第一の任務としているのである。そしてその葛藤を、議論をもって解消するのは、教師が正解（と教師が考えている解釈や価値観、解決策など）を提供することでではなく、あくまで学習者自身の手によるものとしたのである。このようにオリバーが、教師の役割や位置づけを変化させたのは、教師が自らの見解を学習者である子どもたちに押し付けることを避けるためである。教師も学習者である生徒も、専門家にも分からない、論争になっている難問に挑み、議論することを通して、互いの見解をぶつけ合い、また新たな独自の見解の再構築を図る。こうしたオリバーの考え方は、今日では社会構成主義とよばれている考え方に近い。

　この３つの市民像の育成を目指して、オリバーが1950年代後半から70年代初頭にかけて開発したのが『公的論争問題シリーズ』（ハーバード社会科）である。本カリキュラム教材は、ハーバード大学や、アメリカ合衆国教育局（United States Office of Education：USOE）、マサチューセッツ州の中学校や高等学校の協力の下で1950年代の後半にその開発が始まり、1960年代にその理念、教育内容、学習方法、評価をまとめた理論書が相次いで出版され、1968年から1971年にかけて、順次教科書が出版されるに至った[46]。

第5章　民主主義社会の形成者育成における法規範的価値学習の特質と課題　287

2．ハーバード社会科の内容編成
(1)　問題―主題アプローチの場合―テーマ別配置・成立過程順配列―

　ハーバード社会科は、全部で30の単元から成る。次頁の表5-7は、ハーバード社会科の全体計画である。このうち単元『政策の立案』は、議論の手順や議論するための手法、議論の必要性などを教える内容が組まれており、「導入単元」としての役割を担っている[47]。オリバーはそれ以外の29個の単元を、「問題―主題アプローチ」と「歴史的危機アプローチ」の2つに分けている[48]。

　まず「問題―主題アプローチ」であるが、オリバーは「特定のトピックに優先権を与え、それらに関する過去のいくつかの論争問題を扱い、その問題の現代的な定義を行うように努める」ものと定義している[49]。また別の箇所では「生徒はただ一つのトピックや問題の過去の兆候から現状までの歴史を研究する」とも定義している[50]。このことから分かるように、「問題―主題アプローチ」は、一つのトピック・テーマ（例えば、科学政策、労働問題、人種と教育など）に基づいた過去から現在までの論争事例を取り扱い、これを反省的に吟味するものである。いわゆる「トピック史」「テーマ史」である。そして、これに属する単元は、取り扱うトピック・テーマが概念的にタイトルに示されているという特質を持つ。以下にこの「問題―主題アプローチ」に該当すると考えられる19の単元を挙げる。

> 『地位』『都市政策』『人種と教育』『黒人から見たアメリカ』『宗教の自由』『容疑者の権利』『法廷』『労働組合の高まり』『共同体の変化』『戦争の制限』『科学と公共政策』『国家間の組織』『外交と国際法』『社会的活動』『革命と国際政治』『移民の経験』『プライバシー』『人口の統制』『道徳的推論』

　オリバーは、この「問題―主題アプローチ」は大きく6つの大テーマ、問題領域からなるとしている。290～291頁にある表5-8の二重線部左側は、オリバーが示した6つの問題領域である[51]。また、この6つの問題領域の

表5-7　ハーバード社会科の全体計画

《導入単元》
『政策の立案：公的論争問題に対する明確な討論へのガイド』

《一般単元》
『アメリカ独立革命：法の危機と変化』
『鉄道の時代：企業競争と公共の利益』
『宗教の自由：少数派の信仰と多数派の統治』
『労働組合の高まり：労働者の安全と雇用者の権利』
『移民の経験：文化の多様性と「るつぼ」』
『黒人から見たアメリカ：抑圧の遺産』
『都市政策：利益集団と政府』
『ニューディール：自由企業と公共の計画』
『容疑者の権利：刑事訴訟の手続きと公共の安全』
『法廷：法の道理と民事訴訟の手続き』
『共同体の変化：法、政策、社会的態度』
『植民地ケニア：紛争の中で文化』
（※　のち『植民地アフリカ：ケニアの経験』に改題）
『共産中国：共産体制の進歩と個人の自由』
『ナチス・ドイツ：社会的強制力と個人の責任』
『20世紀のロシア：革命の執行者』
『南北戦争：連邦制の危機』
『人種と教育：人種の統合と共同体の統制』
『科学と公共政策：知識の活用と制御』
『地位：業績と社会的価値』
『革命と国際政治：国家独立の探究』
『戦争の制限：国策と世界の良心』
『国家間の組織：世界秩序の模索』
『外交と国際法：戦争の代替案』
『プライバシー：個人情報の統制』
『進歩主義の時代：豊かさ、貧困、改革』
『人口の統制：誰の生存権か？』
『ジャクソニアン・デモクラシー：アメリカ的生活における一般市民』
『道徳的推論：生活の価値』
『社会的活動：ジレンマと戦略』

(Oliver, D. W., and Newmann, F. M., *The American ReVolution; Crisis of Law and Change*, Public Issues Series, American Education Publication, 1967. より筆者作成)

下位にオリバーが示した単元の主題事例に即して、「問題―主題アプローチ」に該当する19の単元のうち17の単元を筆者が分類して示したものが、表5－8の二重線部の右側である。表5－8左側にあるように、オリバーは問題領域として「人種・民族の対立」「宗教とイデオロギーの対立」「個人の安全保障」「経済集団間の対立」「健康・教育・幸福」「国家の安全保障」のテーマを定めている。また、オリバーは、この6つの問題領域の下位に、6つの問題領域にそれぞれ該当する単元の主題事例を示している。問題領域「人種・民族の対立」の場合、その下位に「学校における人種差別」「非白人やマイノリティの市民権」「移民政策」などの単元がこの領域に含まれることを示している。このオリバーの説明から、単元『人種と教育』『黒人から見たアメリカ』『移民の経験』がこの問題領域に該当する単元であると考えることができる。同様に、次の問題領域「宗教とイデオロギーの対立」には、その下位に単元の主題事例として「共産党の権利」「宗教と公教育」「信仰と安全保障」などを設定しており、ここから単元『宗教の自由』がこの問題領域に該当する単元であると考えることができる。同様にして、問題領域「個人の安全保障」には単元『容疑者の権利』『法廷』『プライバシー』が、問題領域「経済集団間の対立」には単元『労働組合の高まり』が、問題領域「健康・教育・幸福」には単元『都市政策』『共同体の変化』『地位』が、問題領域「国家の安全保障」には単元『戦争の制限』『科学と公共政策』『人口の統制』『外交と国際法』『革命と国際政治』『国家間の組織』（と、もしかしたら『プライバシー』）がそれぞれ該当すると考えられる。なお比較的に最近作られたと思われる『道徳的推論』『社会的活動』は、この6つのどこに入るかは不明である。

　次に、「問題―主題アプローチ」の単元内の構造（単元構成）を見てみよう。ここではそれを具体的に見ていくために、「問題―主題アプローチ」の一つである単元『人種と教育』を取り上げる。292～293頁の表5－9は、単元『人種と教育』の「単元の計画」及び「取り扱う事例」、そこでの「中心的問

表5-8 ハーバード社会科「問題―主題アプローチ」のテーマと該当教材・カリキュラムの構造

問題領域	価値の葛藤			単元の主題事例	該当する『公的論争問題シリーズ』の単元	扱う問題	
人種的・民族的な葛藤	平等な保護 正当な手続き 人間の友愛	対	平和と秩序 財産と契約の権利 個人のプライバシーと交際	・学校における人種差別 ・非白人及びマイノリティの市民権 ・非白人及びマイノリティに対する住宅供給 ・非白人及びマイノリティに対する雇用機会 ・移民政策	『人種と教育；人種の統合と共同体の統制』	黒人の教育的差別問題	【国内の諸問題】法制的フレームワークの活用が可能
					『黒人から見たアメリカ；抑圧の遺産』	黒人の社会的差別問題	
					『移民の経験；文化の多様性と人種のるつぼ』	移民問題	
宗教的・思想的な葛藤	言論と良心の自由	対	平等な保護 民主的機構の安全と保障	・アメリカの共産党の権利 ・宗教と公教育 ・「危険」「不道徳」書籍の統制 ・信仰と国家安全保障；良心的兵役拒否者 ・宗教上の財産への課税	『宗教の自由；少数派の信仰と多数派の統治』	宗教問題	
個人の安全保障	自由の基準 正当な手続き	対	平和と秩序 共同体の福祉	・犯罪と過失	『容疑者の権利；刑事訴訟の手続きと公共の安全』	容疑者の人権問題	
					『法廷；法の道理と民事訴訟の手続き』	司法制度問題	
					『プライバシー；個人情報の統制』	個人のプライバシーの問題	
経済集団間の対立	平等で公正な交渉権と競争 公共の福祉	対	財産権と契約の権利	・組織化された労働者 ・ビジネスの競合と独占	『労働組合の高まり；労働者の安全と雇用者の権利』	労働問題	

第 5 章　民主主義社会の形成者育成における法規範的価値学習の特質と課題　291

	と共同体の発展			・農産物の「生産過剰」 ・天然資源の保全		
健康・教育・福祉	平等な機会 人間の友愛	対	財産権と契約の権利	・十分な医療保険制度 ・十分な教育機会 ・老人の保障 ・仕事と収入の安定	『都市政策；利益集団と政府』	都市の福祉・教育問題
					『共同体の変化：法・政策・社会的態度』	共同体の福祉・教育問題
					『地位：業績と社会的価値』	職業別の賃金・地位の格差問題 ジェンダー問題
国家の安全保障	言論・良心・結社の自由 正当な手続き 個人のプライバシー	対	民主制度の安全保障	・連邦への忠誠・安全保障の問題 ・外交政策 　・軍縮と中立国家 　・ヨーロッパの安定化 　・発展途上国の問題	『戦争の制限：国策と世界の良心』	国防問題
					『科学と公共政策；知識の活用と管理』	
					『革命と国際政治：国家独立の探究』	途上国の問題 (貧困と開発・民族紛争・イデオロギーの対立など)
					『人口の統制；誰の生存権か』	
					『外交と国際法；戦争の代替案』	国連と世界基準の創造
					『国家間の組織；世界秩序の模索』	

【国外問題】法制的フレームワークの活用が不可能

（Oliver, D. W., and Newmann, F. M., *Teaching Public Issues in the High School*, Utah States University Press, 1971, pp. 142-143 と，ハーバード社会科『公的論争問題』シリーズの各単元を照らし合わせて筆者作成）

題（政策的問題）の内容」「公的判断」を示したものである[52]。

　単元『人種と教育』は 7 つの小単元から成る。小単元 1「イントロダクション：学校と社会」と小単元 2「再構成」では，黒人教育の歴史を概観する内容となっている。小単元 1 では，学習者は，リンカンが奴隷解放令を出し

表 5-9 「問題―主題アプローチ」単元『人種と教育』の単元構成

構成	単元計画（小単元）		取り扱う事例		事例から導き出される中心的問題	問題解決に向けた公的判断（政府の政策・裁判判決など）
			事例名	事例の内容		
歴史的概観	小単元1 イントロダクション：学校と社会			（黒人教育の歴史の概略を確認する） ・70年以上の間、多くの州法は、白人と黒人を分離して教えることを要求した。 ・1954年、分離を勧める法律が最高裁で否定されたが、最高裁の決定をどのように実行していくのかといった問題において、政府は新たな対立に直面した。		
	小単元2 再構成			（北部の教師は南部の人間に嫌われた。隔離教育は修正14条に違反しないと19世紀では考えられていた）		
規制の制度化過程	小単元3 法の壁	1：プレッシー裁判	プレッシー対ファーガーソン（1896）	プレッシーは、見た目は白人だが、8分の1ほど黒人の血が混じっていた。彼はそれが原因で白人用客車に入れなかった。彼は人種隔離が、黒人が白人より劣ると焼印を押す行為だとして裁判を起こした。	○人種隔離は、黒人を劣ったものとレッテル付けをする行為か。	○合衆国は、人種間の対立を起こさないようにすることが大切である。人種隔離はそれを避ける手段である。それは決して黒人が白人より劣ることを示してはいない。（分離平等主義の原則）
		2：ジム・クロウの成長		（プレッシー裁判の判決によって、ジム・クロウ法が各州で盛んに作られる）	―	
規制の解体過程	小単元4 学校隔離問題の裁判	1：大学の困難	マーレイ対教育委員会（1938）	メリーランドは分離教育政策をとっていながらも、黒人用のロースクールが存在した。マーレイは施設が不十分であることを理由に白人用ロースクールの入学を訴えた。	○黒人学校の施設が明らかに不十分である場合でも、黒人の白人用学校への入学は認められないのか。	○黒人学校の施設が不十分である場合、白人用学校への入学を認める。（分離平等主義の部分的修正）
			ハーマン対教育委員会（1950）	ハーマンはテキサスの黒人用ロースクールの施設が不十分であることを理由に、白人用ロースクールの入学を希望する。		
		2：隔離は平等か？	ブラウン対教育委員会（1954）	ブラウンは、黒人学校の教師や施設が十分であることを承知で、隔離教育が黒人の子どもにとって社会的・心理的障害を与えることを理由に隔離教育を違憲と訴えた。	○社会的・心理的障害を与えてまでも、隔離教育はなされるべきか。	○修正14条は、人間が本質的に違う場合は、その分類を認めるが、人種は人間の本質的な違いとはならない。故に隔離教育は違憲である。（統合平等主義の原則）
		1：リトルロックの暴動		リトルロックで進められる教育統合政策に対し、知事は急に進めれば暴動が起こるとし	○暴動発生の危険を侵してまでも、学校統合をする	○どのような事があっても、学校統合は成し遂げられなくてはならない。ただ

第5章　民主主義社会の形成者育成における法規範的価値学習の特質と課題　293

小単元		事件	内容	問い	公的判断
小単元5 学校統合の実践		リトルロックの事件（1957）	実施の延期を求めた。しかし連邦裁判所は強行するように命じた。学校には白人が集まり、一触即発の状態となった。	べきなのか。	し、できるだけ大きな暴動が起きないように最善の注意を払うため、軍隊を活用するなどの準備をすることができる。
	2：バランスを求めて		（リトルロックの事件は、学校だけでなく、共同体の統合をどうするかなど多くの課題を浮き彫りにした。）	―	
	3：郊外への長い通学	ハートフォード・プロジェクト（1965）	黒人やプエルトリコ人が大半を占めるハートフォードゲトーの子どもたちを、郊外にある白人居住区の8つの学校に振り分けることになった。子どもたちは、市が提供するバスに乗って、長い通勤時間が要求される。	○学校を統合しようとしたら、黒人は長時間通勤を必要とするが、それでも統合するべきか。	（公的な判断はまだなされていない）
残された現代的課題 小単元6 学校	1：少数民族住居地区の学校	コゾール先生の勤めたゲトーの学校（1967-68）	コゾール先生の勤めた学校の教師たちは、黒人たちに対して偏見を持っていた。	○黒人がこれまで差別されてきたことの代償として、何らかの特権を黒人は獲得するべきか。	（公的な判断はまだなされていない）
	2：高校；ストーンヒル高校での争い	ストーンヒル高校の事件（1968）	学校統合政策で黒人と白人が一緒に勉強するようになると、ストーンヒル高校のように、今度は教師や学校の黒人の生徒への扱い方などへの注文が増えてきた。		
	3：大学；ウエズレヤンのマルコムXの日	ウエズレヤン大学の黒人優遇政策（1968）	ウエズレヤン大学は、入学の際に黒人を優遇する対策をとるなど、黒人に寛容な政策を採ってきた。しかし黒人の生徒は大学にマルコムXの日を作るように要求し、デモをした。		
小単元7 共同体制御	1：ニューヨークの実験	オーシャン・ヒル・ブラウンズビルの事件（1968）	マッコイは黒人の教育は黒人がするべきであるとして、黒人の多い地域の学校に勤める白人教師数名に移動を命じた。白人教師らはこれを拒否してストライキをした。マッコイは彼らの要求を呑んだが、住民である黒人の両親らは学校に来たナウマンら白人教師に対して不満を持ち、教師は同じ黒人であるべきだと主張した。	○黒人が拒否するのに学校統合は必要なのか。○どの程度まで教師は教え子たちと同じ階級、民族であるべきか。	（公的な判断はまだなされていない）
	2：私たちはあなたがここにいることを望まない				

(Oliver, D. W., and Newmann, F. M., *Race and Education*, Public Issues Series, Harvard Social Studies Project, AEP, 1969 より筆者作成)

た後も約70年間以上多くの州では黒人と白人を分離して教えることを要求してきたこと、そして、1954年のブラウン裁判での連邦最高裁の判決以来隔離教育は違憲と判断されたが、そのことが新たなる論争や対立の引き金となったことを学習する。つまり、小単元1では、奴隷解放令以降の"人種と教育"に関する社会の動き、潮流を大まかに掴むための知識を習得することになる。小単元2では、隔離教育は違憲ではないかといった意識を持った人が19世紀にも存在していたが、なかなか多くの人（特に南部の人々）にそうした考えが理解されなかったことを学習する。つまり、論争の火種はすでに19世紀にはあったことを学習者は理解することになる。小単元3「法の壁」では、隔離教育が制度化される過程を見ることになる。具体的には、プレッシー裁判（1896年）が取り上げられている。この裁判の判決「隔離すれど平等」が人種隔離を正当化する動きに拍車をかけたことを学習者は学ぶことになる。そして、人種隔離は黒人を劣ったものであるとレッテル付けする行為であるかどうか、その判断を学習者に迫る活動が組まれている。この小単元3から学習者は"議論する"活動に従事することになる。小単元4では、この人種隔離制度の解体過程を見ることになる。具体的には、「マーレイ対教育委員会」裁判（1938年）、「ハーマン対教育委員会」裁判（1950年）、ブラウン裁判（1954年）が取り上げられる。この小単元4では、学習者はただ裁判の背景やその論争の過程、判決を概観するだけでなく、その判決を批判的に吟味するように仕向けられる。小単元5「学校統合の実践」から小単元7「共同体制御」までは、人種と教育に関する今日（1960年代後半当時）まで残された課題、現在進行形で議論されている論題を取り上げて、その議論に挑む活動が組まれている。ここでは具体的に、リトルロック暴動事件（1957年）、ハートフォード・プロジェクト論争（1965年）、ストーンヒル高校の事件（1968年）、ウエズレヤン大学のアファーマティブ・アクションに関する論争（1968年）、ニューヨーク・オーシャン・ヒル・ブラウンズビルでの論争（1968年）が取り上げられる。

この『人種と教育』から、「問題―主題アプローチ」に該当する単元の特質として、次のような点を挙げることができる。第一の特質としては、単元は全体として7つから9つの小単元から成るが（例えば『人種と教育』の場合は表5-9にあるように7つの小単元からなる）、必ず導入部に、テーマに沿っての簡単なアメリカ史や現行の制度を学習するための小単元が設定されていることである。なお、単元『人種と教育』の場合、小単元1「イントロダクション：学校と社会」、小単元2「再構成」がこれに該当する。

　第二の特質としては、導入となる小単元以外の小単元（単元『人種と教育』の場合、小単元3～7）では、単元のタイトルに示されている一つのテーマ（単元『人種と教育』の場合は、テーマは「人種と教育」）に基づいた過去から現在までの論争事例を発生順に取り扱っているが、その多くは裁判事例や政府レベルでの公的な判断が下され、暫定的な解決が見られた事例であることである。特に裁判事例とその判決が、ハーバード社会科の「問題―主題アプローチ」では多く取り扱われている。このことは、ハーバード社会科の「問題―主題アプローチ」に属する各単元が、社会制度や法律といった法規範的価値の成立過程（制度化の過程）を段階的に小単元として組織しており、個々の小単元の内容は、現行制度が成立する過程でなされた論争と、その地点での解決過程を示していることを意味する。例えば、単元『人種と教育』の場合は、小単元3で「人種隔離は黒人を劣ったものとレッテル付けをする行為か」について争われ、「分離すれど平等」といった判決を下したプレッシー裁判が扱われている。また、小単元4では「黒人学校の施設が明らかに不十分な場合でも、黒人の白人学校への編入は認められないのか」について争われ、黒人の白人学校への編入の例外規定を下したマーレイ裁判、「隔離教育は黒人の子どもたちに何らかの心理的・社会的影響を与えるのか」について争われ、隔離教育を違憲であると判断したブラウン裁判が取り扱われている。小単元5では、「暴動の危険を冒してでも学校統合を果たすべきか」について論争となり、連邦軍出動の下で学校統合が実行されたリトルロックの暴動

や、その他、隔離学校をなくしていく上で論争を呼んだ政府の政策を取り上げ、小単元6から7は、現在の学校レベルでの人種統合に向けた試みとそこでの議論を取り上げている。このように、公的な判断が下され暫定的な解決がなされた論争事例をその発生順に配列することの目的としては、溝口和宏がすでに先行研究で指摘しているように、「制度化の批判（反省）」、つまり、制度や判決といった法規範的価値の発生起源の論争に注目し、それを現代の視点から見直させることで、各種制度は人間が生み出したものであることを学習者に意識させ、さらに他のより妥当と言える選択肢もあったのではないかと批判的に考察する機会を保障することにあると考えられる[53]。

　第三の特質として、過去の論争だけでなく、出来るだけ最近の論争をも教材として取り入れることに努力している点である。例えば『人種と教育』は、1969年に完成しているが、ここでは、その小単元に、ストーンヒル高校の事件（1968年）、ウエズレヤン大学のアファーマティブ・アクションに関する論争（1968年）、ニューヨーク・オーシャン・ヒル・ブラウンズビルでの論争（1968年）など、その前年の出来事をすぐに取り入れて教材化している。ここから、新鮮な話題を取り入れることで、出来るだけ学習者の興味・関心を掻き立て、議論を白熱させようとしているオリバーのこだわりを見ることができる。

　このように「問題―主題アプローチ」は、テーマを優先し、そのテーマに即した過去から現在に至るまでの論争問題事例を、特に公的な判断の下った事例や公的な判断が下りそうになっている事例を中心に取り上げ、それを時系列に並べた。そしてその議論と公的判断（判例や政府の処置、政策など）を再検討することを通して、これまでの公的判断を反省し、現代社会のあり方も問えるように構成されていた。

(2) **歴史危機アプローチの場合―歴史的事件の通史的配置―**

　前述の「問題―主題アプローチ」とは異なり、「歴史危機アプローチ」は、それまでの民主主義体制が大きく変化するような大事件を取り扱い、そこに

おける各種論争を吟味する内容となる。オリバーは「歴史危機アプローチ」については、次のように説明する[54]。

　「内容を組織化するために、『歴史危機アプローチ』は、特定の歴史状況をまず取り上げ、続いてその当時の歴史状況内にある論争の複雑な相互関係を分析するように努める。」

また、別の箇所では次のような説明をしている[55]。

　「『歴史危機アプローチ』は、現代と類似している、または対象比較されうる歴史的時代——それは現代を説明できるものである——を調べることから始まる。調査されるべき歴史的時代が確認されると、教師は、その歴史事象に含まれる多種多様な問題に集中し、これを考察しなくてはならない。例えば、アメリカ独立戦争は多くの重要な議論に値する問題を含むが、それは次のような点に集約される。すなわち、①社会階級の大変革、②独立戦争の文言の中で具体的に示されたイデオロギーの革命的変化、③政治的・経済的問題解決の手段として暴力に訴えることの合法性、④新しい政治形態、である。ニューディール政策も同様に、危機的状況において、相互に関連性を持つ課題や論争問題を含んでいる。すなわち、①農業と工業の間の不均衡、②農業における洪水と旱魃の問題、③株式市場の暴落と大恐慌、④企業の自由活動に対するイデオロギー的攻撃と政治圧力団体の存在、⑤産業労働組合の増加によって引き起こされた国内労働者間の方針への不一致、などがある。これらの論争問題全てが、現代の問題と類似点を持つ。」

このオリバーの2つの説明から、「歴史危機アプローチ」は、現代と類似している、または対象比較可能な特定の歴史的事件を取り扱う、いわゆる「事件史」であると言える。特定事件を取り扱うため、その取り扱われる時間範囲は「問題—主題アプローチ」に比べると限定されてくる。また、これに属する単元は、タイトルが個別的事件名（アメリカ独立戦争やニューディールなど）や、その一定範囲の時代の特質（進歩主義の時代など）を示すものとなる。こうした観点から、「歴史危機アプローチ」には、次の10個の単元が

属すると考えられる。

> 『アメリカ独立革命』『ジャクソニアン・デモクラシー』『南北戦争』『進歩主義の時代』『鉄道の時代』『ニューディール』『20世紀のロシア』『ナチス・ドイツ』『共産中国』『植民地ケニア』

　次に、「歴史危機アプローチ」の単元内の事例の配列を見てみよう。ここでは具体的に見ていくために、「歴史危機アプローチ」の一つである単元『アメリカ独立革命』を取り上げる[56]。300〜301頁の表5-10は、単元『アメリカ独立革命』の「単元の計画」及び「中心的問題（政策的問題）の内容」「実際の発問や活動」を示したものである。単元『アメリカ独立革命』は、大きく4つのパートに分けることができる。

　最初のパート（パートⅠ）は小単元1「イントロダクション：若者の危機」が該当する。ここでは、アメリカ独立革命の進行過程の概略が示されている。学習者は、ここで小単元2以降の独立革命の進行を把握するための基礎的な知識を習得することになる。また、公的論争問題を議論するための手法や、小単元2以降で学習者が挑むことになる「中心的問題」も、導入部で確認している。本単元の場合、公的問題として、次の3つの中心的な問題が設定されている。

　(A)　適切な政府はどのようなものであり、どこにその権威は発生するか。
　(B)　いつ政府の権威は、挑戦されるべきなのか。
　(C)　人々はどのような方法で制度化された権威に立ち向うのか。暴力は常に正当か。

　次のパート（パートⅡ）は、小単元2「場面の設定」から小単元4「戦争の開始」までが該当する。ここでは、個別的事例（＝アメリカ独立革命）を通して、先のパートⅠで習得した分析枠組みを適用しながら、公的問題（特に中心的問題(A)〜(C)）に対する判断基準を構築させる。小単元2「場面の設定」では、イギリス政府の植民地への課税や、植民地民の印紙条例廃止手続きの

事例を分析させ、「イギリス政府は、植民地に課税できる権威を持つ「妥当な」政府だったか？」という個別的問題を考察させる。子どもたちは、この個別的問題の考察を通して、イギリス政府の対アメリカ植民地政策のあり方を反省し、さらに中心的問題(A)「適切な政府はどのようなものであり、どこにその権威は発生するか？」について、一定の見解（仮説）として、適切な政府が持つべき最低限の基準を構築することが求められている。小単元3「困難な選択」では、イギリス政府への抵抗を主張する愛国派の事態の解釈や主張を正当化する価値観を分析することで、「植民地住民は、どのようにしてイギリス政府に対抗することを正当化したか？」という個別的問題を考察させる。子どもたちはさらに、イギリス政府への忠誠を主張する王党派の事態の解釈や主張を正当化する価値観も解明し、これと愛国派との比較考察を通して、最終的に愛国派の主張が取り入れられイギリス政府に抵抗することになった政治的決断を反省し、中心の問題(B)「いつ政府の権威は、挑戦されるべきなのか？」について、一定の見解（仮説）として、政治変革行為・抵抗権が発動されるべき最低限の基準を構築することが求められている。小単元4「戦争の開始」では、戦争の勝者である愛国派が自らの戦争（暴力）行為を正当化した過程を分析することで、「植民地住民は暴動によってイギリスの決定に抗議するべきだったか？」という個別的問題を考察させる。子どもたちは、この個別的問題の考察を通して、勝ち・負けにこだわった争いは、勝者が敗者に対しておごり高ぶり圧制の原因となること、互いが寛容になって話し合えば平和的な議論もなりたつことなどを発見して、アメリカ独立戦争（暴力）を正当化した愛国派の政治的決断を反省し、中心発問(C)「人々はどのような方法で制度化された権威に立ち向かうのか。暴力は常に正当か？」について、一定の見解（仮説）として、暴力行為が正当化されるための最低限の基準を構築することが求められる。

　その次のパート（パートⅢ）は小単元5「今日の問題：類似した事例」が該当する。ここでは、パートⅡでアメリカ独立戦争を事例にして検討した公

表5-10 「歴史的危機アプローチ」単元「アメリカ独立革命」の単元構成

単元展開	小単元名	教師の発問 公的問題（中心的問題）	教師の発問 具体的に考察される問題	具体的な学習内容	内容組織化の原理	
パートⅠ【公的問題学習の目的を知る】	〈小単元1〉イントロダクション：若者の危機	●公的論争問題とは何か？ ○公的論争問題とは、議論が行なわれているものについての選択や、決定を含む質問であり、国家やコミュニティの全市民、公務員が答えるべき問題である。 ●本単元の中心的問題とは何か？ ○本単元の中心的問題 (A) 適切な政府はどのようなものであり、どこにその権威は発生するか。 (B) いつ政府の権威は、挑戦されるべきなのか。 (C) 人々はどのような方法で制度化された権威に立ち向かうのか。暴力は常に正当か。 ●公的論争問題（中心的問題）にどのようにアプローチするか？ 公的論争問題（中心的問題） 倫理的・価値的問題　定義的問題　事実的・説明的問題			【公的問題を学習する意義】公的論争問題（中心的問題）学習の目的、そのテーマと議論の方法（アプローチ）の学習	
パートⅡ【個別的な状況に応じて公的問題解決の判断基準を構築する】	〈小単元2〉場面の設定	イギリス政府は植民地に課税できる権威を持つ「妥当な政府」だったか？＝（中心的問題(A)）	●イギリス政府は植民地から徴税する権利を持っているか。	○（多様な解答・例）イギリス政府の植民地への課税は不当。理由…植民地民はイギリス議会への代表権を持たないため、議会の権力と意思に対して植民地民が制限する術を持たない。代表なき課税は圧制を生む可能性がある。	【中心的問題(A)解決の基準】政府の正当性の基準の考察＝権力側の政治責任の考察	「民主的な政治変革」の判断基準の構築
			●印紙条例廃止の手続きは、妥当なプロセスで行なわれたか。	○（多様な解答・例）議会の合理的議論、自分の意見と万人に認められる司法プロセスなど正当な政府機構に由来して行なわれたので妥当である。		
			●良い政府が持つ価値とは何か。	○（多様な解答・例） ・特定の利益に関与しない公平な決定。 ・合法的権利と公共にもとづく決定。 ・権力分立。		
	〈小単元3〉困難な選択	植民地住民は、どのようにしてイギリス政府に対抗することを正当化したか？＝（中心的問題(B)）	●愛国派、王党派の意味は何か？	○・愛国派は、独立革命を支持・推進する中で、合衆国をよくして行こうとした人々である。 ・王党派は、イギリスを支持し、その中で、合衆国をよくして行こうとした人々である。	【中心的問題(B)解決の基準】政治変革行為の正当性の基準の考察＝市民側の抵抗権の発動責任の考察	アメリカ独立革命の事例を通した「民主的な
			●植民地民は、どのような理由から、自らの立場を決定し、合衆国をよくしようと思ったのか？	○・王党派…財産・職業の保障 ・愛国派…身体の自由の保障 ・中立派…個人の倫理観 →個人の権利の危機が要因		

第5章　民主主義社会の形成者育成における法規範的価値学習の特質と課題　301

パート	小単元	問い	● 個別の問い	○ 内容	【基準】	（縦書き）
	〈小単元4〉戦争の開始	植民地住民は暴動によってイギリスの決定に抗議するべきだったか？＝（中心的問題（C））	●イギリス兵、王党派、愛国派の記述された行為はどのように正当化されているか。	○・イギリス兵…地元の人が先に発砲したことを記述して、イギリス人の「正義」を訴えた。・王党派…ロード・パーシー将軍の有徳な心、勇気・不屈の精神などの人柄。・愛国派…民兵の草原集合の目的は、軍事行為ではなく町の安全確保の相談だった、イギリス兵士の残忍性→それぞれの価値観に基づく「正義」を盾にした行為の正当化	【中心的問題（C）解決の基準】暴力行為の正当性の基準の考察＝市民側の抵抗権の行動責任の考察	「政治変革」の判断基準の構築
			●レキシントンでの発砲は、平和的解決を終わりにしたのか。	○戦いの火が切って落とされ、勝敗を決する必要性が生じてしまったため、平和的な解決は遠ざかった。		
			●勝ち・負けは、どのようにそれを経験する人に影響するのか。勝利を目的としない議論は可能か。	○（多様な解答・例）勝ったものは、おごり敗者を従わせる。敗者は、自らの価値をさげすむ。お互いが、お互いの立場に寛容ならば、勝利を目的としない平和的な議論も成り立つ。		
パートⅢ【個別的な状況を再度設定し、パートⅡの基準を吟味する】	〈小単元5〉今日の問題	今日起こっている政治変革プロセスは、どのように評価できるか？＝（中心的問題（A）・（B）・（C））	●1965年の公民権運動と1775年の印紙条例反対行動はどちらが正当化できるか。	○（多様な解答・例）公民権運動…時間がかかったが、公民権を認めることが恒久的習慣に変わったので、正しい。印紙条例反対運動…すぐに条例が破棄されたので、正しい。	【民主的な政治変革基準の再考察】政府の正当性＝権力側の政治責任・政治変革行為の正当性＝市民側の抵抗の発動責任・暴力行為の正当性＝市民側の抵抗権の行動責任	他の事例を通した「民主的な政治変革」の判断基準の再構築
			●暴力の正当性は、何に関して判断されてきたか。	○暴力は、社会を統制し、説得させる有効な技術となるために、「庶民の支持」が判断基準とされてきた。		
			●妊娠中絶反対運動での抗議の動機と方法は適切か。	○（多様な解答・例）暴力以外の方法（座り込み、デモなど）でも、抗議への広い支持があれば、効果を挙げることはできる。		
パートⅣ【これまでの学習をもとにして、留保条件をつけながら、公的論争問題への判断基準を再構築する】	〈小単元6〉復習・反省・研究	どのようなとき、どのような方法で、法（制度化された権威）は変えられるべきか。＝（中心的問題（A）・（B）・（C））	●印紙条例についての考えは、どのくらい幅があったか。	○人々は、立場により様々な見解を有していた。	【民主的な政治変革基準の再考察（最終的な意思決定）】	「民主的な政治変革」の判断基準の再構築
			●人々が政府に対して立腹した時何が起こるか。	○（省略）		
			●暴力は、いかなるときに正当化されるか。変化を達成するのに効果的か。	○（省略）		

(Oliver, D. W., and Newmann, F. M., *American Revolution: Crisis of Law and Change*, Social Science Education Consortium, 1988 より作成。ゴシック体の部分は主として筆者たちが分析して抽出したものであり、明朝体の部分は教材の事実をまとめたものである。)

的問題（特に中心的問題(A)～(C)）を、現代的な事例に変えて再度提示し、これまでの経験や学習で獲得している判断基準（適切な政府が持つべき最低限の基準、政治変革行為・抵抗権が発動されるべき最低限の基準、暴力行為が正当化されるための最低限の基準）の吟味・修正を求めている。具体的に取り上げられる事例は、1965年～1968年の人種的な問題を背景とした暴力事件、過激化した妊娠中絶反対運動などである。

最後のパート（パートⅣ）は、小単元6「復習・反省・研究」が該当する。ここでは、「どのようなとき、どのような方法で、法（制度化された権威）は変えられるべきか？」という一般的な問題の分析を通して、パートⅡ・パートⅢで検討してきた公的問題（特に中心的問題(A)～(C)）を、パートⅢとはまた別の事例に変えて再度提示し、パートⅢで吟味・修正された判断基準を再構築させる。これらの活動を通して子どもたちは、どのような場面でどのような時に、政府は適切な機能をしていないと見なせるのか、市民による政治変革行為が認められるのか、暴力による抵抗が認められるのか、その判断基準の明確化を図ることになる。

このように、単元全体は、公的問題に対して子どもたちは「一市民」としてどのように関与してゆけばよいのか、その方法についての判断を吟味していくように構成されている。ここから、「歴史危機アプローチ」の特質として、次のことを挙げることができる。

第一の特質としては、単元は全体として6つから9つばかりの小単元から成るが（『アメリカ独立革命』の場合は6つの小単元からなる）、「問題―主題アプローチ」の場合と同様に、必ず導入部に、テーマに沿っての簡単なアメリカ史や現行の制度を学習するための小単元が設定されていることである。単元『アメリカ独立革命』の場合、小単元1「イントロダクション：若者の危機」がこれに該当する。この理由は、「問題―主題アプローチ」と同じと考えられるため、ここでの説明は割愛する。

第二の特質としては、小単元で取り扱われる論争のテーマが、実に多様で

あることである。単元『アメリカ独立革命』の場合、取り扱われる論争は、イギリスの政治形態の評価に関する論争や、独立戦争の文言の中で具体的に示されたイデオロギーの革命的変化の評価に関する論争、政治的・経済的問題解決の手段として暴力に訴えることの合法性の評価に関する論争などがあり、政治的内容に限定される傾向があるが、同じく「歴史危機アプローチ」に属する単元『ニューディール』等の場合は、実に多様である[57]。単元『ニューディール』が取り扱う論争のテーマは、「①農業と工業の間の不均衡、②農業における洪水と旱魃の問題、③株式市場の暴落と大恐慌、④企業の自由活動に対するイデオロギー的攻撃と政治圧力団体の存在、⑤産業労働組合の増加によって引き起こされた国内労働者間の方針への不一致」などだが、①②は農業を主とした問題、③は経済を主とした問題、④⑤は労働組合を主とした問題である。つまり、「歴史危機アプローチ」は、特定の事例に含まれる様々な要素を持つ論争問題を包括的に取り扱う構造を持つのである。「問題―主題アプローチ」は、問題のトピック・テーマを優先して事件は小単元レベルに設定されていたが、「歴史危機アプローチ」は、事件を優先して問題のトピック・テーマを小単元レベルに設定したと言うことができよう。

　第三の特質は、上記で扱われる事例は、公的な判断が下されて暫定的な解決が見られた論争事例であることが多い点である。これは前述したように、「問題―主題アプローチ」にも見られる特質で、「制度化の批判（反省）」を目的としたためと考えられる。

　第四の特質は、必ず単元の最後に、現代の事例を取り扱う小単元が設定されていることである（単元『アメリカ独立革命』の場合、小単元5「今日の問題」が該当する）。ここで示される現代の事例は、単元で取り扱われる論争問題と似た価値対立を持つ問題を取り上げている。こうした単元を設定する目的として、オリバーは次の2つを説明している[58]。

　「(1)　歴史的前例と現代的事項との直接的ないし間接的な因果関係を理解する

ことができるためである。…（中略）…

(2) 類似した歴史状況から、政治的社会的行動のより発展的な一般原理を導くためである。この一般原理は、いわゆる、『歴史の教訓』と呼ばれるものである。」 　　　　　　　　　　　　　　　　　　　　　（括弧内は筆者が加えた）

まず、(1)でオリバーは、過去の事件でなされた論争が、現代社会で起きている論争にどのように影響しているのかを理解するため、現代の論争を見るとしている。その事例としてオリバーは、南北戦争を例に挙げている。オリバーは、現在アメリカ北部の経済政策（保護貿易主義）に南部が不満を上げているが、南北戦争の対立にこうした論争の発端があることを知ることが、よりこの南北の対立に関する理解を深めると説明している。そして(2)でオリバーは、同質の価値対立を持つ問題に、過去の事件においてなされた論争問題を学習者が話し合う中で導き出した結論（価値基準）が適応できるかどうかを考え、その基準の一般化・普遍化を図る目的で現代の論争を見るとしている。オリバーはその具体的な事例として、現代社会におけるテロなどの国家破壊活動や他国の侵略行為に対して取りうる態度・政策を考察する時、過去の同質問題であるナチスの侵略における宥和政策に対する学習者の評価基準（価値基準）が適応できるかどうかを検討することで、価値基準をより一般的・普遍的なものにすることを挙げている[59]。

このように「歴史危機アプローチ」は、特定の歴史事例を優先させ、その出来事の範囲内で現代でも議論になるような論争問題事例を教材化した。また、歴史上で実際に下された判断の批判と再検討を通して過去の判断を反省するだけにとどまらず、現代の類似事例との比較を積極的に行うことで、価値基準の一般化・普遍化を図った。

(3) **全体計画―合衆国の伝統的な通史学習に各単元を組み込む―**

ハーバード社会科の内容編成には、「問題―主題アプローチ」と「歴史危機アプローチ」の２つの方法が採用され、これに合わせて全部で29の単元が開発された。しかしここで一つの疑問が出てくる。オリバーは、これをいか

第5章　民主主義社会の形成者育成における法規範的価値学習の特質と課題　305

に組み合わせて実践を試みたのかという疑問である。これに関しては、NCSSの機関紙『社会科教育（Social Education）』の29号（1965年）[60]や、『スクール・レヴュー（School Review）』の73号（1965年）[61]、アメリカ教育局に提出された『ハーバード社会科最終報告書』[62]に示されたハーバード社会科全体計画表などから、ある程度想像ができる。なお、この全体計画表は、オリバーがハーバード社会科を開発する際に、ボストン郊外の実験学校で実践した時の授業計画の概略であると考えられる。次頁の表5-11の二重線部左側が、オリバーらが示したハーバード社会科の全体計画表である。レベルが6段階で示されており、アメリカで伝統的に行われていた通史学習に合わせる形で、時系列に配列されていることが分かる。具体的にどの単元がどのレベルに属するのかをオリバーは正確には示していないが、表5-11左側の記載事項からある程度は予想することができる。表5-11右側は、どの単元がどのレベルに属するのかを、筆者の判断で示したものである[63]。

　レベル1「社会問題へのイントロダクション：共同体における個人」は、導入単元である『政策の立案』が該当する。次のレベル2〜レベル4までは、「歴史危機アプローチ」の属する単元が原則としてそれぞれ配置される。レベル2「アングロ・アメリカンの法制度および政治制度の発達」は、特に合衆国草創期を重点的に取り扱った単元『アメリカ独立革命』や単元『ジャクソニアン・デモクラシー』が該当しよう。また、「問題―主題アプローチ」に属する単元『法廷』『容疑者の権利』も、時として部分的に取り扱われることがあると想定される。レベル3「産業革命の影響：合衆国史で選ばれた主題」では、特に合衆国発展期を重点的に取り扱った単元『南北戦争』『鉄道の時代』『進歩主義の時代』が該当しよう。また、「問題―主題アプローチ」に属する単元『移民の経験』や『労働組合の高まり』『人種と教育』も、時として部分的に取り扱われることがあると想定される。レベル4「世界の様々な社会の危機：20世紀の5つの社会」では、特に20世紀初頭に起きた事件を重点的に取り扱った単元『ニューディール』『20世紀のロシア』『ナチ

表5-11　ハーバード社会科の全体計画表

『社会科教育（Social Education）』29号（1965年）に示された計画	該当する単元
レベル1　社会問題へのイントロダクション：共同体における個人	
レベル1の一般的目標は、一般問題を取り扱うために利用される法的・倫理的、ないし分析的、社会科学的テーマや概念を提供することと、カリキュラムを通して考察されることになる一般問題の事例として2・3の事例を提供することである。 Ⅰ．一般問題を示すための一連の事例 　・暴力とコントロール　　　（例）「反逆条例」 　・生活水準　　　　　　　（例）「ケンタッキーの炭鉱」 　・特権の優先権　　　　　（例）「エルムタウンの若者たち」 　・公衆の意見の一致と不和（例）「ジョン・ブラウン」 　・プライバシー　　　　　（例）「アーミッシュ」 Ⅱ．社会システム内の変化に対する人間の役割を示すより複雑な状況の事例	△『政策の立案』
レベル2　アングロ・アメリカンの法制度および政治制度の発達	
レベル1で一連の事例が提示されたのち、レベル2では、再び様々な事例を通して、レベル1で示された論争問題を取り扱うために開発された法制度や政治制度の種類を示す。 Ⅰ．ローマ時代のイギリスからアメリカ独立戦争までのアングロ・アメリカンの発達：立憲主義の成長 Ⅱ．アメリカの政治的プロセスを示す選ばれたテーマや概念 Ⅲ．アメリカの法的プロセスを示す選ばれたテーマや概念	●『アメリカ独立革命』 ●『ジャクソニアン・デモクラシー』 （○『容疑者の権利』） （○『法廷』）
レベル3　産業革命の影響：合衆国史で選ばれた主題	
社会的紛争を取り扱う制度の構造の概要を示したのち、次にわたしたちはより複雑な事例を示し、アメリカの憲法システムがこれらの問題をどのように取り扱ったのか、その過程を調査する。ここでの歴史的文脈は、南北戦争から大恐慌までである。 Ⅰ．農家 Ⅱ．企業の産業的複雑性 Ⅲ．移民 Ⅳ．労働者 Ⅴ．人種の関係	●『南北戦争』 ●『鉄道の時代』 ●『進歩主義の時代』 （○『移民の経験』） （○『労働組合の高まり』） （○『人種と教育』）
レベル4　世界の様々な社会の危機：20世紀の5つの社会	

ここでの目標は、学習対象となる社会の生活の感覚や価値観を活用することで、危機の時代を調査することである。生徒自身が持つ、そしてより多くのアングロ・アメリカンが持つ視点が、異なる文化的規範や制度に照らして議論されることになる。 Ⅰ．合衆国—大恐慌とニューディール Ⅱ．ソ連—30年代中旬のボルシェビキの革命 Ⅲ．ドイツ—ナチズムの台頭 Ⅳ．中国—20世紀直前の安定から共産革命へ Ⅴ．ケニア—植民地主義と独立	●『ニューディール』 ●『20世紀のロシア』 ●『ナチス・ドイツ』 ●『共産中国』 ●『植民地ケニア』
レベル5　国際秩序の問題へのイントロダクション	
ここでの目的は、国内問題から世界の平和と秩序の一般問題へと移行することである。平和維持、国家主権、および国際法の諸問題を示すために、歴史的背景が提示される。 Ⅰ．民族主義と勢力均衡 Ⅱ．第一次世界大戦とベルサイユ会議 Ⅲ．第二次世界大戦を通しての外交史 Ⅳ．ニュルンベルク裁判 Ⅴ．国際的秩序問題の事例：イスラエル、ハンガリー、ベルリン、キューバ、ヴェトナム、パナマ、南アフリカ	○『外交と国際法』 ○『国家間の組織』 ○『戦争の制限』 ○『革命と国際政治』
レベル6　現代の諸問題："良き生活"の獲得	
これは、生徒に先に提示された論争を再考し、再定義し、反省し、新たに基本的ジレンマを考察する機会を与える、最もオープンエンドなパートである。問題やジレンマは次のように類別される。 ・経済（生産・雇用・人口・技術） ・人種と民族集団の同化—分離と自治 ・政治（主権と意見一致プロセス） ・哲学的・心理学的・個人的充実	○『プライバシー』 ○『人口の統制』 ○『科学と公共政策』 ○『黒人から見たアメリカ』 ○『人種と教育』 ○『移民の経験』 ○『労働組合の高まり』 ○『法廷』 ○『容疑者の権利』 ○『都市政策』 ○『道徳的推論』 ○『宗教の自由』 ○『地位』 ○『社会的活動』 ○『共同体の変化』

（Oliver, D. W., A Curriculum Based on the Analysis of Public Controversy, *Social Education*, vol. 29, 1965, pp. 221-222 より筆者作成。なお「該当する単元」の●は歴史危機アプローチに属する単元、○は問題—主題アプローチに属する単元、△はそのどちらにも属さない単元が該当する。）

ス・ドイツ』『共産中国』『植民地ケニア』が該当しよう。

　レベル5〜レベル6は、「問題─主題アプローチ」に該当する単元が原則としてそれぞれ配置される。レベル5「国際秩序の問題へのイントロダクション」では、この内、国際的問題・外交問題を取り扱った単元『外交と国際法』『国家間の組織』『戦争の制限』『革命と国際政治』が配置される。レベル6「現代の諸問題："良き生活"の獲得」では、残りの「問題─主題アプローチ」に該当する単元『プライバシー』『人口の統制』『科学と公共政策』『黒人から見たアメリカ』『人種と教育』『移民の経験』『労働組合の高まり』『法廷』『容疑者の権利』『都市政策』『道徳的推論』『宗教の自由』『地位』『社会的活動』『共同体の変化』が該当しよう。

　ここから、オリバーは「歴史危機アプローチ」を先習させ、その後で「問題─主題アプローチ」を学習させるつもりでいたことが分かる。こうした全体計画を組んだのはなぜなのか、この点の問いに対して、筆者の研究不足もあり現段階で明確な説明をすることはできない。ただし、この全体計画表に対してオリバーは「仮説である」としており、全体計画に関しては、実際は自由かつ積極的に、教師や学校、教育委員会等が組み替えて使うことをオリバーは望んでいたと考えられる。そうした点を加味すれば、あまりこの全体計画には特別な意図などないのかもしれない。

3．ハーバード社会科の授業構成
(1) 授業展開──一般的・普遍的な法規範的価値基準の構築──

　先に述べたように、ハーバード社会科の各種単元は、社会制度や法律といった法規範的価値の成立過程を段階的に小単元として組織しており、個々の小単元の内容は、現行制度が成立する過程でなされた論争と、その地点での解決過程を示していた。それゆえ、学習は小単元ごとに、過去の個人・集団の公的論争とその意思決定を反省的に吟味することになる。つまり、小単元が学習の単位となるのである。

では、ハーバード社会科の小単元の授業構造について詳しく見てみよう。オリバーらは、自らが開発した授業方略を「法理学的アプローチ(Jurisprudential Approach)」と呼んでいる[64]。これについて森分孝治は「学習者は自分自身が「正しい」と判断する概念的説明的知識、評価的規範的知識の統一的な習得を行わせ、学習者の態度・行動を変容させていくことを狙いとする」[65]と評した。実際、前述したように、オリバーは論争問題に対する大学や研究室が下した事実認識（解釈）や解決策をそのまま教えることを批判し、学習者自身の見解を育てていくために、「有力な見解の一つ」として参考として活用する程度の位置づけにしている。

オリバーは、前もって一つの問題に対する解釈を「客観的な説明」として示す代わりに、複数の見解を提示する作戦をとった。『公的論争問題』シリーズでの教科書の内容は、論争シーンや論争の過程がほとんどである。ここでは、価値観のぶつかり合いだけでなく、問題や事件に対する当事者の解釈の食い違い、言葉の定義の違いなども描かれている。オリバーが法廷論争などを好んで教材に取り入れているのは、法廷論争はそうした見解の対立が顕著であるからと考えられる。

オリバーは、前述したように、「判事のように解釈し、これに基づいて行動する」ことを学習者に要求している。判事は、価値に関する判断だけでなく、こうした事実解釈の判断も迫られる。事実がどうであるのか、そのことは問題の処理に大きな影響を与えるためである。オリバーはこうした判事の役割を学習者に課したのである。このことは、オリバーが示す授業目標（これは後述する授業方略と一致する）にも明確に見て取ることができる[66]。

「1．政策的な論争問題を一般的な分析レベルで論じ、自分の分析を特定の論争や具体的事例に関連付ける。例えば…（中略）…
2．2つもしくはそれ以上の価値、経験的陳述、定義や矛盾を確認する。
3．どのような点である価値を他の価値より支持するのかを述べるために、

価値への矛盾や葛藤が現れる同質の状況を確認し、その矛盾や葛藤を処理する。例えば…（中略）…
4．経験的陳述を支持する証拠を求めたり、評価したりすることで、経験的陳述の矛盾や葛藤を処理する。
5．その用語は、普通はどのように使われるのか、またその用語が用いられる概念は、正確に述べるとどうなるのか、といったことに関する証拠を求めることによって、用語の矛盾した、曖昧な使用を処理する。
6．論争の中核をなす価値の問題にかかわる事実に関する主張と、価値にはほとんど関わらない主張とを区別する。」

なお、オリバーの、対立する複数の見解を授業の最初に提示する作戦は、学習者間に見解（主張・価値観・事実認識・言葉の定義など）の不一致・葛藤を「強制的」に生じさせ、議論を活発化させる「跳躍版」としての効果があることも指摘しておかねばなるまい。またこの時、より葛藤を激しいものに、そしてより多様な点から学習者が考察できるようにするために、教師の発問も重要となってくる。教科書で示された見解の対立以外に、学習者の間で見解の不一致を引き起こしそうな問題を教師が発問し、議論を生じさせるのである。

では、実際にはどのように授業が組まれるのか。表5-12の二重線より左側が、オリバーらが理論書で示した授業方略である[67]。しかし、この授業方略は、幾つかの点に不明瞭な部分が見られる。それは次の3点に要約できる。

①教科書の記述や資料、そこにある発問の活用について記載されていない。
②中心的（政策的）問題の位置づけについて記載されていない。
③学習者の意思決定に関して記載されていない。

そこで筆者は、オリバーがハーバード社会科を作成する以前に取り組んでいた、ハーバード社会科シリーズのパイロットプランとも言うべき「コンコード社会科」の授業方略なども参考にすることにした（資料5-2、資料5-

表5-12　ハーバード社会科の教授手順とその要約

オリバーらが示す教授手順とその説明		手順の要約	
1．具体的状況から一般的価値を抽出する	生徒は一般的価値を用いて、具体的状況を解釈する。 （例）連邦議会が独占禁止法を通過させるべきかどうかの議論は、所有と契約の権利……といった一般的価値を含む問題であると生徒は見抜かなくてはならない。	Ⅰ：教科書から論争の具体的状況を確認する（どういった主張・見解の対立があるか、などを確認する）	展開1　背景の確認
2．複合的構成として一般的価値概念を使用する	ある状況から対立している価値を抽出する。	Ⅱ：中心となる論争点（中心的問題）を示す。またそれがどのような価値を含んだ問題であるかを考え、それらの対立関係を一般的価値概念で表す。立場を明確にする。	展開2　論点の明確化・価値の概要
3．他の価値の衝突を確認する	同じ状況から2つないしそれ以上の価値の対立を抽出する。		
4．価値の衝突状況の種類を確認する	価値の衝突が起こっている状況と、それに良く似た他の状況とを比べるために、生徒は類似の価値葛藤の事例を見出さなくてはならない。	Ⅲ：Ⅱの価値対立と同質の価値対立構造を持つアナロジー（類似事例）を複数選択し、それらの事例を踏まえてどちらの価値を優先するべきかを子どもたちが考える。	展開3　議論当事者の対立する見解の整理・協議事項決定
5．考察している問題に似た価値の衝突状況を見つけ出す、または作り出す	アナロジーを組み立てる目的は、論争の相手に対して一貫した反応をしないであろう多くの状況を比較させ、双方の価値を包括し尊重させ、また立場同士の間にある矛盾をさらけ出すことである。		
6．一般的に適切と認められた立場に向かって取り組む	どのような状況で、ある価値なり別の価値なりに優先権が与えられるのかを考える。 （例）植民地人に対して英国政府は聞く耳を持たず、法を破ったので、独立戦争での暴力行為は認められる。対してミシシッピの黒人は、合衆国政府が彼らの生活を改善しようとしているにもかかわらず法を破り暴動を起こしたので、	Ⅳ：ある価値がもう一方の価値に優先しない場合の基準は何か、子どもたちの手でその留保条件を合理的に定める。	価値的問題

		この暴力行為は認められない。つまり、政府が改善する気がない時のみ、暴力を使っての人間の権利の保持が法治主義に優先される。		
7．立場の背後にある事実の仮説を検証する	我々の主張は多くの事実にも依存している。議論は価値の優先権についての論争から、事実に関する違いの検証へと移っていく。	Ⅴ：論争当事者らが提示する事実のうち、証拠が少なく事実関係が曖昧なものを指摘し、検証をする。	事実的問題
8．言語間の関連を検証する	言語ないしストラテジーを評価するときには、両方のタイプの妥当性を心しておくことが大切である。	Ⅵ：言語の用法が曖昧な点を指摘し、統一見解を生む。	定義問題

(Oliver, D. W., and Shaver, J. P., *Teaching Public Issues in the High School*, Utah States University Press, 1966, pp. 126-130 より筆者作成）

3)[68]。ここから、①～③の点は、次のように対応したらよいと推測できる。
- 教科書の記述や資料の活用（前述①）については、教師が授業の最初に学習者に示し、学習者の間に論争を巻き起こすために利用されるものである。また、教科書に付属する問いは、教科書の記載内容（論争当事者の意見や見解、論争の結末など）を学習者が確実に理解することを促すための発問であり、学習者が答えたら、即座に正解を提供する「ドリル形式」をとる。
- 中心的問題（政策的問題）（前述②）については、基本的には、教師が授業の最初に示した教科書の記述や資料から学習者が読み取るものである。（例えば、「公立学校の日常が妨害され、危険にさらされても、人権は支持されるべきなのか」など）。またこの時、どのような価値の対立が背後にあるのかをまとめることが求められる（例えば「"平等権の保護"対"日常の平和"」)。学習者はその後、この中心的問題（政策的問題）に対して、教科書に記載された論争事例に登場する人物たちの対立する見解を踏まえて自らの意見を述べていくことになる。

資料5-2　オリバーが示す教師の指導方略（1959年）

議論アプローチ
　教師は前もって生徒に論争事例に関する資料のコピーを配布し、その後、大きな声でその資料を読む。これら資料を読んだら、教師は生徒が理解しえるような具体的な議論に生徒をいざなう。
　第一に、これらの論争事例の資料は、普通は利益の対立・葛藤を生み出すものを含んでいるので、教師は教室においてそれぞれの生徒がどの立場にあるのかを見出すことになる。
　第二に、生徒が利益の対立するさまざまな集団に感情移入したり、深く考えたりするように教師は仕向けていく努力をする。
　最後に、その問題の状況の複雑さから、その事例において客観的に正しい立場というものを選択することは大変に困難であるということを教室での議論を通して教師は指し示していくことになる。
　（中略）…生徒は、ジレンマを解決するにあたって、全ての価値の立場や全ての事実について説明していかなくてはならない。生徒は、提供された論争事例に含まれる問題に対して、自らの立場の望ましい結果や望ましくない結果に直面するように教師によって追い込まれる。

(Donald W. Oliver and Susan Baker, The Case Method, *Social Education*, vol. 23, 1959, p. 26.)

資料5-3　オリバーが示す「教授方略のアウトライン」（1960年）

	〔補足説明〕
Ⅰ．問題へのイントロダクション 　A．問題の性質を概説する物語体のテキストを活用する 　　1．専門的な用語や概念の定義 　　2．今日の政策的対立点に向けての過去の問題の歴史 　　3．今日の政策的対立より前の主な法的政策的問題に関する議論 　B．事例を示す 　　キーとなる概念（独占、貧困な教育施設、失業、集団的商談など）をドラマティックに具体化して示す 　C．登場人物の主張や事実に関してドリル式で確認する	**物語体のテキスト** これらは信用に値する証拠付で、問題領域の歴史的背景を含んだものである。 **事例を示す** 事例は、通常理解しがたい概念や状況を示し、具体化するために活用される、事実に基づいたドラマティックで具体的なストーリーである。実際にこういった状況に陥り経験した人々の記録事例をともに、例えば「貧しい労働環境」という言葉を理解することができる。 **事例のドリル** テキストの内容に関する発問は生徒が多様な選択肢に答える前に示される。これらの発問はすぐ後に生徒の示す答えが正しいかどうかが分かるように答えが示される。こ

	れらはテキストに含まれている基本的な事実を教授する上で大変に効果的な方法であることが分かっている。
Ⅱ．論争の分析 　A．ジレンマを持つ事例に基づく議論 　　1．価値ジレンマの両サイドを示す一つか二つの事例；他の事例ながら同じジレンマを示すアナロジーを活用する 　　2．事例を議論する目的；価値概念を示す、明確な定義の活用を強制する、一般原理やその他説明をより証明することになるであろう証拠がより多く必要であることを強調する 　B．生徒は議論的対話を分析する 　C．生徒は説得力のある文章資料を分析する	**ジレンマを持つ事例** ジレンマを持つ事例は、単元の基本的な葛藤を劇化する。例えば学校隔離問題の場合、次のようなジレンマを含む。 「公立学校の日常が妨害され、危険にさらされても、人権は支持されるべきなのか」 「正しい民族間の規則についての解釈において、州の大多数の意思は連邦政府によって無視されるべきなのか」 ジレンマを含む事例の基本的な特質として、具体的で、個別的で、実際にあった事例であることがある。例えば、ワシントンでの学校隔離の事例は、「平等な保護の権利」と「公立学校の日常の破壊の回避」の対立を示すジレンマの事例として活用される。ジレンマを持つ事例は、一般的には討議法的フレームワークの範囲内で討論される。 **議論的対話と説得力のある文章資料** 議論で生徒がジレンマを含んだ状況を取り扱うことを学習するとき、生徒はこれに似た論争議論を示した文章資料を分析することを教えられる。生徒は議論的対話が提示され、説得力のあるスピーチや記事が提示される。こうした資料を活用することの利点は、生徒の能力や訓練度合いに応じて教師が議論レベルの洗練レベルを制限できることにある。
Ⅲ．生徒が議論を進める 　小グループは、政策的問題に対して決断が下せるように、特定の問題をそれぞれ議論するように要求される	**ケース・プレイ** 集団での意思決定は法制的アプローチにおいて教えられた知識や技能を効果的に活用することを求める。意思決定状況をセットアップするにはいろいろな方法がある。ここで示す一案は、ケース・プレイと呼ばれるものである。これは学習した問題に関して様々な隠れた意見を示す人々の間に生徒

	が参加するために書かれた文章である。ここでは議論のみが提示され、結論は示されない。生徒はオープンな討論を通し何らかの結論に至るように求められる。
Ⅳ．信念を書く 　政策的問題に対する個人的なレベルでの判断を正当化するための自らの信念、考え方を書くことが生徒には求められる	信念 　集団での意思決定は個人のコミットメントのステージを生む。公的な意思決定をすることは個人の見解をオープンにして守ることを要求する。生徒は何者にも圧力を受けずに決断をコミットする機会が提供されるべきである。自分の思念を書き記すことで、自分の立場を注意深く、かつ合理的に提示することができる。この信念を書くという行為は、論争に関する資料を含む学習に適切な学校の図書室が要求される。

（Oliver, D. W., Educating Citizens for Responsible Individualism, 1960-1980, Patterson, F., *Citizenship and a Free Society: Education for the Future*, NCSS the 30th Yearbook of NCSS, 1960, pp. 201-227. (in Shaver, J. P., and Berlak, H., *Democracy, Pluralism, and the Social Studies; Reading and Commentary*, Houghton Mifflin Company, 1967, pp. 112-114.) より筆者作成）

・中心的問題（政策的問題）に対する意思決定（前述③）については、中心的問題に対して自らの考えを学習者が主張する中で、中心的問題に答えるための様々な下位の特別な課題（価値的問題・事実的問題・定義的問題）を発見（ないし教師側が提供）し、その課題の解決に取り組む過程を通してなされていく。

　こうしたことを踏まえ、できるだけ作成者オリバーの意図に合わせながら、授業方略を表5-12の二重線右に示すように整理し直した。そしてこれを踏まえて、オリバーの理論書に示す小単元「リトルロックの暴動」（単元『人種と教育』の小単元5-1に当たる）の授業展開例、及び『人種と教育』の小単元5-1「リトルロックの暴動」に設定されている発問を踏まえて、想定される「リトルロックの暴動」の教授学習活動の展開を教授書形式で再現したものが表5-13である[69]。

　オリバーは、これまで見てきたように、見解や主張の対立が起こる議論の

表5-13 単元『人種と教育』：小単元5-1「リトルロック」の授業構成

学習過程			教師の主な発問	教授学習過程	生徒から引き出したい知識・問いかけ
【展開1】論争発生の背景と議論当事者の見解の対立を確認し、学習者に認知的不協和を発生させる	論争を生み出す背景を確認する		○教科書小単元5-1「リトルロック」を読みなさい。	T：指示する	
			○リトルロック市で行われていた人種隔離とは何か。	T：発問する S：答える	○ホテル、映画館、プールなどは人種別であった。ただバスや病院などの隔離は撤廃されつつある。
			○リトルロック市は、最高裁が人種統合を命じた判決（1954年のブラウン裁判）に応じるために、どのような計画を始めたのか。	T：発問する S：答える	○教育委員会は1956年9月3日に白人学校に黒人が通うことを認める。
			○リトルロックの住民は統合に対してどう考えていたのか。	T：発問する S：答える	○統合に対しては反対であったが、将来は統合することになると考えていた。黒人に暴力を振るうことに対しても聖書の観点から否定的であった。
	対立する論争当事者の見解を確認する	統合反対派の見解	○フォーブス知事は計画を遅らせるためにどのような理由付けをしたのか。	T：発問する S：答える	○黒人が学校に入れば、住民の多くが黒人との統合に反対していることから、大規模な暴動や流血の惨事になり、学校に通う子どもたちの身に危険が及ぶと考え、これを防ぐ目的で州軍を派遣し、更に学校に黒人を入れないように命じた。
			○リトルロックの住民は統合に反対する理由付けとして何を挙げていたか。	T：発問する S：答える	○黒人に対する平等な教育が重要であることは認めていたが、黒人学校でも黒人を白人の基準にまで上昇させることは可能と考え、暴動を起こしてまでわざわざ学校を統合する必要がないと考えていた。
			○学校の危機が起こったのはいつか。	T：発問する	○1956年9月4日
			○群衆は自らの活動でどのようなことを達成したのか。	T：発問する S：答える	○学校に入ろうとする黒人を罵り、これを妨害した。
			○エリザベス・エックフォードが中央高校に入ろうとした時に経験したことをまとめなさい。	T：発問する S：答える	○軍隊が彼女に銃をつきつけ、群集は彼女を罵倒した。

第5章 民主主義社会の形成者育成における法規範的価値学習の特質と課題　317

	統合促進派の見解	○デービス裁判官はフォーブス知事の行為に対してどのような判断を下したのか。	T：発問する S：答える	○黒人もより高レベルの教育を受ける権利があるのであり、何人たりともこれを妨げることはできないと考え、住民が黒人の入学を妨害しないように呼びかけた。また、もともと住民は暴力に反対し、将来的な統合は止む無しと考えていることから、さわぎを大きくしなければ大きな暴動は起こらないと考え、州軍の撤退を知事に命じた。
	論争の結末を確認する	○なぜアイゼンハワー大統領は連邦軍の兵士をリトルロックに送ったのか。どういった法的根拠があるのか。	T：発問する S：答える	○州軍が撤退した後、暴徒は1,000人に膨れ上がり、デマも飛び出していた。最高裁判所の判決に従い平和的に教育の機会均等を実現するために、アイゼンハワー大統領は治安維持を理由に連邦軍を派遣して、厳しい警備の中、黒人の入学を達成した。
【展開2】論争点を要約し価値を明確化する	事件で扱われる価値を発見する	○リトルロックの事件ではどのような価値を取り扱っているのか。（法制的フレームワークにある一般的価値を利用して）示しなさい。	T：発問する S：発表する	・教育の機会均等 ・結社の自由　・州の権利 ・平和と秩序 ・法の下の平等な保障（ほか）
	論争点を発見する	○この中には対立するものがありますか。あれば（法制的フレームワークの一般的価値を利用して）それを示し、論点を挙げなさい。 ○我々は対立する「平和と秩序」と「教育の機会均等」のジレンマに焦点を当てる。		(1) 中心的永続的問題（平和と秩序 vs. 教育の機会均等） 【論点】暴力に耐えてでも、学校の統合を進めることでリトルロックに住む黒人の教育の機会均等は守られるべきか。 (2) その他議論されるべき永続的問題 ※1：権利の問題（結社の自由 vs. 教育の機会均等） 【論点】白人の隔離主義者は息子が公立学校においてどの人種とつきあうのかをコントロールする権利を持っているのだろうか。 ※2：連邦主義の問題（法の下の平等な保護 vs. 州の権利） 【論点】リトルロックの知事は連邦最高裁判所の命令に背く権利があるのか。

		【中心的問題】平和と秩序 vs. 教育の機会均等 ◎暴力に耐えてでも、学校の統合を進めることで、リトルロックに住む黒人の教育の機会均等を守るべきか。		
	立場の明確化	○あなたはどう考えますか。あなたの考えはデービス裁判官とフォーブス知事のどちらに近いですか。なぜですか。	T：発問する S：答える	（例）学校統合するべきだ。なぜなら、学校統合は教育の機会均等という基本的人権を保障するからだ。 （例）統合には反対だ。なぜなら、統合したら黒人の困難は増えるからだ。
論争当事者や学習者間の価値観の相違を検討する	価値観の相違を示す	○フォーブス知事やリトルロックの住民の多くはどちらの原理を重視したのか。黒人やデービス裁判官はどうか。あなたはどうか。	T：発問する S：答える	○フォーブス知事やリトルロックの住民の多くは「平和と秩序」を、黒人やデービス裁判官は「教育の機会均等」を重視した。
	同じ価値対立構造を持つアナロジーを見つけ、価値の揺さぶりに挑む	○平和と秩序 vs.教育の機会均等と同質の価値対立の事例（アナロジー）を発見し、「教育の機会均等」（人間の権利）より「平和と秩序」を重視し統合に反対する人の価値を揺さぶろう。	S：「平和や秩序」が「人間の権利」より大切であると思えるような事例を出す。	【人間の権利を犠牲にした上で平和と秩序を重視するアナロジー】 (A) 店の経営者は店員が缶の入った箱をひっくり返したことにひどく腹を立てた。あなたは経営者があなたに対しても腹を立てることが分かっていて、わざわざこの議論に入るのですか。 (B) 中国はチベットを侵略し人権を蹂躙しています。ここは合衆国から数千キロ離れた小さな国です。あなたは中国と戦争をし、水爆による戦争の危険を侵すのですか。
		○平和と秩序 vs.教育の機会均等と同質の価値対立の事例（アナロジー）を発見し、「平和や秩序」より「教育の機会均等」（人間の権利）を重視し統合を促進する人の価値を揺さぶろう。	S：「人間の権利」が「平和や秩序」より大切であると思えるような事例を出す。	【暴力の危険を侵した上での公平な扱いを重視するアナロジー】 (A) ヒトラーは周辺諸国を次々と侵略していきました。合衆国はこれに対して毅然とした態度で戦争にのぞむべきではなかったのですか。 (B) 幾人かの意地悪な少年たちが球技の邪魔を続けています。あなたは慎重に彼らに立ち去るように言いましたが彼らは聞こうとしません。あなたは彼らに戦いを挑むべきではないですか。
		○どういった場合に「教育の機会均等」（人間の権利）は「平和と秩	T：発問する S：議論を通して留保	（例1）例え市民が犠牲になっても人間の権利は守られていくべきであり、そのために戦っていかなくてはならない。但

第5章　民主主義社会の形成者育成における法規範的価値学習の特質と課題　319

【展開3】議論当事者や学習者間の見解の相違点を「価値」「定義」「事実」に整理して、協議事項を決定し分析する	留保条件を考える	「序」に優先するか。	条件を詰めていく	し、そのことで権利が守られてこなかった側に困難が生じる時は、それを克服する策を講じなければならない。 （例2）人間の権利を優先することで、けが人や死者が出る危険性がある場合は、秩序の維持を優先し、その危険性を取り除いてから人間の権利を保障していかなくてはならない。
	定義の相違を検討する／定義の相違を示す	○統合反対派、統合促進派両者が活用する言葉のうち、曖昧なままで使われているものはないですか。我々が議論で使っている言葉で曖昧なものはないですか。	T：発問する S：答える	（例）教育における「平等な扱い」：フォーブス知事は隔離学校を「平等」であると考え、デービス裁判官はこれを「不平等」と考えている。彼らは、教育における「平等な扱い」の定義が一致していない。
	再定義する	○教育における「平等な扱い」とはどう定義されるべきか。 ・男子校、女子校と分けることは不平等か。 ・年齢で生徒を分けることは不平等と言えるのか。	T：発問する S：様々な類似事例を踏まえ、言葉の定義をする	（例）教育における「平等な扱い」とは、全ての子どもたちに均しく能力を最大限に伸ばす可能性を保障することである。このことから、隔離することが、勉強をする上で損失をどちらかの集団に与える場合、学校教育は、統合学校を作り、そこへ入学する権利を子ども全てに与える義務が生じる。
	事実認識の相違を示す／論争当事者や学習者間の事実認識の相違を（あいまいな事実の真偽を問う）	○統合反対派、統合促進派両者が主張する事実や仮説の疑問を挙げ、それらが正しいのかを探求していきましょう。 ○その他議論を通して湧き出してきた事実や仮説に対する疑問を挙げ、それらが正しいのか探求していきましょう。 ○あなたはこれらの疑問に対してどのように考えますか。あなたの仮説を述べなさい。また、その仮説にはどんな根拠となる証拠があるか	T：発問する S：論争当事者間の事実認識が不一致な点を挙げ、どちらが正しいのかを探求する	（例1）フォーブス知事はもし州軍が撤退し、学校統合が認められたら、深刻な暴力や市民の争いが起きるとし、実際に起こった。しかしこの暴動は彼の言うように最高裁の判決やデービスの判断が原因なのか。それとも知事の対応が市民を刺激したのが原因か。 （例2）（デービス裁判官は、黒人学校は白人の基準まで黒人を向上させることができないと考えているようだが）、もし黒人の学校が白人と分離した状態であったなら、黒人は劣った教育を受けることになるのだろうか。そもそも黒人にとって分離された黒人学校は劣ったものなのか。 （例3）学校が隔離された時よりも、学

				校が統合されたときの方が黒人にとっての困難が減るのであろうか。
検討する	分析方法を考える	○フォーブス知事はもし統合が行われれば、暴力や市民の争いが起きると言う。これが事実かどうかをどのように分析・証明するか。（以下、例2～3は省略する）	T：発問する S：研究手法を考える	
【結論】 意思決定		○リトルロックにおいて学校統合はなされるべきか。また、どのようにか。		

（Oliver D. W., and Shaver, J. P., *Teaching Public Issues in the High School*, Houghton Mifflin, 1966, pp. 126-130 に記載されている授業方略1～8および、同書 pp.155-165 と Oliver, D. W., and Newmann, F. M.., *Race and Education*, Public Issues Series, Harvard Social Studies Project, AEP, 1969, pp. 33-35 に設定されてある発問を参考に筆者作成。なお授業展開を明確にするため、全ての発問は取り入れてはいない。）

場面を学習者に小単元の最初で提示し、学習者間に議論を喚起し、これの分析を学習者に迫っている。オリバーは、見解や主張の対立が起きる原因として、「誰もが支持している原理の観点から自分の立場が正しいに違いないと合理的に説明でき、相手が間違っているに違いないと合理的に説明することができてしまう」点にあるとしている[70]。そして各自が自分の立場を正当化することで、議論当事者間に、価値観、事実認識、言葉の定義、の3点の不一致が発生するとしている。

　ハーバード社会科は、この3つの不一致の解消を図ることこそが、論争問題を扱うことであるとして、まず互いの見解の相違を「価値的問題、定義的問題、事実的問題に区別することが重要」と指摘し、分析的フレームワーク（Analytic Framework）の分析的概念（Analytic Concepts）として、「価値」「定義」「事実」を設定する。なお、資料5-4は、オリバーが示した、中心的問題（公的・政策的論争問題）と、その下位に属する「価値的問題」「定義的問題」「事実的問題」との関係図である。

第5章　民主主義社会の形成者育成における法規範的価値学習の特質と課題　321

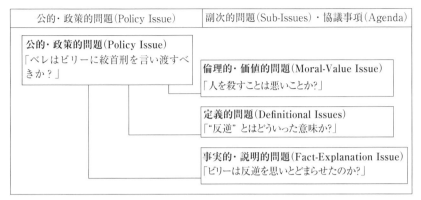

資料5-4　オリバーが示した「中心的問題（公的・政策的問題）」と「価値的問題」「事実的問題」「定義的問題」の関係図と事例
(Oliver, D. W., and Newmann, F. M., *Taking A Stand: Guide to Clear Discussion of Public Issues*, Public Issues Series, American Education Publication, 1967, p. 29)

　全体は、論争発生の背景と議論当事者の見解の対立を確認するパート、論点を要約するパート、議論当事者の見解を分析するパートの3つに分けることができる。論争発生の背景と議論当事者の見解の対立を確認するパートでは、最初に、リトルロックでおきた学校統合をめぐる論争事例を取り扱った教科書を読むことが学習者に求められる。資料5-5は、教科書の小単元5-1「リトルロックの暴動」の箇所の記載内容である。その後、学習者は、教科書に付随している発問を答えることを通して、記載内容の確認を行う。確認される項目は、次のような内容となっている。
　・リトルロックでは長年隔離教育が行われていたこと
　・教育委員会はブラウン裁判の判決に基づいて学校統合を図ろうとしていたこと
　・学校統合に対するフォーブス知事・リトルロックの市民と、デービス裁判官の間には対立する主張や、主張の根拠となる見解（価値観や事実認識など）があること（その内容も）
　・暴動事件の起きた日時

資料5-5 「付録:リトルロックI」にある文章資料

　リトルロックはアーカンソー州の州都であり、最大の都市である。人口は約120,000人でそのうち4分の1が黒人である。多くの点で、典型的な南部の都市のようである。黒人と白人は別々のホテル、レストラン、映画館、プール、そしてゴルフコースを持っている。しかしながら、ここ20年、隔離がだんだん少なくなってきている。1956年、バスにおける隔離はなくなった。都市病院はどちらの人種の人々も受け入れている。

　リトルロックの人々は「自分たちは最も好意的な人々である」と自慢する。多くの来訪者も同意する。そこの多くの人々は（人種）融合に反対しているが、遅かれ早かれ融合はやってくると思っている。リトルロックの人々は、ほとんどみんな暴力の使用には反対している。それが聖書に反することだからである。

　1955年、リトルロック教育委員会は学校を徐々に融合する計画を決定した。白人の高校は少数の黒人を1957年に受け入れることになり、中学校は1960年に、そして小学校は1963年に融合されることになった。全米黒人地位向上協会（NAACP）は裁判所にその計画は遅すぎると訴えた。1956年4月、連邦最高裁判所は、その計画は「その速度が熟考される」必要を満たしていると判断し、その計画を是認した。これは9月3日に学校が開始されるときに融合が始まるということを意味している。

　8月29日、白人の市民団体が州裁判所におしかけた。彼らは、裁判所に学校の融合を阻止するように要請した。連署人の一人は、アーカンソー州の知事、オーバル・フォーブスであった。彼はもし学校に黒人を入れたら、暴動や流血の惨事が起きると証言した。裁判官は同意し、市に融合をしないように命じた。

　8月30日、リトルロック教育委員会は連邦最高裁におしかけた。彼らは、フォーブス知事と意見が異なり、州裁判所の決定を却下するよう求めた。裁判官のロナルド・デービスはそれを是とし、リトルロック市民に学校の融合を妨げないように命じた。舞台は今や、次の3週間の劇的な出来事のために用意されていた。

　9月2日の月曜日の午後、リトルロックのほとんどの人々が知事の演説を聞くために、テレビのチャンネルを合わせた。フォーブス知事はゆっくりと、静かに、そして真剣に演説した。彼は、もし火曜日に学校が融合されたら大変な事態になるといった。それを妨げるために、彼はアーカンソー州兵を招集していた。そして彼は、私がこうしたのは融合を妨げるためではなく、法と秩序を守るためであると述べた。彼は、アーカンソー州兵の指揮官であるサーマン・クリンガー少将に対して彼が送った電報を読んだ。その命令とは、「黒人のための学校を白人の立入禁止区域とし、現在まで白人のために用いられ、最近白人のために創立された学校は黒人の立入禁止区域とするように命令する。この命令は、州兵の動員解除や他の命令が出るまで有効である」というものである。

　教育委員会のメンバーはそのニュースに茫然とさせられた。彼らはテレビ放送の後、すぐに特別会議を召集した。その会議において彼らは、黒人の子供たちに今朝は中央高等学校に出席しないようにいうことを決定した。

　9月3日の火曜日の朝は暑い日だった。中央高等学校の1900人の生徒が学校にきたとき、彼らは奇妙な光景を目にした。完璧に軍服をまとった270人の兵士に学校が囲まれ

ていたのである。彼らは光沢のあるヘルメットを着用し、銃剣で武装したライフルと棍棒、そしてガスマスクを持っていた。黒人の生徒は一人も姿をあらわさず、何も起こらなかった。

その日の遅くに、連邦裁判所の法廷のデービス裁判官の耳にそれが届いた。彼は教育委員会に兵士たちを無視して、黒人を学校に通わせるよう命令した。

9月4日の水曜日の朝、9人の黒人の生徒たちが中央高等学校に出席することを決意した。学校の建物の前には400人くらいの群集がいた。黒人たちが学校に近づいたとき、誰かが叫んだ。「黒人だ！黒人が来たぞ！ここに黒人がいる」と。

群集が前へ押し寄せてきた。叫び声と金切り声があがった。人々はののしり、悪口をはいた。黒人の生徒たちは静かに、真剣に歩きつづけた。最初に学校の入り口にたどり着いた黒人は15歳のエリザベス・エックフォードであった。兵士はライフルを持ち上げ、道をふさいだ。エリザベスは恐怖に震え、泣きそうになった。彼女は振りかえり、学校から歩いて立ち去り始めた。彼女がバス停まで退いたとき、群集は叫び声を上げ彼女をばかにした。幾人かはまるで、彼女を攻撃しようとしているようであった。彼女はようやくバス停にたどり着き、腰を下ろした。彼女は激しく泣いていた。

他の黒人の生徒たちもまた学校に入るのを許されなかった。兵士たちは秩序を維持し、黒人たちに争いをさせなかった。黒人が立ち去ったとき、群集は次第にいなくなった。

F.B.Iはすぐにデービス裁判官からの指令に基づき調査を開始した。これはフォーブス知事を怒らせた。彼はアイゼンハワー大統領に長い電報を送った。その電報の中で、知事はこれは「干渉」であると抗議し、法と秩序を守ることが彼の義務であるといった。彼は大統領に協力と理解を求めた。知事はまた、彼の電話は盗聴されていると非難した。

木曜日にロード・アイランド州のニューポートで休暇中の大統領は、フォーブス知事の電報に返答した。アイゼンハワー大統領はF.B.Iによる知事の電話の盗聴を否定し、「憲法は私によって、私の指令に基づきいかなる法的な手段でもって擁護されるだろう」と述べた。

同日、教育委員会はデービス裁判官の法廷に戻ってきた。全員が動揺していたため、彼らは裁判官に一時的に融合を延期するよう要請した。裁判官はこれを拒絶した。彼は中央高等学校における融合を行うよう教育委員会に命じ、リトルロックの市長であるウッドロウ・ウィルソン・マンが地方警察はいかなるトラブルも処理できると言ったことを指摘した。

次の週、州兵は中央高等学校の外側で勤務したままであった。黒人は誰も入ろうとしなかった。フォーブス知事は、もし州兵を退去させたら深刻な暴動が起きる証拠を持っているといった。アイゼンハワー大統領は状況を密接に知ろうとし続けていた。F.B.Iは調査を継続した。中央高等学校において融合を強制するために連邦の軍隊が送られてくるという噂があった。9月11日、フォーブス知事は大統領に電報を送り、問題に対する会議を求めた。アイゼンハワーは同意し、会議は9月14日に行われることになった。

9月14日、フォーブスは大統領に会うためニューポートに急いだ。会議の後、両者とも満足そうに見えた。彼らは法廷の決定は尊重されるべきであると述べたが、合意に関

して詳しくは何も述べなかった。

　これは州兵がとりのぞかれることを意味すると思っていた人々は、失望させられた。兵士たちは配置されたままであり、黒人は誰も高校に入ろうとしなかったのである。知事はいつ兵士を取り除くかに関して何もほのめかさなかった。

　9月20日、デービス裁判官は知事と州兵の指揮官に黒人たちが中央高校に入るのを妨げることをやめさせるために、アーカンソー州の弁護士を呼び寄せた。

　その夜、フォーブス知事はラジオに出演し、デービス裁判官の決定を批判したが、それに従うと述べた。知事は州兵に撤退するよう命令した。知事は人々に、平静を保ち暴力を避けるよう要請した。

　州兵は撤退したが、9月23日の月曜日に高校はまだガードされたままであった。この時それは、市の強力な特派部隊と州警察によって守られていた。加えて、9人の黒人の生徒が学校に到着したとき、約500人の群集がいた。

　群集はヒステリックで金切り声をあげる暴徒であった。警察は群集を後退させておくことができなかった。大勢の人々は叫び、ののしりながら建物に群がった。「我々は彼ら全員をリンチにかける」とある者は叫び、「黒人はどこだ？」とある者は金切り声をあげた。「我々は絶対彼らを入れさせない」

　午前8時45分、5人の黒人記者のうちの4人が学校の正門に向かって歩き始めた。彼らを生徒と勘違いした群集は、叫び声をあげた。彼ら（群集）は4人に突然襲いかかり、殴り、押しやった。レポーターの一人は飛びかかられ、打ち倒された。この間に、9人の黒人の生徒は冷静に側面のドアにすべりこみ、学校に入った。

　これは1000人にまで膨れ上がった群集を激怒させた。彼らはヒステリックになり、大声をあげた。ある者は怒りに震えていた。警察は今や完全に無力化した。

　すぐに、白人の生徒たちは学校から去り始めた。建物の内側で激しい戦いが続いているという噂がたった。群集はどんどん大きくなり、険悪になっていった。ある警察官が彼のバッジをはずし、群集に参加した。学校に突撃を開始するという試みもあった。

　午後にとうとう、市長が屈した。彼はより悪いトラブルの危険性のために黒人の生徒たちを学校から出すことを決めた。黒人たちは裏口から連れ出され、無事に車で送られた。警察署長は「黒人たちはもう去った」と発表した。暴徒は署長を信じなかった。数人は学校の中に行き、徹底的に調査した。彼らは戻ってきて、群集に黒人を発見できなかったことを教えた。その時だけ、群集は去り始めた。

　その夜、東部夏時間の6時23分、アイゼンハワー大統領は公式の声明を出した。彼はリトルロックの人々に、融合を妨げるのをやめるよう命令し、連邦最高裁の命令を履行するために必要な、いかなる権力をも用いるだろうと述べた。

　9月24日、黒人は誰も学校に姿を現さなかった。この時、かなり静かであったけれども大勢の群集がそこにいた。リトルロック時間の午前10時22分、大統領は融合を執行するために、連邦軍兵士に命じてリトルロック市に入らせた。5時間後、冷酷な戦闘集団で有名な第101空挺師団がリトルロックに到着し始めた。彼らは学校の周りの位置を確保するため迅速に、効率よく行動した。町は静かで不気味であった。

午前中に、連邦軍の兵士たちはしっかりと状況を制圧していた。重装備の軍隊は、全ての重要地点に配置された。兵士たちは、どんなトラブルもすぐに解決するよう指示されていた。

「南部は占領されている」と誰かが叫んだ。

「ライフルを下に置け、そうすれば助けてやる」と他の誰かが叫んだ。

大勢の群集は一ヶ所に集まり始めた。陸軍中尉は大声で命令を下した。すぐに、兵士小隊が駆け足で到着した。彼らは群集を押し返した。ある人は立ち去るのを拒絶した。無口な兵士が彼の銃剣でその男を突いた。彼は C. E. Blake という名の鉄道労働者であった。Blake はまた立ち去るのを拒絶した。彼はライフルをつかむと、その兵士を押し返そうとした。突然、ライフルの床尾が彼の頭に振り下ろされた。Blake は額から血を流して倒れた。そして兵士は立ち去った。

学校から100ヤード離れたところで、他の小さな集団が立ち退くのを拒絶していた。陸軍中尉の William Ness はしばらくの間、群集を見ていた。それから彼は「自分で立ち去るのと、我々がお前たちを退かせるのとどっちがいいか」といった。群集は立ち去った。

午前9時22分、（町の）空間はサイレンの音で充満していた。ストリートを疾走するのは、武装した兵士が詰め込まれたジープによって護衛された軍の大型リムジンであった。車は学校の前で止まった。兵士の分隊も学校内のトラブルを防ぐために中に入った。

学校の外側では深刻なトラブルはなかった。誰かが何かしようとするときはいつでも、すぐに追い払われるか、逮捕された。軍隊は強固で、頑丈であった。学校の内側ではいくつかトラブルがあったようで、黒人たちはののしられ、つまずかされ、あれこれこき使われたようである。黒人の生徒たちはこれを全て否定している。

57年度から58年度の間、学校では深刻な暴力はなかった。数人の白人の生徒が、黒人とけんかを始めたことで退学処分になった。しかし学校の外側では、軍隊が厳しい統制を続けていた。徐々に兵士は減らされたが、多数の兵士が駐在していた。しかしながら、ほとんどの人々は単に武装した連邦軍がそこにいるからという理由で、中央高校には黒人の生徒がいるのであるということに同意していた。多くの人々は、もし彼らが排除されたら、より多くの暴動や争いが起きると信じていたのである。

References

・"Another Tragic Era?" *U.S. News and World Report*, October 4, 1957, pp. 33-69.
・"Little Rock Arkansas," in "The News of the Week in Review," *New York Times*, Sunday, September 8, 1957, p. 1.
・"Mixed-School Issue Comes to a Head," *U.S. News and World Report*, September 13, 1957, pp. 27-30.
・*New York Times*, September 24, 1957, pp. 1, 18.

（Oliver, D. W., and Shaver, J. P., *Teaching Public Issues in the High School*, Houghton Mifflin Company, 1966, pp. 160-163. より筆者抜粋）

・暴動の被害者の体験
・事件の結末（アイゼンハワー大統領による事件の暫定的な処置による解決）
などを確かめる。

　論点を要約するパートでは、論争事例の中で議論されている中心的問題（公的・政策的問題）を発見することが求められる。ここでは、フォーブス知事とデービス裁判官が議論する中から、価値の対立構造「平和と秩序 vs. 教育の機会均等」が示され、その論点となる中心的問題（公的・政策的問題）「暴力に耐えてでもリトルロックの学校の統合を進めるべきか」が確認される。そして学習者は、議論当事者であるフォーブス知事やデービス裁判官の見解を参考にしながら、自身の立場やその根拠を示す。

　最後の論争当事者の見解を分析するパートでは、中心的問題（公的・政策的問題）「暴力に耐えてでもリトルロックの学校の統合を進めるべきか」を議論するフォーブス知事とデービス裁判官の間に見られる見解（解釈・価値観）の不一致や、彼らの主張や見解に基づいて学習者が中心的問題に対して自らの立場を示し、その根拠を示す中で、学習者間で顕著となった見解の不一致に注目し、その相違点に焦点が当てられ、ここから協議事項が決められる。学習者は、分析的フレームワークを活用して、どのような対立が事態の見解に発生しているのかを、「価値的問題」「定義的問題」「事実的問題」の側面から挙げ、協議事項を整理することになる。これを図に示すと図5-1のようになる。

　「価値的問題」の場合、議論する者の判断の拠り所にした価値観・価値基準がそれぞれ何かを示すことから始まる。この時に用いられるのが、「法制的フレームワーク（Jurisprudential Framework）」と呼ばれる、合衆国憲法を支える法的な一般的価値概念から成り立つ枠組みである[71]。これは民主主義の基本となる価値（自由、公正、平和、公共の福祉など）と、その理念を実現するための手続的原理（連邦主義、三権分立、法の下の平等など）から設定されている。学習者はこれを利用して、議論にある価値の対立構造を簡潔に示す

第5章　民主主義社会の形成者育成における法規範的価値学習の特質と課題　327

主張	リトルロックで知事はどうすべきだったか。裁判官はどうすべきだったか。	学校は統合されるべきであり、知事はこれを妨げるべきでない。	学習者個人の主張を示す	学校は統合されるべきではない。裁判官はこれを強制するべきではない。
見解	〈価値的問題〉平和と秩序はどのような時人間の権利（教育の機会均等）に優先するか	いかなる時も優先しない	学習者個人の見解を示す	深刻な暴力が発生する時は、優先される
	〈定義的問題〉教育における「平等な扱い」とは何か	隔離教育は「平等な扱い」に当たらない	学習者個人の見解を示す	隔離教育は「平等な扱い」に当たる
	〈事実的問題〉暴動はなぜ起こったのか。学校の統合が暴動を引き起こすのか	暴動は知事が過剰な反応を示したから発生したのである。リトルロック市民は統合を時代の流れと考えていた上、暴力に反対していた。学校の統合を静かに受け入れれば深刻な暴力は起こらない	学習者個人の見解を示す	暴動は学校の統合を裁判官が強制したから発生したのである。リトルロックの市民は、学校の統合に反対していた。また統合が他の地域で暴動につながっている
		デービス裁判官	学習者	フォーブス知事

図5-1　ハーバード社会科が授業段階で行う、学習者の個人的見解の構築と、それに基づいた価値形成の図（小単元「リトルロックの暴動」の場合）

のである。ここでは「平和と秩序 vs. 教育の機会均等」が示される。

　その後、実際に価値基準・価値観の合意を学習者が試みる特殊な活動が組まれる。それは「アナロジー（類推）法（Analogy Method）」と呼ばれる方法である[72]。まず、簡潔に示された価値観の対立構造「平和と秩序 vs. 教育の機会均等」を踏まえ、同質の対立構造を持つ事例を多く見出すことが求められる。この時、明らかに「平和と秩序」を優先すべきだと思える事例や、その反対の事例が出される。こうした事例を出すことで、互いの価値観を揺さぶる。例えばなぜ自分はリトルロックの事例では「平和と秩序」を優先すべきだと思うのに、別の事例では「教育の機会均等」が優先されるべきだと考えるのかと疑問を持たせるのである。学習者は両者の何が違うのかを問い、

その条件の違いを発見することになる。そしてどういった場合に「平和と秩序」は「教育の機会均等」などの人間の権利より優先されるのか、その留保条件を学習者自身の手で見出しながら、両者の価値観の妥協点を探るのである。

なお、このアナロジー（類推）法は、価値的問題の議論を促進するために、当事の心理学で注目されていたアナロジー研究を参考にして、オリバーらが取り入れたものである。その背景には次のような問題意識があった[73]。

> 「もし基本的な政治的倫理的対立があった場合、つまり、どちらの価値がより重要な価値であるのかを主張者が合意できない場合、科学的手法はこの不一致を解決することができない。…（中略）…生徒らは、どの公共政策を私たちや政府は追及したいのかを意思決定する上で、自らの価値観を深めていくための戦略を補助してもらうべきなのである。…（中略）…今われわれは、科学的手法を超越した、想像力豊かな戦略が必要とされている。ハーバード社会科プロジェクトにおいてわれわれは、同質の事例を活用するという技法を生徒らが活用することで自らの立場、価値観を明確にすることができるように訓練した。…（中略）…アナロジー（類推）は、生徒が価値の葛藤を十分に整理することを完全に実施するために大変に役立つのである。」
>
> （括弧内は筆者が加えた）

つまり、科学的手法、おそらく仮説演繹法のことであろうが、これだけでは価値観の不一致（価値的問題）を解消するために議論を進めていくことはできないとオリバーらは判断し、価値的問題を解決することを専門とした新たな技法としてアナロジー（類推）法が採用されたのである。

「定義的問題」は、論争当事者らの言葉の意味に注目し、その使われ方の違いを発見することから始まる。例えばここでは、教育における「平等な扱い」について違った活用がなされていることなどが指摘される。そして、これも類似の事例を踏まえながら、分離学校が生徒に「平等な扱い」をしているとされるのは、いかなる時なのかを検討する。

なお、学習者がこの言葉の定義を考える時に、オリバーは辞書を活用することまでは否定していないが、辞書にある定義を絶対視する行為に苦言を呈している。オリバーに言わせれば、「辞書の言葉の定義はしばしば時代遅れである。また、短い期間でのみ使われた言葉を含まないこともある。また辞書の定義は不適切なものであるかもしれない。なぜなら辞書は、典型的な解説だけを示していたり、性質の中身を簡単に指摘していたりするだけに過ぎず、特定の議論の必要を満たすほど十分に完璧なものではない」[74]のである。

　「事実的問題」は、議論当事者や学習者間に見られる問題の実態に関する解釈の相違点など、証拠が不十分で真偽が分からない事実認識を挙げることから始まる。例えばここでは、暴動が起きた原因は、デービス裁判官の命令か、それともフォーブス知事の過敏な反応か、その見解（解釈）が分かれ、さらにそのことが、もし知事が騒がずに学校を統合していたら暴動が起こったかどうか、といった見解の相違も生んでいることなどが指摘される。真偽が分からない事実認識を指摘できたら、その真偽を調べるための研究計画を立てることが求められる。そして学習者自身の手でその真偽を判断するための研究活動が行われるのである。

　このように、学習者は、中心的問題に結論を出すべく、フォーブス知事やデービス裁判官の見解の不一致や、これを踏まえて議論する学習者間に生まれた新たな見解の不一致点から様々な課題を見出し、その解決に向けた探求活動に挑むことになるが、この時、学習者間の対立や葛藤を激しいものにし、また、より多様な点から学習者が考察できるようにするために、教師の発問も重要となってくる。教科書で示されたフォーブス知事とデービス裁判官の見解の対立点以外に、学習者の間で見解の不一致を引き起こしそうな問題を教師が発問し、議論を生じさせることが求められるのである。教師がここで問うべき発問として、オリバーは次のものを示している[75]。

《事実に関する発問》
・「法律的に白人と黒人を別扱いすることは、どのくらい黒人を傷つけているのだろうか」
・「教育的に別々に取り扱われることが正当化されている人種の間には、知的、肉体的、精神的にどのくらいの差異があるのか」

《価値に関する発問》
・「共同体全体の倫理、安全、健康を守るために、人種間にどの程度の知的、肉体的、精神的差異があれば、隔離学校が正当化されうるのか」

《定義に関する発問》
・「「暴動」「暴力」とは何か。無言電話は「暴力」に入るのか」

オリバーは、こうした探求の目的と評価の観点を次のように説明している[76]。

> 「論争問題において探求することの目的は、生徒に一般的に正しいとされている答えを見つけたり学んだりさせることにあるのではない。多様な立場の人々の見解を分析すること、そしてそれを通して自らの立場を合理的に正当化することが目的なのである。この時、生徒は知識の精通に基づいて評価されるのではない。自らが到達した立場を合理的に正当化できるかどうか、そのパフォーマンスに基づいて（教師は）評価する。」

これらの活動を一通り終えた後、デービス裁判官は学校統合を強制するべきだったのか、フォーブス知事は頑強にこれを抵抗するべきだったのか、その意思決定が求められる。ここに至るまでに、学習者は、リトルロック事件に対し、その事実認識、価値観（法規範的価値基準）、言葉の定義の各部門で自己の見解（解釈）を持ち、明確に結論が下せるようになることがハーバード社会科では求められている[77]。

このように、オリバーはハーバード社会科の授業では次のような展開をとった。授業の冒頭では、価値観のぶつかり合いだけでなく、問題や事件に対

する当事者の解釈の食い違い、言葉の定義の違いなども描かれている複数の人間の見解が対立した場面(論争場面)を学習者に提示することで、学習者間に見解(主張・価値観・事実認識・言葉の定義など)の不一致・葛藤を「強制的」に生じさせ、議論を活発化させた。そして次の段階として、論争事例の中で議論されている中心的問題(公的・政策的問題)を学習者に発見させ、それがこれから話し合う中心的問題であることを確認させた。そして学習者が、その問題に対して、事件の当事者らの間にみられる対立する見解(解釈・価値観)を参考にしながら中心的問題に対して自らの立場を示しその根拠を示す中で、学習者の間で顕著となった見解の不一致点に注目し、どのような対立が事態の見解に発生しているのかを、「価値的問題」「定義的問題」「事実的問題」の枠組みに合わせて整理したのち、その解決に向けた議論に挑ませるように仕向けていた。学習者は、この「価値的問題」「定義的問題」「事実的問題」に挑む中で、中心的問題に対しての自らの主張を変化させていくことになる。さらには、単に学習者個人の判断基準(価値観)を形成するだけでなく、学習者間でそれをぶつけ合って、最終的に合意を達成することを要求し、そのための技法(アナロジー法など)を提供した。オリバーは、法規範的価値を批判的に吟味し検討し、個人の独自の見解を持つだけでなく、違った考えを持つ人々と議論を通して、意見の統一を生み出すことができる、まさに「公としての市民」に理想像を求めたのである。

(2) 法規範分析手法の獲得と普遍的な法規範的価値の形成

オリバーはハーバード社会科の授業で、複数の人間の見解が対立した場面(論争場面)を学習者に提示することで、学習者間に見解(主張・価値観・事実認識・言葉の定義など)の不一致・葛藤を「強制的」に生じさせ、議論を活発化させた。そして次の段階として、論争事例の中で議論されている中心的問題(公的・政策的問題)を学習者に発見させ、それがこれから話し合う中心的問題であることを確認させた。そして学習者が、その問題に対して、事件の当事者らの間にみられる対立する見解(解釈・価値観)を参考にしながら中

心的問題に対して自らの立場を示しその根拠を示す中で、学習者の間で顕著となった見解の不一致点に注目し、どのような対立が事態の見解に発生しているのかを、「価値的問題」「定義的問題」「事実的問題」の枠組みに合わせて整理したのち、その解決に向けた議論に挑ませるように仕向けていた。さらには、単に学習者個人の判断基準（価値観）を形成するだけでなく、学習者間でそれをぶつけ合って、最終的に合意を達成することを要求し、そのための技法（アナロジー法など）を提供した。オリバーは、法規範的価値を批判的に吟味し検討し、個人の独自の見解を持つだけでなく、違った考えを持つ人々と議論を通して、意見の統一を生み出すことができる学習者の育成を目指していた。

第3項 「社会改造主義型」法規範的価値学習の特質

「社会改造主義型」法規範的価値学習の主要な2つ事例、つまり「法的選択」系（道徳性発達教育の『今日と明日への決断』）及び「法的判断」系（ハーバード社会科）に基づいたカリキュラム教材についてここまで取り扱ってきた。この両者には、民主主義社会の有意な形成者の育成という観点からみて、次のような共通した意義がある。

第一に、論争問題を「認識」する学習から、論争問題を「認識＋議論・価値判断」する学習へと転換することが出来た点である。論争問題を社会科で取り扱うことそのものは、60年代以前からあったことだが、もっぱら論争の現状を理解し、その原因を追及するところで止まるものが多かった。この背景には、論争問題というものを、客観的かつ実在的な存在、人間の認識の外部に存在するものとして位置づけていたのではないだろうか。これに対してこの2つの学習は、論争問題を「人々の認識と価値観の対立」構造として捉えた。つまり、論争問題というものを、人間の認識の中に存在するものと位置づけたのだ。この変革は、自然と論争問題の学習の焦点を認識から議論や価値判断といったところに広げることになった。

第二に、論争問題の価値判断をする際の判断基準が明確に示されたことである。従来の論争問題を取り扱った学習は、もし問題解決や政策選択（意思決定）などの価値判断する機会が保証されていたとしても、その際の判断基準は専ら学習者個人の良心に任せるという倫理的相対主義の立場に立つものであった。しかしこれでは、子どもが身勝手な判断を下しても、それも認めなくてはならなくなる。これに対して、「法的選択」系（道徳性発達教育の『今日と明日への決断』）も「法的判断」系（ハーバード社会科）も、合衆国憲法の法原理などに基づいた判断基準枠を子どもたちに示し、これを意識させていくことで、従来の学習の課題を克服した。

第三に、これは専ら「法的判断」系の価値学習に限定されることになるが、対立する価値を調停して、より多くの事例にも適応できる普遍的な価値を構築することを可能にするこれまでにないアプローチが生み出されたことである。「法的選択」系の法規範的価値学習（道徳性発達教育の『今日と明日への決断』）の場合、憲法などを支える法原理を判断基準として公的論争問題を考察するという点で「法的判断」系の法規範的価値学習（ハーバード社会科）と同じであるが、判断は個々の事例ごとに行っていくに止めていた。このような問題考察のアプローチは、まだ政治学習としての社会問題学習（＝政治家の立場からの社会問題の考察）の域を超え出ておらず、従来の学習スタイルを継承している。「法的判断」系の価値学習はこれより更に踏み込んで、価値対立の調停と新たな普遍的価値の創造を行い、そこから問題解決を図ろうとする。その結果、法理学というこれまで司法の専門家たちしか用いてこなかった思考プロセスを導入することで、大胆な社会問題学習の改革に踏み出したのである。それは法規範的価値を扱った学習として、その特性を最大限に活かした新たな学習であると言える。またこのことは、社会的価値の構築者たる市民の形成という市民的資質育成の新たな可能性を示唆するものとなる。

このように、「社会改造主義型」法規範的価値学習は様々な意義を、民主主義社会における学校教育（教科教育）に向けてもたらすものであった。だ

が、課題もある。それは、独立宣言や合衆国憲法などを支える法原理を判断基準としてしまうことで、独立宣言や合衆国憲法などの法原理の存在を自明のもの、絶対的存在とみなしてしまう可能性がある点である。

　合衆国憲法を絶対的な存在としてしまって良いのか。これについてはハーバード社会科や道徳性発達教育が成立した70年代から既に議論されていた。そして、合衆国憲法などの法原理についても、その存在根拠を問いかけるようなアプローチも必要ではないかという動きもやがて生じるようになる。そのような問題意識の中で開発された一例として、1983年に憲法上の諸権利財団（CRF）のマーシャル・クラッディらが開発したカリキュラム教材「社会科における法」シリーズの特に第1巻『法と王冠』が該当する。これについては次節で取り上げることにしょう。

第4節　「根源主義型」法規範的価値学習：『法と王冠』の場合

1．『法と王冠』の内容編成―各種法原理の発生順の配列―

　民法やその他法律の内容や、司法判断、司法の解釈などを学習者の目でもう一度反省的に吟味し、その再構築を図ることで、問題の認識能力や、法規範を構築する上での議論のテクニックやその進め方、判断の規準、そして創造力といった、より実践的な技能や、法規範的価値の議論に積極的に参加して自らの考えを述べることができる態度などを育成しようとしたカリキュラム教材の事例の一つとして、「憲法上の諸権利財団（CRF：Constitutional Rights Foundation）」における中心人物であるクラッディらが1983年に制作した"社会科における法"シリーズの第1巻『法と王冠』（CRF 刊、1983年）を挙げることができる[78]。この『法と王冠』を開発したクラッディは、元々は合衆国憲法、特に「権利章典」を支える原理原則を教えることの重要性を強く主張し続けてきた教育学者である[79]。彼の所属するCRFという団体自体も、そうした合衆国憲法の法原理をアメリカ国民に広く伝えることに使命

感を持って教材の研究・開発を試みている組織である。しかし、クラッディは、ただ憲法を支える法原理や憲法の条文、判例の内容を教室において解説すればよいとは考えていない。クラッディは、議論を通した憲法学習の必要性を強く主張するのである[80]。クラッディはもともと民主主義がすばらしいことは教えればすぐに分かることであり、簡単に諸外国にも広がるであろうといった楽観主義的な発想を持っていたが、諸外国の現状を見る限り、それは正しくないことを段々と認識したことを告白している。この時、クラッディは「なぜ民主主義が簡単に広まらないのか」と自問自答し、その結論として、「アメリカの場合、民主主義を支える様々な法原理—信教の自由や法の下の平等などが、歴史的に長い議論の末に、ようやく合意に漕ぎ着けたことを忘れ、今日ではそれを絶対的な規範として認識している」[81]から多くのアメリカ人は民主主義の諸原理などに疑問を持たないが、こうした歴史のない国は、自国の封建的・非民主的な法規範的価値と、民主主義国家の法規範的価値とを比較し、その優劣についての真剣な議論をするような経験をしていないから、その真の理解ができないのだ、と考えた。そして、そうした諸外国の人々同様、民主主義のまだよく分からない子どもたちに民主主義を教え、彼らを民主主義社会の形成者とするためには、憲法などの法規範的価値の解説的教授は無意味であるとし、民主主義とは何であるのか、なぜ必要なのかなどを考えるための議論を通すことの必要性を強く認識するのである[82]。

そしてクラッディは、学習者に民主主義を教えるためには、長い議論の末に現在の民主主義体制に到達したアメリカの歴史過程で起きた議論を吟味したり、昔の考え方と現在の考え方との比較をしたりするなどの活動を通して、現在のアメリカ社会ではあまり見られないものの考え方と現在の民主主義の諸原理を比較し、「昔の考え方の方がよかったのではないか」と現在のアメリカ合衆国の民主主義の考え方に疑問を抱かせるような発問を学習者に投げかけることで、民主主義とは何であるのか、本当に必要なのか、なぜ必要な

のかを学習者に考えさせる必要性を主張し[83]、その実現のためクラッディは『法と王冠』を開発したと述べている。先述したが、この『法と王冠』は、"社会科における法"シリーズの第1巻に該当し、世界史用のカリキュラム教材として作成された。表5-14は、"社会科における法"シリーズの全体計画である。このシリーズは、中学校から高校用に作成された教材であり、『法と王冠』の他にも、『公共の福祉の促進』(第2巻：合衆国史)、『アメリカのアルバム』(第3巻：合衆国史)、『犯罪の問題』(第4巻：公民)、『麻薬の問題』(第5巻：公民)の4つの教材がある[84]。

『法と王冠』は、「どこから規則はやってきたの」(第1単元)、「ハムラビの宝」(第2単元)、「血の宿縁」(第3単元)、「古き良き英国へようこそ」(第4単

表5-14 社会科における法シリーズの全体計画

		単元名	テーマ	教材
世界史用	1巻 法と王冠	1	どこから規則はやってきたの	司法の法原理の批判的検討	法治主義	マヤ文明の掟(規則の発生)
		2	ハムラビの宝		罪刑法定主義	ハムラビ法典(成文法の成立)
		3	血の宿縁		司法権の独立	古代ギリシャの民会裁判(裁判所の成立)
		4	古き良き英国へようこそ		司法権への市民参加	イギリス陪審裁判(陪審裁判)
		5	ルネサンス期のイタリア		市民抵抗権	ガリレオの宗教裁判
	2巻 公共の福祉の促進	1	新世界の法	法制度が持つ一般的機能の理解	意思決定機能	イロコイ族の意思決定(多数決民主制と全会一致民主制)
		2	愛国者と海賊		事実裁定機能	米英戦争における海賊の評価
		3	遅すぎた犯罪者の反乱の後に		自由促進機能	戒厳令とミリガン v.s. 合衆国裁判
		4	アメリカの児童労働		安全保障機能	連邦児童福祉法とダジェンハート v.s. ハンマー裁判
		5	20世紀の反乱		社会統制機能	禁酒法をめぐる議会論争

第5章　民主主義社会の形成者育成における法規範的価値学習の特質と課題

用途	巻	#	章タイトル	大テーマ	中テーマ	小テーマ	事例
アメリカ史用	3巻 アメリカのアルバム	1	最初の議会と憲法	法制度の役割の理解	法制度の各種機関の具体的な仕事の理解	議員の仕事（立法機関）	トマス・ジェファーソン議員
		2	ジョン・マーシャルと法廷			裁判官の仕事（司法機関）	マーシャル裁判官
		3	残忍で尋常ではない刑罰			刑務所職員の仕事（法執行機関）	ドロシーディクスの刑務所環境改善運動
		4	最初からしなければ			—	ドレッド・スコット裁判
		5	英雄と悪党			警察官の仕事（捜査追訴機関）	19世紀の西部の保安官たち
		6	世紀の転換期における法と指導者			政治家の仕事（行政機関）	政治家二人（セオドア・ルーズベルトとオルドジェルド）
		7	クレランス・ダローとトマス・デューイ			弁護士の仕事（法的役務提供機関）	弁護士二人（クレレンス・ダローとトマス・デューイ）
		8	長く辛い道			裁判官の仕事	裁判官二人（アクフォードとステュアート）
公民（政治）用	4巻 犯罪の問題	1	犯罪と市民	社会の諸問題の学習（判決の批判的検討）	犯罪問題の考察	犯罪の増加	—
		2	冤罪事件			犯罪を減らすための司法手段	デービス v.s. ミシシッピ州裁判
		3	法はあるべきである			犯罪を減らすための立法手段	AB680法
		4	社会防衛の費用			犯罪を減らすための行政手段	ランカスター市長の対応
	5巻 麻薬の問題	1	問題と提案		麻薬問題の考察	麻薬の増加	—
		2	市民の意見を集めよう：あなたの視点にする			麻薬に対する市民の意見	世論調査
		3	修正4条と麻薬排除法			麻薬を減らすための立法手段	麻薬排除法
		4	麻薬と法廷：削除法の適用			麻薬を減らすための司法手段	グリンウッド v.s. カリフォルニア州裁判
		5	州政府の法的プロセス：法を通した政策の定式化			麻薬を減らすための行政手段	州法1499
		6	公共政策の決定：共同体と個人			意思決定	—

（Marshall Croddy, et al., *Of Code and Crowns, To Promote the General Welfare, American Album, The Crime Question, The Drug Question*, Constitutional Rights Foundation, 1983 より筆者作成）

元)、「ルネサンス期のイタリア」(第5単元)の5つの単元からなる。これら各単元の内容の概略を分析したものが表5-15である。第1単元から第5単元までは、ルネッサンス以前のアメリカ以外の国が取り扱われ、時代の古い物から順に配列されていることがうかがえ、西洋中心の歴史認識教材のように思われる。確かにその側面はあるが、しかし表5-15の「取り扱うテーマ」にあるように、本教材が「法治主義」「司法権への市民参加」といった、今日の合衆国法制度を支える特徴的な法原理が教材選択の基準であることがわかる。つまり、合衆国法原理の原型が誕生した時代・地域から教材を選択した結果、古代メソポタミア、古代ギリシャが選ばれたに過ぎないのである。

340頁の図5-2は、縦軸に各単元で取り扱う法原理の内容を、下から順に第1単元から配列し、横軸には各単元を時系列に沿って左から配列したものである。○はその法原理が発生したことを示し、矢印はその法原理が存在し続けていることを示している。この図5-2から、各単元は法原理発生の古い順に配列されていることがわかるが、さらにこれらの法原理は市民が司法

表5-15 世界史教材『法と王冠』の内容の概略

単元名		内容構成	内 容 の 概 略	教 材	取り扱うテーマ
第1単元	どこから規則はやってきたの	過去の法原理発生時の社会情勢の調査	○古代のコミュニティにおける人間の伝統的な振る舞いを調査する。ここでは実際の考古学の発掘から得た文献やその他資料に基づいて、小グループになって、特定の者を対象にした、明確な掟を作るために必要であったことは何かを論じていく。	①メキシコのマヤ文明 ②スペインのトラルバ遺跡(原 始)	法の発生と法原理「法治主義」
		現代法原理との比較・吟味	○最後に現代の学校などに見られる規則を変更する際に、古代における変更の考え方と比較し、吟味するなどの活動を行う。		
		過去の法原理発生時の社会情勢の調査	○世界で最初の成文法のひとつであるハムラビ法典を取り扱い、法典とハムラビ王がどのような関係にあったのかを検討していく。また、当時の帝国の状	メソポタミア文明の古バビロニア王	統一成分法の成立と法原理「罪刑法

第5章 民主主義社会の形成者育成における法規範的価値学習の特質と課題

第2単元 ハムラビの宝			況を導き出す。	国（古代）		定主義」
		現代法原理との比較・吟味	○ハムラビ法典の条文の内容から犯罪を裁いて見る「目には目を」という法典の根本にある考え方が現代で通用するか否かを考え、ハムラビ法典の概念と子ども達の概念を比較する、などの活動を行う。		英米法に関連する地域＝西洋法圏（時代区分）	
第3単元 血の宿怨		過去の法原理発生時の社会情勢の調査	○法を適用する時に必要なことをまず探求する。まずここで古代ギリシャのオレステスの伝説を調査し、紛争解決をする裁判の過程がどのように形成、発展してきたのかを調査していく。	古代ギリシャ（古代）		一審制裁判所成立と法原理「司法権の独立」概念
		現代法原理との比較・吟味	○実際にこの裁判過程を使って、論争となっているような問題を処理し、この裁判制度を評価する。			
第4単元 ようこそ古き良き英国へ		過去の法原理発生時の社会情勢の調査	○中世のイギリスにおける戦争やその他の試練、法制度などを調査し、英国のコモン・ローや陪審裁判の形成と発展の状況を探求する。	ヘンリ2世の頃のイギリス（中世）		陪審裁判成立と法原理「司法権への市民参加」
		現代法原理との比較・吟味	○陪審裁判をロールプレイし、この裁判制度を評価する。			合衆国法制度を支える法原理
第5単元 ルネサンス期のイタリア		過去の法原理発生時の社会情勢の調査	○ルネサンス期のフィレンツェを取り上げる。前半では服装の奢侈を禁止する内容の法律に関連した女性と判事を取り上げる。フィレンツェの服装論争の解決を法が図ろうとするのを妨害した存在として、権力を確認する。前半の最後でこの権力と現代の問題を関連付けて取り扱う。後半はローマ教会に対抗したガリレオを取り上げる。	ルネサンス期のフィレンツェ ①シグノリアの抵抗 ②ガリレオ裁判（近代）		行政訴訟の成立と法原理「抵抗権・自由権」
		現代法原理との比較・吟味	○最後は二つの活動が用意されている。一つは権利章典を確認し、ガリレオ時代の裁判などに適応させることでガリレオ時代の司法判断を比較・評価することであり、もう一つは、学校の本を貸し借りの基準（ルール）の見直しである。			

（Croddy, M., et al., *Of Codes and Crowns; Teacher's Guide*, Constitutional Rights Foundation, 1983 p. 11 から筆者作成）

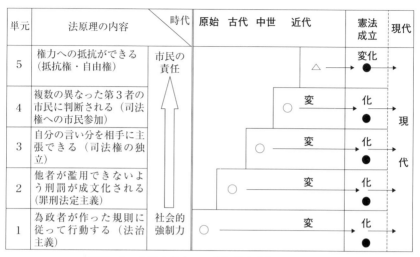

図5-2　市民の権力への参加拡大過程と質的変遷

や行政といった権力へ発言権を拡大していった過程と見ることができる。

　さらに図5-2には○●が見られるが、これは法原理が質的に変化したことを示している。例えば第1単元「どこから規則はやってきたの」で扱う法原理「法治主義」の場合、その法原理の発生は原始時代まで遡るが、その発生当時（原始時代）、法改正は全会一致を前提とする硬性の法規を機軸としたのに対し、●の見られる合衆国憲法成立頃には、憲法以外は過半数の同意で法改正が可能な軟性の法規を機軸としたものに変化している。同様に第2単元「ハムラビの宝」で扱う法原理「罪刑法定主義」の場合、その発生は古代メソポタミアにまで遡るが、その法原理の発生当時、どのような事情があっても人を殺せば死刑、人の足を折れば折った人間の足が折られるという「応報刑論」「応報思想」（客観論）が採用されていたことに対して、●の見られる合衆国憲法成立頃には、ある程度裁判官が事情を加味して刑量を減じたり増やしたりすることができるようになった主観論に変化した。

　このような法原理の質的変化は、各単元で取り扱われている法原理の全て

に見られる。そして各単元では、この変化を利用して、変化する前と後とを比較して、両者を対象化し批判的に吟味している。実際、全ての単元が、「過去の法原理の発生要因を追求」した後、これと現代の法原理を「比較・吟味」することで、現代合衆国の特徴的な法原理を批判的に吟味する構成となっている。例を挙げれば、第3単元「血の宿怨」の場合、世界でもいち早く司法権が行政権から独立した古代ギリシャの裁判制度を扱い、現在とは違う、決着の早い一審制裁判を採用していた古代ギリシャの社会背景を調査し、明らかになった事実から当時の人がどのような理屈を持ってそのような裁判制度を欲したのかを考える。その後、現代合衆国が採用する三審制裁判と比較しつつ、どちらが望ましい裁判制度であるのかを吟味・検討する。

　『法と王冠』は、市民の権力への参加を支える法原理が存在するべきかを問うのではなく、その質を各法原理の発生順に問う。つまり、市民の権力への参加拡大過程を反省しているのである。

2．『法と王冠』の授業構成—現在と過去の法原理の比較—

　では、クラッディは単元レベルでどのように法原理を比較し、これの議論をさせようとしたのか。具体的にこれを見ていくために、ここでは第2単元「ハムラビの宝」を取り上げ、そこに設定されている資料や発問を参考に、筆者が単元の授業構造を教授書形式で示したものを表5-16で示す。本単元は世界で最初に刑罰を成文化したハムラビ法典を取り上げることで、法原理「罪刑法定主義」のあり方について考えることを目的に構成されている。単元は9つの小単元に分かれており、小単元1から8までが表5-15の「過去の法原理の発生要因追求」過程、小単元9が「現代の法制度と比較・吟味」過程に当たる。

　クラッディは、論争問題を取り扱い、学習者がこれを議論する上で、どのような種類の問題を議論するのか、それは事実的問題なのか、価値的問題なのかを見極めることが大切であるとしている。そして価値的問題の場合は、

表5-16 第2単元「ハムラビの宝」の授業構成

	小単元	主な学習の課題(要約)	主な学習内容(要約)	単元構成	
1	帝国の建設者	○法典を定めたハムラビ王は困難を抱えていた。それはどういった困難だったのか。	【社会状況】 ・文字の成立 ・統一国家の成立 ・等価交換の考え方発生 ・小都市国家の対立と激しい戦闘 ・様々な価値基準が存在 ・交易が盛んに行われる ・政府に刑罰執行権が委任される (・裁判制度が未発達) など	【Ⅰ段階】 過去の法原理発生要因となった事実分析	「過去の法原理発生要因の追求」過程
2	メソポタミア	○当時の戦闘はどのようなものだったのか。			
3	帝国の統治者	○交易はどのように行われていたのか。 ○敵討ちに起こった2つの変化とは何か。 ○ハムラビ王が帝国を統一することは本当に難しかったのか。それはなぜか。			
4	ハムラビの相談者	○ハムラビ法典の原理である応報思想とはどのようなものか。	被疑者の罪は、事件の背景、動機を考慮せず、法律に対して忠実に刑罰を下すべき、とした考え方。	過去の法原理確認	【Ⅱ段階】過去の法原理を支える為政者の理論分析
5	法典	○(法典を見て)なぜこれらの法律は記載されていると思うか。	【主張を支える理論】 政府(王)は国の秩序を安定させ、スムーズな交易を促進するため、また第3者の法の濫用を防ぐため、強い政府(王)の権威の下、法を保障し、忠実に従わせる必要がある。人権は政府の権利(王権)の下にある。	法制度の詳細から、為政者の考え方を分析	
6	私は帝国に真理と公正をもたらす	○(法典を見て)ハムラビ法典はどういった内容構成になっているか。なぜ長い序章や呪文があるのか。			
7	バビロニアの法律	○(法典を見て)ハムラビ法典と合衆国憲法の違う点について論じ、それはなぜか考えよ。			
8	石碑にまつわる秘密	○(法典を見て)当時の生活がどのくらい法典から分かるのか。			
	帝国の判決	○放蕩息子を親が殴った場合と、虐待する親を息子が殴った場合、「殴った」点で同じである。 1.ハムラビ法典ではどのような判決が下されるのか。 2.現在の合衆国法制度ではどのような判決が下されるのか。	現代合衆国法制度は、刑罰は被疑者の事件に至る背景や動機を裁判官が考慮に入れ、裁判官の判断で下すべきとした考え方をとる。	現在の法原理確認(過去の法原理との違いを確認)	【Ⅲ段階】現代法原理との相違点
		○なぜ現在の合衆国法制度は、事件の背後にある背景や動機を考慮に入れて判決するのか(どういった社会状況	【社会状況】 ・近代的裁判制度成立 ・人権意識芽生える ・王権の横暴 など	《過去の法原理反対派(現在の法原理支持派)》 法制度の詳細など	

第5章　民主主義社会の形成者育成における法規範的価値学習の特質と課題

9	の変化からか。どういった理屈からか）。	【主張を支える理論】政府の横暴を裁くため、政府以外が法を管理する必要がある。また被疑者の人権をも保護するためには、被疑者の犯罪に至る経緯や動機を裁判官が考慮する必要がある。近代的裁判所は、科学的に公平を保障してくれよう。	から、過去の法原理に反対する側（現代の法原理を支持側）の理論・根拠になる事実を分析	を明確にし、過去の法原理に賛成・反対する理論を分析 「現代の法原理との比較・吟味」過程
	○数年前アリゾナ州では「恐喝をはたらいた者は必ず懲役5年」という内容の法律が通過した。なぜこのような法律が近年作られたのか。	【社会状況】・犯罪の増加（再犯が多い）など 【主張を支える理論】被疑者の人権を重視しすぎて、加害者の人権が無視され、再犯の増加に繋がっている。近代的裁判所も、公平な裁きをすることは難しい。市民の代表たる議員が決めた法律に忠実にのっとった裁きが必要である。	《過去の法原理支持派》法制度の詳細などから、過去の法原理に賛成する側の理論・根拠になる事実を分析	
	○馬鹿にされたことに腹を立て、発砲した運転手がアリゾナ州で逮捕された。彼は確かに恐喝を働いたことになる。彼は法律通りの刑罰に処すべきなのだろうか。○あなたは事件の背後にある動機は、人を裁く要素として重要であると思うか。どういった利点があるからそう思うか。またはそう思わないか。	【過去の法原理支持側の価値】刑罰とは被害者の損失を補うことであるから、加害者の動機・背景は関係ない。（罪＝結果責任）裁判官・裁判制度は信用できない。裁判官の甘い判決が犯罪増加を起こしている。【現代の法原理支持側の価値】刑罰とは加害者の過失の責任をとらせることだから、加害者の動機・背景を考慮すべき。（罪＝過失）裁判官・裁判制度は信用できる。厳罰が犯罪を減らすことはない。	【Ⅳ段階】過去・現代の法原理の利点・欠点を評価し価値分析、優劣の判断	
		【導き出される探求課題】・誰が判断するのが望ましいのか。・主観論が犯罪増加の原因か。・「罪」とは何か。「刑罰」とは何か。（など）		
	○問題を起こした子ども達に、どのような対応をするべきだと考えるか。			

（Croddy, M., et al., *Of Codes and Crowns*, Constitutional Rights Foundation, 1983 pp. 29-83 より著者作成）

「互いの判断基準を明確にすることが効果的である」[85]と指摘している。こうした「価値的問題における判断基準の明確化」というクラッディの考え方は、法原理を比較し、これを評価するという価値的問題を設定する『法と王冠』の各単元にも反映されている。第2単元「ハムラビの宝」の各小単元を詳しく見ていこう。

　小単元1では、最初の成文法であるハムラビ法典を作った当時の為政者ハムラビ王が直面していた問題を学習者は予想する。小単元2・3では、当時のメソポタミアに関する事実を、社会的・政治的・経済的側面から分析していき、ハムラビ王がどのような問題を抱えていたのか、つまりハムラビ法典発生の歴史的背景を明らかにする。そして、都市国家の激しい対立状況や、政府に刑罰執行権が委任されたことなどが明らかになる。

　小単元4では、ハムラビ法典が、加害者の動機や生活環境を考慮に入れず、犯行の結果のみから量刑を判断する罪刑法定主義客観論（以下「客観論」）、いわゆる「目には目を」の応報思想に基づいて作られていることを確認した後、実際この論を使って子ども自身が、様々な事例を裁いていく活動が取られる。そして小単元5～8は、ハムラビ法典の内容そのものを見させ、「なぜハムラビ王は法律をこのように作成したのだろうか」という問いを通して、為政者ハムラビ王が応報思想（客観論）をなぜ法原理としたのか、王のその理由付け（正当化理論）を学習者に分析させる。この分析の際に学習者は小単元1～3で明らかになった事実を踏まえ、王の正当化の理論を読み取ることになる。そして最終的に王の「いつ分裂するかわからない社会において、第三者が各自ばらばらに刑罰を裁くことは、自らの地位を脅かし混乱の原因となるため、第三者の主観が入らない客観論を王の権威の下採用し、これを保障した」という理由付け（正当化理論）を導き出すことになる。このように『法と王冠』は、小単元1から小単元3までで応報思想（客観論）が生まれてくる社会的背景を確認し、その後小単元4～8では、学習者に応報思想（客観論）の内容と、これを法原理にすると決断した王の理由付け（正当化理

第5章　民主主義社会の形成者育成における法規範的価値学習の特質と課題　345

論）を明らかにさせているのである。つまり、学習者は、小単元1から小単元8までを通して法原理の分析を行うことになるのであるが、同時に法原理の分析手法として、①法原理の内容の確認、②法原理発生の歴史的背景の確認、③法原理が正当化されるための理由付け（正当化理論）の確認、という3段階の手法を学ぶことになる。

　小単元9前半では、小単元8までで学習した、①～③の3段階の手法を使って、客観論にとって変わった現代合衆国の法原理（罪刑法定主義主観論、以下「主観論」）の内容「加害者の動機や生活環境を考慮して裁判官が判決を下す」が確認され、そしてこの法原理が発生した歴史的背景「近代的裁判制度の成立など」および、為政者の「主観論」の理由付け（正当化理論）を明らかにする。小単元9中盤では、同様の手順で、現代の法原理に疑問を持ち客観論を支持する人々（アリゾナ州法の支持者）が出てきた歴史的背景「再犯者の増加」、および彼らの主張の根拠となる理由付け（正当化理論）を明らかにする[86]。

　小単元9後半では、運転手の発砲事件を客観論に基づいたアリゾナ州の法律通り裁くべきか、といった内容の討論が設定されている。ここでは、客観論・主観論それぞれに基づいた裁判結果を予測し、これにより、どちらの法原理が望ましいのかを議論することになる。その際、両者が何を利点と考えて支持し、何を欠点と考えて相手を批判しているのかを考えるように求めている。この課題は子どもに、それぞれの法原理の考え方やその正当化の背後に潜む価値観を明らかにするフィルターの役割を担う。最後に子どもたちは、どちらの法原理が現代社会に望ましいのか判断を下す。

　以上小単元9は、現代法原理である主観論が客観論にとって代わった要因と、さらにこれが現代社会において幾つかの問題を起こし、疑問符が打たれている現状を解明することで、両法原理を「比較・吟味」するとまとめられる。ここまでのことから、本単元は大きく次の4段構成になっていると言える。まとめると表5-17のようになる。

表5-17 『法と王冠』の授業で習得される法原理の分析手法

○「過去の法原理発生要因の追求」過程	Ⅰ段階：過去の法原理発生要因となった歴史的事実を確認する 【小単元1～3】
	Ⅱ段階：過去の法原理を正当化する為政者の理論を確認する 【小単元4～8】
○「現代の法原理と比較・吟味」過程	Ⅲ段階：現代法原理との相違点（背景となる事実・正当化するための為政者の理論）を明確にする 【小単元9前半】
	Ⅳ段階：過去・現代法の原理それぞれの法原理を支持する上での判断基準（価値観（思念））を発見し、これを踏まえて、どちらの法原理が望ましいのか、判断する 【小単元9後半】

（筆者作成）

　このように、『法と王冠』では、比較の対象となる法原理それぞれが、〔Ⅰ段階〕どのような中身なのか、〔Ⅱ段階〕どのような歴史的背景から、〔Ⅲ段階〕為政者はどのような理論を持って正当化したのか、そして〔Ⅳ段階〕なぜそれらが支持されているのか、支持する人々（為政者を含む）の背後にはどのような価値観や意図（思念）があるのか、それぞれを確認し、これらを踏まえて学習者自身の意思決定を行うのである。

　『法と王冠』は、各単元で、「法治主義」「罪刑法定主義」「司法権の独立」「司法権の市民参加」などの法原理をテーマとして取り上げ、その発生当初の形と、長い歴史の過程で変形した現在活用されている法原理の形とを比較することで、現在の法原理を対象化して捉え、そのあり方を批判的に吟味・検討できるようになっていた。また、法原理を分析するにあたり、法原理の発生した社会的背景と、その時の為政者の理由付け（正当化理論）、さらにその背後にある法原理を支持する者たちの意図・価値観を解明していた。このような授業構成がとられるのは、クラッディが、主張（法原理）は、個人が持つ大前提となる価値観によって事実が整序され形成された理論によって理由付けされ、正当性が保障されていると捉えさせ、主張をこうした構成要素

から分析・評価させようとしているからである。これにより学習者は現代の法原理を、環境に影響され必然的に発生したのだと決定論的に捉えるのではなく、これまでの法原理の形式では事態打開不可能な場面において、その解決策として為政者が自らの価値観に基づいて作成し、逆に環境に働きかけた結果生まれた、人工的構築物と捉えることが可能になる。

　本節の冒頭で触れたクラッディの説明を見る限り、『法と王冠』が学習者に民主主義の成立していない時代の法原理と現在のアメリカ民主主義を支える合衆国憲法の法原理とを比較させ、これをもとに合衆国憲法の法原理を批判的に吟味・考察させることの目的は、合衆国憲法の法原理の優秀性を理解させることにあったと言ってもよい。しかし、クラッディはそれを法原理に対するオープンな議論を通して行おうとしたため、時と場合によっては、本当に昔の法原理の方が良いと学習者が判断する可能性が保障されることになった。この点でクラッディの開発した『法と王冠』は、比較により合衆国の法規範的価値を批判的に吟味することを保障した教材としての評価ができよう。つまり『法と王冠』は、法を批判的に吟味し検討し、独自の見解を持つことが出来る、まさに「個としての市民」の育成を可能にするのである。

3．「根源主義型」法規範的価値学習の特質

　『法と王冠』の開発者クラッディは、民主主義や民主主義体制を維持するための法原理の内容や意義を教え込んだり、共感・理解させたりするのでは、それらの本質を掴むことができないと考え、それらの本質を理解するためには、現在の合衆国の考え方を、それとは異なる考え方と比較するなどして学習者の常識に揺さぶりをかけ、学習者の目でもう一度反省的に吟味することで、心からそれらの法原理の重要性を発見させることが大切であると考えていた。そして、この理念を実現するために、『法と王冠』において、次のような内容編成・授業構成を採用する。

　まず内容編成の点からみれば、『法と王冠』の5つの単元は全てテーマと

してそれぞれ「法治主義」「罪刑法定主義」「司法権の独立」「司法権への市民参加」「市民抵抗権」という法原理を取り上げている。そして各単元は、法原理の発生から今日に至るまでの質的変遷の過程を概観するような構成となり、前半部では主に法原理発生の背景、要因を探る点に力点が置かれ、後半部では、法原理の発生当初の形式と現在の形式を比較して、どちらが優れているのかを考えさせる点に力点が置かれるという2段階の構造が組まれている。また授業構成の点からみると、単元の前半部では、法原理の発生要因の分析として、まず社会的背景を探る活動が組まれ、その後当時の為政者がその法原理を設定した理由付け（正当化理論）を、当時の文章資料などから探る活動が組まれている。そして後半では、長い歴史の過程で変形した現在の法原理の形式と、発生当初の法原理の形式とを比較・評価することで、両者の背後にある意図や価値観の違いを発見し、それを踏まえて優劣を学習者が判断する活動が組まれている。

つまり、『法と王冠』は、内容は合衆国憲法を支える法原理といったテーマ別に編成され、授業はその法原理のあり方について、時空を超えて異なる人々の見解を比較・考察することで進められる構造となっていたとまとめることができる。

このような特質を持つ『法と王冠』は、ハーバード社会科や道徳性発達教育のカリキュラム教材（『今日と明日への決断』）とは明らかに異なるものである。より根源から法規範的価値のあり方を問い直すことをめざすこうしたアプローチを、「根源主義型」法規範的価値学習として別類型としたい。

第5節　法規範的価値学習の特質―教室集団による普遍的価値の創造―

本章では、アメリカ合衆国における法規範的価値学習の3つの流れ（「適応主義型」「社会改造主義型」「根源主義型」）を、それぞれを代表するカリキュラム教材の構造分析を通して解明してきた。これら3つは、民主主義社会の

形成者の育成という観点からみて、全く異なる性質を持つものであった。ただ次のような特質が見られる。

　第一は、宗教的価値学習や文化慣習的価値学習とは異なり、「通約的多元主義型」、「非通約的多元主義型」に該当するタイプが見られないことである。つまり法規範的価値を取り扱う教育は、異文化理解の手段としてはあまりこれまで力を入れられてこなかったことである。「根源主義型」の法規範的価値学習（＝『法と王冠』）は若干、異文化理解の学習として見ることもできるが、世界諸地域の宗教的価値や文化慣習的価値について包括的・網羅的に理解しようとする「通約的多元主義型」や「非通約的多元主義型」に見られた内容構成上の特質は見られない。例えば『法と王冠』の場合、自国の憲法や法体制を支える法原理を軸に、これを相対化するために、過去の諸地域の法原理が取り扱われ、比較考察がなされた。つまり、あくまで諸外国の法規範的価値の理解よりも、自分たちの住む社会の法規範的価値の問い直しに目的があり、そのための内容構造や授業構成となっていた。

　実際のところ法規範的価値には、地域的歴史的な文化慣習を反映したものも含まれるが、基本的には、より価値の普遍性を求めていくことが強く求められる性質がある。そのため、この普遍性の構築というテーマとセットで法規範的価値は取り扱われるようになり、異文化理解という目的は隠れていくことになりやすい。逆に原理的には、異文化理解の学習においても、法規範的価値を用いることは可能であると思われるが、おそらくは宗教的価値や文化慣習的価値を取り扱った方が、より広領域的な題材を取り扱うことができ、より異文化理解という目的にかなうことになるので、法規範的価値は、あまり積極的には扱われないのではないだろうか。

　第二の特質は、第一の特質と連続するが、法規範的価値学習は、その他の、宗教的価値学習、思想的価値学習、文化慣習的価値学習と異なり、価値を批判・評価する活動の際、教室内での意見の統一（合意形成）まで学習者に求めるケースが存在することである（＝「法的判断」系の法規範的価値学習）。こ

の場合、それに必要となる判断基準として合衆国憲法を支える法原理が示され、また合意形成を進めるための知的作法なども学習者に提供されることになった。

　こうした特質が、合衆国の法規範的価値学習に見られる背景には、法規範的価値学習の開発者が、社会本位的で現代適応性・革新性を持ち、普遍性を求めるという法規範的価値が持つ固有の性質（法規範的価値が価値として存在する条件）を意識し、それに基づいた法規範的価値学習の開発をしていることがあると考えられる。つまり彼らは、法規範的価値をどう維持ないし変革させていくのかといった問題を、①社会的問題としてとらえ、既存の法規範的価値にとって代わる新しい価値を、社会の一部、小さな共同体とも言える教室での議論を通して創造し、最終的には何らかの意見の統一（＝普遍的価値の創造）までもってくることの必要性を認め、また②早急に社会レベルでの意見の統一が求められる問題であると考え、③他者との議論を通して、集団レベルでの新しい法規範的価値の創造が学校の使命であると判断し、この①〜③からあえて意見の統一を学習者間に求め、またそのために必要な態度や知的作法まで提供したと考えられる。

　ただ、こうした法規範的価値を創造する際に用いられる判断基準の拠り所が問題になる。近代民主主義社会は、民主主義体制を支える諸原理や市民の権利を憲法に定めており、憲法を体制の価値基盤としていることから、憲法やこれを支える法原理を判断基準とすることについては、人々の合意を得ることができるであろう。ただ、これは同時に、憲法や各種法原理の存在を絶対視してしまうことにもなりかねない。オリバーらはそれでも良いとした認識を示していたが、これに疑問を持つ人々は、法原理を根底から問い直す価値学習も必要と捉え、「根源主義型」の法規範的価値学習を生み出すことになった。法規範的価値学習は、異文化理解教育としての効果は低いが、社会的価値を根源から問い直し、そして社会を作り変えていく（または社会の価値を理解して、それを向上させるように運用していく）ために必要な知識や知的作

法、態度の育成については、最も深いところまで到達することができる可能性を持つ。

【註】
1) Croddy, M., Bringing the Bill of Rights to the Classroom: An Anecdotal History of the Constitutional Rights Foundation, *The Social Studies*, Vol. 82, 1991, p. 218.
2) スターの論文（Starr, I., The Law Studies Movement: A Memoir, *Peabody Journal of Education*, Vol. 55, No. 1, 1977, pp. 6-11.）などに、初期（50年代後半から60年代）の法規範的価値を社会科に取り込もうとした人々の活動状況が紹介されている。
3) U. S. Office of Education Study Group on Law Related Education, *Final Report of the Study Group on Law related Education*, OE Publication 79-43000, 1978, p. 43.
4)『社会科教育（Social Education)』などにも、社会科で法規範的価値を積極的に取り上げ、これを議論することの重要性を唱える論文が1970年代に入って多く現れる。(cf. Berg, R., A New Model for Law-Focused Education, *Social Education*, Vol. 39, 1975, pp. 163-164.)
5) Starr, I., The Law Studies Movement: A Memoir, *Peabody Journal of Education*, Vol. 55, no. 1, 1977, pp. 6-7.
6) 1973年にNCSSがその機関紙である『社会科教育（Social Education)』（5月号）で法をテーマとした教材の特集を組み、その一覧を取り上げているが、その教材が開発された時期は、ほぼ全てが、1968年から1973年までに集中している。詳しくは、Gross N., & Wilkes, P. F., The Constitution: Instructional Sources and Resources, *Social Education*, Vol. 37, 1973, pp. 416-430. を参考にされたい。
7) Maslaw, R., et al., Law Related Education, *Association of Teachers of Social Journal*, Vol. 44, no. 1, 1989.
8) cf. American Bar Association, *Legal Literacy: The ABC's of American Law and Justice. American Bar Association 1988 Planning Guide: Law Day USA May 1*, American Bar Association, Chicago, 1988.
9) Patrick, J. J., and Remy, R. C, *Lesson on the Constitution*, Social Science Education Consortium, 1986. なお、この『憲法の学習』の分析は、橋本康弘「「法化」社会における社会科内容編成—アメリカ法関連教育プロジェクトを手がかりにして—」2000年度全国社会科教育学会研究大会（長崎）発表資料、2000年を参考にした。
10) Mehlinger, H. D., et al., *Teaching about the Constitution in American Secondary*

Schools, the American Historical Association and the American Political Science Association, 1981. Patrick, J. J., and Remy, R. C., *op cit*, p. iii.

11) Remy, R. C., *Handbook of Basic Citizenship Competencies, A Project of Citizenship Development Program*, Mershon Center, Social Science Education Consortium, 1979.

12) Patrick, J. J., Teaching the Bill of Rights in Secondary School: Four Keys to an Improved Civic Education, *The Social Studies*, Vol. 16, 1991, pp. 227-228. パトリックは1970年代初頭から社会科の教科書などの開発を始めるようになるが、その処女作は、科学主義社会科の理論家として知られるメーリンガーとの合作である『アメリカの政治的態度』(Mehlinger, H., and Patrick, J. J., *American Political Behavior*, Ginn and Company, 1974.) であり、これはアメリカ合衆国の法律や法制度の内容、市民の法制度への態度などを、当時の政治学の最新の学説を持って解説した内容となっている。この『アメリカの政治的態度』は、フェントンのホルト社会科などと並んで、アメリカ合衆国では科学主義社会科（社会科学科）の代表的教材の一つに数えられている。例えばトマス・ポプクヴィッチ (T. S. Popkewitz) は、1960年代から1970年代の科学主義社会科の特質を分析する上で、その代表的な教材として、フェントンのホルト社会科、ハンナの "Investigating Man's World" (Hanna, P., et al., *Investigating Man's World*, Scott, Foresman and Company, 1970) とともにこの『アメリカの政治的態度』を取り上げている（詳しくは、Popkewitz, T. S., The Latent Values of the Discipline Centered Curriculum, *Theory and Research in Social Education*, Vol. 5, 1977 を参照されたい)。

13) Patrick, J. J., *ibid*. なお、パトリックはそうした「少数派の権利と多数派のルール形成」の対立が見られる裁判事例として「スケンク対合衆国」裁判などを挙げている (*Ibid*., p. 229)。

14) *Ibid*.

15) 『核時代の国家安全保障シリーズ』(Remy, R. C., and Patrick, J. J., *National Security of a Nuclear Age Series*, Addison-Wesley, 1989) に関しては、池野範男・橋本康弘・渡部竜也『アメリカ社会科における国家安全保障学習の展開と構造』IPSHU 研究報告シリーズ研究報告 No.30、2002年を参照されたい。

16) 論文『フェデラリスト』の中身については、A. ハミルトン& J. ジェイ、J. マディソン著（斎藤眞・武則忠見訳)『ザ・フェデラリスト』福村出版、1991年を参照されたい。

17) Patrick J. J., and Remy, R. C., *Lesson on the Constitution, op cit*., p. 1.

18) *Ibid*.

19) Patrick, J. J., and Remy, R. C., *Lesson on the Constitution*, Social Science Education Consortium, 1986., pp. 297-298.
20) Phi Alpha Delta Public Service Center, *Respect Me, Respect Yourself*, 1995. 先行研究に、磯山恭子「「法教育」における紛争処理技能の育成—"Respect Me, Respect Yourself"の分析を通して—」(『公民教育研究』第5号、1997年) がある。今回の分析は、部分的に磯山のものを参考にした。
21) Moore, S. W., Lare, J., and Wagner, K. A., *The Child's Political World: A Longitudinal Perspective*, New York, Preager Publisher, 1985.
22) 小田泰司「新社会科以後のエドウィン・フェントンのカリキュラム開発への取り組み—説明から社会形成、社会参加へ—」全国社会科教育学会第58回全国研究大会自由研究発表資料，2009年。
23) 例えば、L．コールバーグ著（岩佐信道訳）『道徳性の発達と道徳教育』麗澤大学出版会、1987年、139～140頁にオリバーのハーバード社会科の研究成果との比較考察が掲載されている。
24) 溝口和宏『現代アメリカ歴史教育改革論研究』風間書房、2003年の特に第二部「「価値追究」型歴史教育論」も参照のこと。
25) Iozzi, L.A., *Decisions for Today and Tomorrow: Preparing for Tomorrow's World*, Sopris Est. Inc., 1990. 第7学年から第9学年を対象としている。
26) ここ発達段階のまとめについては、前掲註21の小田論文や、佐野安仁・吉田謙二編『コールバーグ理論の基底』世界思想社、1993年を参考にしている。
27) 同上、153頁。
28) ロックウッドの開発したカリキュラム教材である『民主的価値による推論』については、次の研究がある。
・溝口和宏『現代アメリカ歴史教育改革論研究』風間書房、2003年。
・浅沼茂、松下晴彦「アメリカにおける歴史教育と道徳教育の統合—価値観形成のための教材例—」『比較教育学』第15号、東信堂、1990年。
29) Kohlberg, L., Moral Development and the New Social Studies, *Social Education*, Vol. 37, No.5, 1973.
30) Iozzi, L. A., *Decisions for Today and Tomorrow: Preparing for Tomorrow's World*, Sopris Est.Inc, 1990 pp. 6-7.
31) Iozzi, *ibid.*, p. 6.
32) Iozzi, *ibid.*, p. 9. なお、これはNCSSが1989年に出した「STSガイドライン」にも則っている。以下はSTSガイドラインの一部を抜粋したものである。

> 3　価値
> 　教師は生徒が次のことを学び、評価する機会を提供することになる。
> 3-2：科学技術と社会が関連した問題の定義と解決に応じた個人や集団の価値的立場
> 3-3：個人的・社会的価値や倫理を含んだ科学技術に関わる人々の価値や信念、そしてこれがどのような科学的・技術的・社会的変化の相互作用に影響するのか。
> 3-4：人々の間、そして社会内の統制と争いの根源となる価値
> 3-6：公共政策の形成と価値・倫理の影響

33) ミードは、「役割を果たす(Role-Taking)こと」に関して、当該行為主体が相手とのコミュニケーションの中で、相手に自己の考えを主張しつつ、相手が行為主体をどのように考えているのかを察することであり、自らの行為を修正することで、「反省的思考（reflective thinking）」を生み出すと主張している。オッツイの言う「社会的役割を果たす(Social Role-Taking)」は、当該行為主体が社会とのコミュニケーションをとり、意見を主張する中で、自らの行為を反省していく活動を指すと考えられる。

34) ハーバード社会科の先行研究には次のものがある。
・井上菜穂「目標達成度を明確にした態度評価法―ハーバード社会科の社会的論争問題分析テストSIATを題材に―」『社会科研究』第57号、2002年。
・岡明秀忠「対抗社会化をめざす社会科―D・W・オリバーの場合―」『教育学研究紀要』第36巻第2部、1990年。
・小田泰司「ハーバード社会科の成立過程―フェスティンガーの不協和理論に基づく議論方法の開発―」『社会系教科教育学研究』第15号、2003年。
・尾原康光、「リベラルな民主主義社会を担う思考者・判断者の育成(1)―D.W.オリバーの場合―」『社会科研究』43号、1995年。
・河田敦之「合理的意思決定能力育成の社会科内容構成―J・P・シェーバーの公的論争問題学習を手がかりとして―」『社会科研究』第30号、1982年。
・―――「合理的意思決定能力育成の方法原理―J・P・シェーバーの公的論争問題学習を手がかりとして―」『教育学研究紀要』第27巻、1982年。
・児玉修「社会的判断力育成の方法原理―D・W・オリバーのケーススタディ―」『教育学研究紀要』第22巻、第2部、1990年。

・―――「社会的判断力育成の教材構成―D・W・オリバーの公的論争問題について」『社会科研究』第25号、1976年。
・棚橋健治「ハーバード社会科・社会的論争問題分析テストの学習評価論―問題場面テストによる社会科学習評価への示唆―」『社会科教育研究』69号、1993年。
・―――『アメリカ社会科学習評価研究の史的展開―学習評価にみる社会科の理念実現過程―』風間書房、2002年第5章「社会構造分析力・社会問題解決力評価」。
・溝上泰「オリバーの社会認識論」『社会認識教育の理論と実践』葵書房、1971年。
・―――、「社会科教育における「論争問題」の取り扱い―ニューマンの場合―」『社会科研究』20号、1972年。
・溝口和宏「歴史教育における開かれた態度形成―D W オリバーの『公的論争問題シリーズ』の場合―」『社会科研究』42号、1994年。
・我妻みち子「社会科における意思決定能力育成に関する一考察―ハーバード社会科プロジェクトを手がかりとして―」『社会認識教育学研究』第7号、1992年。

このうち、河田・溝上・我妻の研究は、オリバーやシェーバーの意思決定力・社会的判断力や市民の資質育成に対する考え方・教育論の側面に注目し、彼らの論説を解説するものである。棚橋・井上の研究は、ハーバード評価プログラムであるSIATに注目した研究である。小田の研究は、ハーバード社会科の成立過程の解明を試みたものである。児玉・尾原・溝口の研究は、ハーバード社会科の教育方法原理の解明を試みようとした研究であり、内容編成の原理（児玉・溝口）と、授業理論である「法理学的アプローチ」の方法原理（尾原・溝口）の解明を試みたものである。なお本研究は、児玉・尾原・溝口の論文と同じ位置づけにある。しかし、本研究は、よりオリバーの考え方に即した「法理学的アプローチ」の実態の解明に心がけている。

35) Oliver, D. W., and Shaver, J. P., *Teaching Public Issues in the High School*, Houghton Mifflin Company, 1966, p. 13.

36) 具体的には、ハーバード社会科を作成したメンバーの一人であるニューマンが、オリバーの協力の下、高校生の意識調査を実施し、ここから1960年代にアメリカでは個人主義が進んでいることを明らかにした。そしてその問題点を指摘している。なお、ニューマンはこの研究をまとめて、ハーバード大学から博士号を授与されている。詳しくは、Newmann, F. M., Adolescent's Acceptance of Authority: A Methodological Study, *Harvard Educational Review*, Vol. 35, No. 3, 1965, p. 309. 及び、小田泰司「ハーバード社会科の成立過程―フェスティンガーの不協和理論に基づく

議論方法の開発―」『社会系教科教育学研究』第15号、2003年、70～72頁を参照されたい。

37) Oliver, D. W., Educating Citizens for Responsible Individualism 1960-1980, Shaver, J. P., and Berlak, H., *Democracy, Pluralism, and the Social Studies; Reading and Commentary*, Houghton Mifflin Company, 1967, p. 110.

38) 例えば「問題―主題アプローチ」の各単元では、最初に必ず導入小単元が設定され、ここでテーマに沿っての簡単なアメリカ史を学習するように設定されている。これを小田泰司は、実際に学習者が論争を取り扱い、議論を進めていく上で、歴史事象に関する基礎的な知識が必要と判断した結果であると指摘している。(小田泰司、前掲35、65～66頁)

39) この歴史手段型歴史学習論の観点からハーバード社会科を解説した研究として、溝口和宏「歴史教育における開かれた態度形成―D・W・オリバー『公的論争問題シリーズ』の場合―」『社会科研究』第42号、1994年がある。こちらも参照されたい。

40) Oliver, D. W., A Curriculum Based on the Analysis of Public Controversy, *Social Education*, Vol. 29, 1965, pp. 222-223. Shaver, J. P., Educational Research and Instruction for Critical Thinking, *Social Education*, Vol. 26, 1962, pp. 13-16. Oliver, D.W., and Shaver, J.P., *Teaching Public Issues in the High School, op cit*.

41) オリバーらがハーバード社会科でどのように学術成果を位置づけていたのか、またどのような科学哲学的観念を持っていたのか、その詳細については、次の論文を見ていただきたい。
  ・Newmann, F. M., Evaluation of Programed Instruction in the Social Studies, *Social Education*, Vol. 29, 1965.
  ・Oliver, D. W., and Shaver, J. P., *Teaching Public Issues in the High School, op cit.*, pp. 3-15, 89-133.
  ・Newmann, F. M., Questioning the Place of Social Science Disciplines in Education, *Social Education*, Vol. 31, No. 2, 1967.
  ・Shaver, J. P., Social Studies: The Need for Redefinition, *Social Education*, Vol. 31, No. 1, 1967.

42) Oliver, D. W., A Curriculum Based on the Analysis of Public Controversy, *op cit.*, p. 222.

43) *Ibid.*

44) Krug, M. M., The Jurisprudential Approach: Theory and Practice, *Social Educa-*

第5章 民主主義社会の形成者育成における法規範的価値学習の特質と課題　357

tion, Vol. 32, 1968, p. 790.
45) *Ibid.*
46) Oliver, D. W., and Newmann, F. M., *Public Issues Series*, American Education Publication, 1968-1971. 対象学年は、7学年から12学年である。なお、ハーバード社会科『公的論争問題シリーズ』は、次の教材からなる。
- Oliver, D. W., and Newmann, F. M., *The American ReVolution: Crisis of Law and Change*, Public Issues Series, Harvard Social Studies Project, American Education Publications, 1967.
- ―――, *The Railroad Era: Business Competition and the Public Interest*, Public Issues Series, Harvard Social Studies Project, American Education Publications, 1967.
- ―――, *Taking a Stand: A Guide to Clear Discussion of Public Issues*, Public Issues Series, Harvard Social Studies Project, American Education Publications, 1967.
- ―――, *Religious Freedom: Minority Faiths and Majority Rule*, Public Issues Series, Harvard Social Studies Project, American Education Publications, 1967.
- ―――, *The Rise of Organized Labor: Worker Security and Employer Rights*, Public Issues Series, Harvard Social Studies Project, American Education Publications, 1967.
- ―――, *The Immigrant's Experience: Cultural Variety and the "Melting Pot"*, Public Issues Series, Harvard Social Studies Project, American Education Publications, 1967.
- ―――, *Negro Views of America: The Legacy of Opression*, Public Issues Series, Harvard Social Studies Project, American Education Publications, 1967.
- ―――, *Municipal Politics: Interest Groups and the Government*, Public Issues Series, Harvard Social Studies Project, American Education Publications, 1967.
- ―――, *The New Deal: Free Enterprise and Public Planning*, Public Issues Series, Harvard Social Studies Project, American Education Publications, 1968.
- ―――, *The Rights of the Accused: Criminal Procedure and Public Security*, Public Issues Series, Harvard Social Studies Project, American Education Publications, 1968.
- ―――, *The Lawsuit: Legal Reasoning and Civil Procedure*, Public Issues Series, Harvard Social Studies Project, American Education Publications, 1968.

- ————, *Community Change: Law, Politics, and Social Attitudes*, Public Issues Series, Harvard Social Studies Project, American Education Publications, 1968.
- ————, *Colonial Africa: The Kenya Experience*, Public Issues Series, Harvard Social Studies Project, American Education Publications, 1968.
- ————, *Communist China: Communal Progress and Individual Freedom*, Public Issues Series, Harvard Social Studies Project, American Education Publications, 1968.
- ————, *Nazi Germany: Social Forces and Personal Responsibility*, Public Issues Series, Harvard Social Studies Project, American Education Publications, 1968.
- ————, *20th Century Russia: Agents of the ReVolution*, Public Issues Series, Harvard Social Studies Project, American Education Publications, 1968.
- ————, *The Civil War: Crisis in Federalism*, Public Issues Series, Harvard Social Studies Project, American Education Publications, 1969.
- ————, *Race and Education: Integration and Individual Freedom*, Public Issues Series, Harvard Social Studies Project, American Education Publications, 1969.
- ————, *Technology and Public Policy: Uses and Control of Knowledge*, Public Issues Series, Harvard Social Studies Project, American Education Publications, 1969.
- ————, *Status: Achievement and Social Values*, Public Issues Series, Harvard Social Studies Project, American Education Publications, 1969.
- ————, *ReVolution and World Politics: The Search for National Independence*, Public Issues Series, Harvard Social Studies Project, American Education Publications, 1970.
- ————, *The Limits of War: National Policy and World Conscience*, Public Issues Series, Harvard Social Studies Project, American Education Publications, 1970.
- ————, *Organizations among Nations: The Search for the World Order*, Public Issues Series, Harvard Social Studies Project, American Education Publications, 1970.
- ————, *Diplomacy and International Law: Alternative to War*, Public Issues Series, Harvard Social Studies Project, American Education Publications, 1970.

47) Oliver, D. W., and Newmann, F. M., *Taking a Stand: A Guide to Clear Discussion of Public Issues*, Public Issues Series, Harvard Social Studies Project, American Education Publications, 1967.

48）なお、ハーバード社会科の内容編成（「歴史危機アプローチ」と「問題―主題アプローチ」）に関する研究としては、次の論文がある。
・児玉修「社会的判断力育成の教材構成―D・W・オリバーの公的論争問題について」『社会科研究』第25号、1976年。
・溝口和宏「歴史教育における開かれた態度形成―D. W. オリバーの『公的論争問題シリーズ』の場合―」『社会科研究』42号、1994年。
　溝口は、「歴史危機アプローチ」を民主主義解体過程の反省、「問題―主題アプローチ」を制度の民主化過程の吟味がそれぞれ目的であると評した。しかしこの解釈には疑問がある。一点目として、溝口は「歴史危機アプローチ」を民主主義解体過程の反省とし、単元『ナチス・ドイツ』を事例にこれを説明しているが、これは単元『ナチス・ドイツ』だからそのように説明ができるのであり、同じく「歴史危機アプローチ」に位置づけられている単元『ニューディール』や単元『アメリカ独立戦争』には、その説明は少し無理があると言える。例えばニューディール政策は、労働者の権利を認めるなどの政策が実施され、今なおフランクリン・ルーズベルトはアメリカ国民に愛されている。こうしたニューディール政策を「民主主義の解体過程」と言い切るだけの材料は乏しいと言えよう。二点目として、ニューディール政策やアメリカ独立戦争に民主主義の解体を生じさせる側面があっても、このようなレッテル付けをすることは、オリバーが最も嫌う歴史評価（歴史解釈）の押し付けにつながると言えはしないだろうか。また、アメリカの労働組合の成立過程などを安易に「民主化過程」とレッテル付けしてしまうことも、歴史評価の押し付けだけでなく、オリバーがさらに嫌う政治的社会化につながる危険さえある。三点目に、オリバー、シェーバー、ニューマンの論文、理論書その他どこを見ても、溝口の言う内容編成論が示されていないことである。ハーバード社会科の内容編成に関する溝口の説は、再検討の余地があろう。
　対して児玉は、「歴史危機アプローチ」を、「社会的価値の解釈や社会的価値相互の対立をめぐって危機的状況にある歴史的なエピソードや時代に焦点を当て、その状況内で複雑に相互作用している諸問題の分析を試みるものである」と説明している。また、「問題―主題アプローチ」に関しては、「現代的なある特定の主題に焦点を当て、その主題を過去のある地点から現代へと展開させるものである」と説明している。これは、オリバーの説明を要約したものであり、筆者は児玉説が「歴史危機アプローチ」「問題―主題アプローチ」の説明としては、支持できるものであると筆者は判断した。
　なお、オリバーは、どの単元が「問題―主題アプローチ」に属し、どの単元が

「歴史危機アプローチ」に属するのかに関しては、部分的にしか示していない。そのため、全29ある単元の配分は、児玉と溝口で違いが見られる。児玉説を支持する筆者としては、単元の配分も、基本的には児玉説に基づいている。ただし、『外交と国際法』『国家間の組織』『戦争の制限』『革命と国際政治』の単元に関しては、筆者は「問題―主題アプローチ」に分けた。

49) Oliver, D. W., and Shaver, J. P., *Teaching Public Issues in the High School*, op cit., p. 138.
50) *Ibid.*, p. 141.
51) *Ibid.*, pp. 142-145.
52) Oliver, D. W., and Newmann, F. M., *Race and Education: Integration and Individual Freedom*, Public Issues Series, Harvard Social Studies Project, American Education Publications, 1969.
53) 溝口和宏、前掲論文。
54) Oliver, D. W., and Shaver, J. P., *Teaching Public Issues in the High School, op cit.*, p. 138.
55) *Ibid.*, p. 139.
56) Oliver, D. W., and Newmann, F. M., *The American ReVolution: Crisis of Law and Change*, Public Issues Series, Harvard Social Studies Project, American Education Publications, 1967. この単元『アメリカ独立戦争』の分析は、宇津剛・横山秀樹・山田秀和・渡部竜也「ハーバード社会科における社会科授業論：価値を分析・検討する社会科授業論」池野範男研究代表者『現代民主主義社会の市民を育成する歴史授業の開発研究』（平成13～15年度科学研究費補助金研究成果報告書、2004年）60-79頁に基づく。
57) Oliver, D. W., and Newmann, F. M., *The New Deal: Free Enterprise and Public Planning*, Public Issues Series, Harvard Social Studies Project, American Education Publications, 1968.
58) Oliver, D. W., and Shaver, J. P., *Teaching Public Issues in the High School, op cit.*, p. 139.
59) *Ibid.*
60) Oliver, D. W., A Curriculum Based on the Analysis of Public Controversy, *op cit.*, pp. 221-222.
61) Newmann, F. M., The Analysis of Public Controversy: New Focus on Social Studies, *The School Review*, Vol. 73, 1965.

62) Levin, M., and Oliver, D. W., *A Law and Social Science Curriculum Based on the Analysis of Public Issues: Final Report*, Office of Education, 1969, pp. 20-22.
63) 先行研究において、児玉修が振り分けたものがあるが、筆者の分け方もこれとほぼ同じである。詳しくは、児玉修「社会的判断力育成の教材構成―D・W・オリバーの公的論争問題について」『社会科研究』第25号、1976年を参照されたい。
64)「法理学的アプローチ」は、裁判で活用される審議手法から生み出されたものであるとオリバーは説明している（Oliver, D. W., and Baker, S., The Case Method, *Social Education*, Vol. 23, 1959, pp. 25-26.）。これは、ハーバード社会科を開発したハーバード大学が、法律学校（Law School）で有名であることとも関係すると筆者は考えている。

なお、ハーバード社会科の小単元の授業構造である「法理学的アプローチ」についての研究としては、次の二つの論文がある。
・尾原康光、「リベラルな民主主義社会を担う思考者・判断者の育成(1)―D. W. オリバーの場合―」『社会科研究』43号、1995年。
・溝口和宏「歴史教育における開かれた態度形成―D. W. オリバーの『公的論争問題シリーズ』の場合―」『社会科研究』42号、1994年。

しかし、尾原は、授業展開に関するオリバーの解説を翻訳してそのまま紹介しているに過ぎず、この点、教授書形式で再現した溝口は、同アプローチの具体的な実態が良く分かる点で評価できる。しかし、溝口は同アプローチの「価値観の不一致の解消を目指した議論」に注目する一方で、同アプローチにおける事実認識の不一致の解消を目指した議論や、言葉の定義の不一致とその解消を目指した議論の側面に触れていない。オリバーは公的論争問題を、価値対立と事実解釈対立、定義対立の三段階で見ているはずだが、氏が再現した教授書小単元「労働者と法」にも、小単元「ある町の家族」にも、価値的問題とその議論の側面のみが示されている。ハーバード社会科の評価テストであるSIATでは、こうした論争における事実認識の不一致の発見や、処理、定義の不一致の発見や処理を評価する項目がかなり設定されていることからも、オリバーがハーバード社会科においてこの「事実的問題」「定義的問題」の2側面をかなり重視したことは明確であり、筆者は『政策の立案』に示された解説などを踏まえ、理論書に示されている小単元「リトルロックの暴動」の授業をあえて教授書に再現し、法理学的アプローチにおける分析的フレームワークの役割や、「事実的問題」「定義的問題」の議論の位置づけなどを示した。（なお、SIATについて詳しくは、棚橋健治「ハーバード社会科・社会的論争問題分析テストの学習評価論―問題場面テストによる社会科学習評価への示唆―」『社会

科教育研究』69号、1993年を参照されたい。)
65) 森分孝治「社会科授業構成の類型」社会認識教育研究会編『社会認識教育の探求』第一学習社、1978年、385頁。
66) Oliver, D. W., and Shaver, J. P., Evaluating the Jurisprudential Approach to the Social Studies, *The High School Journal*, Vol. 46, 1962, pp. 53-63.
67) Oliver, D. W., and Shaver, J. P., *Teaching Public Issues in the High School, op cit.*, pp. 126-130.
68) Oliver, D. W., and Baker, S., The Case Method, *op cit.*, p. 26. Oliver, D. W., Educating Citizens for Responsible Individualism, 1960-1980, Patterson, F., *Citizenship and a Free Society: Education for the Future*, NCSS the 30th Yearbook of NCSS, 1960, pp. 201-227. (in Shaver, J. P., and Berlak, H., *Democracy, Pluralism, and the Social Studies; Reading and Commentary*, Houghton Mifflin Company, 1967, pp. 112-114.) なお、ハーバード社会科の授業方略である「法理学的アプローチ」の再現に関しては、これらオリバーらの一連の書物や論文の他に、棚橋健治のハーバード社会科の評価研究なども参考にした。
69) Oliver, D. W., and Shaver, J. P., *Teaching Public Issues in the High School, op cit.*, p. 88.
70) *Ibid.*, pp. 88-89.
71) *Ibid.*, p. 94.
72) 1960年代以降、心理学の分野でアナロジー(類推)法は注目されてくる。cf. Dreistadt, R., An Analysis of the Use of Analogies & Metaphors in Science, *The Journal of Psychology*, Vol. 68, 1968.
73) Shaver, J. P., Values and the Social Studies, in Morrissett, I., et al., *Concepts and Structure in the New Social Science Curricula*, Holt Rinehart and Winston, 1967, pp. 121-122.
74) Oliver, D. W., and Shaver, J. P., *Teaching Public Issues in the High School, op cit.*, p. 94.
75) Oliver, D. W., Educating Citizens for Responsible Individualism, 1960-1980, *op cit.*, pp. 110-112.
76) Newmann, F. M., and Oliver, D. W., Case Study Approach in Social Studies, *op cit.*, p. 113.
77) こうした授業構成は、かつてデューイが提示し、価値学習に応用した「反省的思考法」((資料などから) 問題の発見→ (下位の) 議題の設定→仮説の提示→調査・

資料の収集→資料の分析・一般化→仮説の修正→問題への主張の修正）に類似している。このように「反省的思考」の形式を踏襲して（ないしは発展させて）いる点に、オリバーがアメリカ合衆国国内でデューイストの一人として評価されている所以がある。

78) Croddy, M., et al., *Of Codes and Crowns, "Law in Social Studies" Series*, Constitutional Rights Foundation, 1983. クラッディの開発したカリキュラム教材としてわが国に紹介されているものとしては、『自由の基礎』というプロジェクトがある。これについては、中原朋生「「権利に関する社会的ジレンマ研究」としての社会科―権利学習プロジェクト『自由の基礎』を手がかりに―」『社会科研究』第58号、2003年を参照されたい。
79) Croddy, M., Bringing the Bill of Rights to the Classroom: An Anecdotal History of the Constitutional Rights Foundation, *op cit.*
80) Croddy, M., Slow March of Democracy, *Social Education*, Vol. 52, No. 3, 1988, pp. 194-195.
81) *Ibid.*, p. 195.
82) Croddy, M., et al., *Of Codes and Crowns, op cit.*, pp. 29-83.
83) Croddy, M., Law Related Models for Teaching Controversial Issues, *International Journal of Social Education*, Vol. 4, No. 1, 1989.
84) このカリキュラムの構造については、渡部竜也「市民的資質育成のための社会科カリキュラムの構成原理―"社会科における法"シリーズを手がかりとして―」『教育学研究紀要』第二部、第46巻、2000年、165-170頁を参照されたい。
85) Croddy, M., Law Related Models for Teaching Constroversial Issues, *op. cit.*
86) この罪刑法定主義の論争に関しては、我妻榮『法律における理屈と人情』日本評論社、1955年や田中成明『現代理論法学入門』法律文化社、1993年が詳しい。なお、この罪刑法定主義の客観論の呼び名は、我妻榮『法律における理屈と人情』日本評論社、1955年、19～25頁を参考にした。なおこの立場は他に「客観主義刑論」「応報刑論」とも呼ばれている。

終章　民主主義社会の形成者育成における価値学習の特質と課題

第1節　研究成果の総括

　本研究は、序章でも示したように、各種価値学習が保証しうる、民主主義社会の形成者として求められる知的作法と、その価値学習が扱う価値領域との間の関連性を解明することを目的とする。その研究対象は、事例が大変豊富であることなどの理由から、1960年代後半以降アメリカ合衆国で頻繁に開発されることになった、一連の価値学習のカリキュラム教材に求めた。第1章では、社会的価値をその性質・機能をもとに宗教的価値・思想的価値・文化慣習的価値・法規範的価値に分類した見田の価値の4類型理論を参考にして、価値学習を宗教的価値学習・思想的価値学習・文化慣習的価値学習・法規範的価値学習の4つに分けた。

表6-1　価値の類型表（フレームワーク）（再出）

		時間的パースペクティブ	
		伝統性・継続性重視	現代適応性・革新性重視
社会的パースペクティブ	自己本位	宗教的価値 （宗教・経典）⇒日常での個人の多様な行為を生む	思想的価値 （倫理・人間哲学）⇒日常での個人の多様な行為を生む
	社会本位	文化慣習的価値 （伝統的慣習）⇒日常での文化的社会的現実を生む	法規範的価値 （法・判例）⇒政治的経済的社会的現実を生む

（見田宗介『価値意識の理論—欲望と道徳の社会学—』弘文堂、1966年、32頁の第一図「価値の類型表」より筆者抜粋。ただし一部手直ししている。）

そしてこの類型に基づいて、第2章から第5章まで、各種価値学習が対象とする社会的価値の領域（宗教的価値・思想的価値・文化慣習的価値・法規範的価値）別に、内容編成・授業方略と、そしてその学習が学習者に提供しようと考えている民主主義社会形成に必要とされる知的技能などの特質の分析・解明を行った。

第2章では、宗教的価値を取り扱った学習、いわゆる宗教的価値学習に焦点をあてた。宗教的価値は、自己本位的で伝統性・継続性重視という固有の性質を持つとされる。つまり、ある価値が宗教的価値として人々に認識され存在するための条件として、その価値の内容が、それを信ずるある複数の人間にとっては、日常で生活するために有効と思われるような何らかの指針（基準）を提示できるが、それを信じない人間には何の指針も提示しえないような個々の単位のものであること、そしてその内容は長い歴史の中で大きく変化せず守られ続けていることの2つがあるとされている。

こうした宗教的価値の性質は、これを取り扱った宗教的価値学習にも大きく反映するものであった。宗教的価値学習には、大きく2つの流れを見ることができる。1つは、多様な宗教の教義や、それにまつわる慣習・儀式など、各種宗教的価値に関する情報をできるだけ包括的かつ正確に子どもたちに伝えることで、他宗教への誤解や偏見を解消し、さらには、宗教的寛容心（religious tolerance）を育てることを目的とした「非通約的多元主義型」宗教的価値学習である。もう1つは、そうした各種宗教の宗教的価値の多様性を伝えるだけでなく、その比較・検討をさせることで、その宗教間に共通する価値観や構造を発見し、そのことで他宗教を特異なものとして好奇的に見る態度や、ステレオタイプな見方、偏見を克服することを目的とした「通約的多元主義型」宗教的価値学習である。

この両宗教的価値学習は、そのどちらもが宗教的価値の理解に重点を置く分、その評価や批判を求める発問や活動を全く設定しなかったという共通点を持つ。こうした原因としては、宗教的価値学習の開発者が、自己本位的で

伝統性・継続性重視という宗教的価値が持つ固有の性質を意識し、それに基づいた宗教的価値学習の開発をしていることがあると考えられる。つまり彼らは、宗教的価値の選択という問題を完全に「個人的問題」として位置付けることで、教室全体で議論して何らかの宗教的価値の優劣を決定したり、従来の宗教的価値にとって代わる新しい価値を創造したりすることの必要性を否定したと考えられるのである。そのため宗教的価値学習はどちらのタイプとも学習者に提供できる知的作法は制限されることになった。

このことをトゥールミン図式でまとめてみよう。すると下の図6-1のように、分析対象となる宗教的価値を支持する人々の価値の正当化構造を解明するといった知的作法を獲得するところまでは、宗教的価値学習は保証できる。筆者はこうした段階の知的作法を、第一レベルの手続きと名付けたい。だがしかし、この後の価値学習が保証する様々な手順にまでは発展しない。この第一レベルの手続きの保証で留まってしまうことが、宗教的価値学習の特質であり、限界でもある。

第3章では、思想的価値を取り扱った学習、いわゆる思想的価値学習に焦点をあてた。思想的価値は、自己本位的で現代適応性・革新性重視という固

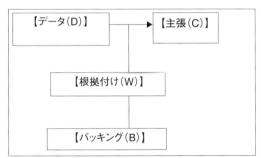

第一レベルの手続き
分析対象となる価値が正当化される構造をトゥールミン図式で整理することができる

図6-1　宗教的価値学習が提供する知的作法
　　　　（トゥールミン図式より）

有の性質を持つとされる。つまり、ある価値が思想的価値として人々に認識され存在するための条件として、その価値の内容が、ある複数の人間にとっては、日常で生活するために有効と思われるような何らかの指針（基準）を提示できるが、別の人間には何の指針も提示しえないような個々の単位のものであること、そしてその内容は時代の要請や環境の変化などで絶えず変化を続けていることの2つがあるとされている。

　こうした思想的価値の特質は、思想的価値学習に大きな影響を与える。思想的価値学習には、大きく2つの流れを見ることができる。1つは、各共同体の中で深く浸透している思想的価値を理解させ、さらにはそれを日常の行動（生き方）に反映させるように学習者に働きかける「適応主義型」思想的価値学習である。もう1つは、日常の生き方をめぐる課題に直面した時に、歴史上の人物の思想を学び、それを批判的に検討することを通して、現在や未来の必要性にあわせて使用することができるような能力を学習者に育成しようと試みる「構成主義型」思想的価値学習である。

　思想的価値学習の場合、宗教的価値学習とは異なり、異文化（他宗教）の理解のための学習として組まれることはほとんどない。その代り、自身の生き方については、より踏み込んだ学習が展開する。また、価値の理解に留まるのではなく、価値の創造にまで踏み込んでいく「構成主義型」のような価値学習のアプローチが存在するところにも特徴がある。ただこうした思想的価値学習はどちらの型も、ほとんどの場合、個人の生き方をめぐる問題としてのみ思想的価値を取り扱うことで留まってしまい、それを社会的な問題として取り扱うことはほとんどない。つまり、価値の創造を個人の範囲に絞ってしまうのである。この結果、思想的価値学習は、社会に働きかけることに目が向きにくくなる。これは民主主義社会の形成者を育成するという点からみて、大きな問題である。

　こうした特質が思想的価値学習に表れてくる原因として、思想的価値学習の開発者が、自己本位的で現代適応性・革新性を持つとされる思想的価値固

終　章　民主主義社会の形成者育成における価値学習の特質と課題　369

有の性質を何らかの形で意識し、それに基づいた思想的価値学習の開発をしていることがあると考えられる。つまり思想的価値学習の開発者は、価値の創造といったものを、個人的問題として考えているが、しかし宗教的価値の場合と違って、それは、議論を通して他者の思想とのぶつかり合いの中で進めていくものであると捉えたことが背景にあると考えられる。

　こうしたことから思想的価値学習は、民主主義社会の形成者になるための知的作法について、宗教的価値学習より保証できるところが若干増えた。

　トゥールミン図式で示せば、下の図6-2のように、分析対象となる思想的価値を支持する人々の価値の正当化構造を解明したのち、それを踏まえて（括弧に入れて）自らの思想的価値を構築するといった手続き的知識を獲得する。筆者はこうした段階の知的作法を、宗教的価値学習が提供した知的作法のレベルと区別し、こちらの方がより高次であることを示すために、第二レベルの手続きと名付けたい。

　第4章では、文化慣習的価値を取り扱った学習、いわゆる文化慣習的価値学習に焦点をあてた。文化慣習的価値は、社会本位的で伝統性・継続性重視という固有の性質を持つとされる。つまり、ある価値が文化的価値として人々に認識され存在するための条件として、その価値の内容が、ある一定の

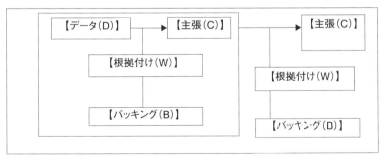

第二レベルの手続き
分析対象となる価値が正当化される構造を踏まえ（括弧に入れ）、学習者が独自の価値観に基づいて主張をし、それを正当化できる

図6-2　思想的価値学習が提供する知的作法（トゥールミン図式より）

範囲の社会の構成員の多くが、日常で生活するために有効と思われるような何らかの指針（基準）を提示できること、そしてその内容は長い歴史の中で大きく変化せず守られ続けていることの2つがあるとされている。

　こうした文化慣習的価値学習には、大きく4つの流れが見られる。1つ目は、異文化は個々それぞれに違うものであるが、それぞれに個性があって良いものであるとした文化多元主義的な考え方の下、学習者の異文化への偏見を見直すために、異文化に関しての様々な知識を獲得し、それを認めることができる寛容的な態度（Cultural Tolerance）の育成を試みようとする「非通約的多元主義型」文化慣習的価値学習である。2つ目は、異文化は個々それぞれ違うもののように見えて、根底の構造には共通するものがあると捉え、その共通性を発見させることで、「人類、皆同じ」といった発想を育てていき、そのことで、異文化への偏見を克服させていこうとする「通約的多元主義型」文化慣習的価値学習がある。3つ目は、文化間には違いがあるが、これらにはそれぞれ一長一短あるのだから、異文化の良いところはどんどん取り入れ、新たな文化慣習的価値をそれぞれ各自が創造していき、個人の生活での慣習を改めていくことのできる人間を育てていこうとする「構成主義型」文化慣習的価値学習である。最後の1つは、単に世界各地の伝統的慣習といった文化慣習的価値に関する情報を提供するだけでなく、これの比較を通して背後にある価値観の違いを解明してみたり、さらにはそれを批判的に吟味してみたりなどして、間地域的に融合した新しい文化慣習的価値を構築し、そのことで社会を変革しようとする「社会改造主義型」文化慣習的価値学習である。

　文化慣習的価値学習は、異文化理解を目的としたもの、個人の生き方を見直そうとするもの（新しい生活慣習を見つけようとするもの）、社会変革を目指そうとするものなど、その目的もアプローチも、バラエティに富んでいるところに特質がある。

　こうした多様性が生じたことの原因としては、文化慣習的価値学習の開発

終　章　民主主義社会の形成者育成における価値学習の特質と課題　371

者が、社会本位的で伝統性・継続性重視という文化的価値が持つ固有の性質を何らかの形で意識し、それに基づいた文化的価値学習の開発をしていることがあると考えられる。つまり彼らは、文化的価値をどう維持ないし変革させていくのかといった問題を、社会的問題としてとらえ、既存の文化慣習的価値にとって代わる新しい価値を、社会の一部、小さな共同体とも言える教室での議論を通して創造し、最終的には何らかの意見の統一までもってくることの必要性を認め、そうしたアプローチに出る者もあれば、逆に、早急には社会レベルでの意見の統一が求められない問題であると考えて、個人レベルでの新しい文化慣習的価値の創造で留まり、あえて合意形成まで求めることを避けた者や、理解そのもので留まり、それを徹底させよとした者もあると考えられる。

　このように、文化慣習的価値学習の多様性は、同価値学習が、民主主義社会の形成者として必要となる知的技能のかなりの部分を保証できることを示すものである。トゥールミン図式で示せば、図6-3のように、分析対象となる文化慣習的価値を支持する人々の価値の正当化構造を解明したのち、それを踏まえて（括弧に入れて）自らの文化慣習的価値を構築するといった知的作法を獲得する。思想的価値学習が提供した手続きのレベルと同様に、第

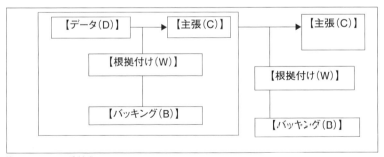

第二レベルの手続き
分析対象となる価値が正当化される構造を踏まえ（括弧に入れ）、学習者が独自の価値観に基づいて主張をし、それを正当化できる

図6-3　文化慣習的価値学習が提供する知的作法（トゥールミン図式より）

二レベルの手続きは少なくとも保証できる。

　ただ、社会変革に向けて、社会の様々な構成員の間で文化慣習的価値を築こうとする場合、文化慣習的価値学習には一つの課題がある。社会の多種多様な構成員の全員が共有できる判断基準を提供できないことである。この場合、教育上のねらいが例え、社会の多種多様な構成員が合意できる文化慣習的価値の創造にあったとしても、共通の判断基準を持たないのだから、その合意は実際的には困難であり、結果的に価値の創造は個々の次元でなされるに留まるのではないだろうか。文化慣習的価値学習が、第二レベルの手続き的知識以上のものを保証できる可能性は低い。

　第5章では法規範的価値を取り扱った学習、いわゆる法規範的価値学習に焦点をあてた。法規範的価値は、社会本位的で現代適応性・革新性重視という固有の性質を持つとされる。つまり、ある社会的価値が法規範的価値として人々に認識され存在するための条件として、その社会的価値の内容が、ある一定の範囲の社会の構成員の多くが、日常で生活するために有効と思われるような何らかの指針（基準）を提示できること、そしてその内容は時代の要請や環境の変化などで絶えず変化を続けていることの2つがあるとされている。

　こうした法規範的価値学習は、大きく2つの流れをみることができる。1つは、既存の法規範的価値を公的な判断基準として習得し、他の事例にも活用できるようにする能力を育成しようとする「適応主義型」法規範的価値学習である。もう1つは、民法やその他法律の内容や、司法判断、司法の解釈などの既存の法規範的価値を、合衆国憲法を支える諸原理を判断基準として用いながら、学習者の目でもう一度反省的に吟味し、学習者独自の法規範的価値（判断基準）の再構築をして、これに従って行動できる能力を育成し、これを通して社会の改善をしていくための態度や作法を保証しようとする「社会改造主義型」法規範的価値学習である。そしてこれに加えて最近では、判断基準となる法原理そのものを問い直す「根源主義型」の価値学習も登場

終　章　民主主義社会の形成者育成における価値学習の特質と課題　373

している。

　法規範的価値学習には、異文化理解を第一目的とする学習は見られない。基本的には、社会生活での生き方を反省させることを目的とするか、そうしたことからは距離をとり、あくまで社会の既存の価値の批判的吟味を通して、社会全体の改善を図るか、二分される傾向にある。こうした原因としては、法規範的価値学習の開発者が、社会本位的で現代適応性・革新性重視という法規範的価値が持つ固有の性質を何らかの形で意識し、それに基づいた法規範的価値学習の開発をしていることがあると考えられる。つまり彼らは、法規範的価値をどう維持ないし変革させていくのかといった問題を、社会的問題としてとらえ、早急に社会レベルでの意見の統一が求められる問題として捉える。そしてこれに裁判官の判決や弁護士、法学者ら法的専門家ら権威者の見解を「他より優れた見解」であるとして学習者に理解させることで対応しようとするか、こうした権威者の見解も他者との議論を通して学習者自身で見直し、学習者間で合意できる新しい法規範的価値を創造していくことで対処するかで立場が分かれるのである。

　こうしたことから、民主主義社会の形成者を育成するという観点からみて、法規範的価値学習は、他の宗教的価値学習、思想的価値学習、文化慣習的価値学習より高次な知的作法を保証する可能性がある。この高次な思考プロセスをトゥールミン図式で示せば、次頁の図6－4のようになる。分析対象となる法規範的価値を支持する人々の価値の正当化構造を解明したのち、それを踏まえて（括弧に入れて）自らの法規範的価値を構築し、さらに周囲の人々の見解とぶつけ合うことで、より社会的に合意された価値を創造するといった知的作法を獲得する。筆者はこうした段階の知的作法を、宗教的価値学習や思想的価値学習、文化的価値学習が提供した次元のものとは区別して、こちらの方がより高次であることを示すために、第三レベルの手続きと名付けることにしたい。

　このように、本研究では、見田の示した価値の4類型に基づいて、価値学

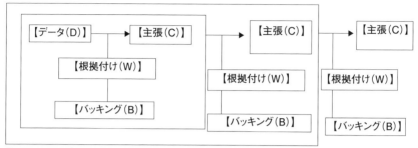

第三レベルの手続き
第二レベルで生み出した自らの価値観を、更に他の学習者同士での討論を通して彼らの価値観と比較することで反省し、また相手の価値観を批判することを通して、自分と他の学習者の間で合意できる間主観的な価値観を構築し、これを正当化できる段階

図6-4 法規範的価値学習が提供する知的作法（トゥールミン図式より）

習をその取り扱う価値の性質・性能を視点として、宗教的価値学習・思想的価値学習・文化慣習的価値学習・法規範的価値学習の4つに分け、それぞれ個別に、各種社会的価値を取り扱った学習の対象とした価値領域と内容編成、授業構成、そして学習が保証する知的作法との間の関連性を解明してきた。ここから次の3つの結論を挙げることができる。

第一に、民主主義社会の有意な形成者を育成するためには、「社会改造主義型」法規範的価値学習を回避するべきではないということである。この学習形態が保証する民主主義社会の形成者として必要となる知的作法は、大変に高次なものであり、そして他の学習形態が提供するそれのかなりの部分をカバーすることができる。学習時間に余裕がない場合、ミニマムとしてせねばならない学習形態は、このタイプである。

第二に、「社会改造主義型」法規範的価値学習は、必ずしも万能ではないということである。例えば、「通約的多元主義型」の価値学習は、法規範的価値学習が保証しえなかった「異文化間の諸価値の背後にある構造を見つけ出すことで、人類の共通性を理解する」という作法を提供する。これは、異文化を理解する上で特に重要となるものである。法規範的価値学習以外の3

つの価値学習にも、それぞれに内容的側面で民主主義社会の形成者育成として果たす固有の要素がある。

第三に、「適応主義型」の価値学習は、できれば必要最小限に抑えておくべきであるということである。学習者が住む地域の価値にのめり込み、それを相対化することなく受け入れてしまうその方針は、民主主義社会の形成者として必要となる知的作法を保証するところが大変に少ないばかりか、「社会改造主義型」法規範的価値学習や、「通約的多元主義型」「非通約的多元主義型」の各種の価値学習の効果を妨げる危険性すらある。

第2節　研究の示唆するもの—価値学習の原理と方法—

1．価値学習の領域依存性

本研究では、これまで、見田の示した価値の4類型に基づいて、価値学習をその取り扱う価値の性質・性能を視点として、宗教的価値学習・思想的価値学習・文化慣習的価値学習・法規範的価値学習の4つに分け、それぞれ個別に、各種社会的価値を取り扱った学習の対象とした価値領域と内容編成、授業構成、そして学習が保証する、民主主義社会形成の際に求められる知的作法との間の関連性を解明してきた。その明らかになった結果を整理したのが次頁の表6-2である。

表6-2の説明をしよう。まず表6-2の横軸を説明する。第2章から第5章までの各種価値学習の分析を通して、筆者は価値学習には大きく3つのアプローチが存在することを発見した。1つは、マスメディアの情報統制技術の発達などによる、一部に見られる価値の一元化、画一化の動きに対して、それに負けないようにより多くの諸価値についての知識・情報を理解することで対応しようとする考え方を基本に持つ立場で、筆者はこれを「多元主義アプローチ（pluralism approach）」と呼ぶことにする。もう1つは、既存の価値に対する多様な人々の考え方の批判的検討などを通して新しい価値の創造

表6-2 価値学習の構造（対象とする価値領域と教育目的・知的作法・該当教材の関係）

		社会化アプローチ	多元主義アプローチ	批判主義アプローチ
宗教的価値学習	教育目的	—	・複数の宗教の諸情報や、さらにその背後にある価値観を理解する	—
	習得される知的作法	—	①価値の表象的な部分、いわば言説を理解する ②価値を支持する人間の正当化の構造を分析し、彼らの背後にある価値観を明らかにして理解する 【第1レベルの手続き】	—
	該当教材〈類型〉	—	〈非通約的多元主義型〉 『世界の宗教』 〈通約的多元主義型〉 『比較宗教』	—
思想的価値学習	教育目的	・学習者の住む地域の伝統的価値について理解し、それを日常生活で活用することができる。生き方に反映させることができる。	—	・他者の価値の批判的検討を通して、彼らの奥底にある価値観を発見し、これを踏まえて個人の価値観の反省と再構築をする
	習得される知的作法	①価値の表象的な部分、いわば言説を理解する。	—	①+②+ ③価値観の異なる相手の考え方を踏まえた自己の価値観の反省と再構築 【第2レベルの手続き】
	該当教材〈類型〉	〈適応主義型〉 『人間の価値』シリーズ	—	〈構成主義型〉 『思考への扉』『フェミニズム』
	教育目的	—	・複数の地域の価値や、さらにその背後にある価値観を理解する	・ある文化的価値に関する考え方や、その背後にある価値観（思念）を踏まえて、自らの文化的価値や生活スタイルを反省し、これの再構築を図る
		—	①文化的価値の表象的な	①+②+

終　章　民主主義社会の形成者育成における価値学習の特質と課題

文化慣習的価値学習	習得される知的作法			②文化的価値を支持する人間の価値の正当化の構造を分析し、彼らの背後にある価値観（思念）を明らかにして理解する【第1レベルの手続き】	③価値観の異なる相手の考え方を踏まえた自己の価値観の反省と再構築【第2レベルの手続き】
	該当教材〈類型〉	―		〈非通約的多元主義型〉『国と文化』〈通約的多元主義型〉『世界文化』、MACOS	〈構成主義型〉『文化の関係』〈社会改造主義型〉『文化の衝突』
法規範的価値学習	教育目的	・学習者の住む地域の伝統的価値について理解し、それを日常生活で活用することができる。生き方に反映させることができる。		―	・価値に対する論争から、意見の対立する人々の背後にある価値観を明確にし、それを踏まえて、教室全体で新たな価値の再構築を図る
	習得される知的作法	①価値の表象的な部分、いわば言説を解明して理解する		―	①＋②＋③＋④学級内での議論を通して統一見解を作成する（判断基準として合衆国憲法を支える法原理を用いる）【第3レベルの手続き】⑤判断基準である法原理を問い直す（『法と王冠』の場合）
	該当教材〈類型〉	〈適応主義型〉『憲法の学習』『私の尊厳、あなたの尊厳』		―	〈社会改造主義型〉『今日と明日への決断』ハーバード社会科（『公的論争問題シリーズ』）〈根源主義型〉『法と王冠』

（筆者作成）

を試みることで価値多元化が進む現代民主主義社会に対して、対応するという考え方を基本に持つ立場で、筆者は「批判主義アプローチ（criticism approach）」と呼ぶことにする。そして最後は、既存の地域社会（国）が伝統的

に保持してきた諸価値を子どもたちに伝達することで、多様化して迷いすら生まれる価値多元社会に子どもたちが対応できるようにしようとする考え方に立つもので、筆者は「社会化アプローチ（socialization approach）」と呼ぶことにする。

次に表6-2の縦軸を説明する。縦軸には、本研究で設定した4つの価値学習である宗教的価値学習、思想的価値学習、文化慣習的価値学習、法規範的価値学習が、順番に上から並んでいる。その下位には、各種価値学習それぞれに「教育目的」「学習者が習得できる知的作法」「該当するアプローチの類型」が設定され、各種価値学習の開発者が共通して持っている「教育目的」、各種価値学習が学習者に提供できる知的作法、その該当するカリキュラム教材などが並んでいる。

宗教的価値学習の場合、すでに第2章で論じてきたように、「非通約的多元主義型」宗教的価値学習（『世界の宗教』）と「通約的多元主義型」宗教的価値学習（『比較宗教』）の2つが見られたが、これらはどちらも複数の宗教の宗教的価値に関する詳細な情報を理解することに重点が置かれている反面、学習者が独自の宗教的価値を創造するような発問や指導は設定されていなかった。このことから、どちらのタイプも「多元主義アプローチ」に属することになる。

思想的価値学習の場合、すでに第3章で論じてきたように、「適応主義型」思想的価値学習（『人間の価値』シリーズ）と「構成主義型」思想的価値学習（『思考への扉』、『フェミニズム』）があった。前者は、地域社会が持つ価値を個人の生き方に還元することを目的としていた。後者は、複数の思想家の思想的価値を、その価値の背後にある価値観までも含めて理解するだけでなく、学習者が独自の思想的価値を創造することまで求めていた。このことから、前者は「社会化アプローチ」に、後者は「批判主義アプローチ」に属する。

文化慣習的価値学習の場合、すでに第4章で論じてきたように、「非通約的多元主義型」文化慣習的価値学習（『国と文化』）、「通約的多元主義型」文

化慣習的価値学習（MACOS)、「構成主義型」文化慣習的価値学習（『文化の関係』）と、「社会改造主義型」文化慣習的価値学習（『文化の衝突』）の４つがあった。前２つは、複数の地域の文化慣習的価値に関する詳細な情報を理解することに重点が置かれている反面、学習者が独自の文化慣習的価値を創造するような発問や指導は設定されていない。このことから、このタイプは「多元主義アプローチ」に属する。対して、後者２つは、両者とも複数の文化慣習的価値から学習者が独自の価値を創造することまで求めていた。このことから、そのどちらのタイプも「批判主義アプローチ」に属すると考えられる。

法規範的価値学習の場合、すでに第５章で論じてきたように、「適応主義型」法規範的価値学習（『憲法の学習』『私の尊厳、あなたの尊厳』）、「社会改造主義型」法規範的価値学習（ハーバード社会科、『今日と明日への決断』）と「根源主義型」法規範的価値学習（『法と王冠』）があった。この内、「適応主義型」は、多様な法規範的価値に関する詳細な情報を理解することに重点が置かれている反面、学習者が独自の法規範的価値を創造するような発問や指導は設定されておらず、このタイプは「社会化アプローチ」に属する。対して、後者の２つは両者とも、法規範的価値をめぐる論争をテーマとし、その議論を通して、学習者が独自の法規範的価値を創造することまで求めていた。このことから、そのどちらのタイプも「批判主義アプローチ」に属する。

こうした表６-２からは、次の３つの原理を見出すことができる。その第一として、「多元主義アプローチ」は、宗教的価値学習と文化慣習的価値学習に見られ、思想的価値学習や法規範的価値学習には見られない、つまり価値の「時間的パースペクティブ」（表６-１）の性質に大きく影響を受けることである。伝統性・継続性を重視する宗教的価値と文化慣習的価値の２つは、異文化理解という点では、最も適した素材となりうる。そのため、これらの価値は「多元主義アプローチ」に向いている。逆に、現代適応性・革新性が求められる思想的価値や法規範的価値は、異文化内部でも時代によって変化

を繰り返す性質のものであり、異文化理解の教材としては、あまり適さない。

　第二の原理として、「社会化アプローチ」は思想的価値学習と法規範的価値学習に見られ、宗教的価値学習や文化慣習的価値学習には見られない、つまりこれも価値の「時間的パースペクティブ」の性質に大きく影響を受けるのである。この理由を考察する上で注目したいのが、この「社会化アプローチ」は「批判主義アプローチ」とセットで登場しているという事実である。つまり、現代適応性・革新性が求められる思想的価値や法規範的価値に対して、あくまで伝統的な価値を保持し、伝統的な価値の批判を防ぐことで対応しようとする動きと、これとは全く反対に、伝統的な価値を批判し、現代により適した価値を生み出そうとする動きが同時に必ず生じるということをこの事実は示している。俗にこうした動きを、「保守と革新」と我々は言ったりする。「社会化アプローチ」に徹する場合、批判の吟味などの行為はおろか、相対化も原則許されない。そのため、学習者が住む地域の伝統的価値だけを取りつかうことになる。対して「批判主義アプローチ」を志向する人々は、価値をより直接的に議論させたいので、論争問題を取り扱うことを好む。異文化・他地域の価値との比較をしても良いのだが、これでは地域間の文脈の違いといったものをどうしても考慮せねばならないので、出来れば学習者が住む地域で論争になっている事例を扱う方が好まれる。

　これに対して、宗教的価値や文化慣習的価値は、価値の性質上、著しい変化が生じないので、その保持や再構築を目的とするアプローチを採用しようといった動きにはならないのであろう。さらに宗教的価値の場合、特定の宗教的価値のみを学習者に教え込む行為は、信教の自由に反する可能性があるので、民主主義社会の体制下で原則として実行することはできない。このことが宗教的価値学習の中で「社会化アプローチ」が登場しない理由にもなっているのではないだろうか。一方、文化規範的価値の場合、その地域の文化規範的価値はあえて学校教育が子どもたちに伝えなくとも、日常生活の中で彼らは十分に社会化されてきている。そのため、こうした「社会化アプロー

チ」が採用される必要はない。このことが文化慣習的価値学習に「社会化アプローチ」が登場しない理由ではないだろうか。

ただ以前よりも文化慣習的価値の変化は著しいものとなっている昨今、徐々に文化慣習的価値学習に、「批判主義アプローチ」が登場している。もしかしたらこうした動きに対抗して、文化慣習的価値の領域に、将来「社会化アプローチ」を採用する価値学習が登場する可能性も、十分にある。

第三の原理として、「批判主義アプローチ」の中でも社会変革を目指すものは、法規範的価値学習や文化慣習的価値学習内に見られるのに対して、思想的価値学習はそうした試みは見られない、つまり「批判主義アプローチ」が社会変革まで目指すのか、それとも個人内の価値の創造に留まるのかは、価値の「社会的パースペクティブ」の性質に大きな影響を受けることである。法規範的価値学習の場合、「批判主義アプローチ」を採用する価値学習は、全て法や政策といった社会的価値を創造させることで、社会の変革まで視野に入れていた。これは、法規範的価値それ自体が、社会本位の価値であり、社会に影響を与えることで初めて存在意義を持つ価値だからに他ならない。対して思想的価値は、基本的に自己本位の価値であるため、社会変革を目指すことは稀である。本書で紹介した『フェミニズム』には若干、自己の価値の創造という枠を超え出ていこうとする部分が認められるが、これはむしろ思想的価値学習の中では稀有な存在であろう。文化慣習的価値学習の場合、個人内での価値創造と、それを超え社会的価値の創造まで進めようとする動きと、2つの系譜を見ることができる。本来、文化慣習的価値は、法規範的価値と同じく社会本位の価値であり、社会に広く受け入れられて初めて存在する意義を持つ。だが同時に文化慣習的価値は、「時間的パースペクティブ」として伝統性・継続性を重視する性質にある、つまり変化があまり著しくない価値であり、今すぐ大きな変化をする必要も（大抵の場合）なければ、変化させることのできにくい価値でもある。まずは個人内での価値の創造で留めておこうとする動きが出てきても、何ら不思議なことは無い。

これら3つの特質から、「価値学習の領域依存性」とも呼べる、各種の価値学習が対象とする価値の領域と、その学習アプローチとの関係性には、一定の関係があることを見ることができる。つまり、各領域の価値学習が学習者に求める態度や方略の中身は、その対象となる価値の性質に依存するところが大きいのである。対象となる価値の性質がより社会本位で、現代適応性・革新性を重視したものほど、論争的に価値が扱われ、そして集団間の議論ができるような戦略が組まれ、議論と新たな価値の創造が重視されるようなアプローチと、逆に、それに反発して伝統的な価値にしがみつこうとするアプローチの両方が登場することになる。逆に、自己本位で、伝統性・継続性重視をした価値ほど、議論よりも、多様な価値の理解に軸が置かれることになる。

　こうした原理が見出せるのは、それぞれの価値学習のカリキュラム教材開発において、各種社会的価値が持つ性質が開発者に影響を与えたことが原因と考えられる。つまり、合衆国の価値学習の開発者は、はっきりと自覚していたのか、潜在的意識の下であったのかは定かでないが、各種社会的価値が持つ性質を認識し、その性質に応じて、社会的価値の種類によって、学習の育成するべき目標、内容編成や授業方略を分けて組んだのである。

　このことは同時に、価値学習が民主主義社会に対して果たす役割が、価値の性質によって変化することをも意味する。より社会本位的で現代適応性を性質として持つ価値を扱う場合ほど、「学習者の社会参加」「議論を通した新しい社会的価値の創造」が目標の中核を占めるようになり、そのために必要とされる知的作法が提供されるようになる。また、より自己本位的で伝統性や継続性を性質として持つ社会的価値を扱う場合ほど、「自らとは異なる価値観の理解」「個人の思慮深い価値観の形成」が目標の中核を占め、そのために必要な知的作法の提供がなされるのである。

　このことは、価値学習には合意形成（教室内での統一見解）が必要であるのか、それとも不要であるのかというわが国の論争に対して1つの新たな視点

を提供する。それは、対象となる価値が持つ性質によって合意が求められるのか否かが分かれてくるという見解である。さらに言えば、社会本位で現代適応性・革新性といった性質を持つ法規範的価値を取り扱う学習は、合意形成に向けた議論が求められることになり、自己本位で現代適応性・革新性といった性質を持つ思想的価値や、社会本位ながら伝統性・継続性といった性質を持つ文化的価値を取り扱う学習は、個人レベルでの価値観形成に留まり、自己本位で伝統性・継続性といった性質を持つ宗教的価値を取り扱う学習は、価値を議論し批判的検討をすることそのものが不要であると結論付けることができるのである。

　価値が持つ性質に応じて、各種価値学習の方略や社会に果たす役割を分担するこの考え方を、筆者は「価値学習の領域依存説」と名づけたいと考えている。

2．価値学習を学校教育（教科教育）の中心に位置付けることの意義

　最後に、前節の分析成果を踏まえて、価値学習を学校教育（教科教育）の中心に位置付けることの意義について考えて見よう。筆者は、この意義は、「多元主義アプローチ」や「社会化アプローチ」を採用するか、「批判主義アプローチ」を採用するかで異なってくると考える。

　まず、「多元主義アプローチ」「社会化アプローチ」を採用する場合、従来科学主義社会科などが目指してきた社会の客観的把握という幻想を打破し、その背後の価値を学校教育（教科教育）の学習対象に含んだ点こそ新しいが、実態はその理解に終始し、学習形態は古典的な暗記中心形式に陥りやすい。そして、一人でも学びうるものであり、集団で学習する必要性があまりない。また、これらの大部分は、日常の中でも子ども個々が十分に学びえるレベルのものであり、わざわざ学校がこれを教授することの必要性があまりない。

　これに対して「批判主義アプローチ」の場合、「理解」とは違った試みが要求される。それは明らかに高次な知的作法を要求するため、専門の訓練を

受けたプロの教師の下で指導される必要があろう。また議論が重視されるので、集団で学習する必要がある。法規範的価値学習の場合、集団での価値の創造まで求められるので、集団でないと困る。これらは子どもたちにとって日常生活の中だけから学ぶことは難しい。おそらく、この知的作法を保証する組織は、学校しかありえないであろうし、ある程度計画的に組織された（しかも柔軟な運用のできる教師による）授業形態が求められるため、教科の時間で実施されることが理想であろう。

そしてこうした学習は、民主主義社会の形成者を育成することを直に目的としていることもあり、全ての教科の中で中核的な役割を担うことになるだろう。その教科を、「社会科」と呼ぼうと、「市民科」と呼ぼうと、また違う何かと呼ぼうと、その教科が学校の中核に位置づけられなければならない。

あとがき

　本書は、平成17（2005）年3月に広島大学大学院教育学研究科に提出した学位論文を、独立行政法人日本学術振興会平成26年度科学研究費助成事業（科学研究費補助金）（研究成果公開促進費）の交付を受けて公刊するものである。

　本書の発刊までには時間を要した。それはアメリカ合衆国の価値学習の全貌がつかみにくかったこと、そしてまたどこまでを価値学習と呼ぶか、その領域を確定することが難しかったことがある。とても課程博士の研究として取り扱うには、量的にも質的にも困難であった。半ば強引に2005年に学位論文を書き終えて広島大学に提出し博士号を受けることになったが、その内容は筆者には満足のいくものではなかったこともあり、筆者は博士課程修了後も継続的に研究を進め、時々、大学紀要などに発表してきた。この度、一応の目途がついたので、出版に踏み切ることを決意した。

　本書ではこれまでにない挑戦を幾つかしたつもりである。まず「価値明確化学習」「道徳性発達教育」「法関連教育」といった、合衆国の各価値学習論が持つ固有名称にはあまり拘らず、これらを超越した普遍性のある枠組みから価値学習を俯瞰し再整理しようとした。本書では、確かに合衆国の価値学習を事例として活用した。とはいえその動向を詳細に記述・報告することは、本書ではあまり目的としていない。本書の研究の第一の目的は、あくまで価値学習の普遍的理論の構築にある。本文内にも記したが、筆者が合衆国の価値学習を研究対象とした理由は、事例が豊富だからに尽きる。なお、枠組みを作成するに当たっては、社会学の価値研究を活用させてもらった。

　また従来の教育方法に軸を置いた類型ではなく、価値の内容面に軸を置いた4つの類型というのも、これまでにない試みである。価値学習は、扱う対象を宗教的価値にするか、文化慣習的価値にするか、法規範的価値にするか

で、その学習のねらいなどが変わってくる。そしてそれぞれが個性を持った市民性育成を行っている。読者（ここでは特に学校の教師を想定している）は本書を通してそれぞれの価値学習の個性を知っていただき、学校教育では各種価値学習をうまく組み合わせて独自のカリキュラム・デザインを進めていくこと（または不要な価値学習については避けること）を期待したい。

　加えて、「知的作法」という、従来の社会科教育学研究が注目して来なかった学力の部分に軸を置いて議論を展開してきたことも、本書の新たな試みである。従来の研究で学力論は専ら、概念的説明知識や事実的記述的知識など、内容知から語られた。しかし内容知だけで市民性育成を議論するのは無理がある。民主主義社会の形成といった能動的側面を回避し、個々人の思想形成に留めようとする従来の科学主義教育論の立場から専ら市民性が論じられてきたことがその要因にある。思想形成だけならば、内容知だけで十分なのかもしれない。ただ、市民性育成教育の学力を根源的に議論するのであれば、従来の内容知から成る議論だけでは限界がある。

　こうした試みは、学校教育（教科教育）における民主主義社会の形成に向けた価値学習の意義や可能性を根源から体系的に検討するという、従来誰も試みてこなかった研究を行う上で、避けては通れないアプローチであったと筆者は考えている。特に「知的作法」に軸をおいた議論というのは、従来の学力論のタブーを侵す試みに思え、また形式主義的学力論への扉を開いてしまうのではないかという思いもあり、筆者はかなり躊躇した。だが、新しい研究には、こうした新しい試みがつきものである。本書を書き終え、その試みは間違っていなかったのではないかと感じるようになった。

　ただ、本書はこうした斬新な試みばかりではなく、従来の諸先輩方の培ってきたアプローチもふんだんに採用している。例えばカリキュラム教材を分析対象としたこと、目標―内容―方法の連続性・一貫性を意識した分析を行ったこと、比較類型法を用いたことなどである。こうした教科教育学の従来のアプローチを採用した理由については本文中に記したので、そちらを読ん

でいただきたいが、本書の研究には、このように新旧の研究アプローチが入り混じっていることが分かっていただけると思う。

　なお、本書の研究が普遍的理論の構築を目指しているとはいっても、あくまで合衆国を事例に考察したに過ぎないわけで、今後研究領域を広げていく中で、その理論は変化することがあるかもしれない。終章でまとめたことが本当に普遍的理論であるのか、それとも合衆国という一つの政治社会または文化空間の文脈でしか通用しないものであるのか、筆者としてはいまだそこは分からないというのが正直なところである。なお、本書の研究は普遍的理論の構築を目指しているが、決して「不変的」理論の構築を目指すものではない。間違いを指摘して頂けるのならば、いつでも修正する準備はある。また、今後の合衆国での価値学習の展開次第では、ここで筆者が示したことは通用しないものとなるかもしれないことを、筆者自身、認めるものである。

　さて、昨今筆者は本書のような価値学習の研究よりは、批判的思考に関する研究や社会改造主義者らの教育理論、教師教育といったことに研究の関心がある。そういった意味では、本書の研究と現在の筆者の研究との間につながりが無いように思えるかもしれない。実際、本書の研究は、今の筆者の研究や問題関心には直接的なつながりがない部分も多い。しかし、内容知のみに拘ってきた学力論に対する批判的姿勢や、民主主義社会の形成者育成という観点から教育のあり方を問う姿勢、教師教育における比較類型法やカリキュラム作成の重要性の主張、根源的問いかけから研究を行うことを重視する姿勢など、ここで用いた研究アプローチは、現在の筆者の研究姿勢に生きていると考えている。

　本書の研究には、多くの先生方のご指導とご協力をたまわった。池野範男先生（広島大学大学院教育学研究科教授）は、筆者の修士課程で行ってきた批判的思考力育成の研究が行き詰まっていたとき、本書の研究をやってみないかと提案してくださった恩人であり、その後もたびたび、懇切丁寧なご指導と、様々なアドバイスをいただいた。博士論文の主査もつとめていただけた。

池野先生なくして、本書を書き上げることは無かった。片上宗二先生（安田女子大学教授、広島大学名誉教授）、棚橋健治先生（広島大学大学院教育学研究科教授）の両先生には、博士論文の審査員に加わっていただき、本書についてのご指導・ご助言をたまわった。また大学院でのご指導を通しても、教育学研究の基礎を叩き込んでいただいた。お二人からは、池野先生とは違った視点からのアドバイスを頂くことができた。片上先生からは、研究における実証性の大切さや、研究における大胆な発想をすることの大切さを学んだ。棚橋先生からは、従来の学力論を見直す視点を学んだ。お二人のこうした視点は、本書の研究、そして今日の筆者の研究に、様々な形で影響を与えていることは間違いない。加えて学部時代の指導教員として、この世界の基礎を叩き込んでいただいたのが小原友行先生（広島大学大学院教育学研究科教授）と木村博一先生（広島大学大学院教育学研究科教授）である。小原先生は目的もなくぶらぶらしていた学部時代の筆者の卒論の指導だけでなく、社会科教育学の基礎となる図書を紹介してくださり、筆者の進路についても相談に乗ってくださった恩人である。また木村先生は、読書会を通して、筆者に社会科教育学という聞きなれない世界に最初に触れさせてくださった恩人である。加えて大学院時代に強烈な印象と影響を筆者に与え、自分の人生観を転換させてくださったのが森分孝治先生（広島大学名誉教授）である。各先生ともご指導は大変厳しかったが、その研究へのあくなき探求の姿勢と、研究への拘りは、今なお、自分の人生の指標となっている。これら全ての方々に、心より感謝申し上げるとともに、今後とも変わらぬご指導とご鞭撻をお願いする次第である。

　また、本書の作成に当たっては、広島大学大学院教育学研究科社会認識教育学研究室の諸先輩方や同期・後輩の皆様にも、様々な形でお世話になった。飲み会の場ですら社会科教育学の話をする、こうした方々に刺激されなければ、今の自分は無かった。当初、こうした方々の厳格な研究姿勢や問題意識に圧倒され、逃げ出したいと思ったこともあったが、逃げ出さなくてよかっ

たと思う。名前を挙げるときりがないので、名前は省略したいが、これらの方々の学恩に、心から感謝申し上げる。また私事になるが、進学を勧めてくれ、資金面で支援してくれた両親、そして本書の作成において生活面・精神面で励ましてくれた妻にも謝意を付したい。

　末筆になったが、本書の出版にご尽力いただいた風間書房社長の風間敬子氏、編集の労をとっていただいた下島結氏に心からお礼を申し上げたい。

　　　2014年12月

　　　　　　　　　　　　　　　　　　　　　　　　　　渡部　竜也

参 考 文 献

浅沼茂・松下晴彦「アメリカにおける歴史教育と道徳教育の統合―価値観形成のための教材例―」『比較教育学』第15号、1989年。

足立幸男『議論の論理―民主主義と議論―』木鐸社、1984年。

池野範男・橋本康弘・渡部竜也『アメリカ社会科における国家安全保障学習の展開と構造』IPSHU 研究報告シリーズ研究報告 No.30、2002年。

池野範男「市民社会科の構想」社会認識教育学会編『社会科教育のニュー・パースペクティブ』明治図書、2003年。

池野範男（研究代表）『現代民主主義社会の市民を育成する歴史授業の開発研究』、平成13～15年度科学研究費補助金研究成果報告書、2004年。

石井英真『現代アメリカにおける学力形成論の展開―スタンダードに基づくカリキュラムの設計―』東信堂、2011年。

磯山恭子「「法教育」における紛争処理技能の育成―"Respect Me, Respect Yourself"の分析を通して―」『公民教育研究』第5号、1997年。

井上菜穂「目標達成度を明確にした態度評価法―ハーバード社会科の社会的論争問題分析テスト SIAT を題材に―」『社会科研究』第57号、2002年。

今谷順重『新しい問題解決学習の提唱―アメリカ社会科から学ぶ「生活科」と「社会科」への新視点―』ぎょうせい、1988年。

今谷順重「社会科における概念的探求の育成過程― TABA 社会科におけるカリキュラムの構造―」『広島大学大学院博士課程論文集』第一集、1975年。

今谷順重「概念的探求法に基づく新しい単元構成のあり方― TABA 社会科における Idea-Oriented Unit を手がかりとして―」『島根大学教育学部紀要（教育科学）』第9巻、1975年。

今谷順重「タバ社会科における価値的論争問題の取り扱い―価値学習への分析的アプローチ―」広島史学研究会『史学研究』140号、1978年。

上田薫『社会科とその出発』同学社、1947年。

上田薫『社会科の理論と方法』岩崎書店、1952年。

上野千鶴子『構造主義の冒険』勁草書房、1985年。

上野千鶴子ほか『構築主義とは何か』勁草書房、2001年。

江口勇治「社会科における法教育の重要性―アメリカ社会科における法教育の検討を通して―」『社会科教育研究』第63号、1990年。

江口勇治「社会科における法教育の意義と課題―中学校・公民的分野を事例にして―」篠原昭雄先生退官記念会編『現代社会科教育論―21世紀を展望して―』帝国書院、1994年。

大野連太郎「社会科カリキュラム構成の展望3―市民生活概念志向型カリキュラムの分析（タバ・カリキュラムの場合）」『社会科教育』190号、明治図書、1979年。

大森正「1970年代後半における米国社会科カリキュラム改造の方向―1974年版カリフォルニア州公立学校社会科フレームワークの考察を通して―」『社会科研究』第38号、1976年。

大森正・山根栄次・高柳英雄・江口勇治「アメリカ各州の社会科フレームワークについての考察―その類型的把握と社会科教育観の分析―」『社会科教育研究』第40号、1977年。

岡明秀忠「対抗社会化（counter-socialization）をめざす社会科―エングルの社会科学習指導方法論を中心に―」『教育学研究紀要』第二部第35巻、1989年。

岡明秀忠「対抗社会化（counter-socialization）をめざす社会科―D・W・オリバーの場合―」『教育学研究紀要』第二部第36巻、1990年。

鴛原進「社会科異文化理解学習の改善―『世界文化：グローバル・モザイク』を手がかりとして―」『社会科研究』46号、1997年。

小田泰司「ハーバード社会科の成立過程―フェスティンガーの不協和理論に基づく議論方法の開発―」『社会系教科教育学研究』第15号、2003年。

小田泰司「新社会科以後のエドウィン・フェントンのカリキュラム開発への取り組み―説明から社会形成、社会参加へ―」全国社会科教育学会第58回全国研究大会自由研究発表資料、2009年。

尾原康光「リベラルな民主主義社会を担う思考者・判断者の育成(1)― D. W. オリバーの場合―」『社会科研究』43号、1995年。

唐木清志『アメリカ公民教育におけるサービス・ラーニング』東信堂、2010年。

唐木清志『子どもの社会参加と社会科教育―日本型サービス・ラーニングの構想―』東洋館出版社、2008年。

カール・ポパー（森博訳）『客観的知識―進化論的アプローチ―』木鐸社、1974年。

川﨑誠司『多文化教育とハワイの異文化理解学習―「公正さ」はどう認識されるか―』ナカニシヤ出版、2011年。

河田敦之「合理的意思決定能力育成の社会科内容構成―J・P・シェーバーの公的論争問題学習を手がかりとして―」『社会科研究』第30号、1982年。

河田敦之「合理的意思決定能力育成の方法原理―J・P・シェーバーの公的論争問題

学習を手がかりとして—」『教育学研究紀要』第27巻、1982年。
岸根敏幸『宗教的多元主義とは何か—宗教理解への探求—』晃洋書房、2001年。
桑原敏典『中等公民的教科目内容編成の研究—社会科公民の理念と方法—』風間書房、2004年。
児玉修「社会的判断力育成の方法原理—D・W・オリバーのケーススタディ—」『教育学研究紀要』第22巻、第2部、1990年。
児玉修「社会的判断力育成の教材構成—D・W・オリバーの公的論争問題について」『社会科研究』第25号、1976年。
児玉康弘「「公民科」における解釈批判学習—「先哲の思想」の扱い—」『社会系教科教育学研究』第16号、2004年。
L. コールバーグ（岩佐信道訳）『道徳性の発達と道徳教育』麗澤大学出版会、1987年。
S. B. サイモン（市川千秋・宇田光訳）『教師業ワークブック：価値明確化による自己発見の旅』黎明書房、1989年。
作田啓一『価値の社会学』岩波書店、1972年。
佐野安仁『フェニックスの道徳論と教育』晃洋書房、1996年。
佐野安仁・吉田謙二編『コールバーグ理論の基底』世界思想社、1993年。
ジョン・トムリンソン（片岡信訳）『文化帝国主義』青土社、1991年。
Center for the Civic Education（江口勇治訳）『テキストブック 私たちと法—権威、プライバシー、責任、そして正義—』現代人文社、2001年。
田浦武雄・酒井ツギ子・佐藤由紀子「現代における価値教育論の比較研究（その一）」『名古屋大学教育学部紀要 教育学科』第29号、1982年。
田浦武雄「現代における価値教育論の比較研究（その二）」『名古屋大学教育学部紀要 教育学科』第30号、1983年。
田口紘子『現代アメリカ初等歴史学習論研究—客観主義から構築主義への変革—』風間書房、2011年。
竹川慎哉『批判的リテラシーの教育』2010年、明石書店。
田中成明『現代理論法学入門』法律文化社、1993年。
田中伸『現代アメリカ社会科の展開と構造—社会認識教育論から文化認識教育論へ—』風間書房、2011年。
棚橋健治「社会科カリキュラム構造における"概念"構造について—タバ・カリキュラムの場合—」『教育学研究紀要』第28巻、1983年。
棚橋健治「ハーバード社会科・社会的論争問題分析テストの学習評価論—問題場面テストによる社会科学習評価への示唆—」『社会科教育研究』69号、1993年。

棚橋健治『アメリカ社会科学習評価研究の史的展開―学習評価にみる社会科の理念実現過程―』風間書房、2002年。

棚橋健治『社会科の授業診断―よい授業に潜む危うさ研究―』明治図書、2007年。

中野重人「社会科教育と人間理解―アメリカにおける社会科教育の動向を手がかりに―」『宮崎大学教育学部紀要』第38号、1976年。

中原朋生「「権利に関する社会的ジレンマ研究」としての社会科―権利学習プロジェクト『自由の基礎』を手がかりに―」『社会科研究』第58号、2003年。

西岡加名恵『「逆向き設計」で確かな学力を保障する』明治図書、2008年。

野村一夫『リフレクション―社会学的な感受性へ―』文化書房博文社、1994年。

橋爪大三郎『言語派社会学の原理』洋泉社、2000年。

橋爪大三郎『橋爪大三郎コレクションⅢ　制度論』勁草書房、1993年。

橋本康弘「市民的資質を育成するための法カリキュラム―『自由社会における法』プロジェクトの場合―」『社会科研究』第48号、1998年。

橋本康弘「「法化」社会における社会科内容編成―アメリカ法関連教育プロジェクトを手がかりにして―」2000年度全国社会科教育学会研究大会（長崎）発表資料、2000年。

H. L. A. ハート（矢崎光圀訳）『法の概念』みすず書房、1976年。

ピーター・バーガー＆トマス・ルックマン（山口節郎訳）『日常世界の構成―アイデンティティと社会の弁証法―』新曜社、1977年。

A. ハミルトン＆J. ジェイ、J. マディソン（斎藤眞・武則忠見訳）『ザ・フェデラリスト』福村出版、1991年。

P. H. フェニックス（佐野安仁・吉田謙二・沢田允夫訳）『意味の領域――般教育の考察―』晃洋書房、1980年。

P. H. フェニックス（佐野安仁・吉田謙二訳）『宗教教育の哲学―教育と神礼拝』晃洋書房、1987年。

藤田昌士『道徳教育―その歴史・現状・課題―』エイデル研究所、1985年。

伏木久始「1960―1970年代のアメリカにおける価値教育論の遺産」『学藝社会』第15号、1998年。

J. S. ブルーナー（田浦武雄・水越敏行訳）『改訂版　教授理論の建設』黎明書房、1983年。

J. S. ブルーナー（平光昭久訳）『教育の適切性』明治図書、1972年。

J. S. ブルーナー（橋爪貞雄訳）『直観・創造・学習』黎明書房、1969年。

ヘンリー・ジルー（渡部竜也訳）『変革的知識人としての教師』春風社、2014年。

マックス・ウェーバー（祇園寺信彦・祇園寺則夫訳）『社会科学の方法』講談社、1994年。
溝上泰「オリバーの社会認識論」『社会認識教育の理論と実践』葵書房、1971年。
溝上泰「社会科教育における「論争問題」の取り扱い―ニューマンの場合―」『社会科研究』20号、1972年。
溝口和宏「歴史教育における開かれた態度形成― D. W. オリバーの『公的論争問題シリーズ』の場合―」『社会科研究』第42号、1994年。
溝口和宏「歴史教育における開かれた価値観形成(3)―「思想史」にもとづく市民的資質育成の論理―」『鹿児島大学教育学部研究紀要』（教育科学編）第49号、1998年。
溝口和宏「市民的資質育成のための歴史内容編成―「価値研究」としての歴史カリキュラム―」『社会科研究』第53号、2000年。
溝口和宏『現代アメリカ歴史教育改革論研究』風間書房、2003年。
見田宗介『価値意識の理論―欲望と道徳の社会学―』弘文堂、1966年。
森分孝治『現代社会科授業理論』明治図書、1984年。
森分孝治「社会科授業構成の類型―社会科授業構成の原理を求めて―」社会認識教育学会編『社会認識教育の探求』第一学習社、1978年
森分孝治「社会科における思考力育成の基本原則―形式主義・活動主義的偏向の克服のために―」『社会科研究』第47号、1997年。
山田明『サービス・ラーニング研究―高校生の自己形成に資する教育プログラムの導入と基盤整備―』学術出版会、2008年。
山田秀和『開かれた科学的社会認識形成をめざす歴史教育内容編成論の研究』風間書房、2011年。
吉村功太郎「社会科における価値観形成論の類型化―市民的資質育成原理を求めて―」『社会科研究』第51号、1999年。
J. レイヴ（無藤隆ほか訳）『日常生活の認知行動―ひとは日常生活でどう計算し、実践するか―』新曜社、1995年。
レヴィ・ストロース（大橋保夫訳）『野生の思考』みすず書房、1976年。
我妻榮『法律における理屈と人情』日本評論社、1955年。
找妻みち子「社会科における意思決定能力育成に関する一考察―ハーバード社会科プロジェクトを手がかりとして―」『社会認識教育学研究』第7号、1992年。
渡部竜也「市民的資質育成のための社会科カリキュラムの構成原理―"社会科における法"シリーズを手がかりとして―」『教育学研究紀要』第二部、第46巻、2000年。

渡部竜也「法原理批判学習―法を基盤にした社会科の改革―」『社会科研究』第56号、2002年。

渡部竜也「歴史における思想批判学習―合衆国歴史用教材『思考への扉』の場合―」『社会系教科教育学研究』第15号、2003年。

渡部竜也「多文化的構築主義に基づく社会科教育内容編成の原理―文化相対主義の課題の克服―」『広島大学大学院教育学研究科紀要』第52号、2003年。

渡部竜也「アメリカ社会科における社会問題学習論の原理的転換―「事実」を知るための探求から自己の「見解」を構築するための探求へ―」『教育方法学研究』第29巻、2003年。

渡部竜也「アメリカ社会科における社会問題学習の授業構成論―分析枠組・判断基準の意義―」『日本教科教育学会誌』第27巻第1号、2004年。

渡部竜也「宗教的価値を扱う学習の市民的資質育成における原理的限界―アメリカ合衆国の教師用指導書の実態を手がかりとして―」『東京学芸大学紀要　人文社会科学系Ⅱ』第57集、2006年。

渡部竜也「社会問題提起力育成をめざした社会科授業の構想―米国急進派教育論の批判的検討を通して―」『社会科研究』第69号、2008年。

渡部竜也「法思想の変遷と法学習論の展開に関する史的・原理的考察―「公民科法学習」「社会科法学習」「法関連教育法学習」の相克―」『東京学芸大学紀要　人文社会科学系Ⅱ』第60集、2009年。

渡部竜也「思想的価値を扱う学習の市民的資質育成における原理的限界―米国の「価値分析」学習論と「価値明確化」学習論の比較的考察を通して―」『東京学芸大学紀要　人文社会科学系Ⅱ』第63集、2012年。

渡部竜也「市民的資質育成における法規範的価値学習の到達点―道徳性発達教育とハーバード社会科の比較を中心に―」『東京学芸大学紀要　人文社会科学系Ⅱ』第64集、2013年。

American Bar Association, *Legal Literacy: The ABC's of American Law and Justice. American Bar Association 1988 Planning Guide: Law Day USA May 1*, American Bar Association, Chicago, 1988.

Arnspiger, V. C., Brill, J. A., and W. Ray Rucker, *About Me; The Human Values Series*, Steck-Vaughn Company, 1973.

Arnspiger, V. C., Brill, J. A., and W. Ray Rucker, *About You and Me; The Human Values Series*, Steck-Vaughn Company, 1973.

Arnspiger, V. C., Brill, J. A., and W. Ray Rucker, *About Values; The Human Values*

Series, Steck-Vaughn Company, 1973.

Arnspiger, V. C., Brill, J. A., and W. Ray Rucker, *Sharing Values; The Human Values Series*, Steck-Vaughn Company, 1974.

Arnspiger, V. C., Brill, J. A., and W. Ray Rucker, *Seeking Values; The Human Values Series*, Steck-Vaughn Company, 1974.

Arnspiger, V. C., Brill, J. A., and W. Ray Rucker, *Thinking with Values; The Human Values Series*, Steck-Vaughn Company, 1974.

Arquilevich, G., *World Religions*, Teacher Created Materials, Inc.,1999.

Barton, K. C. and Levstik, L. S., *Teaching History for the Common Good*, Routledge, 2004.

Berg, R., A New Model for Law-Focused Education, *Social Education*, Vol. 39, 1975.

Beyer, B. K., Critical Thinking: What is it?, *Social Education*, Vol. 49, No. 4, 1985.

Bruner, J. S., *Man: A Course of Study*, Educational Services, Inc., 1965.

Casteel, J. D., and Stahl, R. J., *Value Clarification in the Classroom; A Primer*, Goodyear Publishing Company Inc., 1975.

Croddy, M., et al., *Of Codes and Crowns, "Law in Social Studies" Series*, Constitutional Rights Foundation, 1983.

Croddy, M., Slow March of Democracy, *Social Education*, Vol. 52, No. 3, 1988.

Croddy, M., Law Related Models for Teaching Controversial Issues, *International Journal of Social Education*, Vol. 4, No. 1, 1989.

Croddy, M., Bringing the Bill of Rights to the Classroom: An Anecdotal History of the Constitutional Rights Foundation, *The Social Studies*, Vol. 82, 1991.

Deines, S.S., *World Cultures, Teacher's Resource Book*, Scott, Foresman and Company, 1977.

Dreistadt, R., An Analysis of the Use of Analogies & Metaphors in Science, *The Journal of Psychology*, Vol. 68, 1968.

Dunn, A. W., et al., *The Social Studies in the Secondary Education, Report of Special Commetee on Secondary Education of NEA*, 1916.

Education Development Center, Man: A Course of Study, Talks to Teachers, Curriculum Development Associates, Inc., 1968.

Education Development Center, Man: A Course of Study, Introductory Lessons/ Salmon, Curriculum Development Associates, Inc., 1968.

Education Development Center, Man: A Course of Study, Herring Gulls, Curriculum

Development Associates, Inc., 1968.

Education Development Center, Man: A Course of Study, Baboons, Curriculum Development Associates, Inc., 1968.

Education Development Center, Man: A Course of Study, The Netsilik Eskimos at the Island Camps, Curriculum Development Associates, Inc., 1968.

Education Development Center, Man: A Course of Study, The Observer's Handbook, Curriculum Development Associates, Inc., 1968.

Education Development Center, Man: A Course of Study, Seminars for Teachers, Curriculum Development Associates, Inc., 1969.

Education Development Center, Man: A Course of Study, Evaluation Strategies, Curriculum Development Associates, Inc., 1970.

Engle, S.H., Exploring the Meaning of the Social Studies, *Social Education*, Vol. 35, No.3, 1971.

Ennis, R. H., A Concept of Critical Thinking, *Harvard Educational Review*, Vol. 32, 1962.

Evans, R. W., *Social Studies War: What Should We Teach the Children?*, Teachers College Press, 2004.

Gross N., and Wilkes, P. F., The Constitution: Instructional Sources and Resources, *Social Education*, Vol. 37, 1973.

Haynes, C. C., and Oliver, T., *Finding Common Ground: A Guide to Religious Liberty in Public School*, First Amendment Center, 1998.

Haynes, C. C., Religious Literacy in the Social Studies, *Social Education*, Vol. 51, 1987.

Haynes, C. C., *Teaching about Religion in American Life: A First Amendment Guide*, First Amendment Center, 1998.

Hinding, A., *Feminism, The Isms Series: Modern Doctrines and Movements*, Greenhaven Press, 1983.

Iozzi, L. A., *Decisions for Today and Tomorrow: Preparing for Tomorrow's World*, Sopris Est. inc, 1990.

Kohlberg, L., Moral Development and the New Social Studies, *Social Education*, Vol. 37, No.5, 1973.

Krug, M. M., The Jurisprudential Approach: Theory and Practice, *Social Education*, Vol. 32, 1968.

Leone, B., *Nationalism, The Isms Series: Modern Doctrines and Movements, Greenhaven Press*, 1983.

Leone, B., *Internationalism, The Isms Series: Modern Doctrines and Movements*, Greenhaven Press, 1983.

Leone, B., *Capitalism, The Isms Series: Modern Doctrines and Movements*, Greenhaven Press, 1983.

Leone, B., *Socialism, The Isms Series: Modern Doctrines and Movements*, Greenhaven Press, 1983.

Leone, B., *Communism, The Isms Series: Modern Doctrines and Movements*, Greenhaven Press, 1983.

Leone, B., *Racism, The Isms Series: Modern Doctrines and Movements*, Greenhaven Press, 1983.

Levin, M., and Oliver, D. W., *A Law and Social Science Curriculum Based on the Analysis of Public Issues: Final Report*, Office of Education, 1969.

Maslaw, R., et al., Law Related Education, *Association of Teachers of Social Journal*, Vol. 44, No. 1, 1989.

McPeck, J. E., *Critical Thinking and Education*, Martin Robertson and Company, 1981.

Mehlinger, H. D., et al., *Teaching about the Constitution in American Secondary Schools*, the American Historical Association and the American Political Science Association, 1981.

Moore, S. W., et al., *The Child's Political World: A Longitudinal Perspective*, N.Y., Preager Publisher, 1985.

Newmann, F. M., The Analysis of Public Controversy: New Forcus on Social Studies, *The School Review*, vol. 73, 1965.

Newmann, F. M., Evaluation of Programed Instruction in the Social Studies, *Social Education*, Vol.29, 1965.

Newmann, F. M., Adolescent's Acceptance of Authority: A Methodological Study, *Harvard Educational Review*, Vol.35, No.3, 1965.

Newmann, F. M., Questioning the Place of Social Science Disciplines in Education, *Social Education*, Vol. 31, No. 2, 1967.

Oliver, D. W., and Baker, S., The Case Method, *Social Education*, Vol. 23, 1959.

Oliver, D. W., Educating Citizens for Responsible Individualism, 1960-1980, Patterson, F., *Citizenship and a Free Society: Education for the Future*, NCSS the 30th Yearbook of NCSS, 1960.

Oliver, D. W., and Shaver, J. P., Evaluating the Jurisprudential Approach to the Social

Studies, *The High School Journal*, Vol. 46, 1962.

Oliver, D. W., A Curriculum Based on the Analysis of Public Controversy, *Social Education*, Vol.29, 1965.

Oliver, D. W., and Shaver, J. P., *Teaching Public Issues in the High School*, Houghton Mifflin Company, 1966.

Oliver, D. W., Educating Citizens for Responsible Individualism 1960-1980, Shaver, J.P., and Berlak, H., *Democracy, Pluralism, and the Social Studies; Reading and Commentary*, Houghton Mifflin Company, 1967.

Oliver, D. W., and Newmann, F. M., *The American Revolution: Crisis of Law and Change*, Public Issues Series, Harvard Social Studies Project, American Education Publications, 1967.

Oliver, D. W., and Newmann, F. M., *The Railroad Era: Business Competition and the Public Interest*, Public Issues Series, Harvard Social Studies Project, American Education Publications, 1967.

Oliver, D. W., and Newmann, F. M., *Taking a Stand: A Guide to Clear Discussion of Public Issues*, Public Issues Series, Harvard Social Studies Project, American Education Publications, 1967.

Oliver, D. W., and Newmann, F. M., *Religious Freedom: Minority Faiths and Majority Rule*, Public Issues Series, Harvard Social Studies Project, American Education Publications, 1967.

Oliver, D. W., and Newmann, F. M., *The Rise of Organized Labor: Worker Security and Employer Rights*, Public Issues Series, Harvard Social Studies Project, American Education Publications, 1967.

Oliver, D. W., and Newmann, F. M., *The Immigrant's Experience: Cultural Variety and the "Melting Pot"*, Public Issues Series, Harvard Social Studies Project, American Education Publications, 1967.

Oliver, D. W., and Newmann, F. M., *Negro Views of America: The Legacy of Opression*, Public Issues Series, Harvard Social Studies Project, American Education Publications, 1967.

Oliver, D. W., and Newmann, F. M., *Municipal Politics: Interest Groups and the Government*, Public Issues Series, Harvard Social Studies Project, American Education Publications, 1967.

Oliver, D. W., and Newmann, F. M., *The New Deal: Free Enterprise and Public Planning*,

Public Issues Series, Harvard Social Studies Project, American Education Publications, 1968.

Oliver, D. W., and Newmann, F. M., *The Rights of the Accused: Criminal Procedure and Public Security*, Public Issues Series, Harvard Social Studies Project, American Education Publications, 1968.

Oliver, D. W., and Newmann, F. M., *The Lawsuit: Legal Reasoning and Civil Procedure*, Public Issues Series, Harvard Social Studies Project, American Education Publications, 1968.

Oliver, D. W., and Newmann, F. M., *Community Change: Law, Politics, and Social Attitudes*, Public Issues Series, Harvard Social Studies Project, American Education Publications, 1968.

Oliver, D. W., and Newmann, F. M., *Colonial Africa: The Kenya Experience*, Public Issues Series, Harvard Social Studies Project, American Education Publications, 1968.

Oliver, D. W., and Newmann, F. M., *Communist China: Communal Progress and Individual Freedom*, Public Issues Series, Harvard Social Studies Project, American Education Publications, 1968.

Oliver, D. W., and Newmann, F. M., *Nazi Germany: Social Forces and Personal Responsibility*, Public Issues Series, Harvard Social Studies Project, American Education Publications, 1968.

Oliver, D. W., and Newmann, F. M., *20th Century Russia: Agents of the Revolution*, Public Issues Series, Harvard Social Studies Project, American Education Publications, 1968.

Oliver, D. W., and Newmann, F. M., *The Civil War: Crisis in Federalism*, Public Issues Series, Harvard Social Studies Project, American Education Publications, 1969.

Oliver, D. W., and Newmann, F. M., *Race and Education: Integration and Individual Freedom*, Public Issues Series, Harvard Social Studies Project, American Education Publications, 1969.

Oliver, D. W., and Newmann, F. M., *Technology and Public Policy: Uses and Control of Knowledge*, Public Issues Series, Harvard Social Studies Project, American Education Publications, 1969.

Oliver, D. W., and Newmann, F. M., *Status: Achievement and Social Values*, Public Issues Series, Harvard Social Studies Project, American Education Publications ,

1969.

Oliver, D. W., and Newmann, F. M., *Revolution and World Politics: The Search for National Independence*, Public Issues Series, Harvard Social Studies Project, American Education Publications, 1970.

Oliver, D. W., and Newmann, F. M., *The Limits of War: National Policy and World Conscience*, Public Issues Series, Harvard Social Studies Project, American Education Publications, 1970.

Oliver, D.W., and Newmann, F. M., *Organizations among Nations: The Search for the World Order*, Public Issues Series, Harvard Social Studies Project, American Education Publications, 1970.

Oliver, D. W., & Newmann, F. M., *Diplomacy and International Law: Alternative to War*, Public Issues Series, Harvard Social Studies Project, American Education Publications, 1970.

O'Reilly, K., Teaching Critical Thinking: A Direct Approach, *Social Education*, Vol. 49, No. 1, 1985.

Patrick, J. J., and Remy, R. C., *Lesson on the Constitution*, Social Science Education Consortium, 1986.

Patrick, J. J., Teaching the Bill of Rights in Secondary School: Four Keys to an Improved Civic Education, *The Social Studies*, Vol. 16, 1991.

Phi Alpha Delta Public Service Center, *Respect Me, Respect Yourself*, 1995.

Popkewitz, T. S., The Latent Values of the Discipline Centered Curriculum, *Theory and Research in Social Education*, Vol. 5, 1977.

Remy, R. C., *Handbook of Basic Citizenship Competencies, A Project of Citizenship Development Program*, Mershon Center, Social Science Education Consortium, 1979.

Remy, R. C., and Patrick, J. J., *National Security of a Nuclear Age Series*, Addison-Wesley, 1989.

Rugg, H., *American Life and the School Curriculum: The Next Steps toward Schools of Living*, Ginn and Company, 1936.

Schwab, J., *Science, Curriculum and Liberal Education; Selected Essays*, The University of Chicago Press, 1978.

Shaver, J. P., Educational Research and Instruction for Critical Thinking, *Social Education*, Vol.26, 1962.

Shaver, J. P., and Berlak, H., *Democracy, Pluralism, and the Social Studies; Reading and Commentary*, Houghton Mifflin Company, 1967.

Shaver, J. P., Social Studies: The Need for Redefinition, *Social Education*, Vol. 31, No. 1, 1967.

Shaver, J. P., Values and the Social Studies, in Morrissett, I., et al., *Concepts and Structure in the New Social Science Curricula*, Holt Rinehart and Winston, 1967.

Shull-Hiebenthal, J., *Cultural Connections*, A Frank Schaffer Publication, Inc., 1994.

Simon, S. B., How, L. R., and Kirschenbaum, H., *Value Clarification: A Handbook of Practical Strategies for Teachers and Students*, A & W Visual Library, 1972.

Stahl, R. J., et al., *Doorway to Thinking: Decision-Making Episodes for the Study of History and the Humanities*, Zephyr Press, 1995.

Stahl, R. J., Achieving Values and Content Objectives Simultaneously Within Subject Matter-Oriented Social Studies Classroom, *Social Education*, Vol. 45, No. 6, 1981.

Stahl, R. J. and VanSickle, R. ed., Cooperative Learning in the Social Studies Classroom: An Introduction to Social Study. Bulletin No.87, 1992.

Stahl, Robert and Stahl, Richard, Using Value Clarification to Develop the Creative Potential of Students: A Practical Approach for Classroom Teachers, *Poeper Review*, Vol. 1 No. 4, 1979.

Stahl, R. J., *Moral Dilemmas/ Value Sheets: Writing for Content-Centered Social Studies Classroom*, paper presented at the Southeastern Retional Meeting of the NCSS in Florida, 1978.

Starr, I., The Law Studies Movement: A Memoir, *Peabody Journal of Education*, Vol. 55, No.1, 1977.

The Diagram Group, *Comparative Religions on File*, Facts On File, Inc., 2000.

Toulmin, S., Rieke, R., and Janik, A., *An Introduction to Reasoning*, 2nd Ed., Macmillan Publishing Company, 1978.

U.S. Office of Education Study Group on Law Related Education, *Final Report of the Study Group on Law related Education*, OE Publication 79-43000, 1978.

VerSteeg, C. L., *World Cultures*, Scott, Foresman and Company, 1977.

Wesley, E. B., History in the school curriculum, *Mississippi Valley Historical Review*, Vol. 29, 1943.

Wheeler, R., *Countries and Cultures*, A Frank Schaffer Publication, Inc., 1994.

著者略歴

渡部竜也（わたなべ　たつや）

1976年　広島県生まれ
2005年　広島大学大学院教育学研究科博士課程後期修了　博士（教育学）
同　年　東京学芸大学教育学部講師
現　在　東京学芸大学教育学部准教授

専　門

社会科教育学、カリキュラム研究、授業設計論、教師教育、社会改造主義教育論研究

著　書

『"国境・国土・領土"教育の論点・争点』明治図書、2014年（共編）

訳　書

キース・バートン＆リンダ・レヴスティク著『コモン・グッドのための歴史教育』春風社、2015年（共訳）〔刊行予定〕
ヘンリー・ジルー著『変革的知識人としての教師』春風社、2014年
スティーブン・ソーントン著『教師のゲートキーピング』春風社、2012年（共訳）

アメリカ社会科における価値学習の展開と構造
―― 民主主義社会形成のための教育改革の可能性 ――

2015年2月20日　初版第1刷発行

著　者　渡　部　竜　也
発行者　風　間　敬　子
発行所　株式会社　風　間　書　房
〒101-0051　東京都千代田区神田神保町1-34
電話 03(3291)5729　FAX 03(3291)5757
振替 00110-5-1853

印刷　藤原印刷　製本　井上製本所

©2015 Tatsuya Watanabe　　　　　NDC 分類：370
ISBN978-4-7599-2062-8　Printed in Japan

JCOPY〈(社)出版者著作権管理機構　委託出版物〉

本書の無断複写は、著作権法上での例外を除き禁じられています。複写される場合はそのつど事前に(社)出版者著作権管理機構（電話 03-3513-6969、FAX 03-3513-6979、e-mail:info@jcopy.or.jp）の許諾を得て下さい。